Dr. John Coleman

A HIERARQUIA DOS
CONSPIRADORES
HISTÓRIA DO COMITÉ DE 300

OMNIA VERITAS®

John Coleman

John Coleman é um autor britânico e antigo membro dos Serviços Secretos de Inteligência. Coleman produziu várias análises do Clube de Roma, da Fundação Giorgio Cini, da Forbes Global 2000, do Colóquio Interreligioso para a Paz, do Instituto Tavistock, da Nobreza Negra e outras organizações que se aproximam do tema da Nova Ordem Mundial.

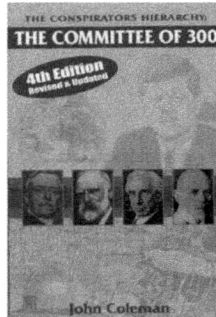

A HIERARQUIA DOS CONSPIRADORES
HISTÓRIA DO COMITÉ DE 300

HIERARQUIA DOS CONSPIRADORES
A história do comité de 300

Traduzido do inglês e publicado pela Omnia Veritas Limited

© Omnia Veritas Ltd - 2023

⊘MNIA VERITAS®

www.omnia-veritas.com

PREÂMBULO

Durante a minha carreira como oficial de inteligência profissional, tive muitas oportunidades de aceder a documentos altamente classificados, mas durante o meu serviço como oficial de campo da ciência política em Angola, África Ocidental, acedi a uma série de documentos classificados altamente secretos que eram invulgarmente explícitos. O que vi encheu-me de raiva e ressentimento e pôs-me num caminho do qual não me desviei, nomeadamente descobrir que poder controla e dirige os governos britânico e americano.

Estava bem ciente de todas as sociedades secretas bem identificadas, tais como o Royal Institute for International Affairs (RIIA), o Council on Foreign Relations (CFR), os Bilderbergers, a Comissão Trilateral, os Sionistas, a Maçonaria, o Bolchevismo, o Rosacrucianismo e todos os ramos destas sociedades secretas. Como oficial de inteligência, e mesmo antes disso quando era um jovem estudante no Museu Britânico em Londres, tinha cortado os dentes em todas estas sociedades, bem como em várias outras que imaginei que fossem familiares aos americanos. Mas quando cheguei aos Estados Unidos em 1969, descobri que nomes como a Ordem de São João de Jerusalém, o Clube de Roma, o Fundo Marshall Alemão, a Fundação Cini, a Mesa Redonda, os Fabianistas, a Nobreza Negra Veneziana, a Sociedade Mont Pelerin, os Clubes Hellfire, e muitos outros ou eram totalmente desconhecidos aqui, ou as suas verdadeiras funções eram, na melhor das hipóteses, apenas mal compreendidas, se é que eram de todo.

Em 1969-1970, comecei a remediar esta situação numa série de monografias e cassetes. Para minha surpresa, depressa encontrei muitas pessoas dispostas a citar estes nomes como se os tivessem conhecido ao longo da sua carreira escrita, mas que, não tendo o mínimo domínio dos assuntos em questão, não estavam dispostas a revelar a fonte da sua informação recém-adquirida. Consolo-me ao dizer que a imitação é a forma mais sincera de lisonja.

Continuei as minhas investigações, continuando a enfrentar sérios riscos, ataques a mim e à minha mulher, perdas financeiras, assédio contínuo, ameaças e calúnias, tudo parte de um programa cuidadosamente elaborado e orquestrado para me desacreditar, dirigido por agentes do governo e informadores inseridos na chamada Direita Cristã, o 'movimento de identidade' e grupos 'patrióticos' de direita. Estes agentes têm operado, e ainda operam, sob o disfarce de uma oposição franca, forte e destemida ao judaísmo, o seu principal inimigo, como gostariam que acreditássemos. Estes agentes-informadores são dirigidos e controlados por um grupo de homossexuais que são altamente considerados e respeitados pelos conservadores políticos e religiosos em todos os Estados Unidos.

O seu programa de calúnias, mentiras e ódio, de desinformação sobre o meu trabalho, atribuindo-o mesmo a outros escritores, continua sem diminuir, mas não teve o efeito desejado. Continuarei o meu trabalho até ter finalmente arrancado a máscara a todo o governo paralelo secreto que governa a Grã-Bretanha e os Estados Unidos.

Dr. John Coleman, Novembro de 1991.

Uma visão geral e alguns casos concretos

Certamente muitos de nós estamos conscientes de que as pessoas que dirigem o nosso governo não são as que *realmente* controlam as questões políticas e económicas, nacionais e estrangeiras. Isto levou muitos de nós a procurar a verdade na imprensa alternativa, aqueles redactores de boletins que, como eu, investigaram, mas nem sempre encontraram, as razões pelas quais os EUA estão tão gravemente doentes. A injunção "procurai e encontrareis" nem sempre foi o caso com este grupo. O que descobrimos é que as pessoas se movem sobretudo numa espécie de nevoeiro negro, não se importando ou incomodando em saber para onde vai o seu país, firmemente convencidas de que este estará sempre lá para elas. Esta é a forma como o maior grupo de pessoas tem sido manipulado *para* reagir, e a sua atitude joga directamente nas mãos do governo secreto.

Ouvimos frequentemente que "eles" estão a fazer isto, aquilo ou a outra coisa. "Eles" parecem literalmente escapar ao assassinato. "Eles" aumentam os impostos, enviam os nossos filhos e filhas para morrer em guerras que não beneficiam o nosso país. "Eles" parecem fora do nosso alcance, fora da nossa vista, frustrantes e nebulosos quando seria apropriado agir contra eles. Ninguém parece ser capaz de identificar claramente quem "eles" são. Esta é uma situação que tem persistido durante décadas. No decurso deste livro, identificaremos estes "eles" misteriosos e depois caberá ao povo remediar a situação.

Em 30 de Abril de 1981, escrevi uma monografia revelando a existência do Clube de Roma, identificando-o como uma organização subversiva do Comité de 300. Este site foi a primeira menção destas duas organizações nos Estados Unidos. Avisei os leitores para não se deixarem enganar a pensar que o artigo era rebuscado e tracei um paralelo entre o meu artigo e o aviso emitido pelo governo bávaro quando os planos secretos dos Illuminati caíram nas suas mãos. Mais sobre o Clube de Roma e o papel do Comité dos 300 nos assuntos americanos mais tarde.

Muitas das previsões feitas nesse artigo de 1981 tornaram-se realidade desde então, tais como o desconhecido Felipe Gonzalez tornar-se Primeiro-Ministro de Espanha, e Mitterrand regressar ao poder em França; a queda de Giscard d'Estang e Helmut Schmidt; o regresso ao poder do nobre sueco e Comité dos 300 membros Olof Palme (que desde então tem sido misteriosamente assassinado); a inversão da presidência de Reagan; e a destruição das nossas indústrias siderúrgica, automóvel e habitacional sob o objectivo de crescimento zero pós-industrial do Comité dos 300.

A importância de Palme reside na sua utilização pelo Clube de Roma para fornecer à União Soviética a tecnologia constante da Lista de Proibição Aduaneira dos EUA, e na rede global de comunicações de Palme utilizada para dar destaque à falsa crise dos reféns iranianos, enquanto se fecha entre Washington e Teerão num esforço para minar a integridade soberana dos Estados Unidos e para colocar a crise falsa no contexto de um Comité de 300 instituições, o Tribunal Mundial em Haia, Holanda.

Esta conspiração aberta contra Deus e o homem, que inclui a escravização da maioria dos humanos que restam nesta terra, depois de guerras, pragas e assassinatos em massa terem terminado com eles, não está completamente bem escondida. Na comunidade da inteligência, ensina-se que a melhor maneira de esconder algo é colocá-lo à vista de todos. Por exemplo, quando a Alemanha quis esconder o seu novo avião de caça Messerschmitt em 1938, o avião foi exibido no Salão Aéreo de Paris. Enquanto agentes secretos e espiões recolhiam informação em troncos ocos de árvores ou atrás de tijolos de parede, a informação que procuravam estava à vista de todos.

O governo paralelo secreto de alto nível não funciona a partir de caves húmidas e câmaras subterrâneas secretas. Funciona à vista de todos, na Casa Branca, no Congresso, no número 10 de Downing Street e nas Câmaras do Parlamento. É como aqueles filmes estranhos e supostamente aterradores de "monstros", onde o monstro aparece com características distorcidas, cabelo comprido e até dentes mais compridos, rosnando e andando de um lado para o outro. É uma distracção, os REAL MONSTERS usam fatos de trabalho (e gravatas) e montam para trabalhar no Capitólio em limusines.

Estes homens estão à vista de todos. Estes homens são servidores do único governo mundial - a nova ordem mundial. Tal como o violador que pára para oferecer à sua vítima um passeio amigável, ele não APPEARECE para ser o monstro que é. Se o fizesse, a sua vítima fugiria a gritar de medo. O mesmo é válido para o governo a todos os níveis. O Presidente Bush não parece ser um servo dedicado do governo paralelo sombrio, mas não se engane, ele é um monstro a par dos retratados em filmes de terror.

Pare por um momento e considere como o Presidente Bush ordenou o massacre brutal de 150.000 soldados iraquianos, num comboio de veículos militares de bandeira branca, ao regressarem ao Iraque ao abrigo das regras da Convenção de Genebra de desanexação e retirada acordada. Imagine o horror das tropas iraquianas quando, apesar de acenarem com as suas bandeiras brancas, foram abatidas por aviões norte-americanos. Noutra parte da frente, 12.000 soldados iraquianos foram enterrados vivos nas trincheiras que ocupavam. Isso não é MONSTEROUS no verdadeiro sentido da palavra? Onde obteve o Presidente Bush as ordens para agir desta forma MONSTEROSA? Recebeu-os do Royal Institute for International Affairs (RIIA) que recebeu o seu mandato do Comité de 300, também conhecido como os "Olimpíadas".

Como veremos, mesmo os "Olimpíadas" não estão em negação. Muitas vezes fazem um espectáculo comparável ao do Salão Aéreo de Paris, mesmo quando os conspiradores passam o seu tempo a procurar em vão no lugar errado e na direcção errada. Repare como a Rainha, Elizabeth II, procede à cerimónia de abertura do Parlamento Britânico. Ali, à vista de todos, está o chefe do Comité dos 300. Alguma vez participou na cerimónia de posse de um Presidente dos EUA? Ali, à vista de todos, está outro membro do Comité de 300. O problema é de percepção.

Quem são os conspiradores que servem o todo-poderoso Comité dos 300? Os cidadãos mais informados sabem que existe uma conspiração e que esta tem vários nomes, tais como Illuminati, Maçonaria, Mesa Redonda ou Grupo Milner. Para eles, o CFR e os Trilaterais representam a maior parte do que não lhes agrada na política interna e externa. Alguns até sabem que a Mesa Redonda tem uma grande influência nos assuntos dos EUA através do embaixador britânico em Washington. O problema é que é muito difícil obter informações concretas sobre as actividades de traição dos membros do governo invisível da mão escondida.

Cito a declaração profunda do profeta Oséias (4,6), que se encontra na Bíblia cristã:

"O meu povo é *destruído* por falta de conhecimento".

Alguns já devem ter ouvido a minha apresentação sobre o escândalo da ajuda estrangeira, na qual nomeei várias organizações conspiratórias, das quais existem muitas. O seu objectivo final é o derrube da Constituição dos EUA e a fusão deste país, escolhido por Deus como o seu país, com um governo "um mundo sem Deus numa Nova Ordem Mundial" que devolverá ao mundo condições muito piores do que as que existiam durante a Idade das Trevas.

Falemos de casos concretos, sobre a tentativa de comunização e desindustrialização da Itália. Há muito tempo, o Comité dos 300 decretou que haveria um mundo menor - muito menor - e melhor, ou seja, a sua ideia do que constitui um mundo melhor. Os miríades de "comedores inúteis" que consumiam recursos naturais limitados iriam ser abatidos (mortos). O progresso industrial promove o crescimento populacional. Por conseguinte, o mandamento de multiplicar e subjugar a terra encontrada no Génesis deveria ser invertido.

É atacar o cristianismo, desintegrar lenta mas seguramente os estados-nação industriais, destruir centenas de milhões de pessoas, designadas pelo Comité de 300 como "população excedentária", e eliminar qualquer líder que se atreva a opor-se ao planeamento global do Comité para alcançar os objectivos acima referidos.

Dois dos primeiros alvos do Comité foram a Itália e o Paquistão. O falecido Aldo Moro, primeiro-ministro italiano, foi um dos líderes que se opôs ao "crescimento zero" e cortes populacionais para o seu país, incorrendo assim na ira do Clube de Roma, que foi encarregado pelos "Olimpíadas" de levar a cabo as suas políticas nesta área. Num tribunal de Roma, a 10 de Novembro de 1982, um amigo próximo de Moro testemunhou que o antigo primeiro-ministro tinha sido ameaçado por um agente do Royal Institute for International Affairs (RIIA), também membro do Comité dos 300, quando ainda era Secretário de Estado norte-americano. A ascensão meteórica do homem que a testemunha identificada como Kissinger será discutida a seguir.

Recorda-se que o Primeiro-Ministro Moro foi raptado pelas Brigadas Vermelhas em 1978 e depois brutalmente alvejado. Foi durante o julgamento dos membros da Brigada Vermelha que vários deles testemunharam o facto de saberem do envolvimento de altos funcionários dos EUA na conspiração para matar Moro. Quando ameaçou Moro, Kissinger não estava claramente a seguir a política externa dos EUA, mas sim a agir segundo instruções recebidas do Clube de Roma, o braço da política externa do Comité dos 300. A testemunha que entregou a bomba em tribunal aberto foi um associado próximo de Moro, Gorrado Guerzoni.

O seu testemunho explosivo foi transmitido na televisão e rádio italianas a 10 de Novembro de 1982 e publicado em vários jornais italianos, mas esta informação vital foi suprimida nos Estados Unidos. Os famosos bastiões da liberdade e do direito a saber, o *Washington Post* e o *New York Times*, não consideraram importante imprimir uma única linha do testemunho de Guerzoni.

As notícias também não foram captadas pelas agências noticiosas nem pelos canais de televisão. O facto de o italiano Aldo Moro, um dos principais políticos durante décadas, ter sido raptado em plena luz do dia na Primavera de 1978 e de todos os seus guarda-costas terem sido massacrados a sangue frio não foi considerado digno de notícia, apesar de Kissinger ter sido acusado de cumplicidade nestes crimes? Ou o silêncio foi devido ao envolvimento de Kissinger?

Na minha exposição de 1982 sobre este crime hediondo, demonstrei que Aldo Moro, um membro leal do Partido Democrata Cristão, foi morto por assassinos controlados pela maçonaria P2 (ver o livro de David Yallop, *Em Nome de Deus*) a fim de alinhar a Itália com as ordens do Clube de Roma para desindustrializar o país e reduzir drasticamente a sua população. Os planos da Moro para estabilizar a Itália através do pleno emprego e da paz industrial e política teriam reforçado a oposição católica ao comunismo e tornado a desestabilização do Médio Oriente - um objectivo primordial - ainda mais difícil.

Do acima exposto, torna-se claro o quanto os conspiradores planeiam com antecedência. Eles não pensam em termos de um plano quinquenal. É preciso voltar às declarações de Weishaupt sobre a Igreja Católica Primitiva para compreender as implicações do assassinato de Aldo Moro. A morte de Moro removeu os obstáculos aos planos de desestabilização da Itália e, como agora sabemos, permitiu que os planos conspiratórios para o Médio Oriente fossem implementados na Guerra do Golfo 14 anos mais tarde.

A Itália foi escolhida como alvo de teste pelo Comité de 300. A Itália é importante para os planos dos conspiradores porque é o país europeu mais próximo do Médio Oriente, ligado à economia e à política do Médio Oriente. É também o lar da Igreja Católica, que Weishaupt mandou destruir, e o lar de algumas das famílias oligárquicas mais poderosas da antiga nobreza negra da Europa. Se a Itália tivesse sido enfraquecida pela morte da Moro, teria tido repercussões no Médio Oriente que teriam enfraquecido a influência dos EUA na região. A Itália é importante por outra razão: é uma porta de entrada para as drogas que entram na Europa vindas do Irão e do Líbano, e voltaremos a esta questão em devido tempo.

Vários grupos juntaram-se sob o nome de socialismo para provocar a queda de vários governos italianos desde a criação do Clube de Roma em 1968. Estes incluem a Nobreza Negra de Veneza e Génova, a Maçonaria P2 e as Brigadas Vermelhas, todas elas com os *mesmos* objectivos. Os investigadores da polícia de Roma que trabalham no caso das Brigadas Vermelhas/Aldo Moro descobriram os nomes de várias famílias italianas de alto nível que trabalham em estreita colaboração com este grupo terrorista. A polícia também descobriu provas de que em pelo menos uma dúzia de casos, estas famílias poderosas e proeminentes tinham permitido que as suas casas e/ou propriedades fossem utilizadas como refúgio seguro para as celas da Brigada Vermelha.

A "nobreza" americana estava a fazer a sua parte para destruir a República de Itália, uma notável contribuição feita por Richard Gardner mesmo quando era oficialmente o Embaixador do Presidente Carter em Roma. Na altura, Gardner operava sob o controlo directo de Bettino Craxi, um membro líder do Clube de Roma e um homem-chave na OTAN. Craxi estava na vanguarda das tentativas dos conspiradores para destruir a República Italiana. Como veremos, Craxi quase conseguiu arruinar a Itália e, como líder da hierarquia dos conspiradores, conseguiu empurrar o divórcio e o aborto através do Parlamento italiano, resultando nas mudanças religiosas e sociais mais profundas e destrutivas de sempre para atingir a Igreja Católica e, consequentemente, a moral da nação italiana.

Após a eleição do Presidente Ronald Reagan, realizou-se uma grande reunião em Washington D.C. em Dezembro de 1980, sob os auspícios do Clube de Roma e da Internacional Socialista. Ambas as organizações são directamente responsáveis perante o Comité de 300. A principal agenda era a de formular formas de neutralizar a presidência Reagan. Foi adoptado um plano de grupo e, com o benefício da visão a posteriori, é perfeitamente claro que o plano que os conspiradores concordaram em seguir foi bem sucedido.

A fim de se ter uma ideia da escala e abrangência desta conspiração, seria apropriado, neste momento, enumerar os objectivos estabelecidos pelo Comité dos 300 para a conquista e controlo mundial. Existem pelo menos 40 "ramos" conhecidos do Comité dos 300, e vamos enumerá-los todos, com uma descrição das suas funções. Uma vez estudada esta questão, torna-se fácil compreender como um corpo central conspiratório é capaz de operar com tanto sucesso e porque é que nenhum poder na Terra pode resistir ao seu ataque sobre as próprias bases de um mundo civilizado e progressista baseado na liberdade do indivíduo, especialmente tal como declarado na Constituição dos Estados Unidos.

Graças ao testemunho juramentado de Guerzoni, a Itália e a Europa, mas não os Estados Unidos, souberam que Kissinger estava por detrás da morte de Aldo Moro. Este caso trágico demonstra a capacidade do Comité dos 300 para impor a sua vontade a *qualquer* governo, sem excepção. Da sua posição como membro da sociedade secreta mais poderosa do mundo - e não estou a falar da Maçonaria - Kissinger não só aterrorizou Moro, como levou a cabo as suas ameaças de "eliminar" Moro, se não desistisse do seu plano de trazer progresso económico e industrial a Itália. Em Junho e Julho de 1982, a esposa de Aldo Moro testemunhou em tribunal aberto que o assassinato do seu marido foi o resultado de sérias ameaças contra a sua vida pelo que ela chamou "uma figura política americana de alto nível". A Sra. Eleanora Moro repetiu a frase precisa alegadamente usada por Kissinger no testemunho juramentado de Guerzoni: "Ou você pára a sua linha política ou pagará caro". Chamado de volta pelo juiz, foi perguntado a Guerzoni se ele poderia identificar a pessoa de quem a Sra. Moro estava a falar. Guerzoni respondeu que era Henry Kissinger, como ele tinha anteriormente insinuado.

Guerzoni continuou a explicar ao tribunal que Kissinger tinha feito as suas ameaças no quarto de hotel da Moro durante a visita oficial dos líderes italianos aos EUA. Moro, que era então Primeiro Ministro e Ministro dos Negócios Estrangeiros de Itália, membro da OTAN, era um homem de alto nível, que nunca deveria ter sido sujeito a pressões e ameaças ao estilo mafioso. Moro foi acompanhado na sua visita americana pelo Presidente da Itália na sua qualidade oficial. Kissinger era então, e ainda é, um agente importante ao serviço do Instituto (britânico) Real para os Assuntos Internacionais, membro do Clube de Roma e do Conselho (americano) de Relações Externas.

O papel de Kissinger na desestabilização dos Estados Unidos através de três guerras, no Médio Oriente, Coreia e Vietname, é bem conhecido, tal como o seu papel na Guerra do Golfo, na qual os militares americanos actuaram como mercenários para que o Comité dos 300 voltasse a controlar o Kuwait e, ao mesmo tempo, para fazer do Iraque um exemplo, para que outras pequenas nações não fossem tentadas a tomar nas suas mãos o seu próprio destino.

Kissinger também ameaçou o falecido Ali Bhutto, Presidente da nação soberana do Paquistão. O 'crime' de Bhutto foi o de apoiar armas nucleares para o seu país. Como Estado muçulmano, o Paquistão sentiu-se ameaçado pela contínua agressão israelita no Médio Oriente. Bhutto foi assassinado judicialmente em 1979 pelo representante do Conselho das Relações Exteriores no país, General Zia ul Haq.

Na sua planeada subida ao poder, ul Haq encorajou uma multidão frenética a incendiar a embaixada dos EUA em Islamabad, numa aparente tentativa de mostrar ao CFR que ele era o seu homem e de obter mais ajuda estrangeira e, soube-se mais tarde, de assassinar Richard Helms. Vários anos mais tarde, ul Haq pagou com a sua vida pela sua intervenção na guerra em curso no Afeganistão. A sua aeronave C-130 Hercules foi atingida por uma explosão ELF (baixa frequência eléctrica) pouco depois da descolagem, fazendo com que a aeronave fizesse um loop no solo.

O Clube de Roma, agindo sob as ordens do Comité de 300 para eliminar o General ul Haq, não teve dúvidas quanto a sacrificar a vida de várias pessoas.

O pessoal militar americano estava a bordo do voo, incluindo um grupo da Agência de Informações de Defesa do Exército dos EUA liderado pelo Brigadeiro-General Herber Wassom. O General ul Haq tinha sido avisado pelos serviços secretos turcos para não viajar de avião, uma vez que era alvo de bombardeamentos a meio do voo. Com isto em mente, ul Haq levou a equipa americana com ele como "uma apólice de seguro", como disse aos seus conselheiros do círculo interno. No meu livro de 1989 *Terror in the Skies*, dei o seguinte relato do que aconteceu:

> "Pouco antes do ul Haq C-130 descolar de uma base militar paquistanesa, um camião de aspecto suspeito foi visto perto do hangar que albergava o C-130. A torre de controlo alertou a segurança da base, mas quando a acção foi tomada, o C-130 já tinha descolado e o camião tinha desaparecido. Alguns minutos mais tarde, o avião começou a fazer um loop até atingir o solo e explodir numa bola de fogo. Não há explicação para tal comportamento por parte do C-130, uma aeronave com um desempenho maravilhosamente fiável, e uma comissão de inquérito conjunta paquistano-americana não encontrou nenhum

erro piloto ou falha mecânica ou estrutural. Looping-the-loop é uma marca comercial reconhecida de uma aeronave atingida por um incêndio E.L.F.".

O Ocidente sabe que a União Soviética foi capaz de desenvolver dispositivos avançados de alta frequência graças ao trabalho de cientistas soviéticos que trabalham na divisão relativista intensiva de feixes de electrões do Instituto de Energia Atómica de Kurchatov. Dois dos seus especialistas eram Y.A. Vinograov e A.A. Rukhadze. Ambos os cientistas trabalharam no Instituto de Física de Ledededev, especializado em lasers de electrões e de raios X.

Depois de receber esta informação, procurei confirmação de outras fontes e descobri que em Inglaterra, o *International Journal of Electronics* tinha publicado documentos que pareciam confirmar a informação que me tinha sido dada sobre o método escolhido para abater o avião C-130 do General ul Haq.

Além disso, esta informação foi confirmada por duas das minhas fontes de informação. Recebi algumas informações úteis de um artigo científico soviético sobre estes assuntos, publicado em Inglaterra sob o título "Soviet Radio Electronics and Communications Systems". Não havia dúvidas de que o General ul Haq tinha sido assassinado. O camião visto perto do hangar C-130 transportava, sem dúvida, um dispositivo ELF móvel do tipo possuído pelas forças armadas soviéticas.

Segundo o testemunho escrito de Bhutto, que foi contrabandeado para fora do país enquanto esteve preso, Kissinger ameaçou-o severamente:

> "Dar-vos-ei um exemplo horrível se continuarem com as vossas políticas de construção da nação.

Bhutto tinha incorrido na ira de Kissinger e do Clube de Roma ao apelar a um programa de energia nuclear para fazer do Paquistão um Estado moderno e industrializado, o que o Comité dos 300 viu como uma violação directa das ordens de Kissinger ao governo paquistanês. O que Kissinger estava a fazer ao ameaçar Bhutto não era a política oficial dos EUA, mas a política dos Illuminati dos tempos modernos.

É importante compreender porque é que a energia nuclear é tão odiada em todo o mundo e porque é que o falso movimento "ambientalista", criado e apoiado financeiramente pelo Clube de Roma, tem sido chamado a travar uma guerra contra a energia nuclear. Com a energia nuclear a produzir electricidade barata e abundante, os países do

Terceiro Mundo tornar-se-iam gradualmente independentes da ajuda externa dos EUA e começariam a afirmar a sua soberania. A energia nuclear é A chave para retirar os países do Terceiro Mundo do seu estado atrasado, um estado que o Comité dos 300 ordenou que fosse mantido.

Menos ajuda estrangeira significa menos controlo dos recursos naturais de um país por parte da UE.

Foi esta ideia de os países em desenvolvimento tomarem o controlo do seu destino que foi anátema para o Clube de Roma e os seus líderes no Comité dos 300. Vimos a oposição à energia nuclear nos EUA ser utilizada com sucesso para bloquear o desenvolvimento industrial em linha com os planos de "crescimento zero pós-industrial" do Clube.

A dependência da ajuda externa dos EUA mantém efectivamente os países estrangeiros no centro do Conselho de Relações Externas (EUA). A população dos países beneficiários recebe muito pouco do dinheiro, que normalmente acaba nos bolsos dos líderes governamentais que permitem que os recursos naturais de matérias-primas do país sejam selvagemmente despojados pelo FMI. Mugabe do Zimbabué, antiga Rodésia, é um bom exemplo de como os recursos de matérias-primas, neste caso minério cromado de alta qualidade, são controlados pela ajuda estrangeira. LONRHO, o conglomerado gigante dirigido por Angus Ogilvie, membro superior do Comité dos 300, em nome da sua prima, a Rainha Isabel II, tem agora o controlo total deste valioso recurso enquanto o povo do país se afunda cada vez mais na pobreza e na miséria, apesar de mais de 300 milhões de dólares de ajuda dos EUA. LONRHO tem agora o monopólio do cromado Rodesiano e cobra o preço que quiser, enquanto que sob o governo Smith isso não era permitido. Um nível de preços razoável foi mantido durante 25 anos antes da chegada ao poder do regime de Mugabe. Enquanto houve problemas durante os 14 anos de governo de Ian Smith, desde que ele partiu, o desemprego quadruplicou e o Zimbabué encontra-se num estado de caos permanente e de falência. Mugabe recebeu ajuda estrangeira suficiente dos EUA (na região de 300 milhões de dólares por ano) para lhe permitir construir três hotéis na Riviera Francesa, em St Jean Cap Ferrat e Monte Carlo, enquanto os seus cidadãos lutam contra a doença, desemprego e desnutrição, para não falar de uma ditadura de ferro que não permite queixas. Compare isto com o governo Smith, que nunca pediu ou recebeu um cêntimo de ajuda dos Estados Unidos da América. Assim, é evidente que a ajuda externa é um meio poderoso de exercer controlo sobre países como o Zimbabué e, de facto, todos os países africanos.

Também mantém os cidadãos americanos num estado de servidão involuntária e, portanto, menos capazes de se oporem ao governo de qualquer forma significativa. David Rockefeller sabia o que estava a fazer quando a sua lei de ajuda estrangeira foi assinada em 1946. Desde então, tornou-se uma das leis mais odiadas depois do público ter revelado o que é: uma barulheira gerida pelo governo paga por nós, o povo.

Como podem os conspiradores manter o seu domínio sobre o mundo, e em particular o seu domínio sobre os Estados Unidos e a Grã-Bretanha? Uma das questões mais frequentemente colocadas é:

> "Como pode uma única entidade saber o que se passa a todo o momento e como é exercido o controlo? ".

Este livro tentará responder a estas e outras questões. A única forma de compreender a realidade do sucesso conspiratório é mencionar e discutir as sociedades secretas, organizações de fachada, agências governamentais, bancos, companhias de seguros, empresas internacionais, a indústria petrolífera e as centenas de milhares de entidades e fundações cujos líderes são membros do Comité dos 300 - o organismo de controlo ULTIMATE que *dirige o mundo e que* o faz há pelo menos cem anos.

Uma vez que já existem dezenas de livros no (EUA) Council on Foreign Relations (CFR) e na Comissão Trilateral, iremos directamente ao Club of Rome e ao German Marshall Fund. Quando apresentei estas organizações aos EUA, poucas, se alguma, pessoas tinham ouvido falar delas. O meu primeiro livro, *O Clube de Roma*, publicado em 1983, não atraiu quase nenhuma atenção. Muitos leigos pensavam que o Clube de Roma tinha algo a ver com a Igreja Católica e que o Fundo Marshall alemão se referia ao Plano Marshall.

Foi precisamente *por isso que* o Comité escolheu *estes nomes*, para *confundir* e distrair do que se estava a passar. Não que o governo dos EUA não soubesse, mas porque fazia parte da conspiração, ajudou a manter a tampa sobre a informação em vez de deixar que a verdade fosse conhecida. Alguns anos após a publicação do meu livro, alguns escritores viram-no como uma riqueza de informação anteriormente inexplorada e começaram a escrever e a falar sobre ele como se sempre o tivessem sabido.

Tiveram a revelação de que o Clube de Roma e os seus financiadores sob o nome do German Marshall Fund eram dois organismos conspiratórios altamente organizados que operavam sob o disfarce da Organização do Tratado do Atlântico Norte (NATO) e que a maioria dos executivos do Clube de Roma eram da NATO. O Clube de Roma formulou todas as políticas que a NATO reivindicou e, através das actividades de Lord Carrington, membro do Comité de 300, conseguiu dividir a NATO em duas facções políticas, de acordo com o bipartidarismo tradicional esquerda/direita.

O Clube de Roma é um dos grupos de poder mais importantes da União Europeia e da sua antiga Aliança Militar. O Clube de Roma continua a ser um dos mais importantes braços da política externa do Comité dos 300, sendo o outro o Bilderberg. Foi formada em 1968 a partir dos membros centrais do Grupo Morgenthau original, com base numa chamada telefónica do falecido Aurellio Peccei para um novo e urgente impulso para acelerar os planos de um governo mundial - agora chamado Nova Ordem Mundial, embora prefira o nome antigo. Esta é certamente uma melhor descrição de trabalho do que a Nova Ordem Mundial, o que é algo confuso, uma vez que já houve várias "Novas Ordens Mundiais" antes, mas nenhum Governo Mundial Único.

O apelo de Peccei foi ouvido pelos "planificadores do futuro" mais subversivos dos Estados Unidos, França, Suécia, Grã-Bretanha, Suíça e Japão que puderam ser reunidos. Durante o período 1968-1972, o Clube de Roma tornou-se uma entidade coesa de novos cientistas, globalistas, futuros planificadores e internacionalistas de todas as listras. Como disse um delegado, "tornámo-nos o casaco multicolorido de José". A *Qualidade Humana de* Peccei constitui a base da doutrina adoptada pela ala política da OTAN.

O texto seguinte é retirado do livro do Dr. Peccei:

> "Pela primeira vez desde a aproximação do primeiro milénio na Cristandade, grandes massas de pessoas estão verdadeiramente em suspense sobre o advento iminente de algo desconhecido que poderia mudar completamente o seu destino colectivo... o homem não sabe como ser um homem verdadeiramente moderno... O homem inventou a história do dragão mau, mas se alguma vez houve um dragão mau, é o próprio homem... Temos aqui o paradoxo humano: o homem está preso pelas suas extraordinárias capacidades e realizações, como se em areia movediça - quanto mais usa o seu poder, mais precisa dele.
>
> "Nunca nos devemos cansar de repetir quão tolo é equiparar o

estado patológico profundo e desajustado actual de todo o sistema humano com qualquer crise cíclica ou circunstâncias passageiras. Desde que o homem abriu a caixa de novas tecnologias de Pandora, tem sofrido de proliferação humana descontrolada, mania de crescimento, crises energéticas, escassez real ou potencial de recursos, degradação ambiental, loucura nuclear e uma série de aflições relacionadas".

Este programa é idêntico ao adoptado muito mais tarde pelo falso movimento "ambientalista" que emergiu do mesmo Clube de Roma para abrandar e inverter o desenvolvimento industrial.

Em termos gerais, o contra-programa antecipado do Clube de Roma abrangeria a invenção e disseminação de ideias de "pós-industrialização" nos EUA, juntamente com a disseminação de movimentos contra-culturais tais como drogas, rock, sexo, hedonismo, satanismo, feitiçaria e "ambientalismo". O Instituto Tavistock, o Instituto de Investigação de Stanford e o Instituto de Relações Sociais, de facto toda a gama de organizações de investigação psiquiátrica social aplicada, tiveram delegados no Conselho de Administração do Clube de Roma, ou actuaram como conselheiros e desempenharam um papel de liderança na tentativa da OTAN de adoptar a "Conspiração Aquariana".

O nome Nova Ordem Mundial é visto como uma consequência da Guerra do Golfo de 1991, enquanto que o Governo Mundial Único é reconhecido como tendo séculos de existência. A Nova Ordem Mundial *não* é nova, já existe e desenvolve-se de uma forma ou de outra há *muito tempo* (Jeremias 11:9. Ezequiel 22:25. Apocalipse 12:7-9.), mas é vista como um desenvolvimento do futuro, o que *não* é o caso; a Nova Ordem Mundial tem as suas raízes no passado e continua no presente. Foi por isso que disse acima que o termo Um Governo Mundial é, ou deveria ser, preferido a qualquer outro. Aurellio Peccei disse uma vez ao seu amigo íntimo Alexander Haig que se sentia como "Adam Weishaupt reencarnado". Peccei tinha muito da brilhante capacidade de Weishaupt para organizar e controlar os Illuminati de hoje, e isto manifestou-se no controlo que Peccei tinha da NATO e na formulação das suas políticas à escala global.

O Sr. Peccei liderou o conselho económico do Atlantic Institute durante três décadas enquanto era CEO da Fiat Motor Company de Giovanni Agnelli. Agnelli, que vem de uma antiga família de nobres negros italianos com o mesmo nome, é um dos membros mais proeminentes do Comité dos 300 do Atlantic Institute.

Desempenhou um papel de liderança em projectos de desenvolvimento na União Soviética. O Clube de Roma é uma organização de fachada conspiratória, uma aliança entre financiadores anglo-americanos e as antigas famílias nobres negras da Europa, especialmente as chamadas "nobreza" de Londres, Veneza e Génova. A chave para o seu controlo bem sucedido do mundo é a sua capacidade de criar e gerir recessões económicas selvagens e eventuais depressões. O Comité dos 300 vê as convulsões sociais à escala global seguidas de depressões como uma técnica preparatória para eventos maiores que se avizinham, pois o seu método primário de gestão de massas de pessoas em todo o mundo permitir-lhes-á tornar-se no futuro os beneficiários do seu "bem-estar".

O comité parece basear muitas das suas importantes decisões sobre a humanidade na filosofia do aristocrata polaco Felix Dzerzhinsky, que considerava a humanidade ligeiramente superior ao gado. Um amigo próximo do oficial dos serviços secretos britânicos Sydney Reilly (Reilly foi na realidade o controlador de Dzerzhinsky durante os anos formativos da revolução bolchevique), confidenciou frequentemente a Reilly durante a sua bebedeira em excesso. Dzerzhinsky foi, claro, a besta que dirigia o aparelho do Terror Vermelho. Ele disse uma vez ao Reilly, enquanto os dois homens bebiam, que

> "O homem não importa. Veja o que acontece quando o mata à fome. Ele começa a comer os seus companheiros mortos para se manter vivo. O homem *só* está interessado *na sua própria* sobrevivência. Isso é tudo o que importa. Todo este material Spinoza é um disparate".

O Clube de Roma tem a sua própria agência de inteligência privada e também "toma emprestado" da INTERPOL de David Rockefeller. Todas as agências de inteligência dos EUA trabalham em estreita colaboração, tal como o KGB e a Mossad. A única agência que permaneceu fora do seu alcance é o serviço de inteligência da Alemanha Oriental STASI. O Clube de Roma tem também as suas próprias agências políticas e económicas altamente organizadas. Foram eles que disseram ao Presidente Reagan para contratar Paul Volcker, outro membro-chave do Comité de 300.

Volcker permaneceu presidente do Conselho da Reserva Federal, apesar da promessa do candidato Reagan de o afastar após as eleições. O Clube de Roma, após ter desempenhado um papel fundamental na crise dos mísseis cubanos, tentou vender o seu programa de "gestão de crises" (o precursor da FEMA) ao Presidente Kennedy. Vários cientistas Tavistock dirigiram-se ao Presidente para explicar o que isto significava, mas o Presidente rejeitou os seus conselhos. No mesmo ano em que Kennedy foi assassinado, Tavistock estava de volta a Washington para falar com a NASA. Desta vez, as discussões foram bem sucedidas. A Tavistock recebeu um contrato da NASA para avaliar o efeito do seu futuro programa espacial na opinião pública americana.

O contrato foi adjudicado ao Stanford Research Institute e à Rand Corporation. Muito do material produzido pela Tavistock nestas duas instituições nunca viu a luz do dia e permanece selado até aos dias de hoje. Vários comités e subcomités de supervisão do Senado que contactei para informação disseram que "nunca tinham ouvido falar" e que não faziam ideia de onde podia encontrar o que procurava. Tal é o poder e o prestígio do Comité dos 300.

Em 1966, os meus colegas da inteligência aconselharam-me a abordar o Dr. Anatol Rappaport, que tinha escrito um tratado no qual a administração deveria estar interessada. Era um documento concebido para parar o programa espacial da NASA, que segundo Rappaport tinha ultrapassado a sua utilidade. Rappaport ficou muito feliz por me dar uma cópia do seu documento que, sem entrar em detalhes, basicamente dizia que o programa espacial da NASA deveria ser eliminado. A NASA tem demasiados cientistas que são uma má influência na América porque estão sempre prontos para dar lições nas escolas e universidades sobre como funciona o foguete, desde a construção até à propulsão. De acordo com Rappaport, isto produziria uma geração de adultos que decidiriam tornar-se cientistas espaciais, apenas para se encontrarem "redundantes" porque ninguém precisaria dos seus serviços até ao ano 2000.

Logo que o relatório do Rappaport sobre a NASA foi apresentado à OTAN pelo Clube de Roma, o Comité dos 300 exigiu acção. Os funcionários da NATO-Clube de Roma responsáveis pela acção urgente contra a NASA foram Harland Cleveland, Joseph Slater, Claiborne K. Pell, Walter J. Levy, George McGhee, William Watts, Robert Strausz-Hupe (embaixador dos EUA na OTAN) e Donald Lesh. Em Maio de 1967, foi organizada uma reunião pelo Comité de Ciência e Tecnologia da Assembleia do Atlântico Norte e pelo Instituto de Investigação de Política Externa. Foi intitulada "Conferência sobre Desequilíbrio Transatlântico e Colaboração" e realizou-se na propriedade palaciana da Rainha Elizabeth em Deauville, França.

O objectivo fundamental e a intenção da conferência de Deauville era travar o progresso tecnológico e industrial dos EUA. A conferência produziu dois livros, um dos quais é aqui mencionado, o *Technotronic Era* de Brzezinski. A outra foi escrita pelo presidente da conferência, Aurellio Peccei, intitulada *The Chasm Ahead*. Peccei concordou amplamente com Brzezinski, mas acrescentou que haveria caos num mundo futuro NÃO REGULADO POR UM GOVERNO GLOBAL. A este respeito, Peccei insistiu que deve ser oferecida à União Soviética "convergência com a OTAN", convergência essa que termina numa parceria de igualdade numa Nova Ordem Mundial com os Estados Unidos. As duas nações foram responsáveis pela futura "gestão e planeamento de crises globais". O primeiro "contrato de planeamento global" do Clube de Roma foi atribuído ao Massachusetts Institute of Technology (MIT), um dos principais institutos de investigação do Comité dos 300. Jay Forrestor e Dennis Meadows foram postos a cargo do projecto.

Qual foi o conteúdo do seu relatório? Não era fundamentalmente diferente do que Malthus e Von Hayek pregavam, nomeadamente a velha questão da falta de recursos naturais. O relatório Forrestor-Meadows foi uma fraude completa. O que não disse foi que o génio inventivo comprovado do homem iria, muito provavelmente, contornar a "escassez". A energia de fusão, o inimigo mortal do Comité dos 300, poderia ser aplicada à criação de recursos naturais. Uma tocha de fusão poderia produzir alumínio suficiente, por exemplo, a partir de um quilómetro quadrado de rocha comum para satisfazer as nossas necessidades durante quatro anos.

Peccei nunca se cansou de pregar contra os Estados-nação e a sua capacidade destrutiva para o progresso humano. Apelou à "responsabilidade colectiva". O nacionalismo é um cancro para o homem, foi o tema de vários discursos importantes proferidos por Peccei. O seu amigo próximo Ervin Lazlo produziu um livro com um espírito semelhante em 1977, *Goals of Mankind*, um estudo histórico para o Clube de Roma. Todo o documento de posição foi um ataque vitriólico à expansão industrial e ao crescimento urbano. Ao longo destes anos, Kissinger, como homem de contacto designado, manteve-se em estreito contacto com Moscovo em nome da RIIA. Documentos de "modelização global" foram regularmente partilhados com os amigos de Kissinger no Kremlin.

No que diz respeito ao Terceiro Mundo, Harland Cleveland, do Clube de Roma, preparou um relatório que foi o cúmulo do cinismo. Na altura, Cleveland era o embaixador dos EUA na OTAN. No essencial, o documento dizia que caberia às nações do Terceiro Mundo decidir entre si que populações deveriam ser eliminadas. Como Peccei escreveu mais tarde (com base no relatório de Cleveland):

> "Danificada pelas políticas conflituosas de três grandes países e blocos, crudemente remendadas aqui e ali, a ordem económica internacional existente está visivelmente a desintegrar-se pelas costuras... A perspectiva da necessidade de recorrer à triagem - para decidir quem deve ser salvo - é de facto muito sombria. Mas se, infelizmente, os acontecimentos chegassem a esse ponto, o direito de tomar tais decisões não pode ser deixado apenas a algumas nações, pois isso dar-lhes-ia um poder ominoso sobre as vidas dos famintos do mundo".

Era política do Comité matar deliberadamente à fome as nações africanas, como evidenciado pelas nações subsaarianas. Isto era cinismo no seu pior, pois o Comité dos 300 já tinha arrogado para si as decisões de vida ou morte, e Peccei sabia-o. Ele já o tinha indicado no seu livro *The Limits to Growth (Os Limites ao Crescimento)*. Peccei rejeitou completamente o progresso industrial e agrícola e exigiu, em vez disso, que o mundo fosse colocado sob a égide de um único conselho coordenador, nomeadamente o Clube de Roma e as suas instituições da OTAN, num único governo mundial.

Os recursos naturais devem ser atribuídos sob os auspícios do planeamento global. Os Estados-nação poderiam aceitar o domínio do Clube de Roma ou sobreviver pela lei da selva e lutar pela sobrevivência. No seu primeiro "caso teste", Meadows and Forrestor planearam a guerra israelo-árabe de 1973 em nome da RIIA, a fim de deixar claro ao mundo que recursos naturais como o petróleo ficariam no futuro sob o controlo dos planificadores globais, que é, naturalmente, o Comité dos 300.

O Instituto Tavistock convocou uma consulta com Peccei para a qual McGeorge Bundy, Homer Perlmutter e o Dr. Alexander King foram convidados. De Londres, Peccei viajou para a Casa Branca onde se encontrou com o Presidente e o seu gabinete, e depois para o Departamento de Estado onde se encontrou com o Secretário de Estado, a comunidade de inteligência do Departamento de Estado e o Conselho de Planeamento Político do Departamento de Estado. Assim, desde o início, o governo dos EUA estava plenamente consciente dos planos do Comité dos 300 para este país. Isto deve responder à pergunta frequentemente formulada,

"Porque permitiria o nosso governo que o Clube de Roma operasse de forma subversiva nos Estados Unidos"?

A política económica e monetária de Volcker espelhava a de Sir Geoffrey Howe, Chanceler do Tesouro e membro do Comité de 300, e ilustra como a Grã-Bretanha controlou os Estados Unidos a partir do rescaldo da Guerra de 1812 e continua a exercer controlo sobre ela através das políticas decididas no Comité de 300.

Quais são os objectivos deste grupo secreto de elite, herdeiro do Iluminismo (Vento Conquistador de Moriah), o Culto de Dionísio, o Culto de Ísis, o Catarismo, o Bogomilismo? Este grupo de elite que também se autodenomina *OLYMPIANS* (eles acreditam verdadeiramente serem iguais em poder e estatura aos lendários deuses do Olimpo, que, tal como Lúcifer, o seu deus, se colocaram acima do nosso verdadeiro Deus) acreditam absolutamente que foram encarregados de implementar o seguinte por direito divino:

1) **Um Governo Mundial** - Nova Ordem Mundial com uma igreja unificada e um sistema monetário sob a sua liderança. Poucas pessoas sabem que o Governo Mundial Único começou a criar a sua "igreja" nos anos 20/1930, ao perceber que uma crença religiosa inerente à humanidade precisava de uma saída e assim criou uma "igreja" para canalizar essa crença na direcção que desejava.

2) **A destruição** total de toda a identidade nacional e do orgulho nacional.

3) **A destruição da religião** e especialmente da religião cristã, com uma excepção, a sua própria criação acima mencionada.

4) **O controlo de** cada pessoa através do controlo da mente e daquilo a que Brzezinski chama 'Technotronics', que criaria robôs de aspecto humano e um sistema de terror que faria o Terror Vermelho de Felix Dzerzinski parecer uma brincadeira de crianças.

5) **O fim de toda a industrialização** e da produção de energia nuclear no que chamam "a sociedade de crescimento zero pós-industrial". As indústrias de computadores e serviços estão isentas. As restantes indústrias dos EUA serão exportadas para países como o México, onde o trabalho escravo é abundante. Na sequência da destruição industrial, os desempregados ou se tornarão viciados em ópio, heroína ou cocaína, ou tornar-se-ão

estatísticas no processo de eliminação que conhecemos agora como Global 2000.

6) **Legalização de** drogas e pornografia.

7) Despovoamento **das** principais cidades, segundo o julgamento do regime de Pol Pot no Camboja. É interessante notar que os planos genocidas de Pol Pot foram desenvolvidos aqui nos EUA por uma das fundações de investigação do Clube de Roma. É também interessante notar que o Comité está actualmente a procurar reintegrar os carniceiros de Pol Pot no Camboja.

8) **Supressão de** todos os desenvolvimentos científicos, excepto aqueles considerados benéficos pelo Comité. A energia nuclear para fins pacíficos é particularmente visada. As experiências de fusão, actualmente desprezadas e ridicularizadas pelo Comité e os seus poodles na imprensa, são particularmente odiadas. O desenvolvimento da tocha de fusão iria abalar o conceito de "recursos naturais limitados" do Comité. Uma tocha de fusão devidamente utilizada poderia criar recursos naturais ilimitados e inexplorados a partir das substâncias mais comuns. Os usos da tocha de fusão são legiões e beneficiariam a humanidade de formas que ainda não são sequer remotamente compreendidas pelo público.

9) Através de **guerras** limitadas nos países avançados, e a fome e a doença nos países do terceiro mundo, causam a morte de 3 mil milhões de pessoas até ao ano 2000, pessoas a que chamam "comedores inúteis". O Comité dos 300 pediu a Cyrus Vance que escrevesse um artigo sobre a melhor forma de provocar tal genocídio. O documento foi produzido sob o título "Relatório Global 2000" e foi aceite e aprovado para acção pelo Presidente Carter, para e em nome do governo dos EUA, e aceite por Edwin Muskie, então Secretário de Estado. De acordo com o Relatório Global 2000, a população dos Estados Unidos deverá ser reduzida em 100 milhões até 2050.

10) **Enfraquecem** a fibra moral da nação e desmoralizam a classe trabalhadora, criando desemprego em massa. Com o declínio do emprego devido às políticas de crescimento zero pós-industriais introduzidas pelo Clube de Roma, os trabalhadores desmoralizados e desencorajados irão recorrer ao álcool e à droga. A juventude do país será encorajada, através de música rock e drogas, a rebelar-se contra o status quo, minando assim e,

em última análise, destruindo a unidade familiar. A este respeito, o Comité de 300 solicitou ao Instituto Tavistock que preparasse um plano detalhado sobre como isto poderia ser alcançado. A Tavistock encomendou à Stanford Research a realização deste trabalho sob a direcção do Professor Willis Harmon. Este trabalho ficaria mais tarde conhecido como "A Conspiração de Aquário".

11) **Evitar que** as pessoas em todo o lado decidam o seu próprio destino, *criando* uma crise após outra e depois "gerir" estas crises. Isto irá desorientar e desmoralizar a população ao ponto de, perante demasiadas escolhas, resultar em apatia em grande escala. No caso dos Estados Unidos, já existe uma agência de gestão de crises. É a Agência Federal de Gestão de Emergências (FEMA), que eu revelei pela primeira vez em 1980. Voltaremos à FEMA à medida que formos avançando.

12) **Introduzir** novos cultos e continuar a reforçar os que já estão a funcionar, o que inclui os gangsters de 'música' rock como os 'Rolling Stones' de Mick Jagger, uma banda de gangsters muito amada pela aristocracia negra europeia, e todas as bandas 'rock' criadas pelo Tavistock que começaram com os 'Beatles'. Continuar a desenvolver o culto ao fundamentalismo cristão iniciado pelo servo britânico da Companhia das Índias Orientais, Darby, que será desviado para fortalecer o Estado sionista de Israel, identificando-se com os judeus através do *mito do* "povo escolhido de Deus" e doando somas muito grandes de dinheiro para o que erroneamente acreditam ser uma causa religiosa para a promoção do cristianismo.

13) **Lobby** para a propagação de cultos religiosos como os Irmãos Muçulmanos, fundamentalismo muçulmano, Sikhs, e conduzir experiências de assassinato do tipo Jim Jones e "Filho de Sam". É de notar que o falecido Ayatollah Khomeini foi uma criação da Divisão 6 da Inteligência Militar Britânica, vulgarmente conhecida como MI6, como relatei no meu livro de 1985 *What Really Happened in Iran*.

14) **Exportar** as ideias de "libertação religiosa" em todo o mundo, a fim de minar todas as religiões existentes, mas especialmente a religião cristã. Isto começou com a "teologia da libertação jesuíta" que derrubou o regime da família Somoza na Nicarágua e está agora a destruir El Salvador, que se encontra numa "guerra civil" há 25 anos, Costa Rica e Honduras. Uma entidade muito

activa empenhada na chamada teologia da libertação é a Missão Mary Knoll, orientada para a comunidade. Esta é a razão pela qual os media deram muita atenção ao assassinato de quatro das chamadas freiras Mary Knoll em El Salvador há alguns anos atrás. Estas quatro freiras eram agentes subversivas comunistas e as suas actividades foram amplamente documentadas pelo governo de El Salvador. A imprensa e os media americanos recusaram-se a dar qualquer espaço ou cobertura à massa de documentos na posse do governo salvadorenho que provem o que as freiras da missão Mary Knoll estavam a fazer no país. Mary Knoll serve em muitos países e foi fundamental na introdução do comunismo na Rodésia, Moçambique, Angola e África do Sul.

15) **Causar** um colapso total das economias mundiais e criar um caos político total.

16) **Assumir o controlo de** todas as políticas externas e internas dos EUA.

17) Dar todo o apoio a instituições supranacionais como as Nações Unidas (ONU), o Fundo Monetário Internacional (FMI), o Banco de Pagamentos Internacionais (BPI), o Tribunal Penal Internacional e, sempre que possível, reduzir o impacto das instituições locais, eliminando-as gradualmente ou colocando-as sob a égide da ONU

18) Para **penetrar** e **subverter** todos os governos, e trabalhar dentro deles para destruir a integridade soberana das nações que representam.

19) **Organizar** um aparato **terrorista** global e negociar com terroristas sempre que se verifiquem actividades terroristas. Será lembrado que foi Bettino Craxi quem persuadiu os governos italiano e americano a negociar com as Brigadas Vermelhas que raptaram o Primeiro Ministro Moro e o General Dozier. A propósito, o General Dozier foi ordenado a não falar sobre o que lhe aconteceu. Se ele quebrar o seu silêncio, será sem dúvida transformado num "horrível exemplo" do tratamento de Kissinger a Aldo Moro, Ali Bhutto e ao General Zia ul Haq.

20) **Assumir o controlo** da educação na América com a intenção e o propósito de a destruir total e totalmente. A maioria destes objectivos, que enumerei pela primeira vez em 1969, foram desde então alcançados ou estão em vias de o ser. De particular interesse para o Comité do 300 é o núcleo da sua política

económica, que se baseia em grande parte nos ensinamentos de Malthus, o filho de um clérigo inglês que foi impelido à proeminência pela Companhia Britânica das Índias Orientais, na qual o Comité do 300 é modelado.

Malthus argumentou que o progresso humano está ligado à capacidade natural da Terra de suportar um determinado número de pessoas, para além do qual os recursos limitados da Terra se esgotariam rapidamente. Uma vez que estes recursos naturais tenham sido consumidos, será impossível substituí-los. É por isso que, como Malthus salientou, é necessário limitar as populações dentro dos limites da diminuição dos recursos naturais. Escusado será dizer que a elite não será ameaçada por uma população crescente de "comedores inúteis", daí a necessidade de abate. Como já disse, o "abate" está hoje em curso, seguindo os métodos defendidos no "Relatório Global 2000".

Todos os planos económicos do Comité estão na encruzilhada de Malthus e Frederick Von Hayek, outro economista pessimista patrocinado pelo Clube de Roma. Von Hayek, de origem austríaca, estava há muito sob o controlo de David Rockefeller, e as teorias de Von Hayek eram bastante aceites nos Estados Unidos. De acordo com Von Hayek, a plataforma económica dos Estados Unidos deveria basear-se (a) nos mercados negros urbanos (b) nas pequenas indústrias do tipo Hong Kong que utilizam mão-de-obra do tipo sweatshop (c) no comércio turístico (d) nas Zonas de Empresas Livres onde os especuladores podem operar sem obstáculos e o comércio de drogas pode florescer (e) no Fim de toda a actividade industrial e (f) no Encerramento de todas as centrais nucleares.

As ideias de Von Hayek coincidem perfeitamente com as do Clube de Roma, o que talvez explique porque é tão bem promovido nos círculos de direita neste país. O legado intelectual de Von Hayek está a ser transmitido a um novo e mais jovem economista, Jeoffrey Sachs, que foi enviado para a Polónia para assumir a tocha de Von Hayek.

Recorde-se que o Clube de Roma organizou a crise económica polaca que conduziu à desestabilização política do país. O mesmo planeamento económico, por assim dizer, será imposto à Rússia, mas em caso de oposição generalizada, o antigo sistema de apoio aos preços será rapidamente restabelecido.

O Comité dos 300 ordenou ao Clube de Roma que utilizasse o nacionalismo polaco como instrumento para destruir a Igreja Católica e abrir caminho à reocupação do país pelas tropas russas. O movimento "Solidariedade" é uma criação de Zbigniew Brzezinski, membro do Comité de 300, que escolheu o nome do "sindicato" e seleccionou os seus líderes e organizadores. A solidariedade não é um movimento "sindical", embora os trabalhadores dos estaleiros de Gdansk tenham sido utilizados para o lançar, mas sim uma organização POLÍTICA de alto nível, criada para provocar mudanças forçadas para o advento de um governo mundial.

A maioria dos líderes da Solidariedade eram descendentes de judeus bolcheviques de Odessa e não eram conhecidos pelo seu ódio ao comunismo. Isto ajuda a compreender a extensa cobertura fornecida pelos meios noticiosos americanos. O Professor Sachs levou o processo mais longe, assegurando a escravização económica de uma Polónia recentemente libertada do domínio da URSS. A Polónia tornar-se-á agora o escravo económico dos EUA. Tudo o que aconteceu foi que o mestre mudou.

Brzezinski é o autor de um livro que deveria ter sido lido por todos os americanos interessados no futuro deste país. Intitulado *A Era Technotronic*, foi encomendado pelo Clube de Roma. O livro é um anúncio aberto da forma e métodos que serão utilizados para controlar os Estados Unidos no futuro. Também anuncia clonagem e 'robotóides', ou seja, pessoas que se comportam como pessoas e parecem ser pessoas, mas que não o são. Brzezinski, falando em nome do Comité dos 300, disse que os EUA estavam a entrar "numa era diferente de qualquer outra anterior; estamos a entrar numa era tecnotrónica que poderia facilmente tornar-se uma ditadura". Relatei extensivamente a "era tecnotrónica" em 1981 e mencionei-a várias vezes nos meus boletins informativos.

Brzezinski prosseguiu dizendo que a nossa sociedade "está agora numa revolução da informação baseada no entretenimento, espectáculo desportivo (cobertura televisiva de eventos desportivos) que proporciona um opiáceo a uma massa cada vez mais sem objectivos. Brzezinski foi outro vidente e profeta? Poderia ele ver o futuro? A resposta é NÃO; o que ele escreveu no seu livro foi simplesmente copiado do plano do Comité de 300 entregue ao Clube de Roma para execução. Não é verdade que em 1991 já tínhamos uma massa de cidadãos sem rumo? Poderíamos dizer que 30 milhões de desempregados e 4 milhões de sem-abrigo constituem uma "massa sem objectivo", ou pelo menos o núcleo de um.

Além da religião, o "ópio das massas", que Lenine e Marx

reconheceram como necessário, temos agora o ópio dos desportos de massas, desejos sexuais desenfreados, música rock e toda uma nova geração de crianças toxicodependentes. O sexo casual e uma epidemia de uso de drogas foram criados para distrair as pessoas do que está a acontecer à sua volta. Em "A Era Technotronic", Brzezinski fala das "massas" como se as pessoas fossem objectos inanimados - que é provavelmente como somos percebidos pelo Comité dos 300. Ele refere-se continuamente à necessidade de controlar as "massas" que somos.

A dada altura, ele derrama o feijão:

> "Ao mesmo tempo, a capacidade de exercer um controlo social e político sobre o indivíduo aumentará dramaticamente. Em breve será possível exercer um controlo quase permanente sobre cada cidadão e manter ficheiros actualizados contendo até os dados mais pessoais de saúde e comportamento pessoal de cada cidadão, para além dos dados mais habituais. Estes ficheiros serão imediatamente recuperáveis pelas autoridades. O poder irá gravitar para aqueles que controlam a informação. As nossas instituições actuais serão suplantadas por instituições de gestão pré-crise, cuja tarefa será identificar, antecipadamente, as prováveis crises sociais e desenvolver programas para lidar com elas. (Isto descreve a estrutura da FEMA, que veio muito mais tarde).

> "Isto irá encorajar, nas próximas décadas, tendências para uma ERA TECNOTRÓNICA, uma DICTATURA, deixando ainda menos espaço para os procedimentos políticos tal como os conhecemos. Finalmente, olhando para o fim do século, a possibilidade de CONTROLO MENTAL BIOQUÍMICO E INTERVENÇÃO GENÉTICA COM HOMENS, INCLUINDO SERES QUE TRABALHAM HOMENS E PENSAMOS HOMENS, PODEM FAZER ALGUMAS PERGUNTAS DIFÍCEITAS.

Brzezinski escrevia não como cidadão privado, mas como conselheiro de segurança nacional de Carter, membro proeminente do Clube de Roma, membro do Comité de 300, membro do CFR e membro da antiga nobreza negra polaca. O seu livro explica como a América deve abandonar a sua base industrial e entrar no que ele chama "uma nova era histórica distinta".

> "O que torna a América única é a sua vontade de experimentar o futuro, quer se trate de arte pop ou LSD. Hoje, a América é a sociedade criativa, os outros, consciente ou inconscientemente, são

emuladores. "

O que ele deveria ter dito é que a América é o campo de ensaio para as políticas do Comité de 300 que conduzem directamente à dissolução da antiga ordem e à entrada na Ordem de Um Governo Mundial - Nova Ordem Mundial.

Um dos capítulos de *A Era Technotronic* explica como as novas tecnologias trarão na sua esteira um intenso confronto que irá pressionar a paz social e internacional. Curiosamente, já estamos sob intensa tensão devido à vigilância. Lourdes, Cuba, é um lugar onde isto está a acontecer. A outra é a sede da NATO em Bruxelas, Bélgica, onde um computador gigante conhecido como "666" pode armazenar dados de todos os tipos mencionados por Brzezinski, e também tem uma capacidade alargada para recolher dados relativos a milhares de milhões de pessoas em vários países, mas que, à luz do relatório genocida Global 2000, provavelmente nunca precisará de ser utilizado.

A recuperação de dados será simples nos EUA, onde os números da segurança social ou da carta de condução podem ser simplesmente adicionados a 666 para fornecer o registo de vigilância anunciado por Brzezinski e pelos seus colegas no Comité de 300. Em 1981, o Comité já avisou os governos, incluindo o da URSS, que haverá "caos, a menos que o Comité dos 300 assuma o controlo total dos preparativos para a Nova Ordem Mundial".

> "o controlo será exercido através da nossa comissão e através do planeamento global e da gestão de crises".

Relatei esta informação factual alguns meses depois de a ter recebido em 1981. Outra coisa que relatei na altura foi que a RÚSSIA FOI CONVIDADA a PARTICIPAR NAS PREPARAÇÕES PARA O GOVERNO MUNDIAL ÚNICO.

Quando escrevi estas coisas em 1981, os planos mundiais dos conspiradores já se encontravam num estado avançado de preparação. Olhando para trás nos últimos dez anos, podemos ver quão rapidamente os planos do Comité progrediram. Se a informação fornecida em 1981 foi alarmante, deveria sê-lo ainda mais hoje, à medida que nos aproximamos das fases finais do desaparecimento dos Estados Unidos tal como o conhecemos. Com financiamento ilimitado, com várias centenas de grupos de reflexão e 5.000 engenheiros sociais, com a mercantilização dos meios de comunicação social e o controlo da maioria dos governos, podemos ver que estamos a traçar um problema de proporções imensas, ao qual *nenhuma* nação se pode opor, neste momento.

Como já disse tantas vezes, fomos levados a acreditar erroneamente que o problema de que falo tem origem em Moscovo. Fizeram-nos uma lavagem ao cérebro para acreditarmos que o comunismo é o maior perigo que nós americanos enfrentamos. *Isso simplesmente não é o caso.* O *maior* perigo vem da massa de traidores que existe no nosso meio. A nossa Constituição adverte-nos para ter cuidado com o inimigo dentro das nossas fronteiras. Estes inimigos são os servidores do Comité de 300 que ocupam *altos cargos*[1] dentro da nossa estrutura governamental. Os ESTADOS UNIDOS é onde temos de começar a nossa luta para voltar atrás na maré que ameaça nos engolir, e onde temos de nos encontrar e derrotar estes conspiradores internos.

O Clube de Roma também desempenhou um papel directo na criação da guerra dos 25 anos em El Salvador, como parte do plano global desenvolvido por Elliot Abrams do Departamento de Estado dos EUA. Foi Willy Brandt, membro do Comité dos 300, líder da Internacional Socialista e antigo Chanceler da Alemanha Ocidental, que financiou a "ofensiva final" da guerrilha salvadorenha que, felizmente, não teve sucesso. El Salvador foi escolhido pelo Comité para fazer da América Central uma zona para uma nova Guerra dos Trinta Anos, uma tarefa que foi atribuída a Kissinger para realizar sob o título inócuo de "Plano dos Andes".

Como exemplo de como os conspiradores operam além fronteiras nacionais, a planeada acção "ofensiva final" de Willy Brandt nasceu de uma visita a Felipe Gonzalez, que se preparava então para se tornar o futuro primeiro-ministro de Espanha, um papel predestinado pelo Clube de Roma. Para além de mim e de alguns dos meus antigos colegas da inteligência, ninguém parecia ter ouvido falar de Gonzalez antes de ele ter aparecido em Cuba. González foi o encarregado de missão do Clube de Roma para El Salvador, e o primeiro socialista a

---

[1] "Finalmente, meus irmãos, *sede fortes no Senhor* e no poder do seu poder. Revesti-vos de toda a armadura de Deus, para que *possais* estar contra as *artimanhas do diabo*. Pois não é contra a carne e o sangue que lutamos, mas contra os principados, contra os poderes, contra os governantes das trevas deste mundo, contra a *maldade espiritual em lugares altos*". - Paulo de Tarso, Efésios 6:10-12.

ser elevado ao poder político em Espanha desde a morte do General Franco.

Gonzalez estava a caminho de Washington para participar na reunião socialista "Get Reagan" do Clube de Roma, que teve lugar em Dezembro de 1980. Presente na reunião Gonzalez-Castro esteve o guerrilheiro de esquerda Guillermo Ungo, chefe do Instituto de Estudos Políticos (IPS), o mais conhecido think tank de esquerda do Comité dos 300 em Washington. Ungo era dirigido por um membro da IPS que morreu num misterioso acidente de avião no seu caminho de Washington para Havana para se encontrar com Castro.

Como a maioria de nós sabe, a esquerda e a direita do espectro político são controladas pelas mesmas pessoas, o que ajuda a explicar o facto de Ungo ter sido um amigo de longa data do falecido Napoleão Duarte, líder da ala direita de El Salvador. Foi após a reunião de Cuba que se realizou a "ofensiva final" da guerrilha salvadorenha.

A polarização da América do Sul e dos Estados Unidos foi uma missão especial dada a Kissinger pelo Comité de 300. A Guerra das Malvinas (também conhecida como Guerra das Malvinas) e o subsequente derrube do governo argentino, seguido de caos económico e convulsões políticas, foram planeados por Kissinger Associates em concertação com Lord Carrington, um membro sénior do Comité de 300.

Um dos principais trunfos do Comité dos 300 nos Estados Unidos, o Instituto Aspen no Colorado, também ajudou a planear eventos na Argentina, como fez no caso da queda do Xá do Irão. A América Latina é importante para os Estados Unidos, não só porque temos muitos tratados de defesa mútua com os países lá, mas também porque tem potencial para fornecer um enorme mercado para as exportações de tecnologia dos EUA, equipamento industrial pesado que teria galvanizado muitos dos nossos negócios vacilantes e proporcionado milhares de novos empregos. Isto tinha de ser evitado a todo o custo, mesmo que isso significasse 30 anos de guerra.

Em vez de ver este enorme potencial numa perspectiva positiva, o Comité dos 300 viu-o como uma perigosa ameaça aos planos pós-industriais de crescimento zero dos Estados Unidos e tomou imediatamente medidas para fazer da Argentina um exemplo, para advertir outras nações latino-americanas a esquecerem quaisquer ideias que pudessem ter tido para promover o nacionalismo, a independência e a soberania-integridade. Esta é a razão pela qual tantos países latino-americanos se voltaram para a droga como o seu único meio de subsistência, o que pode muito bem ter sido a intenção dos conspiradores em primeiro lugar.

Os americanos em geral olham para o México com desdém, que é precisamente a atitude com a qual o Comité *quer que* o povo dos Estados Unidos veja o México. O que precisamos de fazer é mudar a forma como encaramos o México e a América do Sul em geral. O México é um mercado potencialmente enorme para todos os tipos de produtos americanos, o que poderia significar milhares de empregos tanto para americanos como para mexicanos. Mudar as nossas indústrias "para sul da fronteira" e pagar salários de escravos maquiladoras não é do interesse de nenhum dos países. Não beneficia ninguém a não ser os "Olimpíadas".

O México costumava receber a maior parte da sua tecnologia nuclear da Argentina, mas a Guerra das Malvinas acabou com isto. Em 1986, o Clube de Roma decretou que poria fim às exportações de tecnologia nuclear para países em desenvolvimento. Com centrais nucleares a produzir electricidade abundante e barata, o México ter-se-ia tornado a "Alemanha da América Latina". Isto teria sido um desastre para os conspiradores que, em 1991, impediram todas as exportações de tecnologia nuclear excepto as para Israel.

O que o Comité dos 300 tem em mente para o México é um campesinato feudal, uma condição que permite uma fácil gestão e pilhagem do petróleo mexicano. Um México estável e próspero só pode ser um trunfo para os Estados Unidos. É isto que os conspiradores querem evitar, e é por isso que se envolveram em décadas de insinuação, calúnia e guerra económica directa contra o México. Antes do ex-presidente Lopes Portillo chegar ao poder e nacionalizar os bancos, o México estava a perder 200 milhões de dólares por dia para a fuga de capitais, organizada e orquestrada por representantes do Comité de 300 em bancos e corretoras de Wall Street.

Se nós, nos Estados Unidos, tivéssemos estadistas e não políticos no comando, poderíamos agir em conjunto e derrotar os planos do Governo Mundial Único e da Nova Ordem Mundial para reduzir o México a um estado de impotência. Se conseguíssemos derrotar os planos do Clube de Roma para o México, seria um choque para o Comité dos 300, um choque que levaria muito tempo a recuperar. Os herdeiros dos Illuminati são uma ameaça tão grande para os Estados Unidos como para o México. Ao procurar um terreno comum com os movimentos patrióticos mexicanos, nós, nos Estados Unidos, poderíamos criar uma força formidável com a qual se poderia contar. Mas tal acção requer liderança, e falta-nos liderança mais do que em qualquer outro campo de esforço.

O Comité de 300, através dos seus muitos filiados, conseguiu anular a presidência de Reagan. Eis o que Stuart Butler da Fundação Heritage tinha a dizer sobre o assunto: "O pensamento certo que tinham ganho em 1980, mas na realidade tinham perdido. Butler refere-se à situação em que se encontrava o direito quando se apercebeu de que todos os cargos importantes na administração Reagan eram ocupados por socialistas Fabian nomeados pela Fundação Heritage. Butler prosseguiu dizendo que a Heritage utilizaria ideias de direita para impor princípios radicais de esquerda aos EUA, as mesmas ideias radicais que Sir Peter Vickers Hall, o principal Fabianista americano e o homem mais importante da Heritage, tinha discutido abertamente durante o ano eleitoral.

Sir Peter Vickers Hall permaneceu um Fabianista activo, apesar de dirigir um "think tank" conservador. Como membro da família britânica oligárquica Vickers de fabricantes de armas, ele tinha posição e poder. A família Vickers forneceu ambos os lados durante a Primeira Guerra Mundial e novamente durante a ascensão de Hitler ao poder. A capa oficial do Vickers foi o Instituto de Desenvolvimento Urbano e Regional da Universidade da Califórnia. Foi um confidente de longa data do líder trabalhista britânico e membro do Comité dos 300, Anthony Wedgewood Benn.

Vickers e Benn estão ambos inseridos no Tavistock Institute for Human Relations, a principal instituição mundial de lavagem ao cérebro. Vickers usa a sua formação Tavistock com bons resultados nos seus discursos. Considere o seguinte exemplo:

> "Há duas Américas. ᵉUma delas é a sociedade do século XIX, baseada na indústria pesada. A outra é a sociedade pós-industrial florescente, em alguns casos construída sobre os escombros da velha América. É a crise entre estes dois mundos que irá produzir a catástrofe económica e social da próxima década. Os dois mundos estão em oposição fundamental, não podem coexistir. Em última análise, o mundo pós-industrial deve esmagar e obliterar o outro".

Lembre-se, este discurso foi feito em 1981 e podemos ver pelo estado da nossa economia e indústrias como a previsão de Sir Peter era precisa. Quando as pessoas me perguntam quanto tempo durará a recessão de 1991, remeto-as para as declarações de Sir Peter e acrescento a minha própria opinião de que só terminará em 1995/1996, e mesmo assim o que emergirá não será a América que conhecemos nos anos sessenta e setenta. Que a América *já foi* destruída.

> "O meu povo é destruído por falta de [Meu] conhecimento". - Deus, Oséias 4:6.

Noticiei o discurso de Sir Peter no meu boletim informativo pouco depois de ter sido proferido. Que profético foi, mas foi fácil prever um futuro já escrito para a América pelo Comité dos 300 e o seu braço executivo, o Clube de Roma. O que dizia Sir Peter eufemisticamente? Traduzido para linguagem corrente, ele dizia que o velho modo de vida americano, a nossa verdadeira forma republicana de governo, baseada na nossa Constituição, seria esmagada pela Nova Ordem Mundial. A América como sabíamos que teria de ir, ou ser soprada aos pedaços.

Como já disse, os membros do Comité de 300 tornam-se frequentemente muito visíveis. Sir Peter não foi excepção. Para fazer valer o seu ponto de vista, Sir Peter concluiu o seu discurso dizendo:

> "Estou perfeitamente satisfeito por trabalhar com a Heritage Foundation e grupos como este. Os verdadeiros Fabianos estão a olhar para a Nova Direita para fazer passar algumas das suas ideias mais radicais. Durante mais de uma década, o público britânico tem sido sujeito a uma barragem constante de propaganda sobre a sua forma de estar em declínio industrial. Tudo isto é verdade, mas o efeito líquido desta propaganda tem sido o de desmoralizar a população. (Exactamente como previsto pelos novos cientistas científicos da Tavistock).

> "Isto é o que vai acontecer nos EUA quando a economia se deteriorar. Este processo (de desmoralização) é necessário para que as pessoas aceitem escolhas difíceis. Se não houver planeamento para o futuro, ou se grupos de interesse especial bloquearem o progresso, haverá caos social a uma escala que é actualmente difícil de imaginar. As perspectivas para a América urbana são sombrias. É possível fazer algo com o interior das cidades, mas fundamentalmente as cidades irão encolher e a base de produção irá diminuir. Isso irá produzir convulsões sociais".

Sir Peter era um vidente, um mágico de grande renome ou simplesmente um vidente charlatão com muita sorte? A resposta é "nenhuma das anteriores". Tudo o que Sir Peter estava a fazer era ler o plano do Comité do 300 - Clube de Roma para a morte lenta dos Estados Unidos como um antigo gigante industrial. Considerando os dez anos de previsões de Sir Peter, pode haver alguma dúvida de que os planos do Comité dos 300 para o desaparecimento dos Estados Unidos industrializados se tornaram um facto consumado?

As previsões de Sir Peter não se revelaram notavelmente exactas? De facto, têm sido, quase até à última palavra. Vale a pena notar que Sir Peter Vickers (sogro de Sir Peter Vickers-Hall) trabalhou no trabalho de investigação de Stanford, "Changing Images of Man", do qual foi extraída grande parte das 3.000 páginas de material consultivo enviado para a administração Reagan. Além disso, como oficial superior dos serviços secretos britânicos no MI6, Sir Peter Vickers foi capaz de fornecer ao Heritage uma grande quantidade de informação antecipada.

Como membro do Comité dos 300 e da NATO, Sir Peter Vickers estava presente quando a NATO solicitou ao Clube de Roma que desenvolvesse um programa social que mudasse completamente a direcção em que a América queria ir. O Clube de Roma, sob a liderança do Tavistock, encarregou o Stanford Research Institute (SRI) de desenvolver tal programa, não só para a América, mas para todas as nações da Aliança Atlântica e dos países da OCDE.

Foi o protegido de Sir Peter, Stuart Butler, que deu ao Presidente Reagan 3.000 páginas de "recomendações", que presumivelmente continham algumas das opiniões expressas por Anthony Wedgewood Benn, deputado e membro influente do Comité dos 300. Benn disse aos membros da Internacional Socialista que se reuniram em Washington a 8 de Dezembro de 1980:

> "Pode prosperar sob a crise do crédito Volcker se pilotar Reagan para intensificar a crise do crédito".

O conselho de Butler foi seguido e aplicado à administração Reagan, como evidenciado pelo colapso da união de crédito e das indústrias bancárias que acelerou sob as políticas económicas de Reagan. Embora Benn lhe chamasse "direcção", ele queria mesmo dizer que Reagan tinha de ser submetido a uma lavagem cerebral. Curiosamente, Von Hayek - que é membro fundador da Heritage - usou o seu aluno, Milton Friedman, para presidir aos planos do Clube de Roma para desindustrializar a América, utilizando a presidência de Reagan para acelerar o colapso da indústria siderúrgica, e mais tarde as indústrias automóvel e habitacional.

A este respeito, um membro da nobreza negra francesa, Etienne D'Avignon, como membro do Comité dos 300, foi incumbido da tarefa de colapso da indústria siderúrgica neste país. É improvável que as centenas de milhares de trabalhadores siderúrgicos e trabalhadores dos estaleiros que estão sem trabalho há dez anos tenham alguma vez ouvido falar de D'Avignon. Fiz um relato completo do plano D'Avignon na Revista Económica de Abril de 1981. Um homem misterioso do Irão, que se revelou ser Bani Sadr, o enviado especial do Ayatollah Khomeini, esteve presente na fatídica reunião do Clube de Roma em Washington D.C. no dia 10 de Dezembro desse ano.

Um discurso em particular, proferido no conclave a 10 de Dezembro de 1980, chamou-me a atenção, principalmente porque veio de François Mitterrand, um homem que o estabelecimento francês tinha dispensado como passé. Mas a minha fonte de informação tinha-me dito antes que Mitterrand estava a ser recuperado, polvilhado e trazido de volta ao poder, por isso o que ele disse carregava muito peso para mim:

> "O desenvolvimento industrial-capitalista é o oposto da liberdade: temos de lhe pôr fim. Os sistemas económicos dos séculos XXe e XXIe utilizarão a máquina para substituir o homem, antes de mais no campo da energia nuclear, que já está a produzir resultados tremendos".

O regresso de Mitterrand ao Eliseu foi um grande triunfo para o socialismo. Provou que o Comité dos 300 era suficientemente poderoso para prever os acontecimentos e fazê-los acontecer, pela força, ou por qualquer meio, para mostrar que podia esmagar qualquer oposição, mesmo que, como no caso de Mitterrand, tivesse sido totalmente rejeitado alguns dias antes por um grupo influente em Paris.

Outro representante do grupo nas reuniões de Dezembro de 1980 em Washington com "estatuto de observador" foi John Graham, também conhecido como "Irwin Suall", chefe da comissão de investigação da Liga Anti-Defamação (ADL). A ADL é uma operação de inteligência britânica de pleno direito dirigida pelos três ramos da inteligência britânica, nomeadamente o MI6 e o JIO. O vasto saco de truques da Suall foi adquirido nos esgotos do East End de Londres. Suall é ainda membro do SIS super-secreto, uma unidade de operações de elite ao estilo James Bond-style. Que ninguém subestime o poder da ADL ou o seu longo alcance.

Suall trabalha em estreita colaboração com Hall e outros Fabianistas. Foi designado como útil à inteligência britânica enquanto frequentava o Ruskin Labour-College na Universidade de Oxford, Inglaterra, o mesmo centro de educação comunista que nos deu Milner, Rhodes, Burgess, McLean e Kim Philby. As universidades de Oxford e Cambridge são há muito tempo o domínio dos filhos e filhas da elite, aqueles cujos pais pertencem à "nata" da alta sociedade britânica. Enquanto estudava em Oxford, Suall juntou-se à Liga Socialista dos Jovens e foi recrutado pelos Serviços Secretos Britânicos pouco depois.

Suall foi colocado nos Estados Unidos, onde se encontrou sob a protecção e patrocínio de um dos esquerdistas mais insidiosos do país, Walter Lippmann. Lippmann fundou e liderou a Liga para a Democracia Industrial e Estudantes para a Sociedade Democrática, duas organizações de esquerda que visavam colocar os trabalhadores industriais em desacordo com o que ele chamava "a classe capitalista" e os patrões. Ambos os projectos de Lippmann eram parte integrante do aparelho americano do Comité de 300, do qual Lippmann era um membro muito importante.

Suall tem laços estreitos com o Departamento de Justiça e pode obter perfis do FBI de qualquer pessoa que vise. O Departamento de Justiça tem ordens para dar a Suall o que ele quiser, sempre que ele o quiser. A maioria das actividades da Suall consiste em "vigiar grupos e indivíduos de direita". A ADL tem uma porta aberta para o Departamento de Estado e faz bom uso da impressionante agência de inteligência deste último.

O Departamento de Estado tem uma camada de agentes de direita que se apresentam como "combatentes anti-semitas destemidos". Há quatro líderes neste grupo de informadores, três dos quais são discretos homossexuais judeus. Este grupo de espiões tem estado activo há duas décadas. Publicam "jornais" virulentamente anti-judaicos e vendem uma grande variedade de livros de anti-semitismo. Um dos principais operadores trabalha a partir da Louisiana. Um membro do grupo é um escritor popular nos círculos de direita cristã. O grupo e os indivíduos que o compõem estão sob a protecção da ADL. Suall tem estado profundamente envolvido com ABSCAM e é frequentemente chamado pelas forças da lei para ajudar nas suas investigações e operações infiltradas.

Suall foi incumbido de "observar Reagan", no que diz respeito ao caminho traçado pela Fundação Heritage para o recém-eleito presidente, e de disparar alguns tiros de aviso se Reagan parecesse que se ia desviar ou remover os seus cegos a qualquer momento. Suall ajudou a livrar-se de qualquer conselheiro de direita problemático que não fosse obrigado ao Heritage pelo seu emprego na administração Reagan. Foi o caso de Ray Donovan, Secretário do Trabalho de Reagan, que acabou por ser afastado do cargo graças ao departamento "Dirty-Tricks" da ADL[2]. James Baker III, uma das pessoas da lista de 3000 recomendações da Heritage Foundation, foi o intermediário que passou as mensagens de ódio de Suall sobre Donovan ao Presidente.

Outro conspirador importante foi Philip Agee, o chamado "desertor" da CIA. Apesar de não ser membro do Comité, foi no entanto o seu responsável pelo México, e dirigido pelo (British) Royal Institute for International Affairs (RIIA) e pelo (American) Council on Foreign Relations. Para que conste, nada do que acontece nos EUA acontece sem a sanção da RIIA. Este é um acordo contínuo e permanente feito pela primeira vez OPENLY (houve muitos acordos secretos antes disso) por Churchill e Roosevelt em 1938, ao abrigo do qual os serviços secretos norte-americanos são obrigados a partilhar informações altamente secretas com os serviços secretos britânicos.

Esta é a base da chamada "relação especial" entre os dois países, que Churchill e Lord Halifax se vangloriavam de ser "especiais" em todos os sentidos.

A "relação" foi responsável pelo desencadeamento da Guerra do Golfo contra o Iraque pelos EUA e em nome dos interesses britânicos, especificamente a British Petroleum, uma das mais importantes empresas do Comité das 300, na qual a família imediata da Rainha Elizabeth tem um interesse significativo.

Nenhuma actividade de inteligência teve lugar desde 1938, excepto através desta estrutura especial de comando conjunto. Philip Agee entrou para a CIA depois de se formar em Notre Dame, onde foi introduzido no seu círculo de Maçons Jesuítas. Agee chamou-me a atenção pela primeira vez em 1968 como o oficial de inteligência por detrás dos tumultos na Universidade da Cidade do México. Um dos aspectos mais importantes dos tumultos estudantis mexicanos é que

---

[2] "Golpes torcidos", Ndt.

ocorreram ao mesmo tempo que os tumultos estudantis em Nova Iorque, Bona, Praga e Berlim Ocidental.

Graças à experiência de coordenação e à rede especial de inteligência da qual a INTERPOL é parte integrante, não é tão difícil como poderia parecer à primeira vista que o Comité desencadeasse acções globais cuidadosamente planeadas, desde motins estudantis até à remoção de líderes de nações supostamente soberanas. Tudo isto faz parte do trabalho diário dos "Olimpíadas". Do México, Agee alinhou-se com grupos terroristas porto-riquenhos. Durante este período, tornou-se um confidente de confiança do ditador cubano, Fidel Castro.

Não se deve assumir que quando Agee estava a conduzir estas operações, estava a fazê-lo como um agente "velhaco". Pelo contrário, ele trabalhava para a CIA ao longo destas missões. O problema surgiu quando o DGI de Castro (serviço de inteligência cubano) conseguiu "virá-lo". Agee continuou a trabalhar como membro da CIA até que a sua dupla função foi descoberta. Este foi o maior posto de escuta soviético do Ocidente, localizado em Lourdes, Cuba. Equipada por 3.000 especialistas soviéticos de monitorização e descodificação de sinais, Lourdes é capaz de monitorizar milhares de sinais electrónicos simultaneamente. Numerosas conversas telefónicas privadas entre um congressista e a sua amante foram apanhadas em Lourdes e postas em bom uso.

Embora nos seja dito hoje, em 1991, que "o comunismo está morto", os Estados Unidos nada fizeram para parar a vasta operação de espionagem à nossa porta. A propósito, Lourdes tem a capacidade de captar mesmo o sinal mais fraco "tempestade", que é o tipo de sinal emitido por uma máquina de fax ou máquina de escrever eléctrica que, quando decifrada, dará o conteúdo do que está a ser dactilografado ou enviado por fax. Lourdes permanece uma "adaga no coração" dos Estados Unidos. Não há absolutamente nenhuma razão para manter a sua existência. Se os EUA e a URSS estão verdadeiramente em paz um com o outro, porque é que continuam a precisar de uma operação de espionagem tão maciça? A simples verdade é que, em vez de reduzir o seu pessoal como somos levados a crer, o KGB recrutou em massa em 1990 e 1991.

Bernard Levin não é provavelmente um nome familiar nos Estados Unidos. Ao contrário das decadentes estrelas pop ou da mais recente "descoberta" de Hollywood, os académicos raramente, se é que alguma vez, estão aos olhos do público. Das centenas de académicos norte-americanos que trabalham sob o controlo do Clube de Roma,

Levin merece uma menção especial, quanto mais não seja pelas seguintes razões: o seu papel no enfraquecimento do Irão, Filipinas, África do Sul, Nicarágua e Coreia do Sul. A queda do Xá do Irão foi executada de acordo com um plano elaborado por Bernard Levin e Richard Falk, e supervisionado pelo Instituto Aspen de Robert Anderson.

Levin é o autor de *Time Perspective and Morale,* uma publicação do Clube de Roma sobre como quebrar o moral das nações e dos líderes individuais. Aqui está um excerto desse documento:

> "Uma das principais técnicas para quebrar o moral, através de uma estratégia de terror, é exactamente esta táctica: manter a pessoa no escuro sobre a sua situação e sobre o que ela pode esperar. Além disso, se as oscilações frequentes entre medidas disciplinares severas e promessas de bom tratamento, bem como a divulgação de notícias contraditórias, tornarem a estrutura da situação pouco clara, o indivíduo pode deixar de saber se um determinado plano o conduzirá para ou para longe do objectivo. Nestas condições, mesmo os indivíduos que têm objectivos claros e estão dispostos a correr riscos estão paralisados pelo grave conflito interior sobre o que devem fazer".

Este projecto do Clube de Roma aplica-se tanto a PAÍSES como a indivíduos, especialmente aos líderes dos governos desses países. Nos Estados Unidos, não temos de pensar que "Oh, isto é a América, e estas coisas não acontecem aqui". Deixem-me assegurar-vos que elas acontecem nos Estados Unidos, talvez *mais* do que em qualquer outro país.

O plano Levin-Club de Roma foi concebido para nos desmoralizar a todos, para que no final sintamos que temos de seguir o que está planeado para nós. Vamos seguir as ordens do Clube de Roma como ovelhas. Qualquer líder aparentemente forte que de repente pareça "salvar" a nação deve ser considerado com a maior suspeita. Lembre-se que Khomeini foi preparado durante anos pelos serviços secretos britânicos, especialmente durante a sua estadia em Paris, antes de aparecer subitamente como o salvador do Irão. Boris Ieltsin veio do mesmo estábulo MI6-SIS.

O Clube de Roma está confiante de ter concluído com sucesso o seu mandato de "suavizar" os Estados Unidos. Após 45 anos de guerra contra o povo desta nação, quem duvidará de que ela tenha de facto cumprido a sua tarefa? Olhe à sua volta e veja como ficámos desmoralizados. Drogas, pornografia, rock and roll "música", sexo livre, a unidade familiar totalmente minada, lesbianismo, homossexualidade e, finalmente, o horrível assassinato de milhões de bebés inocentes pelas suas próprias mães. Houve alguma vez um crime mais desprezível do que o aborto em massa?

Quando os Estados Unidos estão espiritual e moralmente falidos, quando a nossa base industrial é destruída e 30 milhões de pessoas estão desempregadas, quando as nossas principais cidades estão a ser assustadores esgotos de todos os crimes concebíveis, quando a taxa de homicídios é quase três vezes superior à de qualquer outro país, quando temos 4 milhões de desalojados e a corrupção governamental é galopante, quem pode argumentar com o facto de os Estados Unidos estarem a tornar-se um país à beira do colapso interno? com 4 milhões de pessoas sem abrigo e a corrupção governamental a atingir proporções desenfreadas, quem poderá argumentar que os Estados Unidos se está a tornar um país que está pronto para entrar em colapso a partir de dentro, apenas para cair nos braços do novo governo de um mundo da idade das trevas?

O Clube de Roma conseguiu dividir as igrejas cristãs; conseguiu construir um exército de fundamentalistas carismáticos e evangélicos que lutarão pelo Estado sionista de Israel. Durante a genocida Guerra do Golfo, recebi dezenas de cartas perguntando-me como poderia opor-me a "uma guerra cristã justa contra o Iraque". Como poderia eu duvidar que o apoio fundamentalista cristão à (Comissão dos 300) guerra contra o Iraque não fosse bíblico - afinal, Billy Graham não rezou com o Presidente Bush pouco antes do início do tiroteio? Será que a Bíblia não fala de "guerras e rumores de guerras"?

Estas cartas dão uma visão sobre a *eficácia* do trabalho do Instituto Tavistock. Os fundamentalistas cristãos serão uma força formidável por detrás do Estado de Israel, exactamente como previsto. Como é triste que estas boas pessoas não percebam que foram grosseiramente enganadas pelo Clube de Roma e que as suas opiniões e crenças *NÃO* são as *suas próprias*, mas as *criadas* para elas pelas centenas de "think tanks" do Comité de 300 que pontilham a paisagem americana. Por outras palavras, como qualquer outro segmento da população americana, os fundamentalistas cristãos e os evangélicos foram completamente submetidos a uma lavagem ao cérebro.

Como nação, estamos preparados para aceitar o desaparecimento dos Estados Unidos da América e o modo de vida americano, outrora invejado pelo mundo. Não pense que isto acabou de acontecer - a velha síndrome da "mudança do tempo". O tempo não muda nada, são as PESSOAS que mudam. É um erro pensar no Comité dos 300 e no Clube de Roma como instituições europeias. O Clube de Roma exerce grande influência e poder nos Estados Unidos, e tem a sua própria secção, sediada em Washington D.C.

O Senador Claiborne Pell é o seu líder, e um dos seus membros é Frank M. Potter, antigo director do pessoal da Subcomissão de Energia da Câmara. Potter, antigo director do pessoal da Subcomissão de Energia da Câmara. Não é difícil compreender como o Clube de Roma tem mantido o seu controlo sobre a política energética dos EUA e de onde provém a oposição "verde" à energia nuclear. Talvez a maior realização do Clube seja a sua realização no Congresso sobre energia nuclear, que teve o efeito de impedir os EUA de entrar no século 21 como uma nação industrial forte. O efeito da política anti-nuclear do Clube de Roma pode ser medido em termos de altos-fornos silenciosos, estações ferroviárias abandonadas, siderurgias enferrujadas, estaleiros navais há muito fechados, e uma valiosa mão-de-obra qualificada espalhada pelos Estados Unidos que nunca mais poderá ser montada.

Os outros membros do Clube de Roma nos Estados Unidos são Walter A. Hahn do Serviço de Pesquisa do Congresso, Ann Cheatham e Douglas Ross, ambos economistas seniores. Hahn do Serviço de Investigação do Congresso, Ann Cheatham e Douglas Ross, ambos economistas seniores. A tarefa de Ross, nas suas próprias palavras, era a de "traduzir as perspectivas do Clube de Roma em legislação para ajudar o país a verter a ilusão da abundância". Ann Cheatham foi a directora de uma organização chamada o Centro de Compensação do Congresso para o Futuro.

A sua tarefa era fazer o perfil dos membros do Congresso que pudessem ser susceptíveis à astrologia e às patranhas da Nova Era. A certa altura tinha mais de 100 congressistas nas suas aulas. Foram realizadas sessões diárias nas quais foram feitas várias "previsões" astrológicas, baseadas nas suas "percepções ocultas". Para além dos congressistas, outras figuras proeminentes que participaram nas suas sessões foram Michael Walsh, Thornton Bradshaw - um membro proeminente do Comité de 300 - e David Sternlight, um vice-presidente da Companhia de Seguros Allstate. Alguns dos membros mais proeminentes do Comité dos 300 são também membros da OTAN, um facto que devemos recordar. Estes membros do Comité de 300 ocupam frequentemente vários cargos. Entre os membros do Clube da OTAN de Roma contam-se Harland Cleveland, antigo

Embaixador dos EUA na OTAN, Joseph Slater, Director do Instituto Aspen, Donald Lesh, antigo funcionário da Agência de Segurança Nacional dos EUA, George McGhee e Claiborne Pell, para citar apenas alguns.

É importante que nos lembremos destes nomes, que façamos uma lista deles se quiser, para que nos lembremos de quem são e o que representam quando os seus nomes aparecem em programas de televisão e serviços noticiosos. Seguindo o modus vivendi da inteligência, os líderes da comissão aparecem frequentemente na televisão, geralmente com o disfarce mais inocente. Devemos saber que *nada do que* eles fazem é inocente.

O Comité dos 300 colocou os seus agentes nos músculos e nervos dos Estados Unidos, no seu governo, no Congresso, nas posições consultivas em torno do Presidente, como embaixadores e como secretários de Estado. De tempos a tempos, o Clube de Roma organiza reuniões e conferências que, embora tenham títulos inócuos, estão divididas em comissões de acção, a cada uma das quais é atribuída uma tarefa específica e uma data alvo precisa até à qual deve completar a sua missão. Se nada mais fizer, o Comité dos 300 trabalha com um horário muito específico. A primeira conferência do Clube de Roma nos Estados Unidos foi convocada pelo Comité de 300 em 1969 sob o título "Club of Rome Association": "The Club of Rome Association". A reunião seguinte teve lugar em 1970 sob o título "Riverdale Centre of Religious Research" e foi liderada por Thomas Burney. Seguiu-se a Conferência Woodlands realizada em Houston, Texas, a partir de 1971. Posteriormente, realizavam-se todos os anos conferências regulares em The Woodlands. Também em 1971, numa data posterior, a Mitchell Energy and Development Corporation realizou a sua reunião de estratégia energética para o Clube de Roma: O tema recorrente: LIMITANDO O CRESCIMENTO NOS EUA. Para completar, a primeira Conferência Mundial de Futuros realizou-se em Julho de 1980, na qual participaram 4.000 engenheiros sociais e membros de grupos de reflexão, todos membros ou afiliados de várias instituições que operam sob o guarda-chuva do Clube de Roma.

A Primeira Conferência Mundial do Futuro teve a bênção da Casa Branca, que organizou a sua própria conferência com base nas transcrições do fórum da Primeira Conferência Mundial. Foi denominada "Comissão da Casa Branca nos anos 80" e recomendou OFICIALMENTE as políticas do Clube de Roma "como guia para as futuras políticas dos EUA" e chegou ao ponto de dizer que a economia dos EUA estava a emergir da fase industrial. Isto ecoa o tema de Sir Peter Vickers-Hall e Zbibniew Brzezinsky e fornece mais provas do controlo exercido pelo Comité de 300 sobre os assuntos dos EUA, tanto nacionais como estrangeiros.

Como eu disse em 1981, somos forçados, política, social e economicamente, a permanecer presos aos planos do Clube de Roma. Tudo está empilhado contra nós. Se queremos sobreviver, temos de quebrar o estrangulamento que o Comité dos 300 tem sobre o nosso governo. Em todas as eleições desde que Calvin Coolidge concorreu à Casa Branca, o Comité dos 300 tem conseguido colocar os seus agentes em posições-chave do governo, de modo a que não importa quem fica com o lugar na Casa Branca. Por exemplo, todos os candidatos que concorreram à presidência desde os dias de Franklin D. Roosevelt foram seleccionados, alguns gostam de dizer "escolhidos a dedo", pelo Conselho das Relações Exteriores agindo segundo as instruções da RIIA.

Especialmente nas eleições de 1980, todos os candidatos ao mais alto cargo nos Estados Unidos foram dirigidos pelo CFR. Por conseguinte, não importava para os conspiradores que ganharam a corrida presidencial. Graças a cavalos de Tróia como a Fundação Heritage e o CFR, TODOS os cargos políticos-chave nas novas administrações foram preenchidos por candidatos do Conselho das Relações Exteriores, e antes disso, desde os anos 60, por homens do sim do Clube de Roma da OTAN, assegurando assim que as decisões políticas-chave tenham o selo indelével do Clube de Roma e do CFR, actuando como os braços executivos do Comité de 300.

As eleições de 1984 e 1988 seguiram este padrão há muito estabelecido. O Secretário de Estado George Schultz foi a escolha perfeita do Comité de 300 para Secretário de Estado. Schultz tinha sido sempre uma criatura de Henry Kissinger, o director do CFR. Além disso, a sua posição na Bechtel, uma empresa chave do Comité de 300 com dimensões globais, deu-lhe acesso a países que de outra forma poderiam ter suspeitado das suas ligações ao Kissinger. A administração Carter acelerou o processo de nomeação de pessoal pró-conspiração para posições-chave. Antes de Carter ser eleito, o seu principal estratega de campanha, Hamilton Jordan, disse que se Cyrus Vance ou Brzezinski fossem nomeados para o gabinete de Carter, ele, Jordan, renunciaria. E assim foi. Jordan *não* se demitiu.

A escolha de Carter de Paul Volcker (de facto, David Rockefeller disse-lhe para nomear Volcker) desencadeou o colapso da economia dos EUA de acordo com o plano traçado pelo Clube de Roma. Estamos perante forças poderosas dedicadas a estabelecer um governo mundial único. Há 45 anos que estamos envolvidos numa guerra devastadora, mas esta não é percebida como tal. Estamos a sofrer uma lavagem ao cérebro, metódica e sistemática, sem nunca nos apercebermos disso. O Instituto Tavistock providenciou o sistema para que isto acontecesse, e depois pôs em marcha as suas operações.

A única forma de nos defendermos é expor os conspiradores e as suas múltiplas organizações de fachada. Precisamos de homens experientes que possam formular uma estratégia para defender o nosso património inestimável, que, uma vez perdido, será uma memória. Precisamos de aprender os métodos utilizados pelos conspiradores, conhecê-los e adoptar contramedidas. Apenas um programa de emergência irá parar a podridão que está a consumir a nossa nação.

Alguns podem ter dificuldade em aceitar a ideia de uma conspiração global, porque tantos escritores beneficiaram financeiramente. Outros duvidam que a actividade, a uma escala global, possa ser coordenada com sucesso. Eles vêem a enorme burocracia do nosso governo e depois dizem: "Como é suposto acreditarmos que os indivíduos podem fazer mais do que o governo? "Isto ignora o facto de que o governo é *parte da* conspiração. O que eles querem são provas concretas, e isso é difícil de obter.

Outros dizem: "E depois? Que me importa uma conspiração, nem sequer me dou ao trabalho de votar". Esta é exactamente a forma como a população geral da América tem sido perfilada *para* reagir. O nosso povo ficou desanimado e confuso, o resultado de 45 anos de guerra (psicológica) travada contra nós. Como isto é feito é explicado no livro de Bernard Levin, mas quantas pessoas se dariam ao trabalho de ler um livro de não-ficção de um académico? (Ou acabar de ler tudo?) Estamos a reagir exactamente como fomos perfilados para agir. As pessoas desmoralizadas e desorientadas serão muito mais rápidas a acolher o súbito aparecimento de um grande homem que promete resolver todos os problemas e assegurar uma sociedade bem ordenada na qual as pessoas sejam empregadas a tempo inteiro e as disputas domésticas sejam mínimas. O seu ditador, pois é isso que ele é, será acolhido de braços abertos.

Conhecer a OMS, o inimigo, é uma necessidade vital. Ninguém pode lutar e vencer contra um inimigo não identificado. Este livro poderia ser utilizado como um manual de campo militar. *Estudar* o seu conteúdo e memorizar todos os nomes. Mencionei com bastante frequência técnicas de traçar perfis neste capítulo. Encontrará uma explicação completa do "perfil" no próximo capítulo. Uma das mais profundas percepções sobre a ciência da caracterização é a relativa facilidade com que esta pode ser feita sobre indivíduos, grupos partidários, entidades políticas e assim por diante. Uma vez que compreendemos como é fácil de fazer, a conspiração já não está para além da nossa compreensão. O assassinato do Presidente Kennedy e a tentativa de assassinato do Presidente Reagan tornam-se então fáceis de compreender e decifrar.

Instituições através das quais o controlo é exercido

O perfiling é uma técnica desenvolvida em 1922 por ordem do Royal Institute for International Affairs (RIIA). O Major John Rawlings Reese, um técnico do exército britânico, foi instruído a criar as maiores instalações de lavagem ao cérebro do mundo no Instituto Tavistock de Relações Humanas, parte da Universidade de Sussex. Este instituto tornou-se o núcleo do Instituto Britânico de Guerra Psicológica. Quando introduzi os nomes Reese e Tavistock nos Estados Unidos em 1970, houve muito pouco interesse. Mas ao longo dos anos, à medida que revelava cada vez mais sobre o Tavistock e o seu papel vital na conspiração, tornou-se popular imitar a minha investigação inicial.

O Gabinete Britânico de Guerra Psicológica fez uso extensivo do trabalho de Reese nos seus 80.000 cobaias do exército britânico, soldados prisioneiros que foram submetidos a muitas formas de testes. Foram os métodos concebidos por Tavistock que levaram os Estados Unidos à Segunda Guerra Mundial e, sob a liderança do Dr. Kurt Lewin, criaram o OSS, o precursor da CIA. Lewin tornou-se o director do Strategic Bombing Survey, um plano da Força Aérea Real para se concentrar no bombardeamento das habitações dos trabalhadores alemães e deixar os alvos militares, tais como fábricas de munições, em paz. Para estas fábricas de armamento, de ambos os lados, eram propriedade de banqueiros internacionais que não queriam ver os seus bens destruídos.

Mais tarde, após o fim da guerra, a NATO ordenou à Universidade de Sussex que criasse um centro de lavagem ao cérebro muito especial que passou a fazer parte do Gabinete Britânico de Guerra Psicológica, mas a sua investigação foi agora direccionada para aplicações civis e não militares. Voltaremos a esta unidade super-secreta, que se chamava Instituto de Investigação de Política Científica (SPRI), nos nossos capítulos sobre drogas.

A ideia por detrás do bombardeamento da saturação de habitações de trabalhadores civis era quebrar o moral dos trabalhadores alemães. Não deveria afectar o esforço de guerra contra a máquina militar alemã. Lewin e a sua equipa de actuários chegaram a um número alvo, nomeadamente que se 65% das habitações dos trabalhadores alemães fossem destruídas pelos bombardeamentos nocturnos da RAF, o moral da população civil entraria em colapso. O documento propriamente dito foi preparado pela *Prudential Assurance Company*.

A RAF, sob o comando de 'Bomber' Harris, implementou os planos de Lewin, culminando no bombardeamento terrorista de Dresden, no qual mais de 125.000 pessoas, principalmente homens, mulheres e crianças idosas, foram mortas. A verdade sobre as terríveis rusgas de Harris a civis alemães permaneceu um segredo bem guardado até ao fim da Segunda Guerra Mundial.

Tavistock forneceu a maior parte dos programas detalhados que levaram à criação do Office of Naval Intelligence (ONI), o primeiro serviço de inteligência dos EUA, que anula a CIA em dimensão e alcance. Biliões de dólares de contratos foram atribuídos ao Tavistock pelo governo dos EUA e os planeadores estratégicos do Tavistock fornecem muito do que o Pentágono utiliza para o nosso estabelecimento de defesa, ainda hoje. Este é mais um exemplo do controlo do Comité de 300 sobre os EUA, e sobre a maioria das nossas instituições. A Tavistock dirige mais de 30 instituições de investigação nos EUA, todas as quais iremos nomear nas nossas tabelas no final do livro.

Estas instituições americano-turistóquicas tornaram-se em muitos casos monstros gigantescos, penetrando em todos os aspectos das nossas agências governamentais e assumindo o controlo de todas as decisões políticas. Alexander King, membro fundador da OTAN e favorito do Comité dos 300, bem como membro proeminente do Clube de Roma, é um dos principais destruidores do nosso modo de vida. O Dr. King foi encarregado pelo Clube de Roma de destruir a educação na América, assumindo o controlo da Associação Nacional de Professores, trabalhando em estreita colaboração com certos legisladores e juízes. Se ainda não se soubesse a influência do Comité dos 300, este livro deveria dissipar quaisquer dúvidas.

O teste da Agência Federal de Gestão de Emergência (FEMA), uma criação do Clube de Roma, foi um teste contra a central nuclear Three Mile Island em Harrisburg, Pensilvânia. Chamado "acidente" pelos media histéricos, *não* foi um acidente, mas um teste de crise *deliberadamente* concebido para a FEMA. Um benefício adicional foi o medo e a histeria criados pelos meios de comunicação social que levaram as pessoas a fugir da área, quando na realidade nunca estiveram em perigo. Isto foi considerado um sucesso pela FEMA e marcou muitos pontos para as forças antinucleares. O TMI tornou-se o ponto de encontro dos chamados "ambientalistas", um grupo altamente financiado e controlado pelo Instituto Aspen, em nome do Clube de Roma. A cobertura mediática foi fornecida gratuitamente por William Paley da CBS television, um antigo agente dos serviços secretos britânicos.

A FEMA é o sucessor natural do estudo do bombardeamento estratégico da Segunda Guerra Mundial. O Dr. Kurt Lewin, teórico daquilo a que os conspiradores Tavistock chamavam gestão de crises, esteve profundamente envolvido neste processo. Existe uma cadeia inquebrável entre Lewin e Tavistock que se estende por trinta e sete anos. Lewin integrou o estudo do bombardeamento estratégico na FEMA, com apenas pequenos ajustes que se revelaram necessários, sendo que uma das mudanças que se verificou ser o alvo não foi a ALEMANHA LONGA, MAS OS ESTADOS UNIDOS DA AMÉRICA.

Quarenta e cinco anos após o fim da Segunda Guerra Mundial, é ainda o Tavistock que tem as mãos no gatilho, e a arma é apontada para os EUA. A falecida Margaret Mead realizou um estudo intensivo das populações alemã e japonesa sob os auspícios de Tavistock para descobrir como reagiram ao stress dos bombardeamentos aéreos. Irving Janus foi professor associado neste projecto, supervisionado pelo Dr. John Rawlings Reese, que foi promovido a Brigadeiro-General no Exército Britânico. Os resultados dos testes foram submetidos à FEMA. O relatório Irving Janus foi de grande utilidade na formulação da política da FEMA. Janus utilizou-o num livro que escreveu mais tarde, intitulado AIR WAR AND STRESS. As ideias do seu livro foram seguidas à letra pela FEMA durante a "crise das Três Milhas da Ilha". Janus teve uma ideia muito simples: Simular uma sucessão de crises e manipular a população seguindo as tácticas terroristas de Lewin e eles farão exactamente a coisa certa.

Ao realizar este exercício, Lewin descobriu algo novo, nomeadamente que o controlo social em grande escala pode ser alcançado através da utilização dos meios de comunicação social para divulgar os horrores da guerra nuclear através da televisão. Descobriu que as revistas femininas eram muito eficazes para retratar os horrores da guerra nuclear. Num julgamento conduzido por Janus, Betty Bumpers, esposa do Senador Dale Bumpers do Arkansas, "escreveu" para a revista *McCalls* sobre este assunto.

O artigo apareceu na edição de Janeiro de 1983 de *McCalls*. De facto, a Sra. Bumpers não escreveu o artigo, ele foi criado para ela por um grupo de escritores Tavistock cuja especialidade é. Era uma colecção de inverdades, não factos, insinuações e conjecturas baseadas inteiramente em informações falsas. O artigo do Bumpers era típico do tipo de manipulação psicológica em que o Tavistock se distingue. Nenhuma das senhoras que leram *McCalls* poderia deixar de se impressionar com a história de terror/horror do que é a guerra nuclear.

O Comité dos 300 tem uma grande burocracia de centenas de grupos de reflexão e organizações de fachada que representam toda a gama de líderes do sector privado e do governo. Vou nomear o máximo que puder, começando pelo Fundo Marshall Alemão. Os seus membros, e recorde-se que também são membros da NATO e do Clube de Roma, são David Rockefeller do Banco Chase Manhattan, Gabriel Hague do prestigiado Manufactures Hanover Trust and Finance Corporation, Milton Katz da Fundação Ford, Willy Brandt, líder da Internacional Socialista, agente da KGB e membro do Comité de 300, Irving Bluestone, Presidente do Conselho Executivo do United Auto Workers, Russell Train, Presidente dos EUA do Clube de Roma. Russell Train, Presidente do Clube de Roma dos EUA e do Príncipe Philip's World Wildlife Fund, Elizabeth Midgely, produtora do programa CBS, B. R. Gifford, Director da Fundação Russell Sage, Guido Goldman do Instituto Aspen, o falecido Averell Harriman, membro geral do Comité de 300, Thomas L. Hughes do Carnegie Endowment Fund, Dennis Meadows e Jay Forrestor do MIT "world-dynamics".

O Comité de 300, embora exista há mais de 150 anos, só assumiu a sua forma actual por volta de 1897. Ainda tendia a dar ordens através de outros organismos de fachada, tais como o Instituto Real de Assuntos Internacionais. Quando se decidiu que uma super-agência controlaria os assuntos europeus, a RIIA fundou o Instituto Tavistock, que por sua vez criou a OTAN. Durante cinco anos, a OTAN foi financiada pelo German Marshall Fund. Talvez o membro mais importante dos Bilderbergers, um braço de política externa do Comité, tenha sido Joseph Rettinger, que se diz ter sido o seu fundador e organizador, e cujas reuniões anuais têm sido uma das favoritas dos caçadores de conspirações durante décadas.

Rettinger era um padre jesuíta bem treinado e um maçon de 33 graus. Katherine Meyer Graham, que é suspeita de assassinar o seu marido para obter o controlo do *Washington Post*, foi outro membro proeminente do Clube de Roma, tal como Paul G. Hoffman da New York Life Insurance Company, uma das maiores companhias de seguros dos Estados Unidos e uma das principais companhias directamente ligadas à família imediata da Rainha Isabel de Inglaterra. John J. McCloy, o homem que tentou acabar com a Alemanha do pós-guerra, e James A. Perkins da Corporação Carnegie, foram também membros fundadores dos Bilderbergers e do Clube de Roma.

Que elenco de estrelas! No entanto, curiosamente, até há pouco tempo, poucos fora das verdadeiras agências de inteligência tinham ouvido falar desta organização. O poder exercido por estas importantes pessoas e pelas corporações, estações de televisão, jornais, companhias de seguros e bancos que representam é equivalente ao poder e prestígio de pelo menos dois países europeus, e isto é apenas a ponta do iceberg do enorme interesse do Comité dos 300 no trabalho em rede e as interfaces de controlo que este exerce.

Richard Gardner não é mencionado na lista acima. Embora tenha sido um dos primeiros membros do Comité dos 300, foi enviado para Roma numa missão especial. Gardner casou com uma das mais antigas famílias negras nobres de Veneza, dando à aristocracia veneziana uma linha directa para a Casa Branca. O falecido Averell Harriman foi outra das ligações directas do comité ao Kremlin e à Casa Branca, uma posição que Kissinger herdou após a morte de Harriman.

O Clube de Roma é de facto uma agência formidável do Comité dos 300. Embora ostensivamente trabalhando em assuntos dos EUA, o grupo é um guarda-chuva para outras agências do Comité dos 300, e os seus membros americanos encontram-se frequentemente a trabalhar em "questões" no Japão e na Alemanha. Entre as organizações de fachada dirigidas pelo comité acima referido encontram-se, mas não se limitam a, as seguintes:

A LIGA DA DEMOCRACIA INDUSTRIAL. Oficiais: Michael Novak, Jeane Kirkpatrick, Eugene Rostow, IRWIN SUALL, Lane Kirkland, Albert Schenker.

Objectivo: Perturbar e deslocar as relações normais de trabalho entre trabalhadores e empregadores através da lavagem ao cérebro dos sindicatos para fazer exigências impossíveis, com particular ênfase nas indústrias do aço, automóvel e da habitação.

CASA DA LIBERDADE. Oficiais: Leo Churn e Carl Gershman.

Objectivo: difundir a desinformação socialista entre os trabalhadores americanos de colarinho azul, difundir o descontentamento e a insatisfação. Agora que estes objectivos tinham sido amplamente alcançados, Gershman foi recrutado por Lawrence Eagleburger para a CEDC, uma organização recentemente criada para impedir uma Alemanha unida de expandir o seu comércio para a bacia do Danúbio.

COMITÉ DA MAIORIA DEMOCRÁTICA. Oficiais: Ben Wattenburg, Jeane Kirkpatrick, Elmo Zumwa e Midge Dector.

Objectivo: Proporcionar uma ligação entre a classe socialista educada e os grupos minoritários, a fim de construir um bloco sólido de eleitores com os quais se pode contar para votar em candidatos de esquerda nas eleições. Foi verdadeiramente uma operação Fabianista do princípio ao fim.

INSTITUTO DE INVESTIGAÇÃO EM POLÍTICA EXTERNA. Oficiais: Robert Strausz Hupe.

Objectivo: minar e eventualmente acabar com o programa espacial da NASA.

DEMOCRATOS SOCIAIS Oficiais dos **EUA:** Bayard Rustin, Lane Kirkland, Jay Lovestone, Carl Gershman, Howard Samuel, Sidney Hook.

O objectivo era espalhar o socialismo radical, especialmente entre grupos minoritários, e forjar ligações entre organizações semelhantes em países socialistas. Lovestone foi, durante décadas, o principal conselheiro dos presidentes dos EUA para os assuntos soviéticos e uma forte ligação directa a Moscovo.

INSTITUTO PARA AS RELAÇÕES LABORAIS. Oficiais: Harland Cleveland, Willis Harmon. Objectivo: Mudar a maneira de pensar da América.

A LIGA DE CIDADÃOS. Oficiais: Barry Commoner.

O objectivo é instaurar processos judiciais de "causa comum" contra várias agências governamentais, particularmente no campo da defesa.

A LIGA DE RESISTÊNCIA DE GUERRA. Líderes: Noam Chomsky e David McReynolds.

Objectivo: organizar a resistência à Guerra do Vietname entre grupos de esquerda, estudantes e "celebridades" de Hollywood.

O COMITÉ ORGANIZADOR SOCIALISTA DEMOCRÁTICO DO INSTITUTO DO SOCIALISMO DEMOCRÁTICO. Oficiais: Frank Zeider, Arthur Redier e David McReynolds.

Objectivo: um centro de intercâmbio de ideias e actividades socialistas de esquerda dentro da União Europeia, dos Estados Unidos e da Europa.

DIVISÃO DE INVESTIGAÇÃO DA LIGA ANTI-DEFAMAÇÃO.

Oficiais: IRWIN SUALL, também conhecido como John Graham.

Objectivo: Uma operação conjunta do FBI e dos serviços secretos britânicos para isolar e incapacitar grupos de extrema-direita e os seus líderes antes que estes se tornem demasiado grandes e influentes.

ASSOCIAÇÃO INTERNACIONAL DE MAQUINISTAS.

Objectivo: Uma frente de trabalhadores para a Internacional Socialista e um foco para a agitação organizada dos trabalhadores, polarizando trabalhadores e empregadores.

TRABALHADORES DO VESTUÁRIO FUNDIDOS.

Oficiais: Murray Findley, IRWIN SUALL e Jacob Scheinkman.

Objectivo: tal como o sindicato dos maquinistas, socializar e polarizar os trabalhadores do sector do vestuário.

INSTITUTO A. PHILIP RANDOLPH. Oficiais: Bayard Rustin.

Objectivo: Proporcionar um meio de coordenação de organizações com um objectivo comum, por exemplo a difusão de ideias socialistas entre estudantes e trabalhadores.

INSTITUTO DE ESTUDOS DE POLÍTICA DA PONTE DE CAMBRIDGE. Oficiais: Gar Apelrovitz.

Objectivo: desenvolver o trabalho realizado no Instituto de Estudos Políticos. Fundada em Fevereiro de 1969 pelo socialista internacional Gar Apelrovitz, antigo assessor do senador Gaylord Nelson. Apelrovitz escreveu o controverso livro *ATOMIC DIPLOMACY* para o Clube de Roma cuja obra foi financiada pelo Fundo Marshall alemão. Concentra-se em projectos de investigação e acção, com o objectivo declarado de mudar fundamentalmente a sociedade americana, ou seja, criar um Fabian Estados Unidos para o próximo governo mundial.

COMITÉ ECONÓMICO DO INSTITUTO ATLÂNTICO NORTE. Oficiais: Dr Aurellio Peccei.

Objectivo: Grupo de reflexão da OTAN sobre questões económicas globais.

CENTRO DE ESTUDO DAS INSTITUIÇÕES DEMOCRÁTICAS. Funcionários: O fundador Robert Hutchins do Comité de 300, Harry Ashmore, Frank Kelly e um grande grupo de "Membros Honorários".

O objectivo era difundir ideias que levassem a reformas sociais liberais com a democracia como uma ideologia. Uma das suas actividades é escrever uma nova constituição para os Estados Unidos que será fortemente monárquica e socialista como a da Dinamarca.

O Centro é um bastião "olímpico". Localizado em Santa Bárbara, está alojado no que é carinhosamente conhecido como "o Pártenon". O antigo representante John Rarick chamou-lhe "uma instalação cheia de comunistas". Em 1973, a elaboração de uma nova Constituição dos EUA estava no seu trigésimo quinto ano, propondo uma emenda garantindo "direitos ambientais", cujo objectivo é reduzir a base industrial dos EUA a um mero embrião do que era em 1969. Por outras palavras, implementa as políticas de crescimento zero pós-industrial do Clube de Roma, tal como definidas pelo Comité dos 300.

Outros objectivos incluem o controlo dos ciclos económicos, o bem-estar, a regulamentação das empresas nacionais e das obras públicas, e o controlo da poluição. Falando em nome do Comité dos 300, o Sr. Ashmore disse que a função do CSDI era encontrar formas de tornar o nosso sistema político mais eficaz. "Precisamos de mudar a educação e temos de olhar para uma nova Constituição americana e uma Constituição para o mundo", disse Ashmore.

Os outros objectivos declarados por Ashmore são os seguintes:

1)   A adesão à ONU deve tornar-se universal.

2)   A ONU deve ser reforçada.

3)   O Sudeste Asiático deve ser neutralizado (Neutralizado significa "Comunicado").

4)   A Guerra Fria tem de acabar.

5)   A discriminação racial deve ser abolida.

6)   As nações em desenvolvimento devem ser ajudadas. (Isto significa destruí-los).

7)   Não há soluções militares para os problemas. (Pena não terem dito isso a George Bush antes da Guerra do Golfo).

8)   As soluções nacionais não são suficientes.

9)   A coexistência é necessária.

CLÍNICA PSICOLÓGICA DE HARVARD. Os líderes: Dr Kurt Lewin e uma equipa de 15 cientistas especializados nas novas ciências.

Objectivo: criar um clima onde o Comité dos 300 possa assumir um poder ilimitado sobre os EUA.

INSTITUTO DE INVESTIGAÇÃO SOCIAL. Os líderes: Dr Kurt Lewin e uma equipa de 20 cientistas especializados em novas ciências.

Objectivo: conceber um conjunto de novos programas sociais para afastar a América da indústria.

UNIDADE DE INVESTIGAÇÃO DE POLÍTICA CIENTÍFICA. Oficiais: Leland Bradford, Kenneth Dam, Ronald Lippert.

Assunto: Future Shocks Research Institution na Universidade de Sussex em Inglaterra e parte da rede Tavistock.

UMA EMPRESA DE DESENVOLVIMENTO DE SISTEMAS. As pessoas responsáveis: Sheldon Arenberg e uma equipa de várias centenas de pessoas, demasiadas para mencionar aqui.

O objectivo é coordenar todos os elementos das comunidades de inteligência da União Europeia, dos Estados Unidos e da Grã-Bretanha. Analisa quais os "actores" a quem deveria ser atribuído o papel de uma entidade nacional; por exemplo, a Espanha seria colocada sob a égide de uma Igreja Católica diluída, as Nações Unidas sob a égide do Secretário-Geral, etc. Desenvolveu o sistema "X RAY 2", no qual o pessoal de think-tank, instalações militares e centros de aplicação da lei estão todos ligados ao Pentágono através de uma rede nacional de teletipos e computadores: Aplicar técnicas de vigilância à escala nacional. Arenberg afirma que as suas ideias não são militares, mas que as suas técnicas são principalmente aquelas que aprendeu com os militares. Foi responsável pelo Sistema de Identificação e Inteligência do Estado de Nova Iorque, um projeto típico do "1984" de George Orwell, o qual é completamente ilegal nos termos da nossa Constituição. O sistema NYSIIS está em vias de ser adoptado a nível nacional. É o que Brzezinski chamou à capacidade de recuperar dados sobre qualquer pessoa quase instantaneamente.

NYSIIS partilha os seus dados com todas as agências governamentais e de aplicação da lei do Estado. Permite o rápido armazenamento e recuperação de registos individuais, criminais e sociais. Este é um projeto TYPICAL do Comité de 300. Há uma necessidade gritante de uma investigação completa do que a Corporação de Desenvolvimento de Sistemas está a fazer, mas isso está para além do âmbito deste livro. Uma coisa é *certa*, o SDC não está lá para preservar a liberdade garantida pela Constituição dos EUA. Que conveniente que esteja localizado em Santa Bárbara, perto do "Parthenon" de Robert Hutchins.

Aqui estão algumas publicações emitidas por estas instituições do Clube de Roma:

➢ Revista Centre

➢ Contraespião

➢ Coventry

➢ Boletim de Informação Covert Action

➢ Dissidente

➢ Relações Humanas

➢ Investigação Industrial

➢ Inquérito

➢ Madre Jones

➢ Um

➢ Progressivo

➢ Contador de histórias

➢ A Nova República

➢ Documentos de Trabalho para uma Nova Sociedade

Estas não são de forma alguma todas as publicações emitidas sob os auspícios do Clube de Roma. Há mais centenas, de facto cada uma das fundações publica a sua própria publicação. Dado o número de fundações geridas pelo Instituto Tavistock e pelo Clube de Roma, uma lista parcial é tudo o que pode ser incluído aqui. Algumas das fundações e think tanks mais importantes estão listadas abaixo, o que inclui os think tanks do exército.

O público americano ficaria espantado se soubesse como os militares estão envolvidos na procura de "novas tácticas de guerra" com os "grupos de reflexão" do Comité dos 300. Os americanos não sabem que em 1946, o Clube de Roma foi instruído pelo Comité de 300 para promover o progresso dos grupos de reflexão, o qual, em sua opinião, oferecia um novo meio de divulgação da filosofia do Comité. O impacto destes grupos de reflexão sobre os nossos militares, logo desde 1959 quando subitamente proliferaram, é verdadeiramente espantoso. Não há dúvida de que desempenharão um papel ainda maior nos assuntos quotidianos desta nação no final do século XX .

A SOCIEDADE DE PÈLERIN MONT PÈLERIN

Mont Pèlerin é uma fundação económica dedicada a emitir teorias económicas enganosas e a influenciar os economistas do mundo ocidental a seguir os modelos que propõe de tempos a tempos. Os seus principais praticantes são Von Hayek e Milton Friedman.

A INSTITUIÇÃO DO ASPIRADOR DE PÓ.

Originalmente fundada para combater o comunismo, a instituição avançou lenta mas seguramente para o socialismo. Tem um orçamento anual de 2 milhões de dólares, financiado por corporações sob a égide do Comité de 300, e centra-se agora na "mudança pacífica" com ênfase no controlo de armas e em questões internas dos EUA. É frequentemente utilizada pelos meios de comunicação social como uma organização "conservadora" cujas opiniões procuram quando é necessário um ponto de vista conservador. A Hoover Institution está longe de ser uma organização conservadora e, seguindo o documento de posição de 1953, tornou-se uma organização por direito próprio.

Devido à aquisição da instituição por um grupo aliado ao Clube de Roma, esta tornou-se uma saída para as políticas "desejáveis" da Nova Ordem Mundial.

FUNDAÇÃO DE PATRIMÓNIO

Fundada pelo magnata cervejeiro Joseph Coors como um grupo de reflexão conservador, a Heritage foi logo assumida pelos Fabianistas Sir Peter Vickers-Hall, Stuart Butler, Steven Ayzlei, Robert Moss e Frederich Von Hayek, sob a direcção do Clube de Roma. Este instituto desempenhou um papel importante no cumprimento da ordem do líder trabalhista britânico Anthony Wedgewood Benn de "Thatcherise Reagan". A Heritage não é certamente uma organização conservadora, embora por vezes possa parecer-se com uma.

GABINETE DE INVESTIGAÇÃO DE RECURSOS HUMANOS

É uma instalação de investigação do exército que lida com "psicotécnica". A maior parte do seu pessoal é formado pela Tavistock. Psicotécnica" cobre a motivação e o moral dos IG e a música utilizada pelo inimigo. De facto, muito do que George Orwell escreveu no seu livro *1984* parece ser notavelmente semelhante ao que é ensinado no HUMRRO. Em 1969, o Comité de 300 assumiu esta importante instituição e transformou-a numa organização privada sem fins lucrativos dirigida sob os auspícios do Clube de Roma. É o maior grupo de investigação comportamental dos Estados Unidos.

Uma das suas especialidades é o estudo de pequenos grupos sob stress. HUMRRO ensina ao exército que um soldado é apenas uma extensão do seu equipamento e tem tido uma grande influência no sistema "homem/arma" e no seu "controlo de qualidade humana", tão amplamente aceite pelo exército dos EUA. O HUMRRO teve um efeito muito pronunciado na forma como os militares se conduzem a si próprios. As suas técnicas de controlo da mente estão directamente fora de Tavistock. Os cursos de psicologia aplicada do HUMRRO são supostos ensinar aos oficiais do exército como operar a arma humana. Um bom exemplo disto é como os soldados na guerra contra o Iraque estavam preparados para desobedecer as ordens nos seus manuais de campo e enterrar vivos 12.000 soldados iraquianos.

Este tipo de lavagem ao cérebro é terrivelmente perigoso, porque hoje é aplicado ao exército, o exército aplica-o para destruir brutalmente milhares de soldados "inimigos", e amanhã o exército poderia ser informado de que os grupos da população civil que se opõem às políticas do governo são "o inimigo". Já somos um rebanho de ovelhas sem cérebro e com lavagem cerebral (*We the sheeple [?]*),[3] mas parece que o HUMRRO pode levar a manipulação e o controlo da

---

[3] "Nós, as ovelhas", Ndt.

mente ainda mais longe. HUMRRO é uma valiosa adição a Tavistock e muitas das lições ensinadas em HUMRRO foram aplicadas na Guerra do Golfo, dando um pouco mais de compreensão de como chegou a ser que os soldados americanos se comportam como assassinos impiedosos e sem coração, muito longe do conceito do combatente americano tradicional.

EMPRESA DE ANÁLISE DE INVESTIGAÇÃO.

É a organização irmã de HUMRRO "1984", localizada em McLean, Virgínia. Fundada em 1948, foi assumida pelo Comité de 300 em 1961, quando passou a fazer parte do bloco Johns Hopkins. Trabalhou em mais de 600 projectos, incluindo a integração de negros no exército, a utilização táctica de armas nucleares, programas de guerra psicológica e controlo da população em massa.

Existem, evidentemente, muitos outros grandes grupos de reflexão, a maioria dos quais discutiremos neste livro. Uma das áreas mais importantes de cooperação entre o que os grupos de reflexão produzem e o que se torna governo e política pública é a dos "sondadores". Os sondadores estão no negócio de moldar e moldar a opinião pública na direcção que convém aos conspiradores. As sondagens são constantemente conduzidas pela CBS-NBC-ABC, o *New York Times*, o *Washington Post*. A maioria destes esforços são coordenados no Centro Nacional de Pesquisa de Opinião onde, surpreendentemente, foi desenvolvido um perfil psicológico para toda a nação.

Os resultados são introduzidos nos computadores da Gallup Poll e Yankelovich, Skelley e White para avaliação comparativa. A maior parte do que lemos nos nossos jornais ou vemos na televisão foi primeiro autorizada pelos pesquisadores de opinião. O QUE VEMOS É O QUE OS INQUIRIDORES PENSAM QUE DEVEMOS VER. A isto chama-se "opinião pública". A ideia por detrás deste pequeno condicionamento social é determinar como o público reage às DIRECÇÕES POLÍTICAS dadas pelo Comité dos 300. Somos chamados "grupos populacionais-alvo" e o que os inquiridores medem é o grau de resistência ao que aparece nas "Notícias da Noite".[4] Mais tarde aprenderemos exactamente como esta prática enganosa começou e quem é responsável por ela.

---

[4] "Notícias da noite".

Tudo isto faz parte do elaborado processo de formação de opinião criado na Tavistock. Hoje em dia, os nossos cidadãos *pensam que* estão bem informados, mas *não* se apercebem que as opiniões que *pensam* ser *suas* foram realmente criadas em institutos de investigação e think tanks americanos e que nenhum de nós é livre de formar as suas próprias opiniões, devido à informação que nos é dada pelos meios de comunicação e pelos pesquisadores de opinião.

As sondagens foram levadas a um clímax pouco antes da entrada dos Estados Unidos na Segunda Guerra Mundial. Os americanos foram involuntariamente condicionados a ver a Alemanha e o Japão como inimigos perigosos que tiveram de ser detidos. Em certo sentido isto era verdade, e torna o pensamento condicionado ainda *mais* perigoso, porque com base na INFORMAÇÃO que lhes foi dada, o inimigo parecia ser, de facto, a Alemanha e o Japão. Ainda recentemente vimos como o processo de condicionamento de Tavistock funciona bem, quando os americanos foram condicionados a perceber o Iraque como uma ameaça e Saddam Hussein como um inimigo pessoal dos EUA.

Tal processo de condicionamento é tecnicamente descrito como "a mensagem que atinge os órgãos dos sentidos do povo a ser influenciado". Um dos mais respeitados pesquisadores é Daniel Yankelovich, membro do Comité de 300, da firma Yankelovich, Skelley e White. Yankelovich orgulha-se de dizer aos seus alunos que as sondagens são um instrumento para mudar a opinião pública, embora isto não seja original, pois Yankelovich foi inspirado pelo livro de David Naisbett "TREND REPORT" que foi encomendado pelo Clube de Roma.

No seu livro, Naisbett descreve a gama de técnicas utilizadas pelos formadores de opinião para criar a opinião pública desejada pelo Comité dos 300. A formação de opinião pública é a jóia da coroa dos OLYMPIANS, porque com os seus milhares de novos cientistas sociais à sua disposição, e com os meios de comunicação social nas suas mãos, NOVAS opiniões públicas sobre quase todos os assuntos podem ser criadas e divulgadas em todo o mundo no prazo de duas semanas.

Foi precisamente isto que aconteceu quando o seu criado George Bush foi ordenado a entrar em guerra com o Iraque. Em duas semanas, não só a opinião pública americana, mas quase toda a opinião pública mundial se voltou contra o Iraque e o seu presidente Saddam Hussein. Estes artistas de mudança e manipuladores de informação reportam directamente ao Clube de Roma, que por sua vez reporta ao Comité dos 300, liderado pela Rainha de Inglaterra, que reina sobre uma vasta rede de empresas de malha apertada que nunca pagam impostos e não prestam contas a ninguém, que financiam os seus institutos de investigação através de fundações, e cujas actividades conjuntas têm um controlo quase total sobre a nossa vida quotidiana.

Com as suas empresas interligadas, as companhias de seguros, os bancos, as companhias financeiras, as companhias petrolíferas, os jornais, as revistas, a rádio e a televisão, este vasto aparelho está situado nos Estados Unidos e no mundo. Não há um único político em Washington D.C. que, de uma forma ou de outra, não esteja, de uma forma ou de outra, em dívida para com ela. A esquerda corda contra este aparelho, chamando-lhe "imperialismo", que é, mas a esquerda é dirigida pelo mesmo povo que controla a direita, por isso a esquerda não é mais livre do que nós!

Os cientistas envolvidos no processo de condicionamento são chamados "engenheiros sociais" ou "cientistas sociais das novas ciências" e desempenham um papel essencial no que vemos, ouvimos e lemos. Os engenheiros sociais da "velha escola" foram Kurt K. Lewin, Professor Hadley Cantril, Margaret Meade, Professor Derwin Cartwright e Professor Lipssitt que, com John Rawlings Reese, formaram a espinha dorsal dos novos cientistas científicos do Instituto Tavistock.

Durante a Segunda Guerra Mundial, mais de 100 investigadores trabalharam sob a direcção de Kurt Lewin, copiando servilmente os métodos adoptados por Reinhard Heydrich do S.S. O OSS foi baseado na metodologia de Heydrich e, como sabemos, o OSS foi o precursor da Agência Central de Inteligência. A conclusão de tudo isto é que os governos da Grã-Bretanha e dos Estados Unidos já puseram em funcionamento a maquinaria necessária para nos trazer para uma Nova Ordem Mundial com apenas uma pequena quantidade de resistência, e esta maquinaria está em funcionamento desde 1946. Cada ano que passa acrescenta novos aperfeiçoamentos.

É este Comité de 300 que estabeleceu redes e mecanismos de controlo muito mais vinculativos do que tudo o que alguma vez se viu neste mundo. Correntes e cordas não são necessárias para nos reter. O nosso medo do que está para vir faz este trabalho muito mais eficazmente do que qualquer meio físico de contenção. Fizemos uma lavagem ao cérebro para abdicarmos do nosso direito constitucional de portar armas, para abdicarmos da nossa própria Constituição, para permitir que as Nações Unidas controlassem as nossas políticas externas e que o FMI assumisse o controlo das nossas políticas fiscais e monetárias, para permitir que o Presidente infringisse impunemente a lei dos Estados Unidos, para invadir um país estrangeiro e raptar o seu chefe de Estado. Resumindo, fizemos uma lavagem ao cérebro ao ponto de, como nação, aceitarmos sem questionar todos os actos ilegais cometidos pelo nosso governo.

Eu sei que em breve teremos de lutar para retirar o nosso país do Comité, ou perdê-lo para sempre. MAS, no que diz respeito a isso, quantos irão realmente pegar em armas? Em 1776, apenas 3% da população pegou em armas contra o Rei Jorge III. Desta vez, 3% será terrivelmente inadequado. Não nos devemos deixar levar por becos sem saída, pois foi isso que os nossos controladores mentais planearam para nós, confrontando-nos com uma tal complexidade de questões que simplesmente sucumbimos a uma penetração a longo prazo e não tomamos decisões sobre muitas questões vitais.

Analisaremos os nomes daqueles que compõem o Comité dos 300, mas antes de o fazermos, devemos analisar a imensa imbricação de todas as principais instituições, corporações e bancos sob o controlo do Comité. Precisamos de os seguir, porque são estas pessoas que decidem quem deve viver e quem deve ser eliminado como "comedores inúteis"; onde iremos adorar a Deus, o que devemos vestir e mesmo o que iremos comer. Segundo Brzezinski, estaremos sob vigilância interminável, 24 horas por dia, 365 dias por ano, ad infinitum.

O facto de termos sido traídos por dentro está a ser aceite por cada vez mais pessoas todos os anos, e isso é bom, pois é através do Conhecimento[5] , uma palavra traduzida da palavra BELIEF, que podemos derrotar os inimigos da humanidade. Enquanto estávamos distraídos pelos papões no Kremlin, o Cavalo de Tróia foi criado em Washington D.C. O maior perigo que as pessoas livres enfrentam hoje em dia não vem de Moscovo, mas de Washington D.C. Temos primeiro de conquistar o INEMIO INTERNO, e depois seremos suficientemente fortes para montar uma ofensiva para eliminar o comunismo da Terra juntamente com todos os "ismos" que o acompanham.

---

[5] "O meu povo é destruído por falta de [Meu] conhecimento". - Deus, Oséias 4:6.

A administração Carter acelerou o colapso da nossa economia e dos nossos militares, este último iniciado por Robert Strange McNamara, membro do Clube de Roma e do Lucis Trust. Apesar das suas promessas, Reagan continuou a minar a nossa base industrial, retomando onde Carter parou. Embora tenhamos de manter as nossas defesas fortes, não o podemos fazer a partir de uma base industrial fraca, pois sem um complexo militar-industrial bem gerido não podemos ter um sistema de defesa viável. O Comité dos 300 reconheceu isto e planeou as suas políticas de crescimento zero pós-industrial em 1953. Graças ao Clube de Roma, o nosso potencial tecnológico caiu abaixo do do Japão e da Alemanha, nações que supostamente derrotamos na Segunda Guerra Mundial. Como é que lá chegámos? Por causa de homens como o Dr. Alexander King e a nossa mentalidade cega, não conseguimos reconhecer a destruição das nossas instituições e sistemas educativos. Devido à nossa cegueira, já não estamos a produzir engenheiros e cientistas em número suficiente para nos manter entre as nações industrializadas do mundo. Graças ao Dr. King, um homem que muito poucas pessoas na América conhecem, a educação nos Estados Unidos está no seu nível mais baixo desde 1786. As estatísticas produzidas pelo Institute for Higher Learning mostram que as capacidades de leitura e escrita dos estudantes do ensino secundário nos Estados Unidos são MENORES do que eram entre os estudantes do ensino secundário em 1786.

O que enfrentamos hoje não é apenas a perda da nossa liberdade e do próprio tecido da nossa nação, mas, muito pior, a possibilidade da perda das nossas almas. A constante erosão das fundações sobre as quais esta república repousa deixou um vazio, que *satanistas* e cultos estão ansiosos por preencher com o seu material sintético para as almas. Esta verdade é difícil de aceitar e apreciar, pois não tem havido nada de repentino nestes acontecimentos. Se um choque repentino nos atingisse, um choque cultural e religioso, seríamos abalados pela nossa apatia.

Mas o *gradualismo* - ou seja, o processo pelo qual o *Fabianismo* opera, não faz nada para fazer soar o alarme. Porque a grande maioria dos americanos não consegue perceber qualquer MOTIVAÇÃO pelas coisas que descrevi, não a podem aceitar, e por isso a conspiração (que aponto) é desprezada e muitas vezes ridicularizada (como uma teoria selvagem, ou uma invenção da imaginação). Ao criar o caos ao apresentar centenas de escolhas diárias que o nosso povo tem de fazer, chegámos a uma posição em que, a menos que a motivação possa ser claramente demonstrada, toda a informação relevante é rejeitada.

Este é tanto o elo fraco como o forte na cadeia da conspiração. A maioria das pessoas rejeita qualquer coisa que não tenha um motivo, por isso os conspiradores sentem-se seguros por detrás do ridículo acumulado sobre aqueles que apontam para a crise que se aproxima na nossa nação e nas nossas vidas individuais. No entanto, se conseguirmos que pessoas suficientes vejam a verdade, o bloqueio motivacional enfraquece até ser finalmente posto de lado à medida que mais e mais pessoas são iluminadas e a noção (falsa) de que "isto não pode acontecer na América" é assim abandonada.

O Comité dos 300 confia nas nossas respostas mal adaptadas para governar a nossa reacção aos acontecimentos criados, e não ficarão desapontados enquanto nós, enquanto nação, continuarmos a reagir da forma actual. Devemos transformar as respostas às crises criadas em respostas ADAPTIVAS, identificando os conspiradores e expondo os seus planos para nós, de modo a que estas coisas se tornem do conhecimento público. O Clube de Roma já fez A TRANSIÇÃO PARA O BARBARISMO. Em vez de esperarmos para ser *"arrebatados"*, temos de *parar* o Comité dos 300 *antes que* eles consigam atingir o seu objectivo de nos fazer prisioneiros (escravos) da "nova era das trevas" planeada para nós. Não depende de Deus, depende de *nós*. Temos de tomar as medidas necessárias.

"Têm de ser detidos, tudo depende disso".

Toda a informação que forneço neste livro é o resultado de anos de pesquisa, apoiada por fontes de informação impecáveis. Nada é exagerado. É factual e preciso, por isso não caiam na armadilha montada pelo inimigo que este material é "desinformação". Nas últimas duas décadas, forneci informações que se revelaram muito precisas e que ajudaram a explicar muitos eventos confusos. A minha esperança é que, através deste livro, surja uma compreensão mais clara e mais ampla das forças conspiratórias dispostas contra esta nação. Esta esperança está a ser concretizada à medida que cada vez mais jovens começam a fazer perguntas e a procurar informação sobre o que está REALMENTE a acontecer. É difícil para as pessoas compreender que estes conspiradores são reais e têm o poder que eu e muitos outros lhes atribuímos. Muitos escreveram para perguntar como é que o nosso governo não está a fazer nada acerca desta terrível ameaça à civilização. O problema é que o nosso governo é parte do problema, parte da conspiração, e em nenhum lugar e em nenhum momento isto se tornou mais óbvio do que durante a presidência Bush. É claro que o Presidente Bush sabe exactamente o que o Comité dos

300 nos está a fazer. ELE TRABALHA PARA ELES. Outros escreveram para dizer: "Pensávamos que estávamos a lutar contra o governo". Claro que sim, mas por trás do governo está uma força tão poderosa e abrangente que as agências de inteligência têm medo até de mencionar o seu nome, os "Olimpíadas" (a famosa mão escondida).

A prova do Comité de 300 está no grande número de instituições poderosas que possui e controla. Aqui estão alguns dos mais importantes, todos eles abrangidos pela MÃE DE TODOS OS TANQUES E INSTITUIÇÕES DE INVESTIGAÇÃO, O INSTITUTO TAVISTOCK DE RELAÇÕES HUMANAS com a sua extensa rede de centenas de "filiais".

O Centro de Investigação de Stanford

O Centro de Investigação de Stanford (SRC) foi fundado em 1946 pelo Instituto Tavistock para as Relações Humanas. Stanford foi criada para ajudar Robert Anderson e a sua companhia petrolífera ARCO, que tinha garantido os direitos petrolíferos na encosta norte do Alasca para o Comité dos 300. De facto, a tarefa era demasiado grande para o Anderson's Aspen Institute para a sua gestão, pelo que teve de ser fundado e financiado um novo centro. Este novo instituto era o Centro de Investigação de Stanford. O Alasca vendeu os seus direitos por um adiantamento de 900 milhões de dólares, uma quantia relativamente pequena para o Comité de 300. O Governador do Alasca foi encaminhado para o IRS para ajuda e aconselhamento. Isto não foi um acidente, mas o resultado de um planeamento cuidadoso e de um processo de embalagem a longo prazo.

No seguimento do pedido de ajuda do governador, três cientistas do SRI mudaram-se para o Alasca onde se reuniram com o Secretário de Estado e o Gabinete de Planeamento do Estado. Francis Greehan, que liderou a equipa do SRI, assegurou ao governador que o seu problema de gerir a rica descoberta de petróleo estaria a salvo nas mãos do SRI. Naturalmente, Greehan não mencionou o Comité de 300 ou o Clube de Roma. Em menos de um mês, Greehan reuniu uma equipa de várias centenas de economistas, especialistas em petróleo e novos cientistas. O relatório que o SRI apresentou ao governador tinha oitenta e oito páginas. A proposta foi aprovada praticamente inalterada pela Legislatura do Alasca em 1970. Greehan tinha de facto feito um trabalho notável para o Comité de 300, e desde o início o IRS tornou-se numa instituição com 4.000 empregados e um orçamento anual de mais de 160 milhões de dólares. O seu presidente, Charles A. Anderson, testemunhou muito deste crescimento durante o seu mandato, tal como o Professor Willis Harmon, director do Centro de Estudos de Política Social do SRI, que emprega centenas de novos cientistas científicos, muitos dos quais foram transferidos da base de Londres em Tavistock. Um destes foi o presidente da RCA e antigo oficial britânico dos serviços secretos, David Sarnoff, que esteve estreitamente associado à Harmon e à sua equipa durante vinte e cinco anos. Sarnoff era uma espécie de "cão de guarda" para o instituto de Sussex.

Stanford afirma não fazer juízos morais sobre os projectos que aceita, trabalhando para Israel e os árabes, África do Sul e Líbia, mas, como se pode imaginar, ao tomar esta posição assegura uma "vantagem interior" com governos estrangeiros que a CIA tem considerado muito útil. No livro de Jim Ridgeway, *THE CLOSED CORPORATION*, Gibson, porta-voz do IRS, orgulha-se da posição não discriminatória do IRS. Embora não esteja listado como um centro federal de investigação de contratos, o IRS é agora o maior think tank militar, eclipsando Hudson e Rand. Entre os departamentos especializados do SRI encontram-se centros experimentais para a guerra química e biológica.

Uma das actividades mais perigosas de Stanford envolve operações de contra-insurgência que visam populações civis - exactamente o tipo de material do tipo "1984" que o governo já utiliza contra o seu *próprio* povo. O governo dos EUA paga milhões de dólares por ano ao SRI por este tipo altamente controverso de "investigação". Após protestos estudantis contra as experiências de guerra química em Stanford, o SRI "esgotou" a um grupo privado por apenas 25 milhões de dólares. É claro que nada mudou realmente, o SRI ainda é um projecto Tavistock e o Comité de 300 ainda o possui, mas os ingénuos parecem satisfeitos com esta mudança cosmética sem consequências. Em 1958, surgiu um novo e surpreendente desenvolvimento. A Agência de Produtos de Investigação Avançada (ARPA), uma agência contratante do Departamento de Defesa, abordou o IRS com uma proposta ultra-secreta. John Foster do Pentágono explicou ao SRI que era necessário um programa para proteger os Estados Unidos de "surpresas tecnológicas". Foster queria aperfeiçoar uma condição na qual o ambiente se tornasse uma arma; bombas especiais para desencadear vulcões e/ou terramotos, investigação sobre o comportamento de potenciais inimigos e minerais e metais que poderiam ser utilizados como novas armas. O projecto foi aceite pelo SRI e recebeu o nome de código "SHAKY".

O enorme cérebro electrónico de SHAKY era capaz de executar muitos comandos, tendo os seus computadores sido construídos pela IBM para o SRI. Vinte e oito cientistas trabalharam no que é chamado de "aumento humano". O computador IBM tem mesmo a capacidade de resolver problemas por analogia e reconhece e depois identifica os cientistas que trabalham com ele. As "aplicações especiais" deste instrumento podem ser melhor imaginadas do que descritas. Brzezinski sabia do que estava a falar quando escreveu *A ERA TECNOTRÓNICA*.

O Stanford Research Institute trabalha em estreita colaboração com um grande número de empresas civis de consultoria, tentando aplicar a tecnologia militar a situações domésticas. Isto nem sempre tem tido sucesso, mas à medida que a tecnologia melhora, a perspectiva de uma *vigilância maciça e omnipresente*, tal como descrita por Brzezinski, torna-se cada dia mais real. JÁ EXISTE E ESTÁ A SER UTILIZADO, MESMO QUE PEQUENAS AVARIAS PRECISEM DE SER CORRIGIDAS DE TEMPOS A TEMPOS.

Uma destas empresas de consultoria civil foi a Schriever McKee Associates of McLean, Virginia, dirigida pelo General reformado Bernard A. Schriever, antigo chefe do Comando de Sistemas da Força Aérea, que desenvolveu os foguetes Titan, Thor, Atlas e Minuteman.

A Schriever reuniu um consórcio de Lockheed, Emmerson Electric, Northrop, Control Data, Raytheon e TRW sob o nome de URBAN SYSTEMS Associates INC. O objectivo do consórcio? Resolver "problemas urbanos" sociais e psicológicos através de técnicas militares utilizando sistemas electrónicos avançados. É interessante notar que a TRW se tornou a maior empresa de recolha de informação de crédito na indústria de informação de crédito através do seu trabalho com a Urban Systems Associates Inc.

Isto deve dizer-nos muito sobre a medida em que esta nação já se encontra sob TOTAL SURVEILLANCE, que é o primeiro requisito do Comité de 300. Nenhuma ditadura, especialmente nenhuma à escala global, pode funcionar sem controlo total sobre cada indivíduo. O IRS estava em vias de se tornar uma organização de investigação chave do Comité dos 300.

Nos anos 80, 60% dos contratos do SRI foram dedicados ao "Futurismo", com aplicações tanto militares como civis. Os seus principais clientes foram o Departamento de Defesa dos EUA, a Direcção de Investigação e Engenharia de Defesa, o Gabinete de Investigação Aeroespacial, que se ocupou das "Aplicações das Ciências Comportamentais à Gestão da Investigação", o Gabinete Executivo do Presidente, o Gabinete de Ciência e Tecnologia e o Departamento de Saúde dos EUA. Para o Departamento de Saúde, o IRS conduziu um programa intitulado "Padrões nos Testes de

Realização de Leitura do Título I da ESDEA". Outros clientes foram o Departamento de Energia dos EUA, o Departamento do Trabalho dos EUA, o Departamento de Transportes dos EUA e a National Science Foundation (NSF). De particular importância é o documento preparado para a NSF, intitulado "Avaliação de Problemas Futuros e Internacionais".

O Centro de Investigação de Stanford, sob a égide do Instituto Tavistock em Londres, desenvolveu um sistema grande e assustador a que chama o Programa de Business Intelligence. Mais de 600 empresas americanas e estrangeiras subscreveram-no. O programa abrangeu a investigação sobre as relações comerciais externas do Japão, o marketing do consumidor numa época de mudança, o desafio crescente do terrorismo internacional, a avaliação sensorial dos produtos de consumo, o sistema electrónico de transferência de fundos, a detecção optoelectrónica, os métodos de planeamento exploratório, a indústria de defesa dos EUA e a disponibilidade de capital. Entre as principais empresas do Comité de 300 que se tornaram clientes deste programa encontram-se Bechtel Corporation (George Schultz fez parte do seu conselho de administração), Hewlett Packard, TRW, Bank of America, Shell Company, RCA, Blyth, Eastman Dillon, Saga Foods Corporation, McDonnell Douglas, Crown Zellerbach, Wells Fargo Bank e Kaiser Industries. Mas um dos programas mais sinistros de todos os SRIs, com potencial para causar enormes danos ao mudar a direcção em que os Estados Unidos irão, social, moral e religiosamente, foi o "CHANGING IMAGES OF MAN" da Fundação Stanford Charles F. Kettering, sob a referência oficial de Stanford "Contract Number URH (489)-2150 Policy Research Report Number 4/4/74, Preparado pelo Centro de Estudos de Política Social do SRI, Director Willis Harmon. Esta é provavelmente uma das investigações mais minuciosas alguma vez realizadas sobre a forma como o homem pode ser mudado.

O relatório de 319 páginas foi escrito por 14 novos cientistas científicos sob a supervisão de Tavistock e 23 controladores seniores, incluindo B. F. Skinner, Margaret Meade, Ervin Lazlo e Sir Geoffrey Vickers, um alto funcionário dos serviços secretos britânicos no MI6. Recorda-se que o seu genro, Sir Peter Vickers-Hall, foi membro fundador da chamada "Heritage Foundation", uma organização conservadora. Grande parte das 3.000 páginas de "recomendações" dadas à Administração Reagan em Janeiro de 1981 foram baseadas em material de "IMAGENS DE MUDANÇA DE HOMEM" de Willis Harmon.

Tive o privilégio de receber uma cópia de "THE CHANGING IMAGES OF MAN" dos meus colegas dos serviços secretos cinco dias após ter sido aceite pelo governo dos EUA. O que li chocou-me, ao perceber que estava a olhar para um plano para uma futura América, ao contrário de tudo o que tinha visto antes. A nação deveria ser programada para mudar e habituar-se a estas mudanças planeadas de tal forma que dificilmente seria perceptível quando ocorressem mudanças profundas. Degradámos tão rapidamente desde que "THE AQUARIUS CONSPIRACY" (o título do livro no artigo técnico do Willis Harmon) foi escrito, que hoje o divórcio não é estigmatizado, o suicídio está no auge e levanta poucas objecções, os desvios sociais da norma e as aberrações sexuais, outrora inomináveis em círculos decentes, são agora comuns e não suscitam qualquer protesto em particular.

Como nação, não reparámos como "A EVOLUÇÃO DAS IMAGENS DO HOMEM" alterou radicalmente o nosso modo de vida americano para sempre. De certa forma, fomos derrotados pela "Síndrome de Watergate". Durante algum tempo ficámos chocados e consternados ao saber que Nixon não passava de um bandido barato que andava com os amigos da máfia de Earl Warren na agradável casa que construíram para ele ao lado da propriedade de Nixon. Quando demasiados "choques futuros" e manchetes noticiosas exigiam a nossa atenção, perdemo-nos, ou melhor, o número absoluto de escolhas que éramos e ainda somos confrontados diariamente confundiu-nos ao ponto de já não sermos capazes de fazer as escolhas necessárias.

Pior, depois de ter sido sujeito a uma barragem de crimes do alto, mais o trauma da Guerra do Vietname, a nossa nação parecia não querer mais verdades. Esta reacção é cuidadosamente explicada no artigo técnico de Willis Harmon, em suma, a nação americana estava a reagir exactamente da forma descrita. Pior, ao não querermos aceitar a verdade, demos um passo em frente: recorremos ao governo para nos proteger da verdade.

O fedor corrupto das administrações de Reagan-Bush, queríamos cobrir com um metro e meio de sujidade. Os crimes cometidos sob o título do caso Irão/Contra (ou escândalos), não queríamos que fossem descobertos. *Permitimos* que o nosso presidente nos mentisse sobre o seu paradeiro entre 20 e 23 de Outubro de 1980. No entanto, estes crimes excedem de longe em quantidade e alcance tudo o que Nixon fez durante o seu mandato. Será que nós, como nação, reconhecemos que se trata de uma descida sem travões?

Não, não temos. Quando aqueles cuja função é trazer a verdade ao povo americano que um governo pequeno, privado e bem organizado dentro da Casa Branca estava ocupado a cometer um crime atrás do outro, crimes que atacavam a própria alma desta nação e as instituições republicanas sobre as quais ela repousa, foi-nos dito para não aborrecer o público com tais coisas. "Não queremos mesmo saber sobre toda esta especulação" tornou-se a resposta padrão.

Quando o mais alto funcionário eleito no país colocou descaradamente as leis da ONU à frente da Constituição dos EUA, o que constitui um delito punível, a maioria aceitou-o como "normal". Quando o mais alto funcionário eleito da nação entrou em guerra sem uma declaração de guerra do Congresso, o facto foi censurado pelos meios de comunicação social, e mais uma vez aceitámo-lo em vez de enfrentarmos a verdade. Quando a Guerra do Golfo, que o nosso presidente tramou e planeou, começou, não só ficámos contentes com a censura mais flagrante, como até a levámos a sério, acreditando que era "boa para o esforço de guerra". O nosso presidente mentiu,[6] April Glaspie mentiu, o Departamento de Estado mentiu. Disseram que a guerra era justificada porque o Presidente Hussein tinha sido avisado para deixar o Kuwait em paz. Quando os cabos do Departamento de Estado da Glaspie foram finalmente tornados públicos, um senador norte-americano atrás do outro veio em defesa da Glaspie, a prostituta. Não importava que viessem de democratas e republicanos. Nós, o povo, *deixamo-los* escapar com as suas vil mentiras.

Neste estado de espírito do povo americano, os sonhos mais selvagens de Willis Harmon e das suas equipas de cientistas tornaram-se realidade. O Instituto Tavistock ficou encantado por ter conseguido destruir o auto-respeito e a auto-estima desta outrora grande nação. Dizem-nos que ganhámos a Guerra do Golfo. O que a grande maioria dos americanos ainda não percebeu é que, ao vencer a guerra, custou à nossa nação o seu respeito próprio e honra. O que definha nas areias desérticas do Kuwait e do Iraque, ao lado dos cadáveres dos soldados iraquianos que massacrámos no retiro acordado do Kuwait e de Basra - não pudemos cumprir a nossa promessa de respeitar as Convenções de Genebra e não as atacar. O que querem', perguntaram-nos os nossos controladores, 'vitória ou auto-respeito? Não se pode ter

---

[6] E mais recentemente com as mentiras de Clinton sobre o seu caso com Monica Lewinsky.

ambos".

Há cem anos atrás isto não podia ter acontecido, mas agora está a acontecer sem comentários. Sucumbimos à guerra de penetração de longo alcance travada contra esta nação pelo Tavistock. Tal como a nação alemã, derrotada pelo Inquérito Prudencial aos Bombeiros, bastantes de nós concordaram em fazer desta nação o tipo de país que os regimes totalitários do passado teriam previsto apenas nos seus sonhos. "Aqui", diriam eles, "é uma nação, uma das maiores do mundo, que não quer a verdade. Podemos passar sem todas as nossas agências de propaganda. Não temos de lutar para esconder a verdade desta nação, ela rejeitou-a voluntariamente por sua própria vontade. Esta nação é uma galinha".

A nossa outrora orgulhosa República dos Estados Unidos da América é agora uma série de organizações criminosas de frente, o que, como a história mostra, é sempre o início do totalitarismo. Esta é a fase de alteração permanente a que chegámos na América no final de 1991. Vivemos numa sociedade descartável, programada para não durar. Nem sequer hesitamos com os 4 milhões de sem-abrigo, os 30 milhões de desempregados, ou os 15 milhões de bebés assassinados até à data. Estes são os "descartáveis" da era de Aquário, uma conspiração tão deplorável que, quando confrontada com ela, a maioria negará a sua existência, *racionalizando* estes acontecimentos como "os tempos mudaram".

Foi assim que o Tavistock Institute e Willis Harmon *nos programaram* para reagir. O desmantelamento dos nossos ideais continua sem protesto. O impulso espiritual e intelectual do nosso povo foi destruído! A 27 de Maio de 1991, o Presidente Bush fez uma declaração muito profunda, cujo impulso parece ter sido totalmente desviado pela maioria dos comentadores políticos:

> "A dimensão moral da política americana exige que tracemos um rumo moral num mundo de menos maldade. Este é o mundo real, nada é preto e branco; há muito pouco espaço para absolutos morais".

Que mais se pode esperar de um presidente que é muito possivelmente o homem mais malvado de sempre a ocupar a Casa Branca?

Considere isto à luz da sua ordem ao exército para enterrar 12.000 soldados iraquianos vivos. Considere isto à luz da sua actual guerra de genocídio contra o povo iraquiano. O Presidente Bush teve o prazer de chamar ao Presidente Saddam Hussein "o Hitler do nosso tempo". Ele nunca se deu ao trabalho de fornecer qualquer prova. Não era necessário. Porque o Presidente Bush fez essa declaração, aceitámo-la sem questionar. Considerem, à luz da verdade, que ele fez todas estas coisas em nome do povo americano enquanto recebia secretamente as suas ordens do Comité dos 300.

Mas, mais do que qualquer outra coisa, considere o seguinte: o Presidente Bush e os seus controladores sentem-se tão seguros que já não acham necessário esconder o seu controlo maléfico sobre o povo americano, ou mentir sobre isso. Isto é evidente na declaração de que ele, como nosso líder, fará todo o tipo de concessões com verdade, honestidade e decência se os seus controladores (e os nossos) o considerarem necessário. A 27 de Maio de 1991, o Presidente dos Estados Unidos abandonou todos os princípios consagrados na nossa Constituição e proclamou corajosamente que já não estava vinculado por ela. Esta é uma grande vitória para o Instituto Tavistock e o Inquérito Prudencial aos Bombeiros, cujo alvo se deslocou do alojamento dos trabalhadores alemães em 1945 para as almas do povo americano numa guerra que começou em 1946 e continua até 1992.

No início da década de 1960, o Stanford Research Institute exerceu uma pressão crescente sobre esta nação para que mudasse. A ofensiva do SRI cresceu no poder e na dinâmica. Ligue o seu televisor e verá a vitória de Stanford diante dos seus olhos: talk shows com detalhes sexuais pesados, especiais em vídeo onde a perversão, o rock and roll e as drogas reinam supremos. Onde em tempos John Wayne governou, temos agora um homem (ou será ele?) chamado Michael Jackson, uma paródia de um ser humano que é retratado como um herói, enquanto ele se agita, murmura e grita nos ecrãs de televisão de milhões de lares americanos.

Uma mulher que tenha passado por uma série de casamentos obtém cobertura nacional. Uma banda de rock decadente, imunda, semi-lavada e drogada, recebe horas de tempo de antena dedicadas aos seus sons inanos e giroses loucas, às suas roupas e aberrações linguísticas. As óperas de sabão mostrando o que é o mais próximo possível da pornografia não atraem comentários. Enquanto no início dos anos 60 isto nunca teria sido tolerado, hoje em dia é aceite como normal. Fomos sujeitos e sucumbimos ao que o Instituto Tavistock chama "choques futuros", cujo futuro é AGORA, e estamos tão entorpecidos por um choque cultural atrás do outro que protestar parece um gesto fútil, e por isso, logicamente, pensamos que não vale a pena protestar.

Em 1986, o Comité dos 300 ordenou que a pressão fosse aumentada.

Os EUA não estavam a avançar suficientemente depressa. Os EUA iniciaram o processo de "reconhecimento" dos carniceiros do Camboja, o regime criminoso de Pol Pot, que perpetrou o assassinato de 2 milhões de cidadãos cambojanos. Em 1991, a roda girou em círculo completo. Os Estados Unidos entraram em guerra contra uma nação amiga que tinha sido programada para confiar nos traidores em Washington. Acusámos o Presidente Hussein da pequena nação do Iraque de todo o tipo de males, NENHUMA DO QUE SOMOS VERDADEIROS. Matámos e mutilámos os seus filhos, deixámo-los a morrer à fome e a morrer de todo o tipo de doenças.

Ao mesmo tempo, enviámos os emissários de Bush do Comité dos 300 para o Camboja para RECONHECER OS ASSASSINOS DE 2 MILHÕES DE CAMBOJAS, que foram sacrificados pela experiência do Comité dos 300 no despovoamento das cidades, que as grandes cidades dos EUA irão experimentar num futuro não muito distante. Hoje, o Presidente Bush e o seu Comité de Administração 300 dizem, com efeito: "Ouçam, pessoal, o que é que querem de mim? Disse-vos que me comprometerei quando achar conveniente, mesmo que isso signifique negociar com assassinos como Pol Pot. E ENTÃO - BEIJA-ME AS MÃOS.

A pressão para a mudança atingirá o seu auge em 1993 e veremos cenas que nunca pensámos serem possíveis. A América embriagada reagirá, mas apenas ligeiramente. Mesmo a última ameaça à nossa liberdade, o cartão de computador pessoal, não nos perturba. O artigo de Willis Harman "CHANGING IMAGES OF MAN" teria sido demasiado técnico para a maioria das pessoas. Assim, recorremos aos serviços de Marilyn Ferguson para a tornar mais compreensível. "THE Age of AQUARIUS" anunciava espectáculos de nudez e uma canção que encabeçava as tabelas: "Dawn of the Age of Aquarius" tornou-se viral.

O cartão de computador pessoal que, quando totalmente distribuído, nos privará do nosso ambiente familiar e, como veremos, o ambiente significa muito mais do que o significado aceite habitualmente da palavra. Os Estados Unidos passaram por um período de intenso trauma como nenhuma outra nação na história do mundo, e o pior ainda está para vir.

Tudo está a acontecer como Tavistock ordenou e como os sociólogos de Stanford previram. Os tempos não mudam, eles são *feitos para* mudar. Todas as alterações são planeadas com antecedência e são o resultado de uma acção cuidadosa. No início fomos mudados gradualmente, mas agora o ritmo da mudança está a acelerar. Os Estados Unidos estão a mudar de uma nação abençoada por Deus para um labirinto poliglota de nações sob muitos deuses. Os Estados Unidos já não são uma nação abençoada por Deus. Os autores da Constituição perderam a batalha.

Os nossos antepassados falavam uma língua comum e acreditavam numa religião comum - o cristianismo e os seus ideais partilhados. Não havia pessoas de fora entre nós; isso veio mais tarde, numa tentativa deliberadamente planeada de dividir os Estados Unidos numa série de nacionalidades, culturas e crenças fragmentadas. Se tiver dúvidas, vá ao East Side of New York ou ao West Side of Los Angeles em qualquer sábado e olhe à sua volta. Os Estados Unidos tornaram-se várias nações que lutam para coexistir sob um sistema de governo comum. Quando as comportas da imigração foram amplamente abertas por Franklin D. Roosevelt, um primo do chefe do Comité dos 300, o choque cultural causou grande confusão e deslocação e tornou "uma nação" um conceito impraticável. O Clube de Roma e a OTAN exacerbaram a situação. "Ama o teu próximo" é um ideal que só funcionará se o teu próximo for "como tu".

Para os autores da nossa Constituição, as verdades que enunciaram para as gerações futuras eram "óbvias" - para si próprios. Não tendo a certeza de que as gerações *futuras* também encontrariam as verdades a que se ligam a esta nação, eles propuseram-se torná-las explícitas. PARECE QUE TEMIAM UMA ÉPOCA EM QUE AS VERDADES QUE TINHAM ESTABELECIDO PARA AS GERAÇÕES FUTURAS JÁ NÃO SERIAM EVIDENTES POR SI MESMAS. O Instituto Tavistock de Relações Humanas certificou-se de que aquilo que os autores da Constituição temiam que acontecesse, acontecesse. Esse tempo chegou com Bush e os seus "não absolutos" e a sua Nova Ordem Mundial sob a direcção do Comité dos 300.

Isto faz parte do conceito de mudanças sociais impostas aos americanos, que a Harmon e o Clube de Roma disseram que causariam traumas graves e uma grande acumulação de pressão. As convulsões sociais ocorridas desde o advento do Tavistock, o Clube de Roma e a OTAN continuarão nos EUA enquanto o limite de absorção for ignorado. As nações são constituídas por indivíduos e, tal como os indivíduos, existe um limite para a sua capacidade de absorver a mudança, por mais robustos que sejam.

Esta verdade psicológica foi bem comprovada pelo Estudo Estratégico de Bombas, que apelou ao bombardeamento por saturação das habitações dos trabalhadores alemães. Como mencionado anteriormente, este projecto foi obra da *Companhia de Seguros Prudencial* e ninguém duvida hoje que a Alemanha foi derrotada por esta operação. Muitos dos cientistas que trabalharam neste projecto estão agora a trabalhar no bombardeamento de saturação da América, ou já avançaram, deixando as suas técnicas inteligentes nas mãos daqueles que as seguiram.

O legado que deixaram é que não *perdemos* tanto o nosso caminho como nação, mas fomos *conduzidos na* direcção *oposta* àquela que os autores da Declaração nos tinham dado durante mais de 200 anos. Em suma, perdemos o contacto com os nossos genes históricos, as nossas raízes e a nossa cultura.

A fé, que tem inspirado inúmeras gerações de americanos a avançar como nação, beneficiando do legado que nos foi deixado pelos autores da Declaração da Independência e da Constituição dos EUA. O facto de estarmos perdidos (ovelhas) é claro para todos os que procuram a verdade, por muito desagradável que ela possa ser.

Com o Presidente Bush e o seu "não há moral elevada" para nos guiar, estamos a avançar como nações e indivíduos perdidos tendem a fazer. Estamos a *colaborar* com o Comité dos 300 (contra Deus[7]) para a nossa *própria* queda e escravização. Algumas pessoas sentem isto - e têm uma forte sensação de mal-estar. As várias teorias de conspiração que conhecem não parecem cobrir tudo. Isto porque não conhecem a hierarquia dos conspiradores, o Comité dos 300.

As almas que sentem uma profunda sensação de mal-estar e que algo está muito errado, mas que não podem colocar o dedo colectivo no problema, caminham na escuridão. Olham para um futuro que vêem a fugir-lhes. O sonho americano tornou-se uma miragem. Eles depositam a sua fé na religião, mas não tomam medidas para ajudar essa fé com ACTION. Os americanos nunca irão experimentar o tipo de recuos que os europeus fizeram no auge da Idade das Trevas. Por ACÇÃO determinada, despertaram em si mesmos um espírito de renovação que resultou na gloriosa Renascença.

O inimigo que os conduziu até agora decidiu atacar duramente os Estados Unidos em 1980, para que o Renascimento da América fosse

---

[7] "Aquele que não está *COMIGO a* mim está *CONTRA* mim, e aquele que não se reúne comigo espalha". - Cristo, Mateus 12:30.

impossível. Quem é o inimigo? O inimigo não é um "eles" sem rosto. O inimigo é claramente identificável como o Comité dos 300, o Clube de Roma, a NATO e todas as suas organizações filiadas, grupos de reflexão e institutos de investigação controlados pelo Tavistock. Não há necessidade de usar "eles" ou "o inimigo" excepto como estenografia. SABEMOS QUEM "ELES" SÃO. O Comité dos 300 com o seu estabelecimento liberal da Costa Leste "aristocracia", os seus bancos, as suas companhias de seguros, as suas corporações gigantes, as suas fundações, as suas redes de comunicação, presidido por uma HIERÁRQUIA DE CONSPIRADORES - ESTE É O INIMIGO.

É o poder que deu vida ao reinado do terror na Rússia, a revolução bolchevique, as Guerras Mundiais I e II, a Coreia, o Vietname, a queda da Rodésia, a África do Sul, a Nicarágua e as Filipinas. Foi o governo secreto de alto nível que deu origem à desintegração controlada da economia americana e desindustrializou para sempre aquela que foi outrora a maior potência industrial que o mundo alguma vez conheceu.

A América de hoje pode ser comparada a um soldado que adormece no meio da batalha. Nós, americanos, adormecemos, rendendo-nos à apatia causada por sermos confrontados com uma multiplicidade de escolhas que nos desorientaram. São as mudanças que alteram o nosso ambiente, que quebram a nossa resistência para que fiquemos atordoados, apáticos e acabemos por adormecer na espessura da batalha.

Existe um termo técnico para esta condição. Chama-se "stress de penetração a longa distância". A arte de submeter um grupo muito grande de pessoas a um stress contínuo de penetração a longo prazo foi desenvolvida por cientistas que trabalham no Tavistock Institute of Human Relations e nas suas filiais americanas, Stanford Research and Rand Corporation, e pelo menos 150 outras instituições de investigação nos Estados Unidos.

O Dr. Kurt Lewin, o cientista que desenvolveu esta guerra diabólica, fez com que o patriota americano médio se preocupasse com várias teorias da conspiração, deixando-o incerto e inseguro, isolado e talvez até assustado, como ele procura, mas não compreende a decadência e podridão causadas pelas "IMAGENS MUDANÇAS DO HOMEM", incapazes de identificar ou combater as mudanças sociais, morais, económicas e políticas que considera indesejáveis e indesejadas, mas que estão a aumentar cada vez mais de intensidade.

O nome do Dr. Lewin não aparece em nenhum dos livros de história da nossa instituição, que em qualquer caso são um relato de acontecimentos principalmente do lado da classe dominante ou dos vencedores de guerras. Por conseguinte, é com orgulho que apresento o seu nome. Como já mencionado, a Dra. Lewin organizou a Clínica Psicológica de Harvard e o Instituto de Investigação Social sob os auspícios do Instituto Tavistock. Os nomes não dão muitas indicações sobre o objectivo destas duas organizações.

Isto faz-me lembrar o infame projecto de lei de reforma das leis da cunhagem e da moeda, aprovado em 1827. O título da lei era suficientemente inofensivo, ou parecia ser, o que era a intenção dos seus apoiantes. Com este acto, o Senador John Sherman traiu a nação aos banqueiros internacionais.

Sherman terá patrocinado o projecto de lei "sem o ler". Como sabemos, o verdadeiro objectivo da lei era desmonetizar o dinheiro e dar aos banqueiros ladrões poder ilimitado sobre o crédito da nossa nação, poder a que os banqueiros não tinham claramente direito nos termos claros e inequívocos da Constituição dos EUA.

Kurt Lewin deu ao Instituto Tavistock, ao Clube de Roma e à OTAN poder ilimitado sobre a América, ao qual nenhuma outra organização, entidade ou sociedade tem direito. Estas instituições usurparam estes poderes para destruir a vontade da nação de resistir aos planos e intenções dos conspiradores para nos roubar os frutos da Revolução Americana e nos conduzir a uma nova era negra sob um governo de um só mundo.

Os colegas de Lewin neste objectivo de penetração a longo prazo foram Richard Crossman, Eric Trist, H. V. Dicks, Willis Harmon, Charles Anderson, Garner Lindsay, Richard Price e W. R. Bion. Mais uma vez, estes nomes nunca aparecem nos noticiários nocturnos; de facto, aparecem apenas em revistas científicas - por isso, muito poucos americanos estão cientes da sua existência e não sabem de todo o que os homens por detrás destes nomes fizeram e estão a fazer nos Estados Unidos.

O Presidente Jefferson disse uma vez que *sentia pena* daqueles que *pensavam* saber o que se passava ao ler o jornal. Disraeli, o primeiro-ministro britânico, disse muito a mesma coisa. De facto, ao longo dos tempos, os líderes têm gostado de gerir as coisas a partir dos bastidores. O homem sempre sentiu a necessidade de dominar sem ser detectado, e este desejo nunca foi tão prevalente como nos tempos modernos.

Se não fosse este o caso, porquê a necessidade de sociedades secretas? Se somos governados por um sistema aberto, dirigido por funcionários democraticamente eleitos, porquê a necessidade de uma ordem maçónica secreta em todas as aldeias, cidades e vilas dos Estados Unidos? Como é que a Maçonaria pode operar tão abertamente e ainda assim manter os seus segredos tão bem escondidos? Não podemos fazer esta pergunta aos Nove Homens Desconhecidos da Loja das Nove Irmãs em Paris ou aos seus nove colegas da Loja do Quarteto Coronati em Londres. No entanto, estes dezoito homens fazem parte de um governo ainda mais secreto, o RIIA, e, para além disso, o Comité dos 300.

Como é que o Rito Escocês da Maçonaria conseguiu fazer uma lavagem cerebral a John Hinckley para tentar matar o Presidente Reagan? Porque é que temos ordens secretas como os Cavaleiros de São João de Jerusalém, a Távola Redonda, o Grupo Milner, etc., até uma longa linha de sociedades secretas? Fazem parte de uma cadeia global de comando e controlo que atravessa o Clube de Roma, a NATO, a RIIA e, finalmente, a hierarquia dos conspiradores, o Comité dos 300. Os homens precisam destas sociedades secretas porque as suas acções são más e devem ser escondidas. O mal não pode ficar contra a luz da Verdade.

A Era de Aquário

Neste livro vamos encontrar uma lista quase completa dos conspiradores, das suas instituições de fachada e dos seus órgãos de propaganda. Em 1980, a Conspiração Aquariana estava em pleno andamento e o seu sucesso pode ser visto em todos os aspectos da nossa vida privada e nacional. O aumento esmagador da violência mental, assassinos em série, suicídios de adolescentes, os sinais inequívocos de letargia - "penetração a longa distância" faz parte do nosso novo ambiente, tão perigoso, se não mais, do que o ar poluído que respiramos.

A chegada da Era de Aquário apanhou a América completamente desprevenida. Como nação, não estávamos preparados para as mudanças que estavam prestes a ser-nos *impostas*. Quem já ouviu falar de Tavistock, Kurt Lewin, Willis Harmon, e John Rawlings Reese? Eles nem sequer estavam na cena política americana. O que teríamos notado, se nos tivéssemos dado ao trabalho de olhar, era que a nossa capacidade de resistir a choques futuristas estava a diminuir à medida que nos tornávamos mais cansados, mais ansiosos, e finalmente entrávamos num período de choque psicológico seguido de apatia generalizada, a manifestação exterior de "guerra de penetração de longo alcance".

A 'Era de Aquário' foi descrita pelo Instituto Tavistock como o vector de turbulência: "Há três fases distintas na resposta e reacção ao stress de grandes grupos sociais. *Primeiro*, há *superficialidade*; a população sob ataque defender-se-á com slogans; isto não identifica a *origem da* crise e, portanto, *nada faz para* a resolver, daí a persistência da crise. A *segunda* é a *fragmentação*. Isto ocorre quando a crise continua e a ordem social se desmorona. Depois há a *terceira* fase em que o grupo populacional entra numa fase de '*auto-realização*' e se afasta da crise induzida. Isto leva a uma resposta maladaptativa, acompanhada de um idealismo sinóptico activo e de dissociação".

Quem pode negar isso com o enorme aumento do consumo de drogas - "crack" que faz milhares de novos viciados instantâneos todos os dias; o aumento chocante da matança de crianças todos os dias (infanticídio de aborto em massa), que agora excede em muito as perdas sofridas pelas nossas forças armadas nas duas guerras mundiais, Coreia e Vietname; a aceitação aberta da homossexualidade e do lesbianismo, cujos "direitos" são protegidos por cada vez mais leis todos os anos; o terrível flagelo a que chamamos "SIDA", que atormenta as nossas cidades e vilas; o fracasso total do nosso sistema educativo; o aumento espantoso da taxa de divórcio; uma taxa de homicídios que choca o resto do mundo em incredulidade; assassinatos em série satânicos; o desaparecimento de milhares de crianças pequenas, raptadas das nossas ruas por pervertidos; uma onda virtual de pornografia acompanhada de "permissividade" nos nossos ecrãs de televisão - que podem negar que esta nação está em crise, à qual não nos dirigimos e da qual nos estamos a afastar.

Pessoas bem-intencionadas e especializadas nesta área atribuem grande parte do problema à educação, ou aquilo a que se chama educação nos Estados Unidos. Os criminosos abundam hoje em dia na faixa etária dos 9-15 anos. Os violadores são frequentemente tão jovens como 10 anos. Os nossos cientistas sociais, os nossos sindicatos de professores, as nossas igrejas dizem que tudo isto se deve a um sistema de educação deficiente. As pontuações dos testes continuam a cair. Os peritos lamentam o facto de os Estados Unidos serem actualmente cerca de 39 no mundo em termos de resultados educativos.

Porque é que lamentamos o que é tão óbvio? O nosso sistema educativo foi programado para se autodestruir. Foi isso que o Dr. Alexander King foi incumbido pela OTAN de fazer. Isto foi o que o Juiz Hugo Black foi ordenado a corrigir. O facto é que o Comité dos 300, com a aprovação do nosso governo, não quer que a nossa juventude seja devidamente educada. A educação que o Juiz Maçonista Hugo Black, Alexander King, Gunnar Myrdal e a sua esposa vieram dar às crianças dos Estados Unidos é que CRIME PAYS, OPPORTUNITY IS ALL THATTERS MATTERS.

Eles ensinaram aos nossos filhos que a lei americana é desigual, e isso é óptimo. Os nossos filhos foram devidamente educados por uma década de exemplos corruptos; Ronald Reagan e George Bush foram governados pela ganância e foram totalmente corrompidos por ela. O nosso sistema educativo não falhou. Sob a liderança de King, Black and Myrdal, é de facto um grande sucesso, mas isso depende do ponto de vista de quem se olha para ele. O Comité dos 300 está encantado com o nosso sistema educativo e não vai permitir que uma vírgula seja alterada.

De acordo com Stanford e Willis Harmon, o trauma induzido pela penetração a longo prazo da nossa educação já dura há 45 anos. Contudo, quantas pessoas estão conscientes das pressões insidiosas sobre a nossa sociedade e da constante exposição à lavagem cerebral que ocorre todos os dias? As misteriosas guerras de gangues que eclodiram em Nova Iorque nos anos 50 são um exemplo de como os conspiradores podem criar e encenar qualquer tipo de distúrbio. Ninguém sabia de onde vinham estas guerras de gangues até que os investigadores nos anos 80 descobriram os controladores ocultos que dirigiam estes "fenómenos sociais".

As guerras de gangues foram cuidadosamente planeadas em Stanford, deliberadamente concebidas para chocar a sociedade e causar perturbações. Em 1958, existiam mais de 200 destes bandos. Foram tornados populares por um musical e filme de Hollywood, "West Side Story". Após uma década nas manchetes, subitamente, em 1966, desapareceram das ruas de Nova Iorque, Los Angeles, Nova Jersey, Filadélfia e Chicago.

Ao longo da década de violência dos gangues, o público reagiu de acordo com a resposta perfilada esperada por Stanford; a sociedade como um todo não conseguiu compreender a guerra dos gangues e o público reagiu de forma inadequada. Se houvesse gente suficientemente sábia para reconhecer a guerra de gangues como uma experiência de Stanford em engenharia social e lavagem ao cérebro, a trama dos conspiradores teria sido descoberta. Ou não tínhamos especialistas treinados que pudessem ver o que se estava a passar - o que é altamente improvável - ou foram ameaçados para o silêncio. A cooperação dos meios de comunicação social com Stanford destacou um ataque de "nova era" ao nosso ambiente, como previsto pelos engenheiros sociais e novos cientistas científicos da Tavistock.

Em 1989, a guerra de gangues, como condicionamento social para a mudança, foi reintroduzida nas ruas de Los Angeles. Meses após os primeiros incidentes, os gangues começaram a proliferar - primeiro às dezenas, depois às centenas nas ruas do East Side de LA. As casas de crack e a prostituição desenfreada proliferaram; os traficantes de droga dominaram as ruas. Qualquer pessoa que se atravessasse no seu caminho era baleada. O clamor da imprensa foi alto e longo. O grupo populacional visado por Stanford começou a ripostar com slogans. Isto é o que Tavistock chama à primeira fase, com o grupo alvo a não identificar a origem da crise. A segunda fase da crise da guerra de gangues é a 'fragmentação'. Pessoas que não viviam nas áreas frequentadas pelos bandos disseram: 'Graças a Deus que não estão na nossa vizinhança'. Isto ignorou o facto de que a crise continuava com ou sem reconhecimento e que a ordem social em Los Angeles tinha começado a quebrar. De acordo com o perfil Tavistock, grupos não afectados pela guerra de gangues "separaram-se para se defenderem" porque a origem da crise não foi identificada, o chamado processo de "desajustamento" - o período de dissociação.

Para além da proliferação da venda de drogas, qual é o objectivo das guerras de gangs? Em primeiro lugar, é para mostrar ao grupo-alvo que eles não são seguros, ou seja, que geram insegurança. Em segundo lugar, é para mostrar que a sociedade organizada é impotente contra esta violência, e em terceiro lugar, para fazer com que as pessoas reconheçam que a nossa ordem social está a quebrar. A actual onda de violência dos bandos desaparecerá tão rapidamente quanto começou, uma vez concluídas as três fases do programa de Stanford.

Um exemplo notável de "condicionamento social para aceitar a mudança", mesmo quando esta é reconhecida como uma mudança indesejável pelo grupo populacional na mira do Stanford Research Institute, foi o "advento" dos BEATLES. Os Beatles foram trazidos para os Estados Unidos como parte de uma experiência social para lavar o cérebro de grandes grupos populacionais dos quais nem sequer tinham conhecimento.

Quando Tavistock trouxe os Beatles para a América, ninguém poderia ter imaginado o desastre cultural que se seguiria na sua esteira. Os Beatles eram parte integrante da "THE AQUARIAN CONSPIRACY", um organismo vivo que teve origem em "THE CHANGING IMAGES OF MAN", URH (489) 2150. Ver Relatório de Investigação Política No. 4/4/74. Relatório de Política elaborado pelo Centro do SRI para o estudo da Política Social, Director, Professor Willis Harmon.

O fenómeno dos Beatles não foi uma rebelião espontânea da juventude contra a velha ordem social. Pelo contrário, foi uma trama cuidadosamente elaborada para introduzir, por uma agência conspiratória que não pôde ser identificada, um elemento altamente destrutivo e divisório num grande grupo populacional alvo de mudança contra a sua vontade. Novas palavras e frases - preparadas pela Tavistock - foram introduzidas na América com os Beatles. Palavras como "rock" em relação aos sons da música, "adolescente", "cool", "descoberto" e "música pop" eram um léxico de palavras de código disfarçadas a significar a aceitação de drogas e vinham com e acompanhavam os Beatles para onde quer que fossem, para serem "descobertos" pelos "adolescentes". A propósito, a palavra "adolescentes" nunca foi utilizada até à entrada em cena dos Beatles, graças ao Tavistock Institute for Human Relations.

Tal como nas guerras de gangues, nada poderia ou teria sido alcançado sem a cooperação dos meios de comunicação, especialmente os electrónicos e, em particular, o sulfuroso Ed Sullivan que tinha sido treinado pelos conspiradores quanto ao papel que ele deveria desempenhar. Ninguém teria prestado qualquer atenção à tripulação motley de Liverpool e ao sistema de 'música' de 12 tons que se seguiria se não houvesse uma superabundância de imprensa. O sistema de 12 tons consiste em sons pesados e repetitivos, retirados da música do culto de Dionísio e do sacerdócio de Baal por Adorno e dado um sabor "moderno" por este amigo especial da Rainha de Inglaterra, e portanto do Comité de 300.

Tavistock e o seu centro de investigação de Stanford criaram palavras desencadeantes que depois entraram no uso geral em torno da 'música rock' e dos seus fãs. Estas palavras desencadeadoras criaram um novo e distinto grupo populacional, em grande parte jovem, que foi persuadido pela engenharia social e condicionamento a acreditar que os Beatles eram realmente a sua banda favorita. Todas as palavras desencadeantes concebidas no contexto da "música rock" destinavam-se ao controlo de massa do novo grupo-alvo, a juventude americana.

Os Beatles fizeram um trabalho perfeito, ou talvez fosse mais correcto dizer que Tavistock e Stanford fizeram um trabalho perfeito, com os Beatles simplesmente a reagir como robôs treinados "com uma pequena ajuda dos seus amigos"[8] - palavras de código para ficar pedrado e torná-lo "fixe". Os Beatles tornaram-se um "tipo novo" altamente visível - mais jargão Tavistock - e como tal não demorou muito tempo para que a banda criasse novos estilos (moda de vestuário, penteados e linguagem) que perturbavam a geração mais velha, como *se pretendia*. Isto faz parte do processo de "fragmentação-desajustamento" desenvolvido por Willis Harmon e a sua equipa de cientistas sociais e técnicos de engenharia genética e implementado. O papel da imprensa escrita e dos meios electrónicos

---

[8] Referência à canção dos Beatles "Com uma pequena ajuda dos meus amigos". NOTA DO EDITOR.

na nossa sociedade é crucial para o sucesso da lavagem ao cérebro de grandes grupos populacionais. As guerras de gangues terminaram em Los Angeles em 1966, quando os meios de comunicação social deixaram de as cobrir. A mesma coisa acontecerá com a actual onda de guerras de gangs em Los Angeles. Os bandos de rua murcharão na videira assim que a cobertura saturada dos meios de comunicação social for atenuada e depois completamente removida. Tal como em 1966, o problema será "queimado". Os bandos de rua terão atingido o seu objectivo de criar tumultos e insegurança. O mesmo padrão será aplicado à música rock. Privada da atenção dos media, acabará por tomar o seu lugar na história.

Depois dos Beatles, que a propósito foram formados pelo Instituto Tavistock, vieram outras bandas de rock "made in England" que, como os Beatles, pediram a Theo Adorno para escrever a sua letra de culto e compor toda a "música". Detesto usar estas belas palavras no contexto da "Beatlemania"; faz-me lembrar como a palavra "amante" é mal utilizada para se referir à interacção nojenta entre dois homossexuais que se contorcem na pocilga. Chamar música "rock" é um insulto, tal como a linguagem utilizada no "rock-lyrics".[9]

Tavistock e Stanford Research iniciaram então a segunda fase de trabalho encomendada pelo Comité de 300. Esta nova fase aumentou a pressão para uma mudança social na América. Tão rapidamente como os Beatles apareceram na cena americana, também a geração beat-generation, desencadeou palavras concebidas para separar e fragmentar a sociedade. Os meios de comunicação social centram agora a sua atenção na beat-generation. Outras palavras cunhadas por Tavistock surgiram do nada: 'beatniks', 'hippies', 'filhos de flores' fazem parte do vocabulário americano. Tornou-se popular "largar", usar calças de ganga sujas e andar por aí com o cabelo comprido por lavar. A "geração beat" cortou-se a si própria da América convencional. Tornaram-se tão infames como os Beatles mais limpos antes deles.

O grupo recentemente criado e o seu 'estilo de vida' atraiu milhões de jovens americanos para o culto. A juventude americana passou por uma revolução radical sem nunca ter tido consciência disso, enquanto a geração mais velha permaneceu indefesa, incapaz de identificar a

---

[9] Letras de músicas de rock, NDT.

origem da crise, e por isso reagiu inadequadamente à sua manifestação, nomeadamente drogas de todos os tipos, marijuana e, mais tarde, ácido lisérgico, "LSD", tão prontamente fornecido pela empresa farmacêutica suíça SANDOZ, depois de um dos seus químicos, Albert Hoffman, ter descoberto como fazer a ergotamina sintética, uma poderosa droga que altera a mente. O Comité de 300 financiou o projecto através de um dos seus bancos, S. C. Warburg, e a droga foi transportada para a América pelo filósofo Aldous Huxley.

A nova "droga milagrosa" foi rapidamente distribuída em pacotes de tamanho "amostra", distribuídos gratuitamente nos campi universitários dos Estados Unidos e em concertos "rock", que se tornaram o principal veículo para a proliferação do consumo de drogas. A questão é: qual foi a influência das drogas na sociedade? O que estava a Agência de Controlo da Droga (DEA) a fazer nessa altura? Há provas circunstanciais convincentes que sugerem que a DEA *estava ciente do que se estava a passar*, mas foi-lhe ordenado que *nada* fizesse.

Com a chegada aos Estados Unidos de um número muito grande de novas bandas britânicas de "rock", os concertos de rock começaram a tornar-se uma fixação no calendário social da juventude americana. A par destes 'concertos', o consumo de drogas entre os jovens aumentou proporcionalmente. O barulho diabólico de sons pesados e discordantes entorpeceu a mente dos ouvintes, que foram facilmente persuadidos a experimentar a nova droga com base no facto de que "todos os outros o estão a fazer". A pressão dos pares é uma arma muito poderosa. A 'nova cultura' recebeu a máxima cobertura mediática, que não custou aos conspiradores um único cêntimo.

Vários líderes cívicos e religiosos sentiram grande raiva do novo culto, mas as suas energias foram mal orientadas contra o RESULTADO do que estava a acontecer, não contra o CAUSA. Os críticos do culto do rock cometeram os mesmos erros que cometeram durante a era da Proibição, criticaram a aplicação da lei, professores, pais - todos menos os conspiradores.

Devido à raiva e ressentimento que sinto em relação ao grande flagelo das drogas, não peço desculpa por usar uma linguagem que não é habitual para mim. Alan Ginsberg é um dos piores toxicodependentes de sempre a andar pelas ruas da América. Este Ginsberg empurrou a utilização do LSD através de um anúncio que não lhe custou nada, quando em circunstâncias normais teria ascendido a milhões de dólares em receitas de publicidade televisiva. Esta publicidade gratuita aos medicamentos, e ao LSD em particular, atingiu um novo pico no final da década de 1960, graças à contínua cooperação voluntária dos meios de comunicação social. O efeito da campanha publicitária em massa de Ginsberg foi devastador; o público americano foi sujeito a um choque cultural futurista atrás do outro em rápida sucessão.

Estávamos demasiado expostos e demasiado estimulados, e mais uma vez, permitam-me lembrar-vos que este é o jargão Tavistock, do manual de treino Tavistock, sobrecarregado pelo seu novo desenvolvimento, e quando chegámos a esse ponto as nossas mentes tinham começado a cair em apatia; era demasiado para lidar, ou seja, "a penetração a longa distância tinha-se apoderado de nós". Ginsberg afirmou ser um poeta, mas ninguém que alguma vez aspirasse a ser poeta escreveu tal disparate. A tarefa designada por Ginsberg tinha pouco a ver com poesia; a sua principal função era promover a nova subcultura e fazê-la ser aceite pela grande população alvo.

Para o ajudar na sua tarefa, Ginsberg cooptou os serviços de Norman Mailer, uma espécie de escritor que tinha passado algum tempo num manicómio. O Mailer é um dos favoritos da esquerda de Hollywood e por isso não teve problemas em conseguir o máximo de tempo de antena para Ginsberg. Naturalmente, Mailer tinha de ter uma desculpa - mesmo ele não podia revelar abertamente a verdadeira natureza das aparições de Ginsberg na televisão. Assim, foi adoptada uma charada: Mailer discutia 'seriamente' poesia e literatura com Ginsberg à câmara.

Este método de obter uma ampla cobertura televisiva sem custos foi seguido por todas as bandas de rock e promotores de concertos que seguiram o exemplo de Ginsberg. Os magnatas dos meios electrónicos têm tido um coração pesado quando se trata de dar tempo livre a estas criaturas imundas, aos seus produtos ainda mais sujos e às suas ideias nojentas. A sua promoção deste horrível lixo falou volumes, e sem a ajuda abundante da imprensa e dos meios electrónicos, o comércio da droga não poderia ter-se espalhado tão rapidamente como no final dos anos 60 e início dos anos 70, e provavelmente teria permanecido confinado a algumas pequenas áreas locais.

Ginsberg foi capaz de dar várias actuações televisivas nacionalmente exaltando as virtudes do LSD e da marijuana, sob o disfarce das "novas ideias" e "novas culturas" que se estavam a desenvolver no mundo da arte e da música. Para não serem ultrapassados pelos meios electrónicos, os admiradores de Ginsberg escreveram artigos brilhantes sobre "este homem colorido" nas secções artísticas e sociais dos principais jornais e revistas da América. Nunca houve uma campanha publicitária tão gratuita na história dos jornais, rádio e televisão, e não custou um cêntimo aos promotores da Conspiração de Aquário, da OTAN e do Clube de Roma. Era publicidade absolutamente gratuita para o LSD, disfarçada de "arte" e "cultura".

Um dos amigos mais próximos de Ginsberg, Kenny Love, publicou uma reportagem de cinco páginas no *New York Times*. Isto está de acordo com a metodologia utilizada pela Tavistock e pela Stanford Research: Se quiser promover algo que o público ainda não aceitou por lavagem ao cérebro, peça a alguém que escreva um artigo cobrindo todos os aspectos do assunto. O outro método é organizar talk shows ao vivo na televisão, onde um painel de peritos promove o produto ou ideia sob o pretexto de o "discutir". Há pontos e contrapontos, com os participantes a favor e contra a expressão do seu apoio ou oposição. No final, o tema a ser promovido já está ancorado na mente da audiência. Esta foi uma novidade no início da década de 1970, mas hoje é uma prática comum sobre a qual as conversas prosperam.

O artigo de cinco páginas do Love pró-LSD, pró-Ginsberg foi devidamente impresso pelo *New York Times*. Se Ginsberg tivesse tentado comprar a mesma quantidade de espaço num anúncio, isso ter-lhe-ia custado pelo menos 50.000 dólares. Mas Ginsberg não teve de se preocupar; graças ao seu amigo Kenny Love, Ginsberg conseguiu este anúncio maciço de graça. Com jornais como o *New York Times* e o *Washington Post* sob o controlo do Comité dos 300, este tipo de publicidade gratuita é dada a qualquer assunto, especialmente aqueles que promovem estilos de vida decadentes - drogas - hedonismo - qualquer coisa que perturbe o povo americano. Após o julgamento com Ginsberg e LSD, o Clube de Roma tornou prática pedir aos principais jornais americanos que fizessem publicidade gratuita a pedido das pessoas e ideias que estavam a promover.

Ainda pior - ou melhor, dependendo da forma como se olha para ela - a United Press (UP) levou o anúncio gratuito de Kenny Love para Ginsberg e LSD e enviou-o por telex a HUNDREDS de jornais e revistas de todo o país sob o pretexto de uma reportagem noticiosa. Mesmo revistas de estabelecimentos altamente respeitáveis como *Harper's Bazaar* e *TIME* tornaram o Sr. Ginsberg respeitável.

Se uma campanha nacional desta magnitude tivesse sido apresentada a Ginsberg e aos promotores do LSD por uma agência de publicidade, a etiqueta de preço teria sido de pelo menos um milhão de dólares em 1970. Hoje em dia, a etiqueta de preço não seria inferior a 15-16 milhões de dólares. Não admira que eu chame "chacais" aos meios de comunicação social.

Sugiro que tentemos encontrar qualquer meio de comunicação para fazer uma exposição no Conselho da Reserva Federal, o que eu fiz. Submeti o meu artigo, que foi uma boa exposição do maior esquema do mundo, a todos os principais jornais, estações de rádio e televisão, revistas e vários apresentadores de talk shows. Alguns deles fizeram promessas que soavam bem - certamente que dirigiam o artigo e me convidavam a falar sobre ele - deram-lhes uma semana e eles contactaram-me. Nenhum deles o fez, e o meu artigo nunca apareceu nas páginas dos seus jornais e revistas. Foi como se um manto de silêncio tivesse sido lançado sobre mim e o assunto que eu estava a tentar promover, e foi precisamente isso que aconteceu.

Sem uma grande publicidade mediática e uma cobertura quase constante, o culto da droga e do rock hippie-beatnik nunca teria descolado; teria permanecido uma curiosidade local. Os Beatles, com as suas guitarras janotas, expressões idiotas, linguagem drogada e roupas estranhas, teriam sido de pouca utilidade. Em vez disso, porque os Beatles foram cobertos pelos media, os Estados Unidos sofreram um choque cultural atrás do outro.

Homens enterrados em grupos de reflexão e institutos de investigação, cujos nomes e rostos ainda são conhecidos apenas por alguns, asseguraram que a imprensa desempenhasse o seu papel. Inversamente, o importante papel dos meios de comunicação social em não revelar o poder por detrás de futuros choques culturais significou que a fonte da crise nunca foi identificada. Assim, a nossa sociedade tem sido levada à loucura por choques psicológicos e stress. O termo "levado à loucura" é extraído do manual de formação Tavistock. Desde o seu humilde início em 1921, Tavistock estava pronto em 1966 para lançar uma grande e irreversível revolução cultural na América, que ainda não está completa. A Conspiração de Aquário faz parte dela.

Assim suavizada, a nossa nação era agora considerada madura para a introdução de drogas que rivalizariam com a Era da Proibição em termos de alcance e de enormes quantias de dinheiro a fazer. Também isto era parte integrante da Conspiração Aquariana. A proliferação do consumo de drogas foi um dos assuntos estudados pela Unidade de Investigação de Política Científica (SPRU) nas instalações do Tavistock na Universidade de Sussex. Era conhecido como o centro "Choques do Futuro", um título dado à chamada psicologia orientada para o futuro, concebido para manipular grupos inteiros de pessoas para causar "choques futuros". Foi a primeira de várias instituições deste tipo criada pela Tavistock.

Os "choques futuros" são descritos como uma série de acontecimentos que ocorrem tão rapidamente que o cérebro humano não consegue absorver a informação. Como disse anteriormente, a ciência tem mostrado que existem limites claramente marcados para a quantidade e natureza da mudança que a mente pode lidar. Após choques contínuos, a grande população alvo descobre que não quer fazer escolhas. A apatia assume, muitas vezes precedida de violência indiscriminada, como a que caracteriza os gangs de rua de Los Angeles, assassinos em série, violadores e raptores de crianças.

Tal grupo torna-se fácil de controlar e seguirá obedientemente as ordens sem se rebelar, que é o objectivo do exercício. "O choque futuro", diz o SPRU, "é definido como sofrimento físico e psicológico resultante da sobrecarga do mecanismo de tomada de decisões da mente humana". Esse é o jargão Tavistock, directamente dos seus manuais escolares que eles não sabem que eu possuo.

Da mesma forma que um circuito eléctrico sobrecarregado activa um interruptor, os seres humanos entram num estado de "desconexão", uma síndrome que a ciência médica só agora começa a compreender, embora John Rawlings Reese tenha realizado experiências nesta área já nos anos 20. Como se pode imaginar, tal grupo alvo está disposto a "tropeçar" e a tomar drogas para escapar à pressão de tantas escolhas. É assim que o uso de drogas se espalha tão rapidamente na geração beat americana. O que começou com os Beatles e as amostras de LSD transformou-se numa maré de consumo de drogas que dominou a América.

O comércio da droga é controlado pelo Comité dos 300, de cima para baixo. O comércio de drogas começou com a British East India Company e foi seguido de perto pela Dutch East India Company. Ambos foram controlados pelo "Conselho dos 300". A lista de nomes de membros e accionistas do BEIC assemelha-se à do Debretts peerage. O BEIC criou a Missão Interior da China, cuja missão era tornar os camponeses chineses, ou coolies como eram chamados, dependentes do ópio. Isto criou o mercado do ópio que o BEIC então preencheu.

Da mesma forma, o Comité dos 300 utilizou os "Beatles" para popularizar as "drogas sociais" entre a juventude americana e a "multidão" de Hollywood. Ed Sullivan foi enviado para Inglaterra para conhecer THE primeira "banda de rock" do Tavistock Institute para chegar às costas americanas. Sullivan regressou então aos EUA para elaborar estratégias com os meios electrónicos sobre como apresentar e vender a banda. Sem a plena cooperação dos meios electrónicos e Ed Sullivan em particular, os "Beatles" e a sua "música" teriam morrido na videira. Em vez disso, a nossa vida nacional e o carácter dos Estados Unidos foram mudados para sempre.

Agora que sabemos, é demasiado claro o sucesso da campanha "Beatles" para proliferar o consumo de drogas. O facto de Theo Adorno ter escrito a música e a letra para os Beatles foi escondido do público. A principal função dos 'The Beatles' era ser descoberta pelos adolescentes, que eram então submetidos a uma barragem interminável de 'música Beatles' até se convencerem a amar o som e a abraçá-lo e tudo o que o acompanhava. A banda de Liverpool correspondeu às expectativas e, com "uma pequena ajuda dos seus amigos", ou seja, as substâncias ilegais a que chamamos drogas, criou toda uma nova classe de jovens americanos no molde preciso encomendado pelo Instituto Tavistock.

Tavistock tinha criado um "tipo novo" altamente visível para actuar como correio de droga. Os *missionários cristãos"* da Missão Interior da China não teriam tido lugar na década de 1960. "O que isto significa é que os Beatles criaram novos padrões sociais, principalmente a normalização e popularização do uso de drogas, novos gostos em vestuário e novos estilos de penteado que realmente os distinguem da geração anterior, como queria o Tavistock.

É importante notar a linguagem deliberadamente fragmentada utilizada pelo Tavistock. Os 'adolescentes' nunca imaginaram que todas as coisas 'diferentes' a que aspiravam fossem o produto de cientistas mais velhos que trabalham em grupos de reflexão em Inglaterra e na Stanford Research. Como teriam ficado mortificados se tivessem descoberto que a maior parte dos seus hábitos e expressões "frias" tinham sido deliberadamente criados para eles por um grupo de cientistas sociais mais velhos!

O papel dos media foi, e continua a ser, muito importante na promoção do consumo de drogas à escala nacional. Quando a cobertura dos bandos de rua foi abruptamente cortada pelos meios de comunicação social, eles foram 'queimados' como um fenómeno social; a 'nova era' da droga seguiu-se. Os meios de comunicação têm sido sempre um catalisador e sempre impulsionaram as 'novas causas'.

Hoje em dia, a atenção dos meios de comunicação está centrada no consumo de drogas e nos seus proponentes, a "beat generation", outro termo cunhado em Tavistock, nos seus esforços determinados para provocar uma mudança social nos Estados Unidos.

O consumo de drogas tornou-se uma parte aceite da vida quotidiana na América. Este programa concebido por Tavistock abrangeu milhões de jovens americanos, e a geração mais velha começou a acreditar que a América estava a sofrer uma revolução social natural, não se apercebendo que o que estava a acontecer aos seus filhos não era um movimento espontâneo, mas uma criação altamente artificial concebida para forçar mudanças na vida social e política da América.

Os descendentes da British East India Company ficaram encantados com o sucesso do seu programa de promoção de drogas. Os seus seguidores tornaram-se adeptos do ácido lisérgico (LSD), tão prontamente disponibilizado por patrões do comércio de drogas como Aldous Huxley, a respeitada empresa suíça Sandoz e financiado pela grande dinastia bancária de Warburg. O novo "medicamento milagroso" foi prontamente distribuído em todos os concertos de rock e nos campi universitários como amostras gratuitas. A questão é: "O que estava o FBI a fazer durante este tempo? "

O propósito dos Beatles tinha-se tornado muito claro. Os descendentes da British East India Company na alta sociedade londrina devem ter-se sentido muito bem com os milhares de milhões de dólares que começaram a afluir. Com o advento do 'rock', que doravante será utilizado como estenografia para a música satânica diabólica de Adorno, houve um enorme aumento no uso de drogas mundanas, especialmente a marijuana. Todo o comércio de drogas desenvolveu-se sob o controlo e direcção da Unidade de Investigação de Política Científica (SPRU). A SPRU foi dirigida por Leland Bradford, Kenneth Damm e Ronald Lippert, sob cuja orientação especializada um grande número de novos cientistas científicos foram treinados para promover "choques futuros", sendo um dos principais o aumento dramático do consumo de drogas por adolescentes americanos. Os documentos políticos da SPRU, inseridos em várias agências governamentais, incluindo a Agência para a Aplicação da Droga (DEA), ditaram o curso da desastrosa "guerra às drogas" alegadamente travada pelas administrações Reagan e Bush.

Foi um precursor da forma como os Estados Unidos são hoje geridos, por um comité e/ou conselho após outro, por um governo interno alimentado por documentos Tavistock em que acreditam firmemente serem as suas próprias opiniões. Estes estranhos virtuais estão a tomar decisões que irão mudar para sempre a nossa forma de governo e afectar a qualidade de vida nos EUA. Graças à "adaptação à crise", já fomos de tal forma alterados que mal somos comparáveis ao que éramos na década de 1950. O nosso ambiente também foi alterado.

Fala-se muito do ambiente hoje em dia, e embora se trate principalmente de ambientes verdes, rios limpos e ar limpo, há outro ambiente igualmente importante, nomeadamente o ambiente dos medicamentos. O ambiente do nosso estilo de vida tornou-se poluído; o nosso modo de pensar tornou-se poluído. A nossa capacidade de controlar o nosso destino tornou-se poluída. Somos confrontados com mudanças que poluem o nosso pensamento ao ponto de não sabermos o que pensar sobre elas. O 'ambiente de mudança' está a paralisar a nação; parece que temos tão pouco controlo que a ansiedade e a confusão são o resultado.

Procuramos agora soluções de grupo em vez de soluções individuais para os nossos problemas. Não utilizamos os nossos próprios recursos para resolver problemas. Nesta área, o aumento prolífico do consumo de drogas desempenha um papel importante. É uma estratégia deliberada, concebida pelos cientistas das novas ciências, pelos engenheiros sociais e pelos funileiros, que visa a área mais vulnerável de todas, nomeadamente a nossa auto-imagem, ou seja, a forma como nos percebemos a nós próprios, o que acaba por nos levar a tornarmo-nos como ovelhas *(nós, as ovelhas) a* serem levadas ao abate. Estamos confusos com as muitas escolhas que temos de fazer e ficamos apáticos.

Estamos a ser manipulados por homens sem escrúpulos, sem nunca nos apercebermos disso. Isto é especialmente verdade em relação ao comércio de drogas e estamos agora na fase de transição em que podemos estar preparados para uma mudança na actual forma constitucional de governo, que deu um enorme passo em frente sob a administração Bush. Enquanto alguns persistem, face a todas as provas em contrário, em dizer "Não pode acontecer na América", o facto é: FELICITAMENTE FELICITADO. A nossa vontade de resistir a acontecimentos que não nos agradam tem sido constantemente corroída e minada. Resistiremos, dizem alguns de nós, mas não seremos assim tantos, e estaremos em minoria.

O comércio da droga mudou insidiosamente o nosso ambiente. A chamada "guerra às drogas" é uma farsa; não existe em quantidade suficiente para fazer qualquer diferença para os descendentes da

British East India Company. Acrescente-se a esta informatização, e estamos quase inteiramente lavados do cérebro, privados da nossa capacidade de resistir à mudança forçada. Isto leva-nos a outro ambiente, o PEOPLE CONTROL, também conhecido como controlo de informação pessoal, sem o qual os governos não podem jogar o seu jogo de números. Como está, nós o povo não temos absolutamente nenhuma maneira de saber o que o governo sabe ou não sabe sobre nós. Os ficheiros informáticos do governo não estão abertos ao escrutínio público. Será que acreditamos tolamente que a informação pessoal é sagrada? Lembre-se que em todas as sociedades existem famílias ricas e poderosas que controlam as agências de aplicação da lei. Já provei que tais famílias existem. Não pensem que se estas famílias quisessem saber mais sobre nós, não o poderiam fazer. Estas são as famílias que muitas vezes têm um membro no Comité de 300.

Veja-se Kissinger, por exemplo, que tem os seus próprios ficheiros privados sobre centenas de milhares de pessoas, não só nos Estados Unidos, mas em todo o mundo. Estamos na lista de inimigos de Kissinger? Será isso rebuscado? De modo algum. Tomemos o exemplo da Loja Maçónica P2 e do Comité de Monte Carlo, que têm tais listas com dezenas de milhares de nomes. A propósito, Kissinger é um deles. Existem outras agências de inteligência "privadas", tais como a INTEL, que iremos encontrar mais tarde.

Uma forma de levar heroína para a Europa é através do Principado do Mónaco. A heroína vem da Córsega e é transportada em ferries que correm muito entre a Córsega e Monte Carlo durante o Verão. Não há controlo sobre o que entra ou sai destes ferries. Como não existe fronteira entre a França e o Mónaco, as drogas, especialmente a heroína (ópio parcialmente processado), passam através da fronteira aberta do Mónaco para laboratórios em França, ou, se já foram processadas em heroína, vão directamente para os distribuidores.

A família Grimaldi está no negócio do contrabando de drogas há séculos. Porque o Príncipe Rainier ficou ganancioso e começou a fazer grandes lucros, e não parou após três avisos, a sua esposa, a Princesa Grace, foi assassinada num "acidente" de carro. Rainier subestimou o poder do Comité do qual ele é membro. No carro Rover em que viajava, os reservatórios de fluido dos travões tinham sido mexidos de modo a que cada vez que os travões eram pressionados, o fluido era libertado em quantidades medidas, até ao momento em que o carro alcançava a mais perigosa das várias curvas do gancho de cabelo, já não havia potência de paragem, e o carro passou por cima de uma parede de pedra, atingindo o chão a cinquenta metros abaixo com um acidente repugnante.

Os agentes do Comité dos 300 fizeram tudo o que puderam para esconder a verdade sobre o assassinato da Princesa Grace. Até hoje, o Rover ainda se encontra sob a custódia da polícia francesa, escondido debaixo de uma cobertura num reboque que ninguém está autorizado a abordar, quanto mais examinar. O sinal para a execução da Princesa Grace foi captado pelo posto de escuta do exército britânico em Chipre e uma fonte bem colocada acredita que o Comité Monte Carlo e o P2 Masonic Lodge deram a ordem.

O tráfico de droga, controlado pelo Comité dos 300, é um crime contra a humanidade, mas tendo sido condicionado e suavizado por anos de bombardeamentos implacáveis do Instituto Tavistock, aceitámos mais ou menos o nosso novo ambiente, vendo o tráfico de droga como um problema "demasiado grande" para enfrentar. Não é. Se pudéssemos reunir uma nação inteira, equipar e enviar milhões de soldados americanos para combater uma guerra na Europa em que não tínhamos nada que intervir, se pudéssemos derrotar uma grande potência na Europa, poderíamos também esmagar o tráfico de droga utilizando as mesmas tácticas que na Segunda Guerra Mundial. Os problemas logísticos que tiveram de ser resolvidos quando entrámos na Segunda Guerra Mundial continuam hoje em dia a ser espantosos.

No entanto, superámos com êxito todos os problemas. Então porque é impossível derrotar um inimigo bem definido, muito mais pequeno e fraco que a Alemanha, com as armas e o equipamento de vigilância imensamente melhorados que temos hoje? A verdadeira razão pela qual o problema da droga não está a ser erradicado é que está a ser gerido pelas maiores famílias do mundo como parte de uma gigantesca máquina de fazer dinheiro coordenada.

Em 1930, o capital britânico investido na América do Sul excedeu em muito o capital investido nos "domínios" britânicos. Graham, uma autoridade sobre o investimento britânico no estrangeiro, disse que o investimento britânico na América do Sul "excedeu um trilião de libras". Lembre-se, isto é 1930 e um trilião de libras foi uma soma espantosa na altura. Qual foi a razão de um investimento tão grande na América do Sul? Numa palavra, eram drogas.

A plutocracia que controlava os bancos britânicos segurava as cordas da bolsa e, então como agora, colocava uma frente mais respeitável para esconder as suas verdadeiras actividades. Nunca ninguém os apanhou com as mãos sujas. Sempre tiveram homens de frente, como hoje, prontos a assumir as culpas se as coisas corressem mal. Então, como agora, as ligações ao tráfico de droga eram, na melhor das hipóteses, ténues. Nunca ninguém conseguiu deitar as mãos às respeitáveis e "nobres" famílias bancárias da Grã-Bretanha, cujos membros fazem parte do Comité dos 300.

É muito significativo que apenas 15 membros do Parlamento fossem controladores deste vasto império, os mais proeminentes dos quais eram Sir Charles Barry e a família Chamberlain. Estes senhores financeiros estavam activos em países como a Argentina, Jamaica e Trinidad, que se tornaram grandes fontes de dinheiro para eles através do comércio de drogas. Nestes países, os plutocratas britânicos mantiveram os "locais", como foram desdenhosamente chamados, a um nível de subsistência muito baixo, não muito mais elevado do que a escravatura. As fortunas obtidas com o tráfico de droga nas Caraíbas foram consideráveis.

Os plutocratas escondiam-se atrás de rostos como Trinidad Leaseholds Limited, mas o BOM REAL, na altura como agora, eram drogas. Este é o caso hoje em dia, onde constatamos que o produto nacional bruto (PNB) da Jamaica é quase inteiramente constituído por vendas de ganja, uma forma muito potente de marijuana. O mecanismo para gerir o comércio de ganja foi criado por David Rockefeller e Henry Kissinger como a Iniciativa da Bacia das Caraíbas.

Até há relativamente pouco tempo, a verdadeira história do comércio do ópio na China era bastante desconhecida, tendo sido tão bem coberta como é possível ser. Muitos dos meus antigos alunos, quando eu dava aulas, vinham ter comigo e perguntavam-me porque é que os chineses gostavam tanto de fumar ópio? Ficaram intrigados, como muitos ainda hoje estão, com os relatos contraditórios do que realmente aconteceu na China. A maioria deles pensou que os trabalhadores chineses compraram ópio no mercado e fumaram-no, ou que foram fumá-lo nos milhares de antros de ópio para esquecer a sua terrível existência durante algum tempo. A verdade é que o fornecimento de ópio à China foi um monopólio britânico, um monopólio OFICIAL do governo britânico e da política oficial britânica. O comércio indo-britânico de ópio na China foi um dos segredos mais bem guardados, em torno do qual se desenvolveram muitas lendas enganosas, tais como "Clive of India" e as histórias da bravura do exército britânico na Índia pela glória do "Império", tão bem escritas por Rudyard Kipling, e as histórias de "Clippers de Chá" que atravessam os oceanos com as suas cargas de chá da China para os salões da alta sociedade da Inglaterra vitoriana. De facto, a história da ocupação britânica da Índia e das Guerras do Ópio estão entre as manchas mais ignóbeis da civilização ocidental.

Cerca de 13% do rendimento da Índia sob domínio britânico provinha da venda de ópio de Bengala de boa qualidade a negociantes de ópio britânicos na China. Os 'Beatles' da época, a Missão Interior da China ('*missionários cristãos*'), tinham feito um excelente trabalho de proliferação do consumo de ópio entre os pobres trabalhadores chineses (coolies, como eram chamados). Estes viciados não apareceram subitamente do nada, tal como os adolescentes viciados nos Estados Unidos. Na China, foi primeiro criado um mercado para o ópio e depois enchido com ópio de Bengala. Do mesmo modo, um mercado de marijuana e LSD foi inicialmente criado nos EUA por métodos já descritos, e depois preenchido por plutocratas britânicos e seus primos americanos com a ajuda dos senhores do estabelecimento bancário britânico.

O lucrativo comércio de drogas é um dos piores exemplos de exploração da miséria humana, sendo o outro o comércio legal de drogas gerido pelas empresas farmacêuticas propriedade da Rockefeller, na sua maioria nos EUA, mas com grandes empresas a operar na Suíça, França e Grã-Bretanha e totalmente apoiadas pela Associação Médica Americana (AMA). Os negócios de drogas sujas e o dinheiro que geram fluem através da cidade de Londres, bem como através de Hong Kong, Dubai e, mais recentemente, do Líbano, graças à invasão daquele país por Israel.

Alguns irão questionar isto. "Vejam as secções de negócios do *Financial Times*", eles dir-nos-ão. "Não me diga que isto é tudo sobre dinheiro da droga"? Claro que é, mas não imagine nem por um minuto que os nobres senhores e senhoras de Inglaterra vão anunciar esse facto. Lembra-se da British East India Company? Oficialmente, o seu negócio era o comércio do chá!

O *Times* of London nunca ousou dizer ao público britânico que era impossível fazer grandes lucros com o chá, e o ilustre jornal nem sequer fez alusão ao comércio do ópio levado a cabo por aqueles que passaram o seu tempo nos clubes da moda de Londres ou a jogar pólo no Royal Windsor Club, nem ao facto de os senhores-oficiais que foram à Índia ao serviço do Império terem sido financiados APENAS pelas enormes receitas derivadas da miséria dos milhões de geleiras chinesas dependentes do ópio.

Este comércio foi conduzido pela ilustre British East India Company, cuja interferência nos assuntos políticos, religiosos e económicos dos Estados Unidos nos custou caro durante mais de 200 anos. Os 300 membros do conselho de administração da British East India Company estavam muito acima do homem comum. Eram tão poderosos que, como Lord Bertrand Russell observou uma vez, "até podiam dar conselhos a Deus quando ele estava em apuros no céu". Nem devemos imaginar que as coisas tenham mudado desde então. É exactamente a mesma atitude que prevalece hoje entre os membros do Comité dos 300, razão pela qual se referem frequentemente a si próprios como "Olimpíadas".

Mais tarde, a Coroa Britânica, ou seja, a família real, juntou-se ao comércio da British East India Company e utilizou-a como veículo para produzir ópio em Bengala e noutros locais da Índia, controlando as exportações através daquilo a que se chamava "direitos de trânsito", ou seja, a Coroa cobrou um imposto a todos os produtores de ópio devidamente registados junto da autoridade estatal, que enviaram o seu ópio para a China.

Antes de 1896, quando o comércio ainda era "ilegal" - palavra usada para extrair um tributo maior dos produtores de ópio - e nunca houve qualquer tentativa de o impedir, enormes quantidades de ópio eram enviadas da Índia nos China Tea Clippers, os navios à vela em torno dos quais foram construídas lendas e tradições, que deveriam transportar baús de chá da Índia e da China para as bolsas de Londres.

Os senhores e senhoras da British East India Company foram tão ousados que tentaram vender esta substância mortal à União e aos exércitos Confederados em forma de comprimido como analgésico. É difícil imaginar o que teria acontecido se o seu plano tivesse sido bem sucedido? Todas essas centenas de milhares de soldados teriam deixado os campos de batalha totalmente viciados em ópio. Os "Beatles" tiveram muito mais sucesso na transformação de milhões de adolescentes em viciados nos anos que se seguiram. (Todos receberam OBEs[10] da rainha Elizabeth II e Paul McCartney foi até mesmo cavaleiros).

Os comerciantes de Bengala e os seus controladores e banqueiros britânicos engordaram e tornaram-se intolerantes com as enormes

---

[10] Ordem do Império Britânico.

somas de dinheiro que se derramaram nos cofres da British East India Company a partir do comércio miserável de ópio dos coolies chineses. Os lucros do BEIC, mesmo assim, excederam em muito os lucros combinados obtidos num único ano pela General Motors, Ford e Chrysler no seu auge. A tendência de fazer lucros enormes com as drogas continuou nos anos 60 por comerciantes "legais" de drogas de morte como Sandoz, os fabricantes de LSD e Hoffman la Roche, os fabricantes de *VALIUM*. O custo para Hoffman la Roche da matéria-prima e fabrico de Valium é de $3 por quilo (2,2 libras). É vendido aos seus distribuidores por $20.000 por quilo. Quando chega ao consumidor, o preço do Valium já aumentou para 50.000 dólares por quilo. O Valium é utilizado em grandes quantidades na Europa e nos Estados Unidos. É provavelmente a droga (*viciante*) mais utilizada (*viciante*) do género no mundo.

Hoffman la Roche faz o mesmo com a vitamina C, que lhes custa menos de um cêntimo por quilo para produzir. É vendido com um lucro de 10.000 por cento. Quando um amigo meu denunciou esta empresa criminosa, que tinha celebrado um acordo de monopólio com outros produtores, em violação da lei de patentes, devido a uma violação das leis da Comunidade Económica Europeia, foi preso na fronteira entre a Suíça e a Itália e levado para a prisão; a sua esposa foi ameaçada pela polícia suíça até que ela cometeu suicídio. Como cidadão britânico, foi resgatado pelo cônsul britânico em Berna assim que foi informado da sua situação, depois libertado da prisão e deportado do país por avião. Ele perdeu a sua mulher, o seu emprego e a sua pensão porque ousou divulgar os segredos de Hoffman La Roche. Os suíços levam a sua lei de espionagem industrial muito a sério.

Lembre-se disto da próxima vez que vir aqueles anúncios bonitos para pistas de esqui suíças, relógios bonitos, montanhas primitivas e cucos. A Suíça não é isso. É um centro de lavagem de dinheiro sujo de milhares de milhões de dólares através das principais instituições bancárias suíças. São os fabricantes "*legais*" de medicamentos do Comité dos 300 (viciantes). A Suíça é o último "porto seguro" do Comité para dinheiro e protecção do seu povo em caso de calamidade global.

As autoridades suíças poderão estar em sérios problemas se forem divulgadas informações sobre estas actividades nefastas. Os suíços consideram que se trata de "espionagem industrial", que geralmente implica uma pena de prisão de cinco anos. É mais seguro fingir que a

Suíça é um país agradável e limpo do que olhar por baixo das tampas ou dentro dos seus bancos de lixo.

Em 1931, os chefes executivos das "Cinco Grandes" empresas britânicas foram recompensados ao serem nomeados pares do reino pelas suas actividades de lavagem de dinheiro em estupefacientes. Quem decide sobre estes assuntos e atribui tais honras? É a Rainha de Inglaterra que concede as honras aos homens que ocupam as mais altas posições no comércio da droga.

Os bancos britânicos envolvidos neste terrível comércio são demasiado numerosos para mencionar, mas aqui estão alguns dos mais importantes:

➤ O Banco Britânico do Médio Oriente

➤ Banco Nacional e Banco de Westminster

➤ Royal Bank of Canada

➤ Banco Baring Brothers

➤ Banco Midland

➤ Banco Barclays

➤ Banco de Hong Kong e Xangai (HSBC)

Muitos bancos comerciais estão até ao pescoço nos lucros do comércio da droga, bancos como Hambros, por exemplo, liderados por Sir Jocelyn Hambro. Para um grande estudo realmente interessante sobre o comércio do ópio na China, seria necessário o acesso ao escritório da Índia em Londres. Consegui obter acesso através da minha acreditação de inteligência e recebi uma ajuda inestimável do administrador de registos do falecido Professor Frederick Wells Williamson, que forneceu uma grande quantidade de informação sobre o comércio de ópio da British East India Company na Índia e na China nos séculos XVIIIe e XIXe. Se apenas estes documentos pudessem ser tornados públicos, que tempestade se iria abater sobre as cabeças das víboras coroadas da Europa[11]. Hoje, o comércio mudou um pouco à medida que a cocaína mais barata se apoderou de grande parte do mercado norte-americano.

---

[11] "Encham a medida dos vossos pais". Vós, serpentes, seus filhos de víboras, como escapareis à condenação do fogo do inferno? "Cristo, Mateus 23,32-33".

O mercado americano. Na década de 1960, a inundação de heroína de Hong Kong, Líbano e Dubai ameaçou engolir os EUA e a Europa Ocidental. Quando a procura superava a oferta, mudavam para cocaína. Mas agora, no final de 1991, a tendência inverteu-se; a heroína está agora a regressar, embora seja verdade que a cocaína ainda é muito popular entre as classes mais pobres.

Dizem-nos que a heroína é mais satisfatória para os viciados; os efeitos são muito mais intensos e duradouros do que a cocaína, e a atenção internacional está menos concentrada nos produtores de heroína do que nos expedidores de cocaína colombianos. Além disso, é pouco provável que os EUA façam qualquer esforço real para impedir a produção de ópio no Triângulo Dourado, que está sob o controlo dos militares chineses, e uma guerra séria irromperia se algum país tentasse proibir o comércio. Um ataque grave ao comércio do ópio levaria a uma intervenção militar chinesa.

Os britânicos sabem disso; não têm qualquer desentendimento com a China,[12] excepto a disputa ocasional sobre quem recebe a maior fatia da tarte. O Reino Unido está envolvido no comércio do ópio na China há mais de dois séculos. Ninguém será suficientemente estúpido para fazer ondas quando milhões e milhões de dólares fluem para as contas bancárias dos oligarcas britânicos e mais ouro é negociado no mercado de ouro de Hong Kong do que o total combinado do comércio em Londres e Nova Iorque.

As pessoas que alegremente imaginam que podem fazer algum tipo de acordo com um pequeno senhor chinês ou birmanês nas colinas do Triângulo Dourado aparentemente não fazem ideia do que isso envolve. Se soubessem, nunca teriam falado em parar o comércio do ópio. Tal conversa revela pouco conhecimento da imensidão e complexidade do comércio do ópio na China.

Os plutocratas britânicos, o KGB russo, a CIA e os banqueiros americanos estão todos em ligação com a China. Poderá um homem

---

[12] A 21 de Outubro de 1999, o Presidente chinês recebeu o "tratamento do tapete vermelho" no Palácio de Buckingham. Foi transportado em estilo, juntamente com a Rainha, na sua carruagem real puxada a cavalo e numa limusina Rolls-Royce, com arranjos luxuosos para o impressionar e entreter. Ao mesmo tempo, a polícia britânica impediu qualquer pessoa de se manifestar contra a situação dos direitos humanos na China, de modo a não o perturbar.

parar ou mesmo fazer uma pequena mossa neste ofício? Seria um absurdo imaginar. O que é a heroína e porque é preferida à cocaína nos dias de hoje? Segundo o Professor Galen, uma autoridade na matéria, a heroína é um derivado do ópio, uma droga que afoga os sentidos e causa longos períodos de sono. Isto é o que a maioria dos viciados gosta, chama-se "estar nos braços de Morpheus". O ópio é a droga mais viciante nos seres humanos. Muitos medicamentos contêm ópio em diferentes graus, e acredita-se que o papel utilizado na indústria do ópio foi utilizado para fabricar os medicamentos.

A produção de cigarros está inicialmente impregnada de ópio, razão pela qual os fumadores se tornam tão viciados no seu hábito.

A semente de papoila da qual deriva era há muito conhecida dos Mughals da Índia, que utilizavam as sementes misturadas com o chá oferecido a um adversário difícil. É também utilizado como analgésico que substituiu em grande parte o clorofórmio e outros anestésicos de uma era passada. O ópio era popular em todos os clubes da moda de Londres vitoriana e não era segredo que homens como os irmãos Huxley o utilizavam extensivamente. Membros dos cultos Orphic-Dionysian da Grécia Helénica e dos cultos Osíris-Horus do Egipto Ptolemaic, aos quais a sociedade vitoriana aderiu, todos fumavam ópio; era a coisa "de moda" a fazer. Tal como alguns dos que se encontraram no Hotel St Ermins em 1903 para decidir que tipo de mundo teríamos. Os descendentes da multidão de St Ermins estão hoje no Comité dos 300. Foram estes chamados líderes mundiais que provocaram uma tal mudança no nosso ambiente que o consumo de drogas foi capaz de proliferar a ponto de já não poder ser travado pelas tácticas e políticas habituais de aplicação da lei. Isto é especialmente verdade nas grandes cidades onde grandes populações podem esconder muito do que se está a passar.

Nos círculos reais, muitas pessoas consumiam regularmente ópio. Um dos seus favoritos foi o escritor Coudenhove-Kalergi, que escreveu um livro em 1932 intitulado "REVOLUTION THROUGH TECHNOLOGY", que era um plano para devolver o mundo a uma sociedade medieval. Este livro tornou-se de facto um documento de trabalho para o plano do Comité dos 300 para desindustrializar o mundo, a começar pelos Estados Unidos. Alegando que a pressão da superpopulação é um problema grave, Kalergi aconselha um regresso ao que ele chama "espaços abertos". Isto soa como o Khmer Vermelho e o Pol Pot?

Aqui estão alguns excertos do livro:

"A cidade do futuro assemelhar-se-á à cidade da Idade Média na sua configuração... e aquele que não estiver condenado a viver na cidade pela sua profissão, irá para o campo. A nossa civilização é uma cultura das grandes cidades; é portanto uma planta pantanosa, nascida de degenerados, doentes e decadentes, que voluntariamente, ou involuntariamente, se encontraram neste caminho sem saída da vida".

Não será isto muito próximo do que "Ankar Wat" deu como "suas" razões para despovoar Phnom Penh?

Os primeiros carregamentos de ópio chegaram a Inglaterra vindos de Bengala em 1683, transportados pela British East India Company's Tea Clippers. O ópio foi trazido para Inglaterra como um ensaio, uma experiência, para ver se o povo comum, os yeomen e as classes mais baixas podiam ser induzidos a tomar a droga. Era o que hoje chamaríamos um "marketing de teste" de um novo produto. Mas os yeomen robustos e as muito ridicularizadas "classes mais baixas" foram duros, e a experiência de teste de marketing foi um fracasso total. As "classes mais baixas" da sociedade britânica rejeitaram firmemente o consumo de ópio.

Os plutocratas e oligarcas da alta sociedade londrina começaram a procurar um mercado que não fosse tão resistente, tão inflexível. Encontraram um tal mercado na China. Nos documentos que estudei no escritório da Índia sob o título "Miscellaneous old Records", encontrei toda a confirmação que poderia ter desejado para provar que o comércio do ópio na China realmente descolou após a fundação da "China Inland Mission" financiada pela British East India Company, ostensivamente uma *sociedade missionária cristã*, mas na realidade a única missão dos homens e mulheres era "promover" o novo produto introduzido no mercado, OPIUM.

Isto foi mais tarde confirmado quando tive acesso aos documentos de Sir George Birdwood nos arquivos do escritório da Índia. Pouco depois dos Missionários do Interior da China terem começado a distribuir os seus pacotes de amostras e a mostrar aos coolies como fumar ópio, grandes quantidades de ópio começaram a chegar à China. Os Beatles não poderiam ter feito um trabalho melhor. (Em ambos os casos, o comércio foi sancionado pela família real britânica, que apoiou abertamente os Beatles).) Embora a British East India Company tivesse falhado em Inglaterra, foi bem sucedida para além das suas expectativas mais loucas na China, onde milhões de pessoas pobres viram o consumo de ópio como uma fuga da sua vida de miséria.

As covas de ópio começaram a proliferar por toda a China e, em grandes cidades como Xangai e Guangzhou, centenas de milhares de chineses infelizes descobriram que um tubo de ópio aparentemente tornava as suas vidas suportáveis. A British East India Company teve uma mão livre durante mais de 100 anos antes do governo chinês se aperceber do que estava a acontecer. Só em 1729 é que foram aprovadas as primeiras leis contra o consumo de ópio. O conselho de administração de 300 membros do BEIC não gostou disto, e a empresa rapidamente se envolveu numa batalha com o governo chinês.

O BEIC tinha desenvolvido sementes de papoila que proporcionavam a melhor qualidade de ópio dos campos de papoila de Benares e Bihar na bacia do Ganges da Índia, um país que controlava completamente. Não querendo perder este lucrativo mercado, a Coroa Britânica travou batalhas com as forças chinesas e derrotou-as. Da mesma forma, o governo dos EUA deveria estar a travar uma batalha contra os actuais senhores da droga[13] e, tal como os chineses, está a perder gravemente. Existe, contudo, uma grande diferença: o governo chinês lutou para vencer enquanto o governo dos EUA não tem qualquer intenção de vencer a batalha, razão pela qual a taxa de rotatividade da Agência de Luta contra a Droga (DEA) é tão elevada.

Recentemente, o ópio de alta qualidade tem sido contrabandeado para fora do Paquistão via Marka, na costa desolada do país, de onde os navios transportam a carga para o Dubai, onde é trocado por ouro. Isto explicaria em parte porque é que a heroína é agora preferida à cocaína. O comércio de heroína é mais discreto, não há assassinatos de funcionários proeminentes como se tem vindo a verificar quase diariamente na Colômbia. O ópio paquistanês não é tão caro como o do Triângulo ou do Crescente Dourado (Irão). Isto impulsionou grandemente a produção e venda de heroína, que ameaça ultrapassar a cocaína como principal fonte de lucro.

Durante muitos anos, o vil comércio do ópio foi referido nos círculos superiores da sociedade inglesa como os "despojos do Império". As histórias de bravura no Khyber Pass cobriram um vasto comércio de

---

[13] Já alguma vez se interrogou porque é que estas pessoas são chamadas senhores da droga em vez de reis da droga? Se estas pessoas são apenas senhores da droga, então quem são os reis da droga?

ópio. O exército britânico estava estacionado no desfiladeiro de Khyber para proteger as caravanas que transportavam ópio bruto dos saques das tribos das colinas. Será que a família real britânica sabia disto? Sem dúvida, pois que mais poderia ter induzido a Coroa a manter um exército nesta região onde não havia mais nada a fazer a não ser o lucrativo comércio do ópio? Era muito caro manter os homens sob as armas num país distante. Sua Majestade deve ter-se perguntado porque é que estas unidades militares estavam lá. Certamente não jogar pólo ou bilhar na confusão dos oficiais. O BEIC tinha ciúmes do seu monopólio sobre o ópio. Os potenciais concorrentes não foram autorizados a cometer erros. Num famoso julgamento em 1791, um Warren Hastings foi acusado de ajudar um amigo a entrar no negócio do ópio à custa do BEIC. As próprias palavras que encontrei nos registos do processo realizado no escritório da Índia dão uma visão do vasto comércio do ópio:

> "A acusação é que Hastings adjudicou um contrato de fornecimento de ópio por quatro anos a Stephen Sullivan, sem publicidade do contrato, em termos manifestamente óbvios e gratuitos, com o objectivo de criar uma FORTUNE INSTANTANTE para a referida Esq. William Sullivan (Ênfase acrescentada)".

Como o governo britânico detinha o monopólio do comércio do ópio, as únicas pessoas a quem era permitido fazer fortuna instantânea eram a "nobreza", "aristocracia", plutocratas e famílias oligárquicas inglesas, muitos dos quais descendentes têm assento no Comité dos 300, tal como os seus antepassados se sentaram no Conselho dos 300 que dirigia o BEIC. Forasteiros como o Sr. Sullivan depressa se depararam com problemas com a Coroa se tivessem a audácia de tentar entrar no comércio de ópio de vários biliões de libras.

Os homens de honra do BEIC, com a sua lista de 300 conselheiros, eram membros de todos os principais clubes de cavalheiros em Londres e eram, na sua maioria, membros do parlamento, enquanto outros, tanto na Índia como em casa, eram magistrados. Os passaportes das empresas eram necessários para aterrar na China. Quando alguns espectadores chegaram à China para investigar o envolvimento da Coroa Britânica neste lucrativo comércio, os magistrados do BEIC revogaram rapidamente os seus passaportes, impedindo-os de entrar na China. A fricção com o governo chinês era comum. Os chineses tinham aprovado uma lei, o édito Yung Cheny de 1729, proibindo a importação de ópio, mas o BEIC conseguiu manter o ópio nas tarifas chinesas até 1753, sendo o direito de três taels por pacote de ópio. Mesmo quando os serviços secretos especiais britânicos (os 007s da época) asseguraram a compra de funcionários chineses problemáticos, e nos casos em que tal não foi possível, estes foram simplesmente assassinados.

Todos os monarcas britânicos desde 1729 lucraram enormemente com o comércio da droga, e o mesmo aconteceu com o actual ocupante do trono. Os ministros asseguraram que a riqueza fluía para os seus cofres familiares. Durante o reinado da Rainha Vitória, Lord Palmerston foi um dos mais importantes. Ele agarrou-se obstinadamente à crença de que nada deveria impedir o comércio de ópio da Grã-Bretanha com a China. O plano de Palmerston era fornecer ao governo chinês ópio suficiente para que os membros individuais se tornassem gananciosos. Então os britânicos restringiriam os fornecimentos e, quando o governo chinês estivesse de joelhos, retomariam - mas a um preço muito mais elevado, mantendo assim um monopólio através do próprio governo chinês, mas este plano falhou.

O governo chinês reagiu destruindo grandes carregamentos de ópio armazenados em armazéns, e os comerciantes britânicos foram forçados a assinar acordos INDIVIDUAIS para não importarem ópio para Cantão. O BEIC respondeu enviando dezenas de navios carregados com ópio para Macau. Empresas sujeitas ao BEIC, em vez de indivíduos, venderam então estes carregamentos. O Comissário chinês Lin afirmou:

> "Há tanto ópio a bordo dos navios ingleses agora nas estradas para este lugar (Macau) que nunca mais será devolvido ao país de onde veio, e não me surpreenderei ao saber que está a ser contrabandeado sob as cores americanas".

A profecia de Lin provou ser notavelmente exacta.

As guerras do ópio contra a China destinavam-se a "colocar os chineses no seu lugar", como Lord Palmerston disse uma vez, e o exército britânico fez exactamente isso. Não havia simplesmente maneira de parar este vasto e lucrativo comércio que estava a tornar os senhores feudais oligárquicos britânicos em milhares de milhões, deixando a China com milhões de viciados em ópio. Mais tarde, os chineses pediram à Grã-Bretanha que os ajudasse a resolver o seu enorme problema e os dois países chegaram a acordos. Subsequentemente, sucessivos governos chineses viram a vantagem de cooperar com a Grã-Bretanha em vez de lutar com ela - e isto foi verificado durante o sangrento reinado de Mao Tse Tung - de modo que hoje, como já mencionei, as querelas que surgem são apenas sobre a parte do comércio do ópio a que cada um tem direito.

Passando a uma história mais moderna, a parceria sino-britânica foi consolidada pelo acordo de Hong Kong que estabeleceu uma parceria equitativa no comércio do ópio. O comércio tem sido suave, com alguns solavancos aqui e ali, mas embora a violência e a morte, o roubo e o assassinato tenham marcado o progresso do comércio de cocaína na Colômbia, não foi permitido que essa bassidão perturbasse o comércio de heroína que, como disse anteriormente, está mais uma vez a ganhar terreno à medida que 1991 chega ao fim.

O principal problema nas relações sino-britânicas ao longo dos últimos 60 anos tem sido a procura por parte da China de uma parte maior do bolo de ópio-heroína. Isto foi resolvido quando a Grã-Bretanha concordou em entregar Hong Kong ao controlo total do governo chinês, em vigor em 1997. Para além disso, os parceiros mantêm as suas antigas partes iguais no lucrativo comércio de ópio com sede em Hong Kong.

As famílias oligárquicas britânicas do Comité dos 300 que estavam entrincheiradas em Cantão no auge do comércio do ópio, deixaram os seus descendentes no lugar. Veja uma lista de residentes britânicos proeminentes na China e verá os nomes dos membros do Comité de 300 entre eles. O mesmo é válido para Hong Kong. Estes plutocratas, herdeiros de uma era feudal, que procuram impor ao mundo, controlam o comércio do ouro e do ópio do qual Hong Kong é O centro. Os produtores de ópio birmaneses e chineses são pagos em ouro, não confiam na nota de 100 dólares do papel americano. Isto explica o enorme volume de comércio de ouro na bolsa de Hong Kong.

O Triângulo Dourado já não é o maior produtor de ópio. Desde 1987, este título duvidoso tem sido partilhado pelo Crescente de Ouro (Irão), Paquistão e Líbano. Estes são os principais produtores de ópio, embora quantidades menores sejam novamente provenientes do Afeganistão e da Turquia. O comércio da droga, e especialmente o comércio do ópio, não poderia funcionar sem a ajuda dos bancos, como iremos demonstrar.

Os bancos e o mercado da droga

Como é que os bancos, com o seu ar de respeitabilidade, se envolvem no comércio da droga, com todos os seus aspectos feios? Esta é uma história muito longa e complicada, que poderia ser o tema de um livro em si. Os bancos estão envolvidos, em particular financiando empresas de fachada que importam os produtos químicos necessários para transformar o ópio bruto em heroína. O Hong Kong and Shanghai Bank, que tem uma sucursal em Londres, está no centro deste comércio através de uma empresa chamada TEJAPAIBUL, que tem uma conta no Hong Kong and Shanghai Bank. O que é que esta empresa faz? Importa a maioria dos produtos químicos necessários para o processo de refinação da heroína para Hong Kong.

É também um importante fornecedor de anidrido acético para o Crescente Dourado e Triângulo Dourado, Paquistão, Turquia e Líbano. O financiamento efectivo deste comércio é tratado pelo Banco Metropolitano de Banguecoque. Assim, as actividades secundárias relacionadas com o processamento do ópio, embora não pertencentes à mesma categoria que o comércio do ópio, geram, no entanto, rendimentos substanciais para os bancos. Mas o rendimento real do Banco de Hong Kong e Xangai e de todos os bancos da região é o financiamento do comércio do ópio.

Foi necessária muita investigação para estabelecer uma ligação entre o preço do ouro e o preço do ópio. Costumava dizer a qualquer pessoa que ouvisse: "Se quiserem saber o preço do ouro, encontrem o preço de uma libra ou um quilo de ópio em Hong Kong". Aos meus críticos eu responderia: "Vejam o que aconteceu em 1977, um ano crítico para o ouro". O Banco da China chocou os peritos em ouro, e os peritos em previsões inteligentes encontrados em grande número na América, ao de repente despejar 80 toneladas de ouro no mercado sem aviso prévio.

Isto enviou o preço do ouro a cair. Tudo o que os peritos podiam dizer era: "Não sabíamos que a China tinha tanto ouro; de onde veio? "Veio do ouro que é pago à China no mercado de ouro de Hong Kong para grandes compras de ópio. A política actual do governo chinês em relação à Inglaterra é a mesma que nos séculos 18 e 19 . A economia chinesa, ligada à economia de Hong Kong - e não estou a falar de televisões, têxteis, rádios, relógios, cassetes de vídeo pirateadas - mas sim de ópio/heroína - sofreria um terrível golpe se não fosse o comércio de ópio que partilham com a Grã-Bretanha. O BEIC já não existe, mas os descendentes do seu Conselho de 300 ainda estão presentes no Comité de 300.

As mais antigas das famílias oligárquicas britânicas que estiveram à frente do comércio do ópio durante os últimos 200 anos ainda lá estão hoje. Tomemos os Mathesons, por exemplo. Esta família "nobre" é um dos pilares do comércio do ópio. Há alguns anos atrás, quando a situação parecia um pouco precária, os Mathesons intervieram e concederam à China um empréstimo de 300 milhões de dólares para investimentos imobiliários. Na realidade, este empréstimo foi apresentado como uma "joint venture entre a República Popular da China e o Matheson Bank". Enquanto investigava documentos do escritório da Índia do século XVII, deparei-me com o nome Matheson, que continuava a aparecer em todo o lado - em Londres, Pequim, Dubai, Hong Kong, onde quer que a heroína e o ópio fossem mencionados.

O problema com o comércio da droga é que se tornou uma ameaça à soberania nacional. Eis o que o embaixador venezuelano nas Nações Unidas disse sobre esta ameaça global:

> "O problema da droga já deixou de ser tratado como um simples problema de saúde pública ou social. Tornou-se em algo muito mais sério e abrangente que afecta a nossa soberania nacional; um problema de segurança nacional, uma vez que mina a independência de uma nação. As drogas, em todas as suas manifestações de produção, comercialização e consumo, desnaturam-nos, minando a nossa vida ética, religiosa e política, os nossos valores históricos, económicos e republicanos".

É precisamente assim que o Banco de Compensações Internacionais e o FMI operam. Deixem-me dizer sem hesitação que estes dois bancos nada mais são do que câmaras de compensação para o comércio de droga. O BIS mina qualquer país que o FMI queira afundar ao fornecer os meios para a fácil saída de capital em fuga. O BIS não reconhece nem faz qualquer distinção entre capital fugitivo e dinheiro da droga branqueado.

O BIS funciona com base num modelo de gangster. Se um país não se submeter ao striptease de activos do FMI, diz efectivamente: "Tudo bem, então vamos quebrá-lo com o enorme arsenal de narcodolares que possuímos. É fácil compreender porque é que o ouro foi desmonetizado e substituído pelo papel "dólar" como a moeda de reserva mundial. Não é tão fácil chantagear um país que detém reservas de ouro como é chantagear um país cujas reservas estão em dólares de papel.

Há alguns anos atrás, o FMI realizou uma reunião em Hong Kong em que participou um colega meu, e ele disse-me que o seminário era precisamente sobre esta questão. Ele informou-me que funcionários do FMI disseram à reunião que poderiam literalmente provocar uma corrida à moeda de qualquer país, utilizando narcodollars, o que precipitaria uma fuga de capitais. Rainer-Gut, um delegado do Credit Suisse e membro do Comité de 300, disse ter previsto uma situação em que o crédito e as finanças nacionais seriam combinados numa única organização até ao final do século. Apesar de Rainer-Gut não o ter escrito, todos no seminário sabiam exactamente do que ele estava a falar.

Da Colômbia a Miami, do Triângulo Dourado ao Golden Gate, de Hong Kong a Nova Iorque, de Bogotá a Frankfurt, o comércio da droga, e particularmente o comércio da heroína, é um GRANDE NEGÓCIO,[14] gerido de cima para baixo por algumas das famílias mais "intocáveis"[15] do mundo, e cada uma dessas famílias tem pelo menos um membro que faz parte do Comité dos 300. Isto não é um comércio de rua, e é preciso muito dinheiro e perícia para o manter. Os mecanismos controlados pelo Comité dos 300 asseguram-no.

Tal talento não pode ser encontrado nas esquinas das ruas e do metro em Nova Iorque. É claro que os comerciantes e vendedores ambulantes são parte integrante do negócio, mas apenas como pequenos vendedores em part-time. Digo part-time porque estão ocupados e a rivalidade significa que alguns deles são alvejados. Mas o que é que isso importa? Há muitos substitutos disponíveis.

---

[14] GRANDE NEGÓCIO no texto original.

[15] A Família Real Britânica criou os tribunais britânicos, estabeleceu as suas próprias leis e sistema legal para que ninguém possa tomar medidas legais contra o monarca.

Não, não é algo que interessasse à administração das pequenas empresas. É UM GRANDE NEGÓCIO, um vasto império, este negócio de drogas sujas. Por necessidade, é gerido de cima para baixo em todos os países do mundo. É, de facto, o maior negócio no mundo de hoje, transcendendo todos os outros. O facto de ser protegido de cima é confirmado pelo facto de, tal como o terrorismo internacional, não poder ser erradicado, o que deveria indicar a uma pessoa razoável que alguns dos maiores nomes dos círculos reais, da oligarquia, da plutocracia o estão a gerir, mesmo que seja através de intermediários.

Os principais países envolvidos no cultivo de papoila e coca são a Birmânia, o Norte da China, o Afeganistão, o Irão, o Paquistão, a Tailândia, o Líbano, a Turquia, o Peru, o Equador e a Bolívia. A Colômbia não cultiva coca, mas, depois da Bolívia, é o principal centro de refinação de cocaína e o principal centro financeiro do comércio de cocaína, que, desde que o General Noriega foi raptado e preso pelo Presidente Bush, tem competido com o Panamá pelo primeiro lugar no branqueamento de dinheiro e no financiamento do comércio de cocaína.

O comércio de heroína é financiado por bancos de Hong Kong, bancos de Londres e alguns bancos do Médio Oriente, tais como o Banco Britânico do Médio Oriente. O Líbano está a tornar-se a "Suíça do Médio Oriente". Os países envolvidos na distribuição e circulação de heroína são Hong Kong, Turquia, Bulgária, Itália, Mónaco, França (Córsega e Marselha), Líbano e Paquistão. Os Estados Unidos são o maior consumidor de drogas, com a cocaína em primeiro lugar e a heroína a competir com ela. A Europa Ocidental e o Sudoeste Asiático são os maiores consumidores de heroína. O Irão tem uma enorme população de viciados em heroína - mais de 2 milhões em 1991.

Não há um único governo que não saiba exactamente o que se passa no comércio da droga, mas os membros individuais em posições de poder são tratados pelo Comité dos 300 através da sua rede global de filiais. Se um membro do governo for "difícil", ele ou ela é removido, como foi o caso do paquistanês Ali Bhutto e do italiano Aldo Moro. Ninguém escapa a este comité todo-poderoso, embora a Malásia tenha conseguido resistir até agora. A Malásia tem as leis antidroga mais rigorosas do mundo. A posse mesmo de pequenas quantidades de drogas é punível com a pena de morte.

Tal como a empresa búlgara Kintex, a maioria dos pequenos países está directamente envolvida nestas empresas criminosas. Os camiões Kintex transportam regularmente heroína através da Europa Ocidental na sua própria frota de camiões com a marca EEC Triangle International Routier (TIR). Os camiões com esta marca e o número de reconhecimento CEE não devem ser parados nos postos aduaneiros. Os camiões TIR só estão autorizados a transportar mercadorias perecíveis. Devem ser inspeccionados no país de origem e cada condutor deve levar um documento para esse efeito.

Isto é o que acontece no quadro das obrigações dos tratados internacionais, de modo que os camiões da Kintex puderam carregar os seus carregamentos de heroína e certificá-los como "fruta e legumes frescos" e depois fazer o seu caminho através da Europa Ocidental, entrando mesmo nas bases de alta segurança da OTAN no Norte de Itália. Desta forma, a Bulgária tornou-se um dos principais países através dos quais a heroína era transportada.

A única maneira de parar as enormes quantidades de heroína e cocaína que actualmente chegam aos mercados europeus é acabar com o sistema *TIR*. Isto nunca irá acontecer. As obrigações do tratado internacional que acabo de mencionar foram implementadas pelo Comité dos 300, através das suas incríveis redes e mecanismos de controlo, para facilitar a passagem de todo o tipo de drogas para a Europa Ocidental. Esqueça os perecíveis! Um antigo agente da DEA em Itália disse-me: "*TIR = DOPE*".[16]

Lembre-se disto da próxima vez que ler nos jornais que um grande carregamento de heroína foi encontrado numa mala falsa no Aeroporto Kennedy, e que alguma "mula" azarada pagará o preço pela sua actividade criminosa. Este tipo de acção é apenas "pequena cerveja", apenas para soprar fumo aos olhos do público, para nos fazer acreditar que o nosso governo está realmente a fazer algo sobre a ameaça da droga. Tomemos por exemplo "The French Connection", um programa Nixon lançado sem o conhecimento ou consentimento do Comité de 300.

A quantidade total de ópio e heroína apreendida neste esforço maciço é pouco menos de um quarto do que um único camião TIR transporta. O Comité dos 300 assegurou que Nixon pagasse um preço elevado por uma apreensão relativamente pequena de heroína. Não foi a quantidade de heroína envolvida, mas o facto de alguém que tinha ajudado a subir a escada para a Casa Branca acreditar que agora podia

---

[16] "Dope" é um termo genérico americano cujo equivalente francês é "cam".

passar sem a sua ajuda e apoio, e mesmo ir contra ordens directas vindas de cima.

O mecanismo do comércio da heroína é o seguinte: as tribos selvagens das colinas na Tailândia e na Birmânia cultivam a papoila opiácea. Na altura da colheita, a vagem portadora de sementes é cortada com uma lâmina de barbear ou faca afiada. Uma substância resinosa escapa através do corte e começa a fixar-se. Este é o ópio em bruto. A cultura de ópio em bruto é transformada em bolas redondas e pegajosas. Os homens das tribos são pagos em barras de ouro de um quilo - chamadas 4/10e - que são cunhadas pelo Credit Suisse. Estas pequenas barras são utilizadas APENAS para pagar aos homens das tribos - as barras de ouro de peso normal são comercializadas no mercado de Hong Kong por grandes compradores de ópio em bruto ou heroína parcialmente processada. Os mesmos métodos são utilizados para pagar aos membros das tribos das colinas na Índia - os Baloch - que estão envolvidos neste comércio desde a época dos Mughals. A "Estação da Droga", como é conhecida, vê um afluxo de ouro comercializado no mercado de Hong Kong. O México começou a produzir quantidades relativamente pequenas de heroína chamada "Mexican Brown", que era muito procurada por estrelas de Hollywood. Mais uma vez, o comércio de heroína é gerido por altos funcionários do governo que têm os militares do seu lado. Alguns produtores "Mexican Brown" ganham um milhão de dólares por mês a abastecer os seus clientes americanos. Quando alguns polícias federais mexicanos são incitados a agir contra os produtores de heroína, são "eliminados" por unidades militares que parecem aparecer do nada.

Um desses incidentes ocorreu em Novembro de 1991 numa pista de aterragem remota na região produtora de ópio do México. Agentes federais de narcóticos cercaram a pista de aterragem e estavam prestes a prender algumas pessoas que estavam a carregar heroína quando um esquadrão de soldados chegou. Os soldados reuniram os agentes da Polícia Federal de Narcóticos e mataram-nos sistematicamente a todos. Esta acção representa uma séria ameaça ao Presidente mexicano Goltarin, que enfrenta fortes exigências de uma investigação sobre os assassinatos. Goltarin encontra-se numa situação delicada: não pode desistir de exigir uma investigação, nem pode dar-se ao luxo de ofender os militares. Esta é a primeira fenda da cadeia de comando no México, remontando ao Comité dos 300. O ópio bruto do Triângulo Dourado é canalizado para a máfia siciliana e para o lado francês do negócio para ser refinado nos laboratórios que infestam a costa francesa de Marselha a Monte Carlo. Actualmente, o Líbano e a

Turquia estão a produzir quantidades crescentes de heroína refinada, e um grande número de laboratórios surgiram nestes dois países ao longo dos últimos quatro anos. O Paquistão também tem vários laboratórios, mas não está no mesmo campeonato que a França, por exemplo.

A rota utilizada pelos transportadores de ópio bruto do Crescente Dourado passa pelo Irão, Turquia e Líbano. Quando o Xá do Irão estava no poder, recusou-se a permitir que o comércio de heroína continuasse e foi impedido à força até ser "tomado" pelo Comité dos 300. O ópio bruto da Turquia e do Líbano foi transportado para a Córsega, de onde foi enviado para Monte Carlo com a cumplicidade da família Grimaldi. Os laboratórios paquistaneses, sob o disfarce de "laboratórios de defesa militar", fazem mais refinação do que há dois anos atrás, mas a melhor refinação ainda é feita ao longo da costa mediterrânica francesa e na Turquia. Mais uma vez, os bancos desempenham um papel fundamental no financiamento destas operações.

Façamos aqui uma pausa por um momento. Devemos acreditar que com todas as técnicas de vigilância modernas e vastamente melhoradas, incluindo o reconhecimento por satélite, disponíveis para a aplicação da lei nestes países, este comércio nefasto não pode ser localizado e travado? Como é que a aplicação da lei não pode entrar e destruir estes laboratórios uma vez descobertos? Se for este o caso, e ainda não podemos proibir o comércio de heroína, então os nossos serviços anti-narcóticos devem ser conhecidos como "geriatria" e não como agências de droga.

Até uma criança poderia dizer aos nossos chamados "observadores de drogas" o que fazer. Basta monitorizar todas as fábricas que produzem anidrido acético, O componente químico mais essencial necessário aos laboratórios para refinar a heroína a partir do ópio em bruto. DEPOIS SIGA O RASTO! É tão simples quanto isso! Lembro-me de Peter Sellers em "The Pink Panther" quando penso nos esforços das forças da lei para localizar laboratórios de refinação de heroína. Mesmo alguém tão desajeitado como o detective fictício não teria dificuldade em traçar a rota das remessas de anidrido acético até ao seu destino final.

Os governos poderiam aprovar leis que exigissem aos fabricantes de anidrido acético que mantivessem registos escrupulosos de quem compra o produto químico e para que deve ser utilizado. Mas não contem com isso, lembrem-se que as drogas são grandes negócios e que os grandes negócios são feitos pelas famílias oligárquicas da Europa e pelo estabelecimento liberal da Costa Leste dos EUA. O comércio da droga não é uma operação mafiosa ou gerida pelos cartéis de cocaína colombianos. As famílias nobres da Grã-Bretanha e os altos funcionários da América não vão ostentar o seu papel nas montras das lojas; ainda têm uma armada de homens da frente para fazer o trabalho sujo.

Lembre-se que a "nobreza" britânica e americana nunca sujou as mãos no comércio do ópio na China. Os senhores e senhoras eram demasiado inteligentes para isso, assim como a elite americana: os Delanos, os Forbes, os Appletons, os Bacons, os Boylestons, os Perkins, os Russells, os Cunninghams, os Shaw's, os Coolidges, os Parkmans, os Runnewells, os Cabots, e os Codmans; esta não é uma lista exaustiva das famílias americanas que enriqueceram com o comércio do ópio na China.

Como este não é um livro sobre o tráfico de droga, não posso, por necessidade, abordar este assunto em profundidade. Mas a sua importância para o Comité dos 300 deve ser salientada. A América não é gerida por 60 famílias, mas por 300 famílias e a Inglaterra por 100 famílias e, como veremos, estas famílias estão interligadas por casamentos, corporações, bancos, para não mencionar as ligações com a nobreza negra, a Maçonaria, a Ordem de São João de Jerusalém, etc. São estas pessoas que, através dos seus substitutos, encontram formas de proteger enormes carregamentos de heroína de Hong Kong, Turquia, Irão e Paquistão e assegurar que chegam aos mercados dos EUA e da Europa Ocidental com o mínimo custo de fazer negócios.

Os carregamentos de cocaína são por vezes interceptados e apreendidos, mas isto é apenas um penso de janela. Muitas vezes os carregamentos apreendidos pertencem a uma nova organização que está a tentar penetrar no comércio. Estes concorrentes são postos fora de actividade, informando as autoridades exactamente onde vão entrar no mercado dos EUA e quem são os proprietários. Os grandes negócios nunca são tocados; a heroína é demasiado cara. É de notar que os agentes da Agência de Controlo da Droga dos EUA não estão autorizados a entrar em Hong Kong. Não podem examinar o manifesto de um navio antes de este sair do porto. Perguntamo-nos porquê, se há tanta "cooperação internacional" em curso - o que os media gostam de chamar "desmantelamento do comércio da droga". É evidente que as rotas de comércio de heroína são protegidas por "uma autoridade superior". Na América do Sul, com excepção do México, a cocaína é rei. A produção de cocaína é muito simples, ao contrário da heroína, e grandes fortunas devem ser feitas para aqueles que estão preparados para assumir riscos para e em nome dos "superiores". Tal como no comércio da heroína, os intrusos não são bem-vindos e muitas vezes acabam como vítimas, ou vítimas de conflitos familiares. Na Colômbia, a máfia do narcotráfico é uma família unida. Mas a má publicidade gerada pelo ataque da guerrilha M19 ao edifício da justiça em Bogotá (o M19 é o exército privado dos barões da cocaína) e o assassinato de Rodrigo Lara Bonilla, um promotor e juiz proeminente, foi tão má que as "autoridades superiores" tiveram de reorganizar as coisas na Colômbia.

Como resultado, os Ochoas do cartel de Medellín renderam-se depois de lhes ter sido assegurado que não sofreriam qualquer perda de fortuna, dano de qualquer tipo, nem seriam extraditados para os Estados Unidos. Chegou-se a acordo que, desde que repatriassem a maior parte da sua enorme fortuna em narco-dólares para os bancos colombianos, nenhuma acção punitiva seria tomada contra eles. Os Ochoas - Jorge, Fabio e o seu líder, Pablo Escobar, seriam mantidos em prisões privadas que se assemelham a um quarto de motel de luxo, e seriam então condenados a uma pena máxima de dois anos - para serem cumpridos na mesma prisão de motel. Este acordo está em curso. Foi também garantido aos Ochoas o direito de continuar a gerir o seu "negócio" a partir da sua prisão do motel.

Mas isto não significa que o comércio da cocaína tenha parado. Pelo contrário, foi simplesmente transferido para o cartel de Cali, que desempenha um papel secundário, e é business as usual. Por alguma estranha razão, o cartel de Cali, que é igual em tamanho ao cartel de Medellín, tem sido - pelo menos até agora - largamente ignorado pela DEA. Cali difere do cartel de Medellín por ser dirigido por BUSINESS MEN, que evitam qualquer forma de violência e nunca quebram acordos.

Ainda mais significativo é o facto de Cali não fazer praticamente nenhum negócio na Flórida. A minha fonte disse-me que o cartel de Cali é dirigido por homens de negócios astuciosos, que nunca foram vistos no comércio da cocaína. Ele acredita que foram "especialmente nomeados", mas não sabe por quem. "Eles nunca chamam a atenção para si próprios", diz ele. "Eles não andam por aí a importar Ferraris vermelhos como Jorge Ochoa fez, chamando imediatamente a atenção para si próprios, porque é proibido importar tais carros para a Colômbia".

Os mercados do cartel de Cali encontram-se em Los Angeles, Nova Iorque e Houston, que correspondem de perto aos mercados de heroína. Cali não tem mostrado sinais de fazer incursões no mercado da heroína da Florida. Um antigo agente da DEA, que é um colega meu, declarou recentemente:

> "Estas pessoas de Cali são realmente espertas. São uma raça diferente dos irmãos Ochoa. Agem como homens de negócios profissionais. São agora maiores do que o cartel de Medellín e penso que vamos ver muito mais cocaína a entrar nos Estados Unidos do que nunca. O rapto de Manuel Noriega vai facilitar o fluxo de cocaína e dinheiro através do Panamá, que tem tantos bancos. Lá se vai a "Operação Só Causa" do Presidente George Bush. Tudo o que fez foi facilitar a vida de Nicolas Ardito Barletta, que era dirigido pelos irmãos Ochoa e que está prestes a servir de cobertura para o cartel de Cali.

Com base na minha experiência do comércio de heroína, acredito que o Comité dos 300 interveio e assumiu o controlo total do comércio de cocaína na América do Sul. Não há outra explicação para a ascensão do cartel de Cali que está associado ao sequestro de Noriega. Bush recebeu as suas ordens de Londres em relação a Noriega? Tudo indica que foi literalmente empurrado para invadir o Panamá e raptar Noriega, que se tinha tornado um sério obstáculo aos "negócios" no Panamá, especialmente no sector bancário.

Vários antigos agentes dos serviços secretos deram-me a sua opinião, que coincide com a minha. Tal como na Guerra do Golfo que se seguiu à Guerra do Panamá, foi apenas após vários apelos do embaixador britânico em Washington que Bush finalmente arranjou coragem para fazer a sua jogada totalmente ilegal contra o General Noriega. O facto de ter sido apoiado pela imprensa britânica e pelo *New York Times*, um jornal gerido pelos serviços secretos britânicos, fala por si só.

Noriega foi outrora o querido do estabelecimento de Washington. Ele socializou frequentemente com William Casey e Oliver North e até se encontrou com o Presidente George Bush em pelo menos duas ocasiões. Noriega era frequentemente visto no Pentágono onde era tratado como um desses potentados árabes, e o tapete vermelho era sempre estendido para ele na sede da CIA em Langley, Virgínia. Os Serviços Secretos do Exército dos EUA e a CIA disseram que lhe pagaram $320.000.

Depois começaram a aparecer nuvens de tempestade no horizonte, por volta da altura em que o cartel de Cali assumiu o comércio da cocaína dos irmãos Ochoa e Pablo Escobar. Liderado pelo Senador Jesse Helms, que se vendeu a Ariel Sharon e ao partido israelita Histradut em 1985, desencadeou-se uma súbita agitação pelo impeachment de Noriega. Jesse Helms e os seus familiares foram apoiados por Simon Hersh, um oficial britânico dos serviços secretos que trabalhava para o *New York Times*, que tinha sido um porta-voz dos serviços secretos britânicos nos EUA desde os dias em que o chefe do MI6 Sir William Stephenson ocupou o edifício da RCA em Nova Iorque.

É muito significativo que Helms tenha escolhido liderar a acusação contra Noriega. Helms é o querido da facção Sharon em Washington e Sharon foi o principal negociante de armas na América Central e na Colômbia. Além disso, Helms tem o respeito de fundamentalistas cristãos que acreditam na máxima: "Israel, o meu país, certo ou errado". Assim, foi criado um poderoso ímpeto para "apanhar Noriega". Claramente, Noriega poderia provar ser um sério obstáculo para os traficantes internacionais de droga e os seus banqueiros no Comité dos 300, pelo que teve de ser removido antes de poder fazer qualquer dano significativo.

Bush foi pressionado pelos seus mestres britânicos a conduzir uma operação ilegal de busca e apreensão no Panamá, que resultou na morte de nada menos do que 7.000 panamenhos e na destruição irresponsável de propriedade privada. Nunca foi encontrado nada que implicasse Noriega como "traficante de droga", pelo que foi raptado e trazido para os EUA num dos exemplos mais flagrantes de roubo internacional da história. Esta acção ilegal enquadra-se provavelmente melhor na filosofia de Bush:

> "As dimensões morais da política externa dos EUA exigem que traçamos um rumo moral através de um mundo de menor maldade. Este é o mundo real, nem tudo é preto e branco. Há pouco espaço para absolutos".

Foi um "mal menor" raptar Noriega, em vez de o deixar desmantelar os bancos do Panamá [que] trabalham para o Comité dos 300. O caso Noriega é um protótipo para as acções monstruosas do governo de um mundo à espera nas asas. Um arbusto encorajado está ao ar livre, destemido, porque nós, o povo, vestimos um manto espiritual que acomoda LIES e não quer ter nada a ver com VERDADE[17] . Este é o

---

[17] Isaías 30:10 que dizem aos videntes: Não ver, e aos profetas: Não nos

mundo que decidimos aceitar. Se não fosse assim, uma tempestade de raiva teria varrido o país sobre a invasão do Panamá, que não teria parado até Bush ser expulso do cargo. As transgressões de Watergate de Nixon empalidecem em insignificância ao lado dos muitos delitos impugnáveis cometidos pelo Presidente Bush quando ordenou a invasão do Panamá para raptar o General Noriega.

O caso do governo contra Noriega baseia-se no falso testemunho de um grupo de homens proeminentes, a maioria deles já condenados, que mentem com os dentes para obter a redução das suas próprias sentenças. O seu desempenho teria agradado enormemente a Gilbert e Sullivan, se hoje estivessem vivos. "Fizeram deles senhores da DEA" poderia ser apropriado em vez de "Fizeram deles senhores da Marinha da Rainha", de "HMS Pinafore". É uma cena completamente grotesca ver como estes bandidos se comportam como pinguins não tão bem treinados para o Departamento de Justiça dos Estados Unidos, se quisermos insultar um animal tão simpático e limpo com uma comparação tão indigna.

As datas-chave contradizem-se, os detalhes chave são evidentes pela sua ausência, a memória falha em pontos cruciais, tudo levando ao facto óbvio de que o governo não tem nenhum caso contra Noriega, mas isso não importa; o Royal Institute for International Affairs (RIIA) diz "condená-lo de qualquer forma" e é isso que o pobre Noriega pode esperar. Uma das testemunhas principais do Departamento de Justiça é um Floyd Carlton Caceres, um antigo piloto da empresa dos irmãos Ochoa.

Após a sua prisão em 1986, Carlton tentou suavizar a sua posição à custa de Noriega.

Ele disse aos seus interrogadores da DEA que os irmãos Ochoa tinham pago a Noriega 600.000 dólares para permitir que três aviões carregados com cocaína aterrassem e reabastecessem no Panamá. Mas uma vez no tribunal de Miami, rapidamente se tornou evidente que o homem que foi facturado como a "testemunha estrela" da acusação era, na melhor das hipóteses, um "squib" húmido. O contra-interrogatório revelou a verdadeira história: longe de ser pago para autorizar os voos, Noriega não foi sequer contactado pelos Ochoas. Pior ainda, em Dezembro de 1983, Noriega tinha ordenado que a

---

profetizem coisas certas, não nos falem coisas doces, não nos profetizem enganos (mentiras).

todos os voos para o Panamá a partir de Medellín fosse negada autorização para aterrar no Panamá. Carlton não é a única testemunha desacreditada. Um mentiroso ainda maior do que Carlton é Carlos Lehder, que foi um dos chefes do cartel de Medellín até ser detido em Espanha e enviado para os EUA. Quem deu à DEA a informação mais vital, que a Lehder estava em Madrid? A DEA reconhece relutantemente que deve esta importante captura à Noriega. Hoje, no entanto, o Departamento de Justiça utiliza Lehder como testemunha contra Noriega. Esta única testemunha demonstra, no mínimo, a miséria do caso do governo dos EUA contra Manuel Noriega.

Em troca dos seus serviços, Lehder recebeu uma sentença mais leve e instalações muito mais agradáveis - um quarto com vista e uma televisão - e a sua família foi-lhe concedida residência permanente nos Estados Unidos.

O advogado americano que processou o Lehder em 1988 disse ao *Washington Post:*

> "Penso que o governo não deveria estar a lidar com Carlos Lehder, ponto final. Este tipo é um mentiroso do princípio ao fim.

O Departamento de Justiça, cujo nome nada tem a ver com o que é suposto representar, fez todas as diligências contra Noriega: escutas ilegais das suas conversas com o seu advogado; a nomeação de um advogado do governo que alegou ter servido Noriega mas se demitiu no processo; o congelamento das suas contas bancárias para que Noriega não pudesse defender-se devidamente; raptos, buscas e apreensões ilegais. O governo infringiu mais leis do que Noriega alguma vez infringiu.

É o Departamento de Justiça dos EUA que está a ser julgado, dez vezes mais do que o General Noriega. O caso Noriega mostra o sistema flagrantemente maléfico que passa por "justiça" neste país. A "guerra às drogas" liderada pelos EUA está a ser julgada, tal como a chamada política de drogas da administração Bush. O julgamento Noriega, embora termine numa violenta e flagrante violação da justiça, oferecerá no entanto alguma compensação àqueles que não são cegos, surdos e mudos. Provará de uma vez por todas que a Inglaterra está à frente do nosso governo e revelará a ideologia totalmente falida da administração Bush, cujo lema deveria ser: "Aconteça o que acontecer, o fim justifica sempre os meios. Há muito poucos absolutos morais. Como a maioria dos políticos, para Bush ter um padrão de ABSOLUTE MORALITY WOWD SER SUICIDE. Só neste clima poderíamos ter permitido ao Presidente Bush violar pelo menos seis leis dos EUA e DOZE ACORDOS INTERNACIONAIS, entrando em guerra com o Iraque.

O que estamos a testemunhar na Colômbia e em Washington é uma revisão completa da forma como o comércio de cocaína deve ser gerido; acabaram-se as armas selvagens, acabaram-se as armas. Deixem os cavalheiros do cartel de Cali, nos seus processos com riscas de pinho, conduzir os negócios de forma cortês. Em suma, o Comité dos 300 assumiu o controlo directo do comércio de cocaína, que agora funcionará tão bem como o comércio de heroína. O novo governo colombiano adaptou-se a esta mudança de táctica e de direcção. Foi-lhe ordenado que actuasse de acordo com o plano do Comité.

É necessário mencionar o envolvimento dos EUA no comércio do ópio na China, que começou no sul dos EUA antes da Guerra entre os Estados Unidos. Como podemos ligar o comércio do ópio às grandes plantações de algodão do Sul? Para o fazer, devemos começar por Bengala, Índia, que produziu o ópio mais fino (se uma substância infecciosa tão fina pode ser chamada fina), que era muito procurado. O algodão foi O comércio mais importante em Inglaterra, depois das vendas de ópio através do BEIC. A maior parte do algodão das plantações do sul era trabalhada nas fábricas de escravos do norte de Inglaterra, onde mulheres e crianças ganhavam uma ninharia por um dia de trabalho de 16 horas. As fábricas de tecidos eram propriedade dos ricos socialites londrinos, Barings, Palmerstons, Keswicks e especialmente dos Jardine Mathesons que eram proprietários da Blue Star Shipping Line, na qual os produtos acabados de algodão e tecido eram enviados para a Índia. Não podiam estar menos preocupados com as condições de vida miseráveis dos súbditos de Sua Majestade. Afinal de contas, é para isso que servem, e os seus maridos e filhos são úteis na guerra para preservar o império longínquo de Sua Majestade, como têm feito durante séculos, mais recentemente na sangrenta Guerra dos Bôeres. Era essa a tradição britânica, não era?

Os produtos de acabamento de algodão exportados para a Índia minaram e destruíram os produtores indianos de longa data do comércio de acabamento de algodão. Milhares de índios tiveram de suportar terríveis dificuldades à medida que os produtos britânicos mais baratos conquistaram os seus mercados. A Índia tornou-se então totalmente dependente da Grã-Bretanha para ganhar divisas estrangeiras suficientes para pagar as suas ferrovias e as importações de produtos de algodão acabados. Havia apenas uma solução para as dificuldades económicas da Índia. Produzir mais ópio e vendê-lo mais barato à British East India Company. Esta foi a rocha sobre a qual o comércio britânico cresceu e prosperou. Sem o seu comércio de ópio, a Grã-Bretanha teria ficado igualmente arruinada.

Será que os proprietários das plantações no Sul sabiam do horrível segredo dos bens de ópio para o algodão? É improvável que alguns deles não soubessem o que se estava a passar. Veja-se, por exemplo, a família Sutherland, um dos maiores proprietários de plantações de algodão do Sul. Os Sutherlands estavam intimamente ligados à família Matheson - Jardine Matheson - que por sua vez tinham como parceiros comerciais os irmãos Baring, fundadores da famosa Peninsular and Orient Navigation Line (P&O), a maior das muitas companhias de navegação mercante britânicas.

Os Barings eram grandes investidores nas plantações do Sul, tal como o eram nos navios Clipper americanos que navegavam nos mares entre os portos chineses e todos os principais portos da costa leste dos Estados Unidos. Hoje em dia, os Barings realizam uma série de operações financeiras muito importantes nos Estados Unidos da América. Todos estes nomes foram, e os seus descendentes ainda são, membros do Comité dos 300.

A maioria das famílias que constituem o Estabelecimento Liberal da Costa Leste, entre as quais se encontram as mais ricas deste país, fizeram fortuna quer no comércio do algodão quer no comércio do ópio, e em alguns casos ambos. Os Lehmans são um exemplo notável. Quando se trata de fortunas derivadas unicamente do comércio do ópio na China, os primeiros nomes que me vêm à mente são os Astors e os Delanos. A mulher do Presidente Franklin D. Roosevelt era uma Delano. John Jacob Astor fez uma fortuna colossal com o comércio do ópio na China, depois tornou-se respeitável ao comprar grandes terrenos de Manhattan com o seu dinheiro sujo. Durante a sua vida, Astor desempenhou um papel importante nas deliberações do Comité de 300. De facto, foi o Comité de 300 que escolheu quem seria autorizado a participar no fabuloso e lucrativo comércio de ópio na China, através do seu monopolista, o BEIC, e os beneficiários da sua generosidade permaneceram para sempre ligados ao Comité de 300.

É por isso que, como vamos descobrir, a maior parte dos bens imóveis de Manhattan é propriedade de vários membros do Comité, como tem sido desde o momento em que a Astor começou a comprá-los. Através do acesso a ficheiros que seriam fechados a qualquer pessoa fora dos

Serviços Secretos Britânicos, descobri que a Astor é há muito um bem dos Serviços Secretos Britânicos nos Estados Unidos. O financiamento de Astor de Aaron Burr, o assassino de Alexander Hamilton, prova este ponto para além de qualquer dúvida razoável.

O filho de John Jacob Astor, Waldorf Astor, teve a honra adicional de ser nomeado para o Royal Institute for International Affairs (RIIA), a organização através da qual o Comité dos 300 controla todos os aspectos das nossas vidas nos Estados Unidos. Acredita-se que a família Astor escolheu Owen Lattimore para continuar a sua associação com o comércio do ópio, o que fez através do Instituto para as Relações do Pacífico (IPR), financiado por Laura Spelman. Foi o DPI que supervisionou a entrada da China no comércio do ópio como um parceiro pleno, e não apenas como fornecedor. Foi a RPI que abriu o caminho para o ataque japonês a Pearl Harbour. Tentativas de transformar os japoneses em viciados em ópio terminaram num fracasso abjecto.

No virar do século, os plutocratas oligárquicos britânicos eram como abutres sobrealimentados na planície do Serengeti, na altura da marcha anual dos gnus. Os seus rendimentos provenientes do comércio do ópio na China excederam o rendimento de David Rockefeller em MUITOS BILHÕES DE DÓLARES UM ANO. Os documentos históricos de que disponho no Museu Britânico em Londres e do escritório da Índia e outras fontes - antigos colegas em altos cargos - provam-no completamente.

Em 1905, o governo chinês, profundamente preocupado com o número crescente de viciados em ópio na China, tentou obter ajuda da comunidade internacional. A Grã-Bretanha fingiu cooperar, mas não fez nada para cumprir os protocolos de 1905 que tinha assinado. Mais tarde, o Governo de Sua Majestade fez uma cara feia depois de mostrar à China que era melhor juntar-se a eles no comércio do ópio do que tentar impedi-lo.

Até mesmo a Convenção de Haia está a ser desrespeitada pelos britânicos. Os delegados à convenção concordaram que a Grã-Bretanha deveria respeitar os protocolos que tinha assinado, que deveriam reduzir drasticamente a quantidade de ópio vendido na China e noutros locais. Os britânicos, apesar de pagarem um serviço labial, não têm qualquer intenção de abandonar o seu comércio de miséria humana, o que inclui o "comércio de carne de porco".

O seu servo, o Presidente George Bush, ao prosseguir a cruel guerra de genocídio travada SOMENTE contra a nação do Iraque a favor e em nome dos interesses britânicos, também demonstrou o seu desprezo ao desprezar os acordos de bombardeamento aéreo de Haia e toda uma série de convenções internacionais das quais os EUA são signatários, incluindo TODAS as Convenções de Genebra.

Quando, dois anos mais tarde, foram produzidas provas, particularmente pelos japoneses, cada vez mais preocupados com o contrabando de ópio britânico para o seu país, de que as vendas de ópio tinham aumentado em vez de terem diminuído, o delegado de Sua Majestade na Quinta Convenção de Haia produziu uma série de estatísticas que contradiziam as fornecidas pelo Japão. O delegado britânico virou a mesa e disse que este era um argumento muito forte a favor da legalização da venda do ópio, o que teria o efeito de suprimir o que ele chamava "o mercado negro".

Ele sugeriu, em nome do Governo de Sua Majestade, que o governo japonês teria então o monopólio e o controlo total do comércio. Este é precisamente o mesmo argumento apresentado pelos homens da frente do Bronfman e outros grandes traficantes de droga - legalizar a cocaína, marijuana e heroína, deixar o governo dos EUA ter o monopólio sobre eles e, assim, deixar de desperdiçar milhares de milhões na falsa guerra contra a droga e poupar milhares de milhões aos contribuintes.

Durante o período 1791-1894, o número de antros de ópio licenciados na colónia internacional de Xangai aumentou de 87 para 663. O fluxo de ópio para os Estados Unidos também aumentou. Sentindo que poderiam ter problemas na China com o foco da atenção mundial sobre eles, os plutocratas dos Cavaleiros de São João e da Ordem da Jarreteira transferiram parte da sua atenção para a Pérsia (Irão).

ᵉLord Inchcape, que fundou a maior empresa de barcos a vapor do mundo no início do século XIX, a lendária Península e Orient Steam Navigation Company, foi o principal arquitecto da criação do Banco de Hong Kong e Xangai, que continua a ser o maior e menos controlado dos bancos de compensação do comércio do ópio, e que também financiou o "comércio de carne de porco" com os Estados Unidos.

Os britânicos tinham criado um esquema em que os "coolies" chineses eram enviados para os EUA como trabalhadores indentados. Os caminhos-de-ferro da família Harriman precisavam de geleiras para empurrar a ligação ferroviária para oeste até à costa da Califórnia, ou assim o disseram. Curiosamente, muito poucos negros receberam o trabalho manual a que estavam habituados na altura e poderiam ter feito um trabalho melhor do que os viciados em ópio emaciados que chegaram da China.

O problema era que não havia mercado para o ópio entre os negros e, além disso, Lord Inchcape, filho do fundador da P&O, precisava dos "coolies" para contrabandear milhares de quilos de ópio em bruto para a América do Norte, o que os negros não conseguiam fazer. Foi o mesmo Lord Inchcape que, em 1923, avisou que o cultivo da papoila opiácea em Bengala não deveria ser diminuído. "Esta fonte de rendimento mais importante deve ser salvaguardada", disse ele à comissão que deveria investigar a produção de goma de ópio na Índia.

Em 1846, cerca de 120.000 "coolies" tinham chegado aos Estados Unidos para trabalhar na Harriman Railroad, empurrando para oeste. O "comércio de porcos" estava em pleno andamento, pois deste número o governo dos EUA estimou que 115.000 eram viciados em ópio. Uma vez terminada a via férrea, os chineses não regressaram ao local de onde vieram, mas instalaram-se em São Francisco, Los Angeles, Vancouver e Portland. Criaram um enorme problema cultural que nunca parou.

Curiosamente, Cecil John Rhodes, membro do Comité de 300 que representou os Rothschilds na África do Sul, seguiu o modelo Inchcape, trazendo centenas de milhares de "coolies" indianos para trabalhar nas plantações de cana de açúcar na província de Natal. Entre eles estava Mahatma Ghandi, um agitador comunista e desordeiro. Tal como os coolies chineses, eles não foram enviados de volta ao seu país de origem quando o seu contrato expirou. Também eles criaram um vasto programa social, e os seus descendentes tornaram-se advogados que lideraram a campanha para se infiltrarem no governo em nome do Congresso Nacional Africano.

Em 1875, os "coolies" chineses que operavam a partir de São Francisco tinham estabelecido uma rede de abastecimento de ópio que incluía 129.000 viciados americanos em ópio. Com 115.000 conhecidos viciados em ópio chineses, Lord Inchcape e a sua família estavam a embolsar centenas de milhares de dólares por ano apenas a partir desta fonte, o que, em termos de dólares de hoje, representaria pelo menos 100 milhões de dólares de rendimento por ano.

As mesmas famílias britânicas e americanas que tinham unido forças para destruir a indústria têxtil indiana e promover o comércio do ópio, e que tinham trazido escravos africanos para os Estados Unidos, uniram forças para fazer do "comércio de porcos" uma valiosa fonte de rendimento. Mais tarde, deviam juntar forças para provocar e promover a terrível Guerra entre os Estados, também conhecida como a Guerra Civil Americana.

As famílias americanas decadentes da parceria profana, totalmente corruptas e chafurdadas em lucre, tornaram-se o que conhecemos hoje como o Estabelecimento Liberal Oriental cujos membros, sob a cuidadosa orientação e conselho da Coroa e posteriormente do seu braço executivo de política externa, o Royal Institute of International Affairs (RIIA), dirigiam este país - e ainda o fazem - de cima para baixo através do seu governo paralelo secreto de alto nível, estreitamente ligado ao Comité dos 300, a sociedade secreta ULTIMA. Em 1923, levantaram-se vozes contra esta ameaça que tinham sido autorizadas a ser importadas para os Estados Unidos. Convencido de que os Estados Unidos eram uma nação livre e soberana, o Congressista Stephen Porter, presidente da Comissão dos Negócios Estrangeiros da Câmara, apresentou um projecto de lei que apelava aos britânicos a relatar as suas actividades de exportação e importação de ópio numa base de país por país. A resolução estabeleceu quotas para cada país, as quais, se cumpridas, teriam reduzido o comércio do ópio em 10%. A resolução foi transformada em lei e o projecto de lei foi aceite pelo Congresso dos EUA.

Mas o Instituto Real de Assuntos Internacionais tinha outras ideias. Fundada em 1919, na sequência da Conferência de Paz de Paris em Versalhes, foi um dos primeiros implementadores da "política externa" do Comité do 300. A minha pesquisa na Casa dos Registos do Congresso mostra que Porter desconhecia completamente as forças poderosas com que estava a lidar. Porter nem sequer estava ciente da existência da RIIA, quanto mais que o seu objectivo específico era controlar todas as facetas dos Estados Unidos.

Aparentemente, o congressista Porter recebeu uma espécie de insinuação do Morgan Bank de Wall Street de que deveria abandonar tudo isto. Em vez disso, um Porter enfurecido levou o seu caso ao Comité do Ópio da Liga das Nações. O total desconhecimento de Porter da identidade do seu oponente é demonstrado em alguma da sua correspondência com os seus colegas da Comissão dos Assuntos Externos da Câmara, em resposta à oposição aberta britânica às suas propostas.

O representante de Sua Majestade repreendeu Porter e depois, agindo como um pai para um filho errante, o delegado britânico - sob as instruções da RIIA - apresentou as propostas de Sua Majestade para AUMENTAR as quotas de ópio para ter em conta um aumento no consumo de ópio para fins medicinais. De acordo com os documentos que pude encontrar em Haia, Porter ficou primeiro confuso, depois estupefacto e finalmente enfurecido. Juntamente com o delegado chinês, Porter saiu da sessão plenipotenciária do Comité, deixando os britânicos livres para partir.

Na sua ausência, o delegado britânico obteve a aprovação da Liga das Nações para o Governo de Sua Majestade para as propostas de criação de um Conselho Central de Narcóticos, cuja principal função era a recolha de informações, cujos termos eram deliberadamente vagos. O que devia ser feito com a 'informação' nunca foi especificado. Porter regressou aos EUA, abalado e muito mais sábio.

Outro recurso da inteligência britânica foi o fabuloso William Bingham, uma família por casamento com um dos Barings. Foi declarado em papéis e documentos que vi que os irmãos Baring dirigiam os Philadelphia Quakers e possuíam metade dos bens imobiliários naquela cidade, tudo isto tornado possível pela fortuna que os irmãos Baring tinham acumulado com o comércio de ópio na China. Outro beneficiário do Comité da grandeza de 300 foi Stephen Girard, cujos descendentes herdaram o Girard Bank and Trust.

Os nomes destas famílias, cujas histórias estão interligadas com as de Boston e que prestam pouca atenção às pessoas comuns, encontraram o seu caminho nos braços do Comité dos 300 e do seu lucrativo BEIC, o comércio chinês do ópio. Muitas famílias famosas tornaram-se associadas ao famigerado Banco de Hong Kong e Xangai, que continua a ser a câmara de compensação por milhares de milhões de dólares do comércio chinês de ópio.

Nomes famosos como Forbes, Perkins e Hathaway aparecem nos registos da British East India Company. Estes genuínos sangues azuis americanos criaram a Russell and Company, cujo principal comércio era o ópio, mas que também geria outros negócios de navegação da China para a América do Sul e todos os pontos intermédios. Como recompensa pelos seus serviços à Coroa Britânica e ao BEIC, o Comité dos 300 concedeu-lhes o monopólio do tráfico de escravos em 1833.

Boston deve o seu famoso passado ao comércio de algodão, ópio e escravos que lhe foi concedido pelo Comité dos 300, e é indicado nos documentos que tive o privilégio de consultar em Londres que as famílias comerciantes de Boston eram os principais apoiantes da Coroa Britânica nos Estados Unidos. John Murray Forbes é mencionado como o mordomo do 'Boston Blue Bloods' nos registos da India House e nos registos bancários de Hong Kong.

O filho da Forbes foi o primeiro americano autorizado pelo Comité dos 300 a fazer parte da direcção do mais prestigiado banco de lavagem de dinheiro em droga do mundo - ainda hoje - o Hong Kong and Shanghai Bank Corporation (HSBC). Quando estive em Hong Kong no início dos anos 60 como "historiador interessado na British East India Company", foram-me mostrados alguns ficheiros antigos, incluindo antigos membros da direcção deste notório banco de droga, e claro que o nome da Forbes estava entre eles.

A família Perkins, tão ilustre que o seu nome ainda é mencionado em sussurros espantosos, estava profundamente envolvida no infame comércio do ópio na China. De facto, Perkins o mais velho foi um dos primeiros americanos a ser eleito para o Comité dos 300; o seu filho, Thomas Nelson, era o homem de Morgan em Boston e, como tal, um agente dos Serviços Secretos Britânicos. O seu passado repugnante - eu diria repugnante - não foi questionado quando ele ricamente dotou a Universidade de Harvard. Afinal, Cantão e Tientsin estão muito longe de Boston, e quem se teria preocupado de qualquer maneira?

O que ajudou muito a Perkins' foi que Morgan era um membro poderoso do Comité dos 300, o que permitiu a Thomas N. Perkins avançar rapidamente na sua carreira no comércio do ópio na China. Perkins para avançar rapidamente na sua carreira no comércio do ópio na China. Todos os Morgans e Perkins eram maçons, o que foi mais uma ligação entre eles, uma vez que apenas os maçons de mais alto nível têm qualquer esperança de serem seleccionados pelo Comité dos 300. Sir Robert Hart, que foi durante quase três décadas o chefe do Serviço Imperial Aduaneiro Chinês e o agente número um da Coroa Britânica no comércio do ópio na China, foi mais tarde nomeado para a direcção da Divisão do Extremo Oriente do Morgan Guarantee Bank.

Através do acesso a registos históricos em Londres e Hong Kong, pude estabelecer que Sir Robert desenvolveu uma relação estreita com as operações da Morgan nos EUA. Curiosamente, os interesses da Morgan no comércio do ópio e da heroína continuaram ininterruptamente, como evidenciado pelo facto de David Newbigging fazer parte do conselho consultivo da operação da Morgan em Hong

Kong, dirigida conjuntamente com Jardine Matheson.

Para aqueles familiarizados com Hong Kong, o nome Newbigging será conhecido como o nome mais poderoso de Hong Kong. Além de ser membro da elite do Morgan Bank, Newbigging é um conselheiro do governo chinês. Ópio para tecnologia de mísseis, ópio para ouro, ópio para computadores de alta tecnologia - é tudo o mesmo para Newbigging. A forma como estes bancos, instituições financeiras, empresas comerciais e as famílias que os dirigem se entrelaçam, confundiria Sherlock Holmes, mas de alguma forma eles têm de ser desvendados e seguidos se quisermos compreender as suas ligações ao comércio de drogas e a sua filiação no Comité dos 300.

A entrada de álcool e drogas nos Estados Unidos por estrada real são produtos do mesmo estábulo ocupado pelos mesmos puro-sangue. Em primeiro lugar, a proibição teve de ser introduzida nos Estados Unidos. Isto foi feito pelos herdeiros da Companhia Britânica das Índias Orientais, que, armados com a experiência adquirida com os bem documentados documentos da Missão Interior da China encontrados na India House, criaram a Women's Christian Temperance Union (WCTU), que deveria opor-se ao consumo de álcool na América.

Diz-se que a história se repete, e de certa forma repete-se, excepto que se repete numa espiral sempre ascendente. Hoje em dia, descobrimos que algumas das maiores empresas, supostamente "poluidoras" da Terra, são as maiores contribuintes de fundos para o movimento ambiental. Os "grandes nomes" estão a fazer passar a sua mensagem. O Príncipe Filipe é um dos seus heróis, mas o seu filho, o Príncipe Carlos, é proprietário de um milhão de hectares de terras florestais no País de Gales, onde a madeira é regularmente extraída. Além disso, o Príncipe Carlos é um dos maiores proprietários de habitações de má qualidade em Londres, onde a poluição prospera.

No caso daqueles que se pronunciaram contra os "males da bebida", descobrimos que foram financiados pelos Astors, Rockefellers, Spelmans, Vanderbilts e Warburgs que tinham um interesse declarado no comércio do álcool. Sob as instruções da Coroa, Lord Beaverbrook veio de Inglaterra para dizer a estas famílias americanas ricas que deveriam investir na WCTU. (Este é o mesmo Lord Beaverbrook que veio a Washington em 1940 e ordenou a Roosevelt que se envolvesse na guerra da Grã-Bretanha).

Roosevelt cumpriu esta tarefa estacionando uma flotilha da Marinha americana na Gronelândia que passou os 9 meses que antecederam Pearl Harbour caçando e atacando submarinos alemães.

Tal como o seu sucessor, George Bush, Roosevelt considerava o Congresso como um incómodo confuso. Assim, agindo como um rei - um sentimento que ele sentiu fortemente porque está relacionado com a família real britânica - Roosevelt nunca procurou a aprovação do congresso para a sua acção ilegal. Isto é o que os britânicos mais gostam de chamar a sua "relação especial com a América".

O tráfico de droga está ligado ao assassinato do Presidente John F. Kennedy, que manchou o carácter nacional e continuará a fazê-lo até que os culpados sejam encontrados e levados à justiça. Há provas de que a máfia esteve envolvida neste caso através da CIA, o que nos lembra que tudo começou com a antiga rede Meyer Lansky que evoluiu para a organização terrorista israelita Irgun, e que Lansky acabou por ser um dos melhores veículos para vender a guerra cultural contra o Ocidente.

Através de frentes mais respeitáveis, Lansky foi associado ao estabelecimento britânico para levar o jogo e a distribuição de drogas à Ilha Paradise, Bahamas, sob o disfarce da Mary Carter Paint Company, uma empresa conjunta entre Lansky e o MI6 britânico. Lord Sassoon foi mais tarde assassinado por desvio de dinheiro e ameaçou revelar tudo se fosse punido. Ray Wolfe, mais apresentável, representou os Bronfmans do Canadá. Embora os Bronfmans não tivessem conhecimento do enorme projecto de Churchill na Nova Escócia, eles eram e são uma mais-valia importante para a Família Real Britânica no comércio da droga.

Sam Rothberg, um associado próximo de Meyer Lansky, também trabalhou com Tibor Rosenbaum e Pinchas Sapir, todos alfinetes do círculo da droga de Lansky. Rosenbaum dirigiu uma operação de branqueamento de dinheiro da Suíça através de um banco que tinha criado para este fim, o Banco de Crédito Internacional. Este banco expandiu rapidamente as suas operações e tornou-se o principal banco utilizado por Lansky e os seus associados mafiosos para lavar dinheiro da prostituição, drogas e outros esquemas mafiosos.

Curiosamente, o banco de Tibor Rosenbaum foi utilizado pelo sombrio chefe dos serviços secretos britânicos, Sir William Stephenson, cujo braço direito, o Major John Mortimer Bloomfield, um cidadão canadiano, chefiou a Divisão Cinco do FBI durante a Segunda Guerra Mundial. Stephenson foi um dos primeiros membros do Comité dos 300 no século XX , embora a Bloomfield nunca tenha ido tão longe. Como revelei na minha série de monografias sobre o assassinato de Kennedy, foi Stephenson quem dirigiu a operação que foi levada a cabo como um projecto prático pela Bloomfield. O encobrimento do assassinato de Kennedy foi feito através de outro encobrimento relacionado com drogas, as Exposições Industriais Permanentes (PERMINDEX), criadas em 1957 e centradas no edifício World Trade Mart no centro de Nova Orleães.

Bloomfield era por acaso o advogado da família Bronfman. O World Trade Mart foi criado pelo Coronel Clay Shaw e pelo chefe da Divisão 5 do FBI em Nova Orleães, Guy Bannister. Shaw e Bannister eram sócios próximos de Lee Harvey Oswald, acusado de disparar contra Kennedy, que foi assassinado pelo agente contratado da CIA Jack Ruby antes de poder provar que não era o assassino que disparou contra o Presidente Kennedy. Apesar da investigação da Comissão Warren e de numerosos relatórios oficiais, NUNCA foi estabelecido que Oswald possuía a espingarda Mannlicher que era suposto ser a arma do crime (ele não a possuía) nem que a utilizava. A ligação entre o tráfico de droga, Shaw, Bannister e Bloomfield foi estabelecida em várias ocasiões e não precisa de ser elaborada aqui. No período imediato pós Segunda Guerra Mundial, um dos métodos mais comuns utilizados pela Resorts International e outras empresas relacionadas com a droga para lavar dinheiro era o envio de dinheiro por correio a um banco de lavagem de dinheiro. Hoje em dia, tudo isso mudou. Apenas as batatas fritas pequenas ainda utilizam um método tão arriscado. O "peixe grande" encaminha o seu dinheiro através do CHIPS, um acrónimo de Sistema de Pagamentos Internacionais da Câmara de Compensação, gerido por um sistema informático Burroughs centrado na Câmara de Compensação em Nova Iorque. Doze dos maiores bancos utilizam este sistema. Uma delas é a Hong Kong and Shanghai Bank Corporation. Outro é o Credit Suisse, aquele modelo de virtude bancária tão respeitável - até que a tampa foi levantada. Combinado com o sistema SWIFT baseado na Virgínia, o dinheiro sujo da droga torna-se invisível. Só a negligência gratuita permite ao FBI ter sorte de vez em quando, se e quando for dito para não procurar noutro lugar.

Apenas os traficantes de baixo nível são apanhados com o dinheiro da droga nas mãos. A elite, Drexel Burnham, Credit Suisse, Hong Kong e Shanghai Bank, detectam fugas. Mas isto também está a mudar com o colapso do *Banco de Crédito e Comércio Internacional (BCCI)*, que provavelmente revelará muito sobre o comércio de drogas se alguma vez for devidamente investigado.

Um dos principais activos do Comité de 300 é a American Express (AMEX). Interessei-me pela AMEX quando estava a conduzir uma investigação no local que me levou ao Banco de Desenvolvimento do Comércio em Genebra. Mais tarde, tive muitos problemas por isso. Descobri que o Trade Development Bank, então liderado por Edmund Safra, um homem-chave no comércio do ouro para o ópio, fornecia toneladas de ouro ao mercado de Hong Kong através do Trade Development Bank.

Antes de ir para a Suíça, viajei para Pretória, África do Sul, onde tive discussões com o Dr. Chris Stals, na altura Vice-Governador do Banco de Reserva da África do Sul, que controla todas as transacções a granel em ouro produzido na África do Sul. Após várias discussões durante um período de uma semana, foi-me dito que o banco não me podia fornecer as dez toneladas de ouro que estava autorizado a comprar em nome dos clientes que eu deveria representar. Os meus amigos bem colocados sabiam como produzir os documentos que eram aceites sem discussão.

O Banco de Reserva encaminhou-me para uma empresa suíça que não posso nomear, uma vez que iria estragar a cobertura. Foi-me também dado o endereço do Banco de Desenvolvimento do Comércio em Genebra. O objectivo do meu exercício era descobrir a mecânica do movimento e comércio do ouro e, em segundo lugar, testar os documentos forjados que tinham sido preparados para mim por antigos amigos da inteligência que se especializaram neste tipo de coisas. Lembra-se do "M" da série James Bond? Deixem-me assegurar-vos que "M" existe, mas a sua inicial correcta é "C". Os documentos que eu tinha consistiam em "ordens de compra" de empresas do Liechtenstein, com os documentos de apoio correspondentes.

Quando contactei o Trade Development Bank, fui inicialmente recebido cordialmente, mas à medida que as discussões avançavam, fui ficando cada vez mais desconfiado até que, sentindo que já não era seguro para mim visitar o banco, deixei Genebra sem dizer a ninguém. Mais tarde, o banco foi vendido à American Express. A American Express foi brevemente investigada pelo ex-Procurador-Geral Edwin Meese, após o que foi prontamente afastado do cargo e marcado como "corrupto". Descobri que a American Express era e continua a ser um canal para a lavagem de dinheiro da droga, e até agora ninguém me conseguiu explicar porque é que uma empresa privada é autorizada a imprimir dólares - os cheques de viagem da American Express não são dólares? Mais tarde revelei as ligações entre a Safra e a American Express no negócio da droga, o que perturbou muitas pessoas, como podem imaginar.

Comité de 300 membros Japhet controla Charterhouse Japhet, que por sua vez controla Jardine Matheson, uma ligação directa ao comércio do ópio em Hong Kong. Acredita-se que os Japoneses são Quakers ingleses. A família Matheson, também membros do Comité dos 300, foram actores importantes no comércio do ópio na China, pelo menos até 1943. Os Mathesons estão no Rol de Honra da Rainha de Inglaterra desde o início do século 19 .

Os principais controladores do comércio da droga no Comité dos 300 não têm conhecimento dos milhões de vidas que destroem todos os anos. São gnósticos, cátaros, membros do culto de Dionísio, Osíris, ou pior. Para eles, as pessoas 'comuns' estão lá para serem utilizadas para os seus fins. Os seus sumos sacerdotes, Bulwer-Lytton e Aldous Huxley, pregaram o evangelho das drogas como uma substância benéfica.

Para citar Huxley:

> "E, para uso privado quotidiano, sempre houve intoxicantes químicos. Todos os sedativos e narcóticos vegetais, todos os eufóricos que crescem nas árvores, os alucinógenos que amadurecem nas bagas, têm sido utilizados pelos humanos desde tempos imemoriais. E a estes modificadores de consciência, a ciência moderna acrescentou a sua quota de sintéticos. O Ocidente apenas permitiu a utilização sem restrições de álcool e tabaco. Todos os outros portões químicos são rotulados como DOPE".

Para os oligarcas e plutocratas do Comité dos 300, a droga tem um duplo objectivo: em primeiro lugar, trazer enormes somas de dinheiro e, em segundo lugar, acabar por transformar uma grande parte da população em *zombies da droga sem mente* que *serão mais fáceis de controlar* do que as pessoas que não precisam de drogas, uma vez que o castigo pela rebelião será a privação de heroína, cocaína, marijuana, etc. Para isso, é necessário legalizar as drogas para que um sistema de monopólio, que foi preparado para ser introduzido quando condições económicas severas, das quais a depressão de 1991 é a precursora, proliferem o uso de drogas à medida que centenas de milhares de trabalhadores sem empregos permanentes se voltam para as drogas para se consolarem.

Num dos documentos altamente secretos do Royal Institute of International Affairs, o cenário é apresentado da seguinte forma (em parte):

"... Tendo sido desiludidos pelo cristianismo, e com o desemprego em todo o lado, aqueles que estão desempregados há cinco anos ou mais afastar-se-ão da igreja e procurarão consolo na droga. É nesta altura que o controlo total do comércio da droga deve ser completado para que os governos de todos os países sob a nossa jurisdição tenham uma MONOPOLIA que controlaremos através do fornecimento... As *barras da droga servirão para os desordeiros e desinteressados, os aspirantes a revolucionários serão transformados em viciados inofensivos sem vontade própria.*
"

Existem amplas provas de que a CIA e os serviços secretos britânicos, particularmente o MI6, já passaram pelo menos uma década a trabalhar para este objectivo.

O Instituto Real de Assuntos Internacionais utilizou o trabalho de Aldous Huxley e Bulwer-Lytton como um projecto para criar um estado onde a humanidade já não terá uma vontade própria no Governo Mundial Único - Nova Ordem Mundial da Nova Era das Trevas que se aproxima rapidamente. Mais uma vez, vejamos o que o sumo sacerdote Aldous Huxley tinha a dizer sobre isto:

"Em muitas sociedades, a muitos níveis de civilização, têm sido feitas tentativas para fundir a intoxicação por drogas com a intoxicação por Deus. Na Grécia antiga, por exemplo, o álcool etílico tinha um lugar nas religiões estabelecidas. Dionísio, Baco, como era frequentemente chamado, era uma verdadeira divindade. Uma proibição total das modificações químicas pode ser decretada, mas não pode ser aplicada".

(A LÍNGUA DO LOBBY PRÓ-FÁRMACO EM CAPITOL HILL).

"Agora considere outro tipo de droga - ainda não descoberta, mas provavelmente muito próxima - uma droga que faz as pessoas felizes em situações em que normalmente se sentiriam infelizes. (Haverá alguém mais miserável do que uma pessoa que tenha estado à procura e não tenha conseguido encontrar um emprego?) Uma tal droga seria uma bênção, mas uma bênção manchada de graves perigos sociais e políticos. Ao disponibilizar livremente uma substância química inofensiva - euforia -, um ditador poderia reconciliar toda uma população com um estado de coisas ao qual os seres humanos auto-respeitosos não deveriam ser reconciliados.

Uma verdadeira obra-prima dialéctica. O que Huxley defendeu e que é a política oficial do Comité dos 300 e do seu substituto, o RIIA, pode simplesmente ser descrito como controlo da mente em massa. Como tenho dito muitas vezes, todas as guerras são guerras para as almas da humanidade. Até agora, não compreendemos que o comércio de drogas é uma guerra irregular de baixa intensidade contra toda a raça humana de homens livres. A guerra irregular é a forma mais terrível de guerra que, se tem um começo, não tem fim.

Alguns questionarão o envolvimento das famílias reais britânicas, passadas e presentes, no comércio da droga. Ver isto na imprensa parece à primeira vista absurdo, e vemo-lo cada vez mais na imprensa nos dias que correm para fazer parecer exactamente isso, absurdo. A máxima mais antiga no trabalho de inteligência é: "Se quiser esconder algo, coloque-o onde todos o possam ver". O livro de F. S. Turner "BRITISH OPIUM-POLICY", publicado em 1876, mostra que a monarquia britânica e os seus parentes próximos estavam profundamente envolvidos no comércio do ópio. Turner era o secretário da Sociedade Anglo-Oriental de Supressão do Comércio do Ópio. Ele recusou-se a ser silenciado pelo porta-voz da Coroa, Sir R. Temple. Turner declarou que o governo, e portanto a Coroa, deveria retirar-se do monopólio do ópio,

> "e se forem necessárias receitas, tomar apenas aquilo que provém de uma tributação honesta, destinada a ter uma força restritiva".

Turner estava a responder a um porta-voz da monarquia, Lord Lawrence, que tinha lutado contra a perda do monopólio do BEIC.

> "Seria desejável ver-me livre do monopólio, mas eu próprio estou relutante em ser o agente da mudança. Se é uma perda moderada que podemos suportar, não hesitaria em empreendê-la". (Dos Documentos de Calcutá de 1870).

Em 1874, a guerra contra a monarquia e a aristocracia britânicas pelo seu profundo envolvimento no comércio do ópio na China intensificou-se. A Sociedade para a Supressão do Comércio do Ópio atacou violentamente a aristocracia do dia e pressionou os seus ataques de uma forma destemida que faríamos bem em imitar. A sociedade alegou que o Tratado de Tientsin, que obrigava a China a aceitar a importação de enormes quantidades de ópio, era um crime hediondo contra o povo chinês.

Surgiu então um guerreiro poderoso, Joseph Grundy Alexander, um advogado de profissão, que em 1866 liderou um ataque vigoroso à política de ópio da Coroa Britânica na China, no qual mencionou abertamente o envolvimento da família real e da aristocracia. Pela primeira vez, Alexandre traz a Índia, "a jóia da coroa", para a fotografia. Culpa directamente a monarquia, a chamada aristocracia e os seus servos no governo britânico.

Sob a liderança de Alexander, a empresa decidiu destruir completamente a cultura da papoila opiácea em Bengala, Índia. Alexander provou ser um oponente formidável. Graças à sua liderança, a aristocracia da droga começou a vacilar e, face às suas denúncias abertas da família real e dos seus camaradas, vários membros do Parlamento começaram a tomar o seu partido: Conservadores, Sindicalistas, Trabalhistas. Alexander deixou claro que o comércio da droga não era uma questão política partidária; todos os partidos tinham de se unir para ajudar a erradicar esta ameaça.

Lord Kimberly, porta-voz da família real e dos oligarcas entrincheirados, ameaçou que qualquer tentativa de interferir com aquilo a que ele chamou "o comércio da nação encontraria uma séria oposição do gabinete". Alexander e a sua empresa continuaram a enfrentar inúmeras ameaças e eventualmente o Parlamento concordou em nomear uma Comissão Real para investigar o comércio do ópio, com Lord Kimberly, que era Secretário da Índia, como seu presidente. Não teria sido possível encontrar uma pessoa mais inapropriada para dirigir esta comissão. É mais como se Dulles tivesse sido nomeado para a Comissão Warren. Na sua primeira declaração, Lord Kimberly deixou claro que preferia demitir-se do seu augusto cargo a consentir numa resolução que devolvesse os rendimentos do ópio indiano. É interessante notar que "as receitas do ópio indiano" implicavam uma partilha do dinheiro por parte da nação. Tal como a ideia de que o povo da África do Sul partilhava os enormes lucros da venda de ouro e diamantes, este não foi, simplesmente, o caso. As receitas do ópio indiano foram directamente para os cofres e bolsos reais da nobreza, oligarcas e plutocratas, e fizeram deles bilionários.

O livro de Rowntree, *The Imperial Drug-Trade*, é um relato fascinante de como o Primeiro-Ministro Gladstone e os seus companheiros plutocratas mentiram, enganaram, distorceram e transformaram os factos, para evitar que a espantosa verdade sobre o envolvimento da monarquia britânica no comércio do ópio viesse à luz. O livro de

Rowntree é uma mina de informação sobre o profundo envolvimento da família real britânica e dos senhores e senhoras de Inglaterra, e a imensa riqueza que eles acumularam da miséria dos viciados em ópio chineses.

Lord Kimberly, o secretário do inquérito, esteve ele próprio profundamente envolvido no comércio do ópio e fez tudo o que estava ao seu alcance para encerrar o processo a todos aqueles que procuravam a verdade. Eventualmente, sob pressão pública, a Comissão Real foi forçada a abrir um pouco a porta do inquérito, de modo que se tornou claro que os mais altos funcionários do país estavam a gerir o comércio do ópio e a obter lucros enormes com ele. Mas a porta foi rapidamente fechada, e a Comissão Real não chamou testemunhas especializadas, sentando-se depois por um tempo absurdamente curto. A comissão não passou de uma farsa e de um encobrimento, como aquela a que nos habituámos na América do século XX .

As famílias do Estabelecimento Liberal Oriental nos Estados Unidos estavam tão profundamente envolvidas no comércio de ópio na China como os britânicos estavam, e ainda estão, envolvidos no comércio de ópio. A história recente é testemunho disso, quando James Earl Carter derrubou o Xá do Irão. Porque é que o Xá foi deposto e depois assassinado pelo governo dos EUA? Numa palavra, por causa dos DRUGS. O Xá tinha encurtado e praticamente posto fim ao comércio imensamente lucrativo do ópio conduzido pelos britânicos do Irão. Na altura em que o Xá tomou o poder no Irão, já havia um milhão de viciados em ópio e heroína.

Os britânicos não tolerariam isto, pelo que enviaram os EUA para fazer o seu trabalho sujo por eles como parte da "relação especial" entre os dois países. Quando Khomeini assumiu a embaixada dos EUA em Teerão, as vendas de armas dos EUA, que tinham começado com o Xá, não foram interrompidas. Porque não? Se os EUA o tivessem feito, Khomeini teria cancelado o monopólio britânico do comércio do ópio no seu país. Como prova, após 1984, a atitude liberal da Khomeini em relação ao ópio aumentou o número de toxicodependentes para 2 milhões, de acordo com as estatísticas da ONU e da Organização Mundial de Saúde.

Tanto o Presidente Carter como o seu sucessor, Ronald Reagan, continuaram, consciente e voluntariamente, a fornecer armas ao Irão, mesmo enquanto os reféns americanos definhavam em cativeiro. Em 1980, escrevi uma monografia intitulada "What Really Happened in

Iran", que apresentava os factos. O comércio de armas com o Irão foi selado numa reunião entre Cyrus Vance, um servo do Comité de 300, e o Dr. Hashemi, que teve lugar em finais de 1980.

A Força Aérea dos EUA começou imediatamente a enviar armas para o Irão, mesmo no auge da crise dos reféns. As armas provinham dos stocks militares dos EUA na Alemanha e algumas foram mesmo enviadas directamente dos EUA com paragens de reabastecimento nos Açores.

Com o advento de Khomeini, que foi levado ao poder no Irão pelo Comité dos 300, a produção de ópio disparou. Em 1984, a produção de ópio iraniano ultrapassava as 650 toneladas métricas por ano. Carter e Reagan asseguraram que não houvesse mais interferência no comércio do ópio e cumpriram o mandato que lhes foi dado pelas famílias oligárquicas britânicas a este respeito. O Irão rivaliza agora com o Triângulo de Ouro em termos de volume de ópio produzido.

O Xá não foi a única vítima do Comité dos 300. William Buckley, chefe da estação da CIA em Beirute, apesar da sua falta de experiência com os responsáveis pelo comércio do ópio, começou a conduzir investigações no Irão, Líbano e até passou algum tempo no Paquistão. De Islamabad, Buckley começou a enviar relatórios condenatórios à CIA em Langley sobre o florescente comércio de ópio no Crescente Dourado e no Paquistão. A embaixada dos EUA em Islamabad é bombardeada, mas Buckley escapa ao ataque da máfia e regressa a Washington, tendo o seu disfarce sido desmascarado por forças desconhecidas.

Aconteceu então uma coisa muito estranha. Ao contrário de todos os procedimentos estabelecidos pela CIA quando a cobertura de um agente é comprometida, Buckley é enviado de volta para Beirute. Buckley é, de facto, condenado à morte pela CIA para o silenciar, e desta vez a sentença é executada. William Buckley foi raptado por agentes do Comité dos 300, brutalmente interrogado pelo General Mohammed el Khouili dos serviços secretos sírios para o forçar a revelar os nomes de todos os agentes de campo da DEA nesses países, e foi brutalmente assassinado. Os seus esforços para expor o comércio maciço de ópio no Paquistão, Líbano e Irão custaram a Buckley a sua vida.

Se os últimos homens livres do mundo acreditam que eles, ou pequenos grupos deles, podem esmagar o tráfico de droga, estão tristemente enganados. Podem cortar os tentáculos do comércio do ópio e da cocaína aqui e ali, mas nunca a cabeça. As cobras coroadas da Europa e a sua família do Estabelecimento Liberal Oriental não o tolerarão. A guerra contra as drogas que a administração Bush supostamente está a travar, mas não está, é sobre a legalização TOTAL de TODOS os tipos e classes de drogas. Estas drogas não são apenas uma aberração social, mas uma tentativa em grande escala de tomar o controlo das mentes dos povos deste planeta, ou como dizem os autores da "Conspiração Aquariana", "para provocar uma mudança radical nos Estados Unidos". Esta é a principal tarefa do Comité dos 300, a derradeira sociedade secreta.

Nada mudou no comércio do ópio, da heroína e da cocaína. Continua a ser gerido pelas mesmas famílias de "classe alta" na Grã-Bretanha e nos EUA. Continua a ser um negócio fabulosamente lucrativo, onde as perdas aparentemente grandes decorrentes de apreensões pelas autoridades são anuladas nas salas de reunião em painéis de Nova Iorque, Hong Kong e Londres sobre o porto e os charutos como "o simples custo de fazer negócios, meu velho".

O capitalismo colonial britânico sempre foi o pilar do sistema oligárquico feudal de privilégios em Inglaterra e continua a sê-lo até hoje. Quando o pobre povo pastoral sem instrução da África do Sul, conhecido como Boers, caiu nas mãos sangrentas da aristocracia britânica em 1899, não fazia ideia de que a guerra revoltante e cruel travada incessantemente pela Rainha Vitória era financiada pelas incríveis somas de dinheiro das "fortunas instantâneas" do comércio do ópio do BEIC na China para os bolsos dos plutocratas.

Os membros do Comité dos 300, Cecil John Rhodes, Barney Barnato e Alfred Beit, foram os instigadores e organizadores da guerra. Rhodes era o agente principal dos Rothschilds, cujos bancos estavam inundados com dinheiro do comércio do ópio. Estes ladrões e mentirosos - Rhodes, Barnato, Oppenheimer, Joel e Beit - roubaram aos bôeres da África do Sul o seu direito de nascença, o ouro e os diamantes que se encontravam debaixo do seu solo. Os bôeres da África do Sul não receberam nenhum dos milhares de milhões de dólares da venda do seu ouro e diamantes.

O Comité dos 300 depressa assumiu o controlo total destes vastos tesouros, controlo que ainda hoje mantém através de um dos seus membros, Sir Harry Oppenheimer. A média sul-africana recebe 100 dólares por ano per capita da indústria do ouro e dos diamantes. Os milhares de milhões que saem todos os anos vão para os banqueiros do Comité dos 300. Esta é uma das histórias mais infames e vis de ganância, roubo e assassinato de uma nação alguma vez registada nos anais da história.

Como é que a Coroa Britânica conseguiu fazer face a esta fraude espantosa de proporções gigantescas? Para realizar tal tarefa hercúlea é necessária uma organização hábil e agentes dedicados no terreno para executar as instruções diárias transmitidas pela hierarquia dos conspiradores. O primeiro passo foi uma campanha de propaganda na imprensa descrevendo os bôeres como bárbaros pouco civilizados e pouco humanos que negavam aos cidadãos britânicos o direito de voto na República Bôer. Subsequentemente, foram feitas exigências a Paul Kruger, líder da República Transvaal, que obviamente não puderam ser satisfeitas. Depois disso, foi encenada uma série de incidentes para incitar os Boers a vingarem-se, mas isto também não funcionou. Depois veio o infame Raid do Jameson, no qual um homem chamado Jameson liderou um grupo de várias centenas de homens armados num ataque contra o Transvaal. A guerra seguiu-se imediatamente.

A Rainha Vitória reuniu o maior e mais bem equipado exército que o mundo alguma vez tinha visto nessa altura (1898). Victoria pensou que a guerra terminaria numa quinzena, uma vez que os Boers não tinham exército permanente nem milícias treinadas e não seriam páreo para os seus 400 000 soldados retirados das fileiras das classes mais baixas da Grã-Bretanha. Os Boers nunca contaram mais de 80.000 agricultores e os seus filhos - alguns com apenas catorze anos - Rudyard Kipling também acreditava que a guerra terminaria em menos de uma semana.

Em vez disso, com uma arma numa mão e uma Bíblia na outra, os bôeres resistiram durante três anos.

"Fomos à África do Sul a pensar que a guerra acabaria numa semana", disse Kipling. "Em vez disso, os bôeres ensinaram-nos uma lição e tanto".

Esta mesma "lição" poderia ser ensinada hoje ao Comité dos 300 se pudéssemos reunir 10.000 líderes, homens verdadeiramente bons para liderar esta nação na batalha contra o monstro gigantesco que ameaça devorar tudo o que a nossa Constituição representa.

Após o fim da guerra em 1902, a Coroa Britânica teve de consolidar o seu domínio sobre a inimaginável fortuna de ouro e diamantes que se encontrava sob o veldt estéril das repúblicas bôeres do Transvaal e do Estado Livre de Orange. Isto foi feito através da lenda da Távola Redonda do Rei Artur e dos seus cavaleiros. A Mesa Redonda é estritamente uma operação de inteligência britânica MI6 estabelecida pelo Comité de 300 que, juntamente com o programa Rhodes Scholarship, é uma adaga no coração da América.

A Mesa Redonda foi fundada na África do Sul por Cecil Rhodes e financiada pela filial inglesa dos Rothschilds. O seu objectivo era formar líderes empresariais leais à Coroa Britânica, capazes de garantir os vastos tesouros de ouro e diamantes da Coroa Britânica. Os sul-africanos foram roubados dos seus direitos de nascença num golpe tão maciço e generalizado que era óbvio que só um comando central unificado o poderia ter conseguido. Esse comando unificado foi o Comité dos 300.

O facto de isto ter sido feito não está em disputa. No início da década de 1930, a Coroa Britânica tinha o controlo das maiores reservas de ouro e diamantes alguma vez descobertas no mundo. Agora o Comité dos 300 tinha à sua disposição tanto a vasta fortuna do comércio da droga como os igualmente imensos recursos da riqueza mineral da África do Sul. O controlo financeiro do mundo estava completo.

A Mesa Redonda desempenhou um papel central no golpe. O objectivo explícito da Mesa Redonda, depois de absorver a África do Sul, era mitigar os benefícios da Guerra da Independência americana para os Estados Unidos, e colocá-la de novo sob controlo britânico. A capacidade organizativa era essencial para um tal empreendimento e foi fornecida por Lord Alfred Milner, um protegido da família London Rothschild. Usando os princípios da Maçonaria Escocesa para seleccionar membros da Mesa Redonda, os escolhidos passaram por um período de intensa formação nas Universidades de Cambridge e Oxford, sob o olhar atento de John Ruskin, um declarado "comunista da velha escola", e de T. H. Green, um agente do MI6.

Foi Green, o filho de um evangelista cristão, que foi pai de Rhodes, Milner, John Wheeler Bennet, A. D. Lindsay, George Bernard Shaw e Hjalmar Schacht, ministro das finanças de Hitler. Faço aqui uma pausa para lembrar aos leitores que a Mesa-Redonda é apenas um sector deste vasto e abrangente Comité de 300, mas a Mesa-Redonda em si é constituída por um labirinto de empresas, instituições, bancos e estabelecimentos de ensino que, por si só, levariam um ano a seleccionar actuários de seguros qualificados.

Membros de mesas redondas destacados em todo o mundo para assumir o controlo das políticas fiscais e monetárias e a liderança política em todos os países onde operavam. Na África do Sul, o

General Smuts, que tinha lutado contra os britânicos na Guerra da Boer, foi "transformado" e tornou-se um importante agente da inteligência, militar e político britânico que abraçou a causa da Coroa Britânica. Nos Estados Unidos, nos anos que se seguiram, a tarefa de penetrar nos Estados Unidos a partir do interior coube a William Yandell Elliot, o homem que deu à luz Henry Kissinger e que foi responsável pela sua ascensão meteórica ao poder como principal conselheiro dos EUA para o Comité dos 300.

William Yandell Elliot era um "Oxford American" (o Presidente William Jefferson Clinton era também um "Oxford American") que já tinha servido o Comité de 300 poços, o que é um pré-requisito para uma posição superior no comité.

Depois de se formar na Universidade de Vanderbilt em 1917, Elliot foi recrutado pela rede bancária de Rothschild-Warburg. Trabalhou no Banco da Reserva Federal de São Francisco e tornou-se director. A partir daí, actuou como oficial de inteligência da Warburg-Rothschild, informando sobre as áreas importantes dos Estados Unidos que supervisionou. Os caçadores de talentos 'Freemason' de Elliot recomendaram-no para uma bolsa de estudos Rhodes e em 1923 entrou no Balliol College da Universidade de Oxford, cujas 'rodas de sonho' escondem uma rede de intrigas e futuros traidores ao Ocidente.

O Balliol College foi, e continua a ser, o centro de recrutamento para a Mesa-Redonda. Após extensa lavagem ao cérebro pelo representante do Instituto Tavistock de Relações Humanas, A.D. Lindsay, que sucedeu ao mestre de Balliol, T. H. Green, Elliot foi aceite na Mesa Redonda e enviado ao Instituto Real de Assuntos Internacionais para receber a sua missão, que era regressar aos Estados Unidos para se tornar um líder na comunidade académica.

A filosofia da Mesa Redonda era a de colocar os seus membros em posição de formular e implementar políticas sociais através de instituições para manipular aquilo a que Ruskin chamou "as massas". Os membros infiltraram-se nos níveis mais altos do banco depois de frequentarem um curso no Instituto Tavistock. Este curso foi desenvolvido por Lord Leconsfield, um colaborador próximo da Família Real Britânica, e depois dirigido por Robert Brand, que mais tarde dirigiu a Lazard Frères. O Instituto Real de Assuntos Internacionais estava e está totalmente interligado com a monarquia britânica. Os derivados da Távola Redonda incluem os Bilderbergers, criados e dirigidos por Duncan Sandys, um importante político e genro do falecido Winston Churchill; a Fundação Ditchley, um clube secreto de banqueiros que revelei no meu livro de 1983, *International Banker's Conspiracy: The Ditchley Foundation*; a Comissão Trilateral; o Atlantic Council of the United States; e o Aspen Institute for Humanistic Studies, cujo fundador bem escondido, nos bastidores, foi Lord Bullock da RIIA, para quem Robert Anderson agiu como fachada.

Como Henry Kissinger, o agente principal da RIIA nos Estados Unidos, chegou ao poder é uma história do triunfo da instituição da monarquia britânica sobre a República dos Estados Unidos da América. É uma história de horror, demasiado longa para ser repetida aqui. No entanto, para não mencionar alguns dos pontos altos da ascensão de Kissinger à fama, fortuna e poder, seria uma negligência culposa.

Após uma passagem pelo exército americano, onde começou por liderar o General Fritz Kraemer através da Alemanha devastada pela guerra, Kissinger foi seleccionado pela família Oppenheimer para formação complementar no Wilton Park. Na altura, ocupava o posto de primeira classe privada. Em 1952, Kissinger foi enviado para o Instituto Tavistock onde R. V. Dicks o levou na mão e o treinou. A partir daí, nada poderia reter Kissinger. Mais tarde, foi chamado para servir sob as ordens de George Franklin e Hamilton Fish no escritório de Nova Iorque do Council on Foreign Relations.

Acredita-se que a política nuclear oficial adoptada pelos Estados Unidos foi transmitida a Kissinger durante o seu tempo em Tavistock e foi moldada pela sua participação no "Nuclear Weapons and Foreign Policy", um seminário de Mesa Redonda que deu origem à doutrina conhecida como "resposta flexível", uma total irracionalidade, que ficou conhecida pela sigla MAD. Através de William Yandell Elliot e sob a tutela de John Wheeler Bennett, o director de inteligência e chefe das operações do MI6 nos Estados Unidos, Kissinger tornou-se o "filho favorito de Elliot", como explica no seu livro *The Pragmatic Revolt in Politics (A Revolta Pragmática na Política)*. Kissinger foi cooptado para a Mesa Redonda para promover as políticas monetaristas que tinha estudado nos seminários internacionais de Harvard.

Kissinger absorveu avidamente os ensinamentos de Elliot e depressa deixou de ser reconhecível como o homem que o General Kraemer uma vez descreveu como "o meu pequeno motorista judeu". Kissinger foi inculcado com o espírito do Mestre de Balliol, tornando-se um discípulo ardente da aristocracia britânica decadente. Adoptando as filosofias de Toynbee, director de inteligência do MI6, no Royal Institute of International Affairs, Kissinger utilizou os seus trabalhos para escrever a sua "dissertação" de licenciatura. Em meados da década de 1960, Kissinger tinha provado o seu valor à Mesa Redonda e à RIIA, e portanto à monarquia britânica. Como recompensa e para testar o que tinha aprendido, Kissinger foi colocado à frente de um pequeno grupo composto por James Schlessinger, Alexander Haig e Daniel Ellsberg, que a Mesa Redonda utilizou para conduzir uma série de experiências. O teórico chefe do Instituto de Estudos Políticos, Noam Chomsky, cooperou com este grupo. Haig, tal como Kissinger, trabalhou para o General Kraemer, embora não como motorista, e o general encontrou uma série de vagas variadas dentro do Departamento de Defesa para o seu protegido. Assim que Kissinger foi instalado como Conselheiro de Segurança Nacional, Kraemer conseguiu Haig o cargo de adjunto. Ellsberg, Haig e Kissinger puseram então em marcha o plano Watergate da RIIA para desobedecer ao Presidente Nixon por desobedecer a instruções directas.

Haig desempenhou o papel principal na lavagem ao cérebro e na confusão do Presidente Nixon, e de facto foi Kissinger quem dirigiu a Casa Branca durante esta suavização do Presidente. Como mencionei em 1984, Haig foi o intermediário da Casa Branca conhecido como "Garganta Funda",[18] que passou informações à equipa do *Washington Post* de Woodward e Bernstein.

O Watergate de Nixon foi o maior golpe de Estado jamais conseguido pela Mesa Redonda como agência e braço da RIIA. Todos os fios emaranhados voltaram à Távola Redonda, depois à RIIA, e finalmente à Rainha de Inglaterra. A humilhação de Nixon foi uma lição, um caso exemplar e um aviso aos futuros presidentes dos EUA para não imaginarem que poderiam ir contra o Comité dos 300 e ganhar. Kennedy foi brutalmente assassinado perante o povo americano pela mesma razão; Nixon não foi considerado suficientemente importante para sofrer o mesmo destino que John F. Kennedy.

Mas qualquer que seja o método utilizado, o Comité dos 300 assegurou que todos os esperançosos da Casa Branca recebessem a mensagem de que "ninguém está fora da nossa liga". Que esta

---

[18] Garganta profunda, Ndt.

mensagem permanece tão forte como quando Kennedy foi assassinado e Nixon expulso do poder é realçada pelo carácter do Presidente George Bush, cuja ânsia de agradar aos seus mestres deveria ser de grande preocupação para aqueles que se preocupam com o futuro dos Estados Unidos.

O objectivo do exercício tornou-se claro durante o episódio Pentagon Papers e a entrada de Schlessinger na administração Nixon para desempenhar o papel de spoiler no estabelecimento da defesa e contra-ofensiva no desenvolvimento da energia atómica, um papel que Schlessinger assumiu a coberto da sua posição na Comissão da Energia Atómica, um dos factores-chave na desindustrialização dos EUA sob as estratégias de crescimento zero pós-industrial do Clube de Roma. A partir disto podemos traçar as raízes da recessão/depressão de 1991, que até agora custou a 30 milhões de americanos os seus empregos.

É quase impossível penetrar no Comité de 300 e nas famílias oligárquicas que o compõem. A camuflagem com que se cobrem como uma máscara protectora é muito difícil de arrancar. Este facto deve ser notado por todos os americanos amantes da liberdade: O Comité dos 300 dita o que passa pela política externa e interna dos EUA, e fá-lo há mais de 200 anos. Em lado nenhum isto foi mais vividamente ilustrado do que quando o autoconfiante Presidente Truman mandou retirar o tapete de debaixo dele por Churchill, que enfiou a "Doutrina Truman" pela garganta abaixo do homenzinho da Independência, Missouri.

Os seus antigos membros, cujos descendentes preencheram as vagas causadas por mortes, e os seus membros actuais incluem Sir Mark Turner, Gerald Villiers, Samuel Montague, Inchcapes, Keswicks, Peases, Schroeders, Airlies, Churchills, Frasers, Lazars e Jardine Mathesons. A lista completa dos membros é dada noutra parte deste livro; estes membros do Comité ordenaram ao Presidente Wilson que entrasse em guerra com a Alemanha na Primeira Guerra Mundial; este Comité ordenou a Roosevelt que organizasse o ataque japonês a Pearl Harbour a fim de levar os EUA à Segunda Guerra Mundial.

Estas pessoas, este Comité, ordenou a esta nação a guerra na Coreia, Vietname e Golfo Pérsico. A simples verdade é que os Estados Unidos travaram 5 guerras neste século por e em nome do infame Comité dos 300.

Parece que, para além de alguns, ninguém se deu ao trabalho de perguntar "PORQUÊ ESTÁVAMOS A VALORIZAR AS GUERRADAS? ". O grande tambor do "patriotismo", a música marcial e o agitar de bandeiras e fitas amarelas, parece ter levado uma grande nação à loucura.

No 50 aniversário de Pearl Harbour, uma nova campanha "Japão-ódio" está a ser levada a cabo, não pelo Instituto de Relações do Pacífico (IPR), mas da forma mais directa e descarada pela administração e Congresso Bush. O objectivo é o mesmo de quando Roosevelt inspirou o ataque a Pearl Harbour: retratar os japoneses como agressores e travar uma guerra económica, depois preparar as nossas forças para a fase seguinte - agressão armada contra o Japão.

Já está a acontecer; é apenas uma questão de tempo até que mais dos nossos filhos e filhas sejam enviados para o matadouro ao serviço dos senhores feudais do Comité dos 300. Deveríamos gritar dos telhados:

> "Não é pela liberdade ou pelo amor ao país que vamos morrer, mas por um sistema de tirania que em breve envolverá todo o mundo.

O domínio desta organização sobre a Grã-Bretanha é tão forte que 95% dos cidadãos britânicos foram forçados, desde o século XVII, a aceitar como sua quota-parte menos de 20% da riqueza nacional do país. Isto é o que os senhores feudais oligárquicos de Inglaterra gostam de chamar "democracia". O que eles fizeram na Índia, Sudão, Egipto, Iraque, Irão e Turquia será repetido em todos os países sob a Nova Ordem Mundial - um governo mundial. Utilizarão todas as nações e a sua riqueza para proteger o seu modo de vida privilegiado. É essa classe de aristocracia britânica cujas fortunas estão inextricavelmente ligadas à droga, ao ouro, ao comércio de diamantes e armas, à banca, ao comércio e indústria, ao petróleo, aos media e à indústria do entretenimento.

Com excepção da patente do Partido Trabalhista (mas não dos seus líderes), a maioria dos líderes políticos britânicos são descendentes de famílias tituladas, sendo os títulos hereditários e passados de pai para filho mais velho. Este sistema assegura que nenhum "forasteiro" aspira ao poder político em Inglaterra. No entanto, algumas pessoas de fora conseguiram entrar sorrateiramente.

Tomemos o caso de Lord Halifax, antigo embaixador britânico em Washington e o homem que passou ordens do Comité de 300 ao nosso governo durante a Segunda Guerra Mundial. O filho de Halifax, Charles Wood, casou com uma Miss Primrose, uma parente de Lord

Rothschild. Por detrás de nomes como Lord Swaythling está o nome de Montague, director do Banco de Inglaterra e conselheiro e confidente do accionista maioritário da Shell Oil Company, a rainha Elizabeth II. Todos são membros do Comité dos 300. Algumas das antigas barreiras foram derrubadas. Actualmente, o título já não é o único critério de admissão ao Clube de Roma.

É conveniente dar uma visão geral do que o Comité dos 300 espera alcançar, das suas metas e objectivos, antes de passar à sua vasta rede de bancos, companhias de seguros, empresas, etc. As informações seguintes levaram anos de investigação e pesquisa, tendo sido recolhidas centenas de documentos de fontes que me deram acesso a alguns dos detalhes cuidadosamente escondidos da vista do público.

O Comité dos 300 é composto por certos indivíduos que são especialistas na sua própria área, incluindo Cultus Diabolicus, drogas que alteram a mente, e especialistas em homicídios por envenenamento, inteligência; bancos, e todas as facetas da actividade comercial. Será necessário mencionar os antigos membros que entretanto faleceram, devido aos seus antigos papéis e porque os seus lugares foram dados a familiares de novos membros considerados dignos da honra.

Os membros incluem as antigas famílias nobres negras europeias, o Estabelecimento Liberal Americano da Costa Leste (na hierarquia Maçónica e na Ordem do Crânio e Ossos),[19] os Illuminati, ou como é conhecido pelo Comité "MORIAH CONQUERING WIND", o Grupo Mumma, o Conselho Nacional e Mundial de Igrejas, o Círculo de Insiders, os Nove Desconhecidos, o Lucis Trust, os Teólogos Jesuítas da Libertação, a Ordem dos Anciãos de Sião, os Príncipes Nasi, o Fundo Monetário Internacional (FMI), o Banco de Compensações Internacionais (BIS), as Nações Unidas (U.).N.), o Quarteto Central e Britânico Coronati, a Maçonaria P2 italiana - especialmente as da hierarquia do Vaticano -, a Agência Central de Inteligência, pessoal seleccionado do Instituto Tavistock, vários membros das principais fundações e companhias de seguros mencionadas nas listas seguintes, o Banco de Hong Kong e Xangai, a Mesa Redonda do Grupo Milner, a Fundação Cini, o Fundo Marshall alemão, a Fundação Ditchley, a NATO, o Clube de Roma, os Ambientalistas, a Ordem de São João de

---

[19] Skulls and Bones, Ndt.

Jerusalém, a Igreja de Um Governo Mundial, a Internacional Socialista, a Ordem Negra, a Sociedade de Thule, os Anenherbe-Rosicrucianistas, os Grandes Superiores e, literalmente, os HUNDREDS de outras organizações.

O que vemos então? Um encontro de pessoas com ideias estranhas? Certamente que não. No Comité dos 300, que tem uma história de 150 anos, temos algumas das mentes mais brilhantes a juntarem-se para formar uma "nova" sociedade completamente totalitária e absolutamente controlada, excepto que não é nova, tendo retirado a maioria das suas ideias dos Clubes Cultus Diabolicus. Está a lutar por um governo mundial único, bastante bem descrito por um dos seus últimos membros, H. G. Wells, no seu livro encomendado pelo Comité, intitulado por Wells: *The Open Conspiracy - Plans for a World Revolution (A Conspiração Aberta - Planos para uma Revolução Mundial)*. Foi uma declaração de intenções ousada, mas não realmente ousada, uma vez que ninguém acreditava em Wells excepto os Grandes Superiores,[20] os Anenherbes e aquilo a que hoje chamaríamos os "infiltrados".

Aqui está um excerto do que Wells propôs:

> "A Conspiração Aberta aparecerá inicialmente, creio eu, como uma organização consciente de homens inteligentes e, em alguns casos, ricos, como um movimento com objectivos sociais e políticos distintos, reconhecidamente ignorando a maioria dos aparelhos de controlo político existentes, ou utilizando-os apenas incidentalmente no decurso de fases, um mero movimento de um certo número de pessoas numa determinada direcção, que em breve descobrirão, com uma espécie de surpresa, o objecto comum para o qual todos eles se estão a mover. De todos os tipos de formas, eles irão ostensivamente influenciar e controlar o governo".

Tal como a de George Orwell *em 1984*, a história de Wells é um apelo maciço a um governo de um mundo. Em suma, a intenção e o objectivo do Comité de 300 é fazer passar as seguintes condições:

Um governo mundial único e um sistema monetário centralizado sob a liderança de oligarcas hereditárias permanentes não eleitos que se seleccionam entre os seus membros sob a forma de um sistema feudal,

---

[20] Os "superiores desconhecidos" da maçonaria internacional. N.B.

tal como existia na Idade Média. Nesta entidade mundial unificada, a população será limitada por restrições ao número de crianças por família, doença, guerra, fome, até um bilião (1.000.000.000) de pessoas úteis à classe dirigente, em áreas que serão rigorosa e claramente definidas, continua a ser a população mundial total.

Não haverá classe média, apenas líderes e servos. Todas as leis serão uniformes sob um sistema legal de tribunais mundiais aplicando o mesmo código unificado de leis, apoiado por uma única força policial governamental mundial e um único exército mundial para fazer cumprir as leis em todos os países onde não existirão fronteiras nacionais. O sistema será baseado num Estado Providência; aqueles que são obedientes e submissos ao único governo mundial serão recompensados com meios de subsistência; aqueles que são rebeldes serão simplesmente esfomeados ou proscritos, tornando-se assim um alvo para qualquer um que os queira matar. As armas de fogo ou armas de qualquer tipo detidas por indivíduos serão proibidas.

Apenas uma religião será permitida e que terá a forma da Igreja de Um Governo Mundial, que existe desde 1920, como veremos. Satanismo, Luciferianismo e feitiçaria serão reconhecidos como programas legítimos do Governo Mundial Único, sem escolas privadas ou denominacionais. *Todas as* igrejas cristãs *já* foram subvertidas e o cristianismo será uma coisa do passado no Governo Mundial Único.

Para induzir um Estado onde não existe liberdade individual ou conceito de liberdade a sobreviver, não haverá nada como o republicanismo, soberania ou direitos pertencentes ao povo. O orgulho nacional e a identidade racial serão suprimidos, e na fase de transição a mera menção da origem racial será punida com as penas mais severas.

Cada pessoa será totalmente doutrinada para saber que é uma criatura do único governo mundial e que tem um número de identificação claramente marcado na sua pessoa para que possa ser facilmente acedido, este número de identificação estará no ficheiro principal do computador da OTAN em Bruxelas, Bélgica, e pode ser instantaneamente recuperado por qualquer agência do único governo mundial em qualquer altura. Os ficheiros principais da CIA, FBI, agências policiais locais e estatais, IRS, FEMA, Segurança Social serão grandemente expandidos e constituirão a base dos ficheiros do pessoal de todos os indivíduos nos Estados Unidos.

O casamento será banido e não haverá mais vida familiar como a conhecemos. As crianças serão retiradas aos seus pais numa idade precoce e criadas por alas como propriedade do Estado. Tal experiência foi levada a cabo na Alemanha Oriental sob o comando de Erich Honnecker, quando crianças foram retiradas a pais que eram considerados pelo Estado como cidadãos desleais. As mulheres serão degradadas pelo processo em curso dos movimentos de "libertação das mulheres". O sexo livre será obrigatório.

Se ela não cumprir pelo menos uma vez antes dos 20 anos de idade, será punida com severas represálias contra a sua pessoa. O auto-aborto será ensinado e praticado após o nascimento de dois filhos de uma mulher; estes dados serão contidos no ficheiro pessoal de cada mulher nos computadores regionais do Governo de Um Mundo. Se uma mulher engravidar após dar à luz dois filhos, será levada à força a uma clínica de aborto para aborto e esterilização.

A pornografia será encorajada e tornada obrigatória em todos os cinemas, incluindo a pornografia homossexual e lésbica. O uso de drogas 'recreativas' será obrigatório, sendo atribuídas quotas de drogas a cada pessoa a serem compradas em lojas governamentais de um mundo inteiro. Serão desenvolvidos medicamentos de controlo da mente e o seu uso tornar-se-á obrigatório. Estes medicamentos de controlo da mente serão administrados em alimentos e/ou água sem o conhecimento ou consentimento da população. Serão criados bares de droga, geridos por empregados do Governo Mundial Único, onde a classe escrava pode passar o seu tempo livre. Desta forma, as massas não-elite serão reduzidas ao nível e comportamento dos animais controlados, sem vontade própria e facilmente controlada.

O sistema económico será baseado na classe oligárquica dominante que produz apenas alimentos e serviços suficientes para gerir os campos de trabalho escravo em massa. Toda a riqueza será concentrada nas mãos dos membros de elite do Comité dos 300. Cada indivíduo será doutrinado para compreender que está totalmente dependente do Estado para a sua sobrevivência. O mundo será governado pelos decretos executivos do Comité de 300 que se tornarão lei imediata. Boris Ieltsin utilizou os decretos do Comité de 300 para impor a vontade do Comité à Rússia numa base experimental. Haverá tribunais de castigo, não tribunais de justiça. A indústria deve ser totalmente destruída, bem como os sistemas de energia nuclear. Apenas os 300 membros do Comité e as suas elites terão direito a todos os recursos da terra. A agricultura estará unicamente nas mãos do Comité dos 300 e a produção de alimentos será estritamente controlada. Quando estas medidas começarem a produzir efeitos, grandes populações nas cidades serão deslocadas à força para áreas remotas e aqueles que se recusarem a partir serão exterminados à maneira da experiência do Governo Mundial Único conduzida por Pol Pot no Camboja.

A eutanásia para os doentes terminais e os idosos será obrigatória. Nenhuma cidade será maior do que um número pré-determinado, tal como descrito no trabalho de Kalergi. Os trabalhadores essenciais serão deslocados para outras cidades se a cidade em que se encontram ficar superlotada. Outros trabalhadores não essenciais serão seleccionados aleatoriamente e enviados para cidades subpovoadas para preencher "quotas".

Pelo menos 4 mil milhões de "comedores inúteis" serão eliminados até 2050 através de guerras limitadas, epidemias organizadas de doenças mortíferas de acção rápida e fome. A energia, alimentos e água serão mantidos a níveis de subsistência para os não-elites, começando pelas populações brancas da Europa Ocidental e da América do Norte, e depois espalhando-se para as outras raças. A população do Canadá, da Europa Ocidental e dos Estados Unidos será dizimada mais rapidamente do que a de outros continentes, até a população mundial atingir um nível controlável de mil milhões, dos quais 500 milhões serão chineses e japoneses, seleccionados porque são pessoas que estão regidas há séculos e estão habituadas a obedecer à autoridade sem questionar.

De tempos a tempos haverá escassez artificial de alimentos e água e cuidados médicos para lembrar às massas que a sua própria existência depende da boa vontade do Comité dos 300.

Após a destruição de habitações, automóveis, aço e indústrias pesadas, haverá um número limitado de habitações, e as indústrias de qualquer tipo autorizadas a continuar estarão sob a direcção do Clube de Roma da OTAN, bem como o desenvolvimento da exploração científica e espacial, limitado à elite sob o controlo do Comité dos 300. As armas espaciais de todas as antigas nações serão destruídas juntamente com as armas nucleares.

Todos os medicamentos essenciais e não essenciais, médicos, dentistas e trabalhadores da saúde serão registados na base de dados central informática e nenhum medicamento ou tratamento médico será prescrito sem a autorização expressa dos controladores regionais responsáveis por cada cidade e aldeia.

Os Estados Unidos serão invadidos por pessoas de culturas estrangeiras que acabarão por dominar a América branca; pessoas que não fazem ideia do que a Constituição dos EUA representa e, portanto, nada farão para a defender, e em cujas mentes os conceitos de liberdade e justiça são tão fracos que pouco importam. A alimentação e o abrigo serão a principal preocupação. Nenhum banco central, excepto o Banco de Compensações Internacionais e o Banco Mundial, será autorizado a operar. Os bancos privados serão proibidos. A remuneração pelo trabalho realizado será numa escala pré-determinada e uniforme em todo o governo mundial. Não serão permitidas disputas salariais e nenhum desvio em relação às escalas uniformes padrão estabelecidas pelo único governo mundial. Aqueles que violarem a lei serão executados no local.

Não haverá dinheiro ou moedas nas mãos de não-elites. Todas as transacções serão efectuadas utilizando um cartão de débito com o número de identificação do titular. Qualquer pessoa que de alguma forma viole as regras e regulamentos do Comité de 300 terá o uso do seu cartão suspenso por um período de tempo variável, dependendo da natureza e gravidade da violação.

Estas pessoas descobrirão, ao fazer compras, que o seu cartão está na lista negra e não poderão obter serviços de qualquer tipo. As tentativas de trocar moedas "antigas", ou seja, moedas de prata de antigas nações que desapareceram agora, serão tratadas como um crime capital punível com a pena de morte. Todas essas moedas terão de ser devolvidas num período de tempo especificado, bem como armas, armas, explosivos e automóveis. Apenas a elite e altos funcionários governamentais serão autorizados a utilizar transportes privados, armas, moedas e automóveis.

Se a infracção for grave, o cartão será apreendido no ponto de controlo onde é apresentado. Posteriormente, essa pessoa será negada o acesso a alimentos, água, abrigo e serviços médicos para emprego, e será oficialmente colocada na lista de fora-da-lei. Serão criados grandes bandos de foras-da-lei que viverão nas áreas onde melhor possam subsistir, sujeitos a serem caçados e abatidos à vista. Aqueles que assistem os fora-da-lei de qualquer forma também serão fuzilados. Os fora-da-lei que não se renderem à polícia ou ao exército após um período especificado terão um antigo membro da família escolhido ao acaso para cumprir uma pena de prisão no seu lugar.

As facções e grupos rivais, tais como árabes, judeus e tribos africanas, terão as suas diferenças ampliadas e serão autorizados a travar guerras de extermínio uns contra os outros, sob os olhos dos observadores da NATO e da ONU. As mesmas tácticas serão utilizadas na América Central e do Sul. Estas guerras de desgaste terão lugar ANTES da tomada de posse do governo mundial único e serão organizadas em todos os continentes onde vivem grandes grupos de pessoas com diferenças étnicas e religiosas, tais como Sikhs, paquistaneses muçulmanos e índios hindus. As diferenças étnicas e religiosas serão ampliadas e exacerbadas e os conflitos violentos como meio de "resolver" as suas diferenças serão encorajados e promovidos.

Todos os serviços noticiosos e a imprensa escrita estarão sob o controlo do único governo mundial. As medidas regulares de controlo da lavagem cerebral serão apresentadas como "entretenimento", da mesma forma que têm sido praticadas e tornam-se uma arte nos EUA. Os jovens afastados dos "pais desleais" receberão uma educação especial concebida para os brutalizar. Os jovens de ambos os sexos serão treinados para se tornarem guardas prisionais para o sistema de campos de trabalho One World. Do acima exposto, é óbvio que há muito trabalho a ser feito antes do amanhecer da Nova Ordem Mundial poder ocorrer. O Comité dos 300 há muito que tem planos para desestabilizar a civilização tal como a conhecemos, alguns dos quais são conhecidos de Zbigniew Brzezinski no seu livro clássico *The Technotronic Age* e na obra de Aurellio Peccei que fundou o Clube de Roma, nomeadamente no seu livro *The Chasm Ahead*.

Em *The Chasm Ahead*, Peccei detalha os 300 planos do Comité para domar o homem, que ele chama "O inimigo". Peccei citou o que Felix Dzerzhinsky disse uma vez a Sydney Reilly no auge do Terror Vermelho, quando milhões de russos estavam a ser assassinados:

> "Porque é que me deveria preocupar com o número de mortes? Até a Bíblia cristã diz: "O que é o homem que Deus deve preocupar-se com ele? Para mim, os homens não passam de um cérebro numa ponta e uma fábrica de merda na outra".

Foi a partir desta visão brutal do homem que Emanuel, o Cristo, veio salvar o mundo. Sydney Reilly foi o agente do MI6 enviado para monitorizar as actividades de Dzerzhinsky. Reilly foi alegadamente baleado pelo seu amigo Félix enquanto tentava fugir da Rússia. A elaborada trama foi concebida quando alguns membros do Parlamento britânico choraram e começaram a clamar por um relato das actividades de Reilly na Rússia, o que poderia expor o papel do

Comité dos 300 na aquisição dos campos petrolíferos de Baku e o seu papel principal na ajuda a Lenine e Trotsky durante a revolução bolchevique. Em vez de descobrir a verdade sobre Reilly, o MI6 achou por bem encenar a sua morte. Reilly viveu os seus dias no maior luxo numa villa russa normalmente reservada à elite bolchevique.

Argumentando que o caos se instalaria se a "Aliança Atlântica", um eufemismo para o Comité dos 300, não governasse a América pós-industrial, Peccei propôs uma triagem malthusiana à escala global. Previa uma colisão entre o aparelho científico-tecnológico-militar da União Soviética e o mundo ocidental. Assim, os países do Pacto de Varsóvia deveriam ter a possibilidade de convergência com o Ocidente num único governo mundial para gerir os assuntos mundiais com base na gestão de crises e no planeamento global.

Os acontecimentos que tiveram lugar no que foi outrora a URSS e a emergência de vários Estados independentes no seio de uma federação solta na Rússia são exactamente o que foi previsto por Peccei e pelo Clube de Roma, e isto está claramente explicado nos dois livros que mencionei. Será mais fácil lidar com uma URSS dividida do que com uma nação soviética forte e unida. Os planos elaborados pelo Comité dos 300 para um governo mundial único, que incluíam a perspectiva de uma Rússia dividida, aproximam-se agora de um ponto de rápida escalada. Os acontecimentos na Rússia no final de 1991 são ainda mais dramáticos quando comparados com os planos a longo prazo do Comité de 300 desenvolvidos desde 1960.

Na Europa Ocidental, as pessoas estão a trabalhar para a criação de uma federação de Estados sob um governo único com uma moeda única. A partir daí, o sistema da CEE será gradualmente transferido para os EUA e Canadá. As Nações Unidas estão lenta mas seguramente a ser transformadas num governo mundial único, cujas políticas são ditadas pelos EUA, como vimos no caso da Guerra do Golfo. O mesmo está a acontecer exactamente com o Parlamento Britânico. A discussão sobre o envolvimento da Grã-Bretanha na Guerra do Golfo foi mantida a um nível ridiculamente mínimo e só ocorreu tarde do dia, durante uma moção de adiamento da Câmara. Isto nunca tinha acontecido antes na história inicial do Parlamento, onde uma decisão tão importante tinha de ser tomada e tão pouco tempo foi concedido para a discussão. Um dos acontecimentos mais notáveis da história parlamentar passou praticamente despercebido.

Estamos perto do ponto em que os EUA irão enviar as suas forças militares para resolver todas as disputas trazidas para a ONU. O secretário-geral cessante, Pérez de Cuéllar, carregado de subornos, tem sido o líder mais complacente da ONU na história, cedendo sem dúvida às exigências dos EUA. O seu sucessor estará ainda mais disposto a ceder ao que quer que o governo dos EUA lhe atire. Este é um passo importante no caminho para um governo mundial.

O Tribunal Internacional de Justiça de Haia será cada vez mais utilizado durante os próximos dois anos para resolver disputas legais de todo o tipo. Este é, evidentemente, o protótipo do sistema jurídico do governo de um mundo que suplantará todos os outros. Quanto aos bancos centrais, essenciais no planeamento da Nova Ordem Mundial, este já é um facto consumado com o Banco de Compensações Internacionais a dominar a cena no final de 1991. Os bancos privados estão a desaparecer rapidamente para dar lugar aos dez grandes bancos que irão controlar o sector bancário a nível mundial sob a direcção do BIS e do FMI.

Os estados de bem-estar abundam na Europa, e os Estados Unidos estão a tornar-se o maior estado de bem-estar do mundo. Quando as pessoas passarem a depender do governo para o seu sustento, será muito difícil desmamá-lo, como vimos nos resultados das últimas eleições de meio-termo nos EUA, onde 98% dos candidatos em funções foram enviados de volta a Washington para desfrutar da boa vida, apesar do seu registo absolutamente deplorável.

A abolição das armas de fogo privadas já está em vigor em três quartos do mundo. Apenas nos Estados Unidos as pessoas ainda podem possuir armas de fogo de qualquer tipo, mas este direito legal está a ser restringido a um ritmo alarmante por leis locais e estatais que violam o direito constitucional de todos os cidadãos de portar armas. A posse privada de armas será uma coisa do passado nos EUA em 2010.

Do mesmo modo, a educação está a ser corroída a um ritmo alarmante. As escolas públicas estão a ser forçadas a fechar por várias razões legais, esquemas e falta de financiamento. O nível de educação nos Estados Unidos já se afundou a um nível tão deplorável que hoje dificilmente se pode chamar educação. Isto está de acordo com o plano; como descrevi anteriormente, o governo de um mundo não quer que os nossos jovens sejam devidamente instruídos e instruídos.

A destruição da identidade nacional está a avançar a passos largos. Já não é bom ser patriótico, a menos que seja a causa de um projecto ao serviço da opinião do governo de um mundo, como a guerra genocida contra a nação do Iraque ou a iminente destruição da Líbia. O orgulho racial é agora franzido e considerado ilegal em muitas partes do mundo, incluindo os Estados Unidos, Grã-Bretanha, Europa Ocidental e Canadá, todos os países com as maiores concentrações de pessoas brancas.

A destruição das formas republicanas de governo continuou rapidamente desde o fim da Segunda Guerra Mundial, impulsionada pelas sociedades secretas americanas. A lista de tais governos destruídos pelos Estados Unidos é longa, e é difícil para os desinformados aceitar que o governo de um país, supostamente comprometido com o republicanismo sob uma única constituição, se envolveria em tal conduta, mas os factos falam por si.

Este é um objectivo estabelecido pelo Comité de 300 há mais de um século. Os EUA têm liderado os ataques a estes governos e continuam a fazê-lo, mesmo quando a base republicana dos EUA é minada de forma constante. Começando pelo consultor jurídico de James Earl Carter, Lloyd Cutler, uma comissão de advogados constitucionais trabalhou para transformar o Congresso dos EUA num sistema parlamentar não representacional. Desde 1979 que se trabalha no plano para tal mudança, e devido à sua dedicação à causa, Cutler foi nomeado para o Comité de 300. O projecto final de um governo de estilo parlamentar deverá ser apresentado ao Comité de 300 no final de 1993.

No novo sistema parlamentar, os deputados não serão responsáveis perante os seus eleitores, mas sim perante os parlamentares, e votarão como lhes for dito. Assim, através da subversão judicial e burocrática, a Constituição desaparecerá, tal como a liberdade individual. O rebaixamento previsto do homem através de práticas sexuais licenciosas será intensificado. Novos cultos sexualmente degenerados estão mesmo a ser criados pela Coroa Britânica - através dos serviços SIS e MI6. Como já sabemos, todos os cultos que hoje operam no mundo são produto dos serviços secretos britânicos, agindo em nome dos governantes oligárquicos.

Podemos pensar que esta fase de criação de um novo culto especializado em comportamentos sexuais degenerados está ainda muito longe, mas segundo as minhas informações, deverá intensificar-se em 1992. Em 1994, será bastante comum organizar "espectáculos ao vivo" nos mais prestigiados clubes e locais de entretenimento. A imagem deste tipo de "entretenimento" já está a tornar-se mais limpa e clara.

Em breve, os grandes nomes de Hollywood e do mundo do entretenimento estarão a recomendar este ou aquele clube como "must" para espectáculos sexuais ao vivo. O lesbianismo e a homossexualidade não estarão no centro das atenções. Este novo "entretenimento" socialmente aceitável será espectáculos heterossexuais e estará sujeito ao tipo de críticas que se encontram nos jornais de hoje sobre os espectáculos da Broadway ou o último filme de sucesso de bilheteira.

Um ataque sem precedentes aos valores morais será intensificado em 1992. A pornografia deixará de se chamar "pornografia" e passará a chamar-se "entretenimento sexual adulto". A retórica assumirá a forma de "porquê escondê-la quando todos os outros a estão a fazer". Vamos livrar-nos da imagem de que a exibição pública de sexo é feia e suja". Os amantes deste tipo de desejo sexual desenfreado não serão mais forçados a ir a salões pornográficos semeados. Em vez disso, os jantares da alta sociedade e os locais preferidos dos ricos e famosos farão das exibições sexuais públicas uma forma de entretenimento altamente "artística". Pior ainda, alguns "líderes" da igreja irão mesmo recomendá-lo.

O volumoso e enorme aparelho sócio-psíquico criado pelo Instituto Tavistock e a sua enorme rede de capacidades relacionadas tem estado sob o controlo de uma única entidade, e essa entidade ainda se encontra sob controlo no início de 1992. Esta entidade única, a hierarquia dos conspiradores, é chamada o Comité dos 300, uma estrutura de comando e centro de poder que opera muito para além do alcance de qualquer líder ou governo mundial, incluindo o governo dos Estados Unidos e os seus presidentes - como descobriu o falecido John F. Kennedy. O assassinato de Kennedy foi uma operação do Comité dos 300 e voltaremos a esse assunto.

O Comité dos 300 é a derradeira sociedade secreta de uma classe dominante intocável, que inclui a Rainha de Inglaterra, a Rainha dos Países Baixos, a Rainha da Dinamarca e as famílias reais da Europa. Estes aristocratas decidiram, com a morte da Rainha Vitória, a matriarca dos Guelphs negros venezianos, que para ganhar o controlo mundial seria necessário que os seus membros aristocráticos "fizessem negócios" com os líderes não aristocráticos mas extremamente poderosos das empresas comerciais do mundo, e assim as portas do poder supremo foram abertas ao que a Rainha de Inglaterra gosta de chamar "os plebeus".

Tendo trabalhado no campo da inteligência, sei que os chefes dos governos estrangeiros chamam a este corpo todo-poderoso "os mágicos". Estaline cunhou a sua própria frase para os descrever: "As Forças Negras", e o Presidente Eisenhower, que nunca poderia subir acima do posto de "hofjuden" (judeu do tribunal), chamou-lhe, num eufemismo colossal, "o complexo militar-industrial". Estaline manteve a URSS fortemente armada com forças convencionais e nucleares porque não confiava no que ele chamava "a família". A sua desconfiança e medo do Comité dos 300 provou ser bem fundamentada.

O entretenimento popular, especialmente o cinema, tem sido utilizado para desacreditar aqueles que tentaram alertar contra esta perigosa ameaça à liberdade individual e à liberdade da Humanidade. A liberdade é uma lei dada por Deus que o homem tem procurado constantemente subverter e minar; no entanto, é tão grande o desejo de liberdade em cada indivíduo que até agora nenhum sistema foi capaz de arrancar este sentimento do coração humano. As experiências na URSS, na Grã-Bretanha e nos Estados Unidos para enfraquecer o desejo de liberdade do homem, que até agora se tem revelado inútil.

Mas com o advento da Nova Ordem Mundial - um governo mundial - serão realizadas experiências em larga escala para impulsionar o desejo dado por Deus de liberdade da mente, corpo e alma do homem. O que já estamos a experimentar não é nada, uma mera bagatela, em comparação com o que está para vir. O ataque à alma é o eixo de uma série de experiências em curso, e lamento dizer que as instituições dos Estados Unidos irão desempenhar um papel de liderança nas terríveis experiências que já foram realizadas em pequena escala a nível local, em locais como o Hospital Naval de Bethesda e a Prisão de Vacaville na Califórnia.

Os filmes que vimos até agora incluem a série James Bond, o Gabinete de Assassinato, o Círculo Matarese e assim por diante. Eram filmes de ficção, concebidos para esconder a verdade de que tais organizações existem, e numa escala muito maior do que os cérebros férteis de Hollywood poderiam imaginar.

No entanto, o Gabinete de Assassinato é absolutamente real. Existe na Europa e nos Estados Unidos com o único objectivo de cumprir as ordens do Comité de 300 e de realizar assassinatos de alto nível quando todos os outros meios falharam. Foi o PERMINDEX que dirigiu o assassinato de Kennedy sob a direcção de Sir William Stephenson, que durante anos foi o mais importante oficial de controlo de pragas da Rainha de Inglaterra.

Clay Shaw, um agente contratado da CIA, geriu a PERMINDEX a partir do Trade Mart Centre em Nova Orleães. O antigo Procurador do Distrito de Nova Orleães Jim Garrison esteve muito perto de descobrir o plano de assassinato de Kennedy ao nível de Clay Shaw, até que Garrison foi "apanhado" e Shaw foi considerado inocente de envolvimento no plano de assassinato de Kennedy. O facto de Shaw ter sido eliminado da mesma forma que Jack Ruby, outro oficial contratado da CIA - ambos morreram de cancro em rápido progresso - mostra que Garrison estava no bom caminho. (Jack Ruby morreu de cancro na prisão em Janeiro de 1967).

Um segundo gabinete de assassinatos está localizado na Suíça e era, até há pouco tempo, dirigido por uma figura sombria da qual não existe fotografia depois de 1941. As operações foram e provavelmente ainda são financiadas pela família Oltramaire - a nobreza negra suíça, proprietários do banco Lombard Odier em Genebra, uma sucursal do Comité de 300. O principal homem de contacto foi Jacques Soustelle - de acordo com os ficheiros de inteligência G2 do Exército dos EUA.

O grupo estava também estreitamente ligado a Allen Dulles e Jean de Menil, um membro líder do Comité dos 300 e um nome proeminente na indústria petrolífera do Texas. Os ficheiros do Army-G2 mostram que o grupo estava fortemente envolvido no comércio de armas do Médio Oriente, mas mais importante ainda, o gabinete de assassinato fez nada menos do que 30 tentativas de assassinato do General de Gaulle, nas quais Jacques Soustelle estava directamente envolvido. O mesmo Soustelle foi o homem de contacto do grupo de guerrilha Sendero Luminosa-Shining Pathway que protegeu os produtores de cocaína peruanos do Comité.

Após o fracasso de tudo o que o gabinete de assassinato pôde fazer, graças ao excelente trabalho da DGSE (serviços secretos franceses - antiga SDECE), a missão foi entregue ao MI6 - Departamento de Informações Militares Seis, também conhecido como Serviço Secreto de Informações (SIS), sob o nome de código "Jackal". A SDECE empregava jovens licenciados inteligentes e não foi infiltrada pelo MI6 ou pelo KGB em nenhuma medida mensurável. O seu historial na localização de agentes estrangeiros fez dele a inveja dos serviços secretos de todas as nações, e foi este grupo que seguiu a operação Chacal até ao seu destino final e o matou antes de poder disparar sobre a comitiva do General de Gaulle.

Foi a SDECE que descobriu uma toupeira soviética no gabinete do de Gaulle, que era também um oficial de ligação com a CIA em Langley. A fim de desacreditar a SDECE, Allen Dulles, que odiava de Gaulle (o sentimento era mútuo), mandou prender um dos seus agentes, Roger de Louette, na posse de 12 milhões de dólares de heroína. Depois de muitos "interrogatórios" especializados, de Louette "confessou", mas foi incapaz de dizer porque trazia drogas para os EUA. Tudo isto foi uma moldura.

Com base num exame dos métodos da SDECE para proteger de Gaulle, particularmente nas motorcadas, o FBI, os Serviços Secretos e a CIA souberam exactamente como retirar a segurança ao Presidente Kennedy e facilitar a tarefa dos três pistoleiros PERMINDEX de o assassinar no Dealey Plaza em Novembro de 1963.

Outro exemplo de facto disfarçado de ficção é o romance *Topázio* de Leon Uris.[21] Em *Topaz*, encontramos um relato factual das actividades da Thyraud de Vosjoli, o mesmo agente do KGB descoberto pela SDECE e exposto como a ligação do KGB com a CIA. Há muitos relatos ficcionados das actividades da MOSSAD, quase todos eles baseados em factos reais.

O MOSSAD é também conhecido como "O Instituto". Muitos aspirantes a escritores fazem afirmações absurdas sobre o assunto, incluindo um escritor que é favorecido pelo direito cristão, o qual é aceite como verdade. O infractor pode ser perdoado por não ter treino de inteligência, mas isso não o impede de deixar cair "nomes Mossad" por todo o lado.

Tais exercícios de desinformação são efectuados rotineiramente contra grupos patrióticos de direita nos EUA. O MOSSAD era originalmente composto por três grupos, o Gabinete de Informações Militares, o Departamento Político dos Negócios Estrangeiros e o Departamento de Segurança (Sherut Habitachon). David Ben Gurion, membro do Comité de 300, recebeu uma ajuda considerável do MI6 para a sua criação.

Mas isto não foi um sucesso, e em 1951 Sir William Stephenson do MI6 reestruturou-o numa única unidade, como um ramo do departamento político do Ministério dos Negócios Estrangeiros

---

[21] Do qual Alfred Hitchcock fez um filme.

israelita, com um grupo especial de operações de espionagem e operações "negras". Os serviços secretos britânicos fornecem apoio adicional através da formação e equipamento do Sarayet Maktal, também conhecido como General Staff Reconnaissance Unit, modelado no Serviço Aéreo Especial Britânico (SAS). Esta unidade de serviço MOSSAD nunca é mencionada pelo nome e é conhecida simplesmente como 'The Guys'.

Os "Guys" são apenas uma extensão da unidade SAS do serviço secreto britânico, que está constantemente a treiná-los e a actualizá-los em novos métodos. Foram os tipos que mataram os líderes da OLP e raptaram Adolph Eichmann. "The Guys" e de facto TODOS os agentes da MOSSAD, operam em pé de guerra. MOSSAD tem uma vantagem considerável sobre outros serviços de inteligência porque todos os países do mundo têm uma grande comunidade judaica.

Ao estudar os registos sociais e penais, a MOSSAD é capaz de seleccionar agentes de entre os judeus locais sobre os quais pode ter um porão e fazê-los trabalhar para ele sem lhes pagar. A MOSSAD também tem a vantagem de ter acesso aos registos de todas as agências de aplicação da lei e de inteligência dos EUA. O Gabinete de Inteligência Naval (OM) ELINT fornece serviços à Mossad sem custos para Israel. Os cidadãos dos Estados Unidos ficariam chocados, zangados e consternados se alguma vez fosse descoberto o quanto a Mossad sabe sobre a vida de milhões de americanos, em todas as áreas, mesmo aquelas que não são políticas.

O primeiro chefe da MOSSAD, Reuben Shiloach, foi nomeado para o Comité dos 300, mas não se sabe se ao seu sucessor foi dado o mesmo privilégio. Há uma boa hipótese de que o tenha feito. A MOSSAD tem um departamento de desinformação inteligente. A quantidade de desinformação que fornece ao "mercado" americano é embaraçosa, mas o que é ainda mais embaraçoso é a forma como é engolida, gancho, linha e afundamento, e tudo mais.

O que estamos realmente a testemunhar no microcosmo do MOSSAD é a extensão do controlo exercido pelos "Olimpíadas" através da inteligência, entretenimento, publicação, sondagens de opinião e dos meios de comunicação televisivos à escala global. Ted Turner ganhou recentemente um lugar no Comité de 300, em reconhecimento das suas "notícias" (fazer) espectáculos na CNN. O Comité tem o poder e os meios para dizer aos povos deste mundo QUALQUER COISA, e será acreditado pela grande maioria.

Sempre que um investigador tropeça neste incrível grupo de controlo central, ou é comprado com sucesso ou é submetido a uma "formação especializada" no Instituto Tavistock, após o que se torna mais um colaborador fictício do tipo James Bond, ou seja, é virado e bem recompensado. Se alguém como John F. Kennedy tropeça na verdade sobre quem está a dirigir os eventos mundiais e não pode ser comprado, é assassinado.

No caso de John F. Kennedy, o assassinato foi realizado com grande publicidade e brutalidade para servir de aviso aos líderes mundiais para que não saíssem da linha. O Papa João Paulo Ier foi silenciosamente assassinado porque estava próximo do Comité dos 300 através dos Maçons do Vaticano na hierarquia do Vaticano. O seu sucessor, o Papa João Paulo II, foi publicamente humilhado para o avisar para cessar e desistir - o que ele fez. Como veremos, alguns líderes do Vaticano têm agora assento no Comité dos 300.

É fácil afastar investigadores sérios do Comité dos 300 trilhos, uma vez que o MI6 (SIS) britânico promove uma grande variedade de loucos, tais como a Nova Era, yoga, budismo Zen, bruxaria, o sacerdócio de Apolo de Delfos (Aristóteles era membro), e centenas de pequenos "cultos" de todos os tipos. Um grupo de oficiais de inteligência britânicos "reformados" que permaneceram no trilho apelidou a hierarquia dos conspiradores de "Força X" e alegou que tinha um super serviço de inteligência que corrompia o KGB, os serviços secretos do Vaticano, a CIA, a ONI, a DGSE, os serviços secretos militares dos EUA, os serviços secretos do Departamento de Estado e mesmo a mais secreta de todas as agências de inteligência dos EUA, o Gabinete de Reconhecimento Nacional.

A existência do Gabinete de Reconhecimento Nacional (NRO) era conhecida apenas por um punhado de pessoas fora do Comité de 300, até que Truman a descobriu por acaso. Churchill esteve envolvido na criação da NRO e foi alegadamente lívido quando Truman descobriu a sua existência. Churchill, mais do que qualquer outro servidor do Comité dos 300, considerava Truman, o seu pequeno independentista "sem independência nenhuma". Isto referia-se ao facto de cada movimento que Truman fazia ser controlado pela Maçonaria. Ainda hoje, o orçamento anual da NRO não é conhecido do Congresso dos EUA, e é responsável apenas a alguns poucos no Congresso. Mas é uma criatura do Comité de 300 a quem os seus relatórios são enviados regularmente, numa base horária.

Assim, as spoliations fictícias que vemos sobre os diferentes ramos e braços de controlo do Comité foram concebidas para desviar as suspeitas da Comissão.

Mas nunca devemos duvidar que a realidade existe. Tomemos outro exemplo do que quero dizer: o livro *The Day of the Jackal*, a partir do qual foi criado um filme de sucesso de bilheteira. Os acontecimentos do livro são factuais. Embora, por razões óbvias, os nomes de alguns dos actores e os locais tenham sido alterados, o teor da história, de que um único agente do MI6 foi responsável por se livrar do General Charles de Gaulle, é absolutamente correcto. O General de Gaulle tinha-se tornado incontrolável, recusando-se a cooperar com o Comité - de cuja existência estava bem consciente, tendo sido convidado a aderir - e esta recusa culminou com a retirada da França da NATO pelo General de Gaulle e com o início imediato da construção da sua própria força nuclear - a "força de frappe".

Isto pôs o Comité de tal forma em perigo que o assassinato de De Gaulle foi ordenado. Mas os serviços secretos franceses conseguiram interceptar os planos 'Jackal' e proteger o 'de Gaulle'. Dado o historial do MI6, que é o principal recurso de inteligência do Comité dos 300, o trabalho dos serviços de inteligência franceses é um milagre.

As origens do MI6 podem ser traçadas até Sir Francis Walsingham, estratega da Rainha Elizabeth I para operações encobertas. Durante centenas de anos, o MI6 estabeleceu um recorde que nenhuma outra agência de inteligência pode igualar. Os agentes do MI6 reuniram informações de todos os cantos do mundo e realizaram operações secretas que surpreenderiam até os mais conhecedores se fossem tornadas públicas, razão pela qual é considerado como o principal serviço do Comité dos 300.

Oficialmente, o MI6 não existe, o seu orçamento provém da bolsa da Rainha e de "fundos privados", e diz-se que está na região de 350-500 milhões de dólares por ano, mas ninguém sabe ao certo quanto. Na sua forma actual, o MI6 data de 1911, quando era chefiado por Sir Mansfield Cumming, um capitão da Marinha Real, sempre identificado pela letra 'C', da qual deriva o nome 'M' na série James Bond.

Não há registo oficial dos fracassos e sucessos do MI6 - é um segredo, embora os desastres Burgess-Maclean-Blake-Blunt tenham tido um pesado tributo ao moral do MI6. Ao contrário de outros serviços, os futuros membros são recrutados em universidades e outras áreas de aprendizagem por "caçadores de talentos" altamente qualificados, como vimos no caso dos académicos de Rodes que foram admitidos na Mesa-Redonda. Um dos requisitos é a capacidade de falar línguas estrangeiras. Os candidatos são submetidos a uma rigorosa "formação".

Com o apoio de uma força tão formidável, o Comité dos 300 tem tido pouco receio de ser desmascarado durante décadas. O que torna o Comité intocável é o seu incrível secretismo. Nenhum meio de comunicação social alguma vez mencionou esta hierarquia conspiratória, pelo que, previsivelmente, as pessoas duvidam da sua existência.

A estrutura do Comité

O Comité dos 300 está em grande parte sob o controlo do monarca britânico, neste caso, Elizabeth II. Acredita-se que a Rainha Vitória foi paranóica o suficiente para manter o segredo e fez grandes esforços para esconder os escritos maçónicos deixados no local dos assassinatos de "Jack, o Estripador", que aludiam às ligações do Comité dos 300 a "experiências" conduzidas por um membro da família que era também um membro sénior do Rito Escocês da Maçonaria. O Comité dos 300 é composto por membros da aristocracia britânica que têm interesses e associados em todos os países do mundo, incluindo a URSS.

A estrutura do comité é a seguinte:

O Instituto Tavistock na Universidade de Sussex e em Londres é propriedade e controlado pelo Royal Institute for International Affairs, cujo "hofjuden" na América é Henry Kissinger. O EAGLE STAR GROUP, que mudou o seu nome para STAR GROUP após o fim da Segunda Guerra Mundial, é composto por um grupo de grandes empresas internacionais envolvidas em campos de sobreposição e de interface: (1) seguros (2) banca (3) imobiliário (4) entretenimento (5) alta tecnologia, incluindo cibernética, comunicações electrónicas, etc.

O sector bancário, embora não seja o pilar principal, é de importância vital, especialmente em áreas onde os bancos servem como câmaras de compensação e centros de lavagem de dinheiro em estupefacientes. Os principais 'grandes bancos' são o Banco de Inglaterra, a Reserva Federal, o Banco de Compensações Internacionais, o Banco Mundial e o Banco de Hong Kong e Xangai. O American Express Bank é uma forma de reciclar dinheiro da droga. Cada um destes bancos está filiado e/ou controla centenas de milhares de grandes e pequenos bancos em todo o mundo.

Milhares de bancos, grandes e pequenos, fazem parte do Comité da rede 300, incluindo Banca Commerciale d'Italia, Banca Privata, Banco Ambrosiano (Roberto Calvi - leia-se David Yallop's *In God's Name*),

Netherlands Bank, Barclays Bank, Banco del Colombia, Banco de Ibero-America. De particular interesse é a Banca del la Svizzeria Italiana (BSI), que gere investimentos de capital de fuga de e para os EUA - principalmente em dólares e obrigações americanas - localizada e isolada na cidade 'neutra' de Lugano, o centro de capital concentrado da nobreza negra veneziana. Lugano não se encontra em Itália nem na Suíça, e é uma espécie de zona cinzenta para operações duvidosas de desvio de capital. George Ball, proprietário de um grande bloco de acções do BSI, é um "insider" líder e o representante do banco nos Estados Unidos.

BCCI, BNL, Banco Mercantil de México, Banco Nacional do Panamá, Banco Metropolitano de Bangkok, Bank Leumi, Bank Hapoalim, Standard Bank, Bank of Geneva, Bank of Ireland, Bank of Scotland, Bank of Montreal, Bank of Nova Scotia, Bank of Paris and the Netherlands, British Bank of the Middle-East e Royal Bank of Canada, para citar apenas alguns dos bancos "especializados".

Os Oppenheimers da África do Sul são muito maiores "pesos-pesados" do que os Rockefellers. Por exemplo, em 1981 Harry Oppenheimer, presidente da gigante Anglo American Corporation, que controla a mineração, venda e distribuição de ouro e diamantes em todo o mundo, disse que estava prestes a entrar no mercado bancário norte-americano. Oppenheimer moveu-se rapidamente para investir 10 mil milhões de dólares num veículo especial criado para comprar os principais bancos nos EUA, incluindo o Citicorp. O veículo de investimento de Oppenheimer chama-se Minorco e tem sede nas Bermudas, uma reserva da família real britânica. No quadro de Minorco estavam Walter Wriston da Citicorp e Robert Clare, o seu principal conselheiro jurídico.

A única outra empresa a rivalizar com a Oppenheimer em metais e minerais preciosos foi a Consolidated Gold Fields of South Africa, mas a Oppenheimer assumiu o controlo com uma participação de 28% - o maior accionista individual. Como resultado, ouro, diamantes, platina, titânio, tantalite, cobre, minério de ferro, urânio e urânio foram adquiridos pela Oppenheimer.

Outros 52 metais e minerais, muitos dos quais de valor estratégico absolutamente vital para os EUA, passaram para as mãos do Comité de 300.

Assim, a visão de um dos primeiros membros sul-africanos do Comité dos 300, Cecil John Rhodes, foi plenamente realizada; uma visão que começou com o derramamento do sangue de milhares e milhares de agricultores brancos e suas famílias na África do Sul, conhecidos pela história como os "Boers". Enquanto os Estados Unidos, tal como o resto do mundo, se mantiveram inactivos, esta pequena nação foi sujeita à guerra mais cruel de genocídio da história. Os Estados Unidos serão sujeitos ao mesmo tratamento pelo Comité dos 300 quando chegar a nossa vez, e em breve.

As companhias de seguros desempenham um papel fundamental nas actividades do Comité de 300, incluindo companhias de seguros líderes como Assicurazioni Generali de Veneza e Riunione Adriatica di Sicurta, as maiores e segundas maiores companhias de seguros do mundo, que mantêm as suas contas bancárias no Banco de Compensações Internacionais em francos suíços. Ambos controlam uma multiplicidade de bancos de investimento cujo volume de negócios em acções em Wall Street é duas vezes superior ao dos investidores americanos.

Entre os membros da direcção destes dois gigantes de seguros encontram-se os membros do Comité dos 300: Família Giustiniani, a nobreza negra de Roma e Veneza, cuja linhagem remonta ao Imperador Justianian; Sir Jocelyn Hambro do Banco Hambros (Merchant); Pierpaolo Luzzatti Fequiz, cuja linhagem remonta a seis séculos atrás ao mais antigo Luzzato, a nobreza negra de Veneza, e Umberto Ortolani da antiga família da nobreza negra com o mesmo nome.

Outros membros da antiga nobreza negra veneziana do Comité dos 300 e membros do conselho de administração do ASG e do RAS são a família Doria, os financeiros dos Habsburgs espanhóis, Élie de Rothschild do ramo francês da família Rothschild, Barão August von Finck (Finck, o segundo homem mais rico da Alemanha está agora morto), Franco Orsini Bonacassi, da antiga nobreza negra Orsini, que traça a sua linhagem até um antigo senador romano do mesmo nome, o Albas cuja linhagem remonta ao Grão-Duque de Alba, e o Barão Pierre Lambert, um primo da família Rothschild belga.

As companhias britânicas controladas pela Família Real Británica são Eagle Star, Prudential Assurance Company, a Prudential Insurance Company, que detém e controla a maioria das seguradoras americanas, incluindo a Allstate Insurance. No topo da lista está Eagle Star, provavelmente a 'frente' mais poderosa do Sexto Departamento de Inteligência Militar (MI6). Eagle Star, embora não tão importante como Assicurazioni Generale, é talvez tão importante simplesmente porque é propriedade de membros da família da Rainha de Inglaterra e, como chefe titular do Comité dos 300, Eagle Star tem um enorme impacto. Eagle Star é mais do que uma 'frente' importante para o MI6, é também uma 'frente' para os principais bancos britânicos, incluindo Hill-Samuels, N. M. Rothschild and Sons (um dos 'fixadores' do preço do ouro que se encontram diariamente em Londres), e Barclays Bank (um dos apoiantes dos Congressos Nacionais Africanos -ANC). Pode dizer-se com um elevado grau de precisão que as famílias oligárquicas britânicas mais poderosas criaram o Eagle Star como veículo para "operações negras" contra aqueles que se opõem às políticas do Comité dos 300.

Ao contrário da CIA, a nomeação de funcionários do MI6 é um crime grave nos termos da lei britânica. Segue-se apenas uma lista parcial dos "oficiais superiores" do MI6 que são (ou foram) também membros do Comité de 300:

➢ Lorde Hartley Shawcross.

➢ Sir Brian Edward Mountain.

➢ Sir Kenneth Keith.

➢ Sir Kenneth Strong.

➢ Sir William Stephenson.

➢ Sir William Wiseman.

Todas estas estão (ou estiveram) fortemente envolvidas nas actividades-chave do Comité de 300 empresas que fazem interface com milhares de empresas envolvidas em todos os ramos de actividade comercial, como veremos mais adiante.

Estes incluem Rank Organisation, Xerox Corporation, ITT, IBM, RCA, CBS, NBC, BBC e CBC nas comunicações, Raytheon, Textron, Bendix, Atlantic Richfield, British Petroleum, Royal Dutch Shell, Marine Midland Bank, Lehman Brothers, Kuhn Loeb, General Electric, Westinghouse Corporation, United Fruit Company e muitos outros.

O MI6 dirigia muitas destas empresas através dos serviços secretos britânicos estacionados no edifício da RCA em Nova Iorque, que era a sede do seu chefe executivo, Sir William Stephenson. A Radio Corporation of America (RCA) foi criada por G.E., Westinghouse, Morgan Guarantee and Trust (actuando para a Coroa Britânica) e

United Fruit em 1919 como um centro de inteligência britânico. O primeiro presidente da RCA foi Owen Young de J.P. Morgan, para quem foi nomeado o plano Young. Em 1929, David Sarnoff foi nomeado chefe da RCA. Sarnoff tinha sido assistente de Young na Conferência de Paz de Paris em 1919, onde uma Alemanha caída foi apunhalada nas costas pelos "aliados" vitoriosos.

Uma rede de bancos e corretoras de Wall Street lidam com o mercado de acções para o Comité, e entre os mais importantes estão Blyth, Eastman Dillon, os Grupos Morgan, Lazard Frères e Kuhn Loeb Rhodes. Nada aconteceu em Wall Street que não tenha sido controlado pelo Banco de Inglaterra, cujas instruções foram transmitidas pelos grupos Morgan e depois implementadas pelas principais corretoras, cujos executivos superiores foram, em última instância, responsáveis pela execução das directivas do Comité.

Antes de ultrapassar os limites estabelecidos pela Morgan Guarantee, Drexel Burnham Lambert era um dos favoritos do Comité de 300, e em 1981 quase todas as grandes corretoras de Wall Street tinham vendido ao Comité, com a Phibro a fundir-se com a Salomon Brothers. Phibro é o braço comercial dos Oppenheimers da Anglo American Corporation. Através deste mecanismo de controlo, o Comité de 300 assegura que os seus membros e as suas empresas comerciais à distância façam os seus investimentos em Wall Street ao dobro da taxa de "leigos" investidores estrangeiros.

Lembre-se que algumas das famílias mais ricas do mundo vivem na Europa, por isso é natural que tenham uma preponderância de membros no Comité. A família Von Thurn e Taxis, que em tempos foi proprietária da franquia postal alemã, faz com que David Rockefeller pareça um parente muito pobre. A dinastia Von Thurn und Taxis remonta há 300 anos e os membros desta família têm tido assento no Comité geração após geração e ainda hoje estão presentes. Já mencionámos vários dos membros mais ricos da nobreza Von Thurn no Comité de 300 e mais nomes serão acrescentados à medida que os encontrarmos nos seus vários campos de actividade. Vamos agora incluir alguns dos membros americanos do Comité dos 300 e tentar localizar as suas filiações e ligações com a Coroa Britânica.

Como é que estes factos podem ser verificados? Algumas delas não podem ser verificadas precisamente porque a informação vem directamente de ficheiros de inteligência, mas com muito trabalho, há muitas fontes que podem verificar pelo menos alguns dos factos. Este trabalho envolveria uma pesquisa diligente sobre o livro de referência empresarial de Dun e Bradstreet, Standard and Poors, o britânico e americano "Who's Who", com longas horas de trabalho árduo para cruzar nomes com as suas filiações empresariais.

O Comité, composto por 300 empresas, bancos e companhias de seguros, opera sob um comando unificado que cobre todos os aspectos concebíveis da estratégia e da acção coesa. O Comité é a ÚNICA hierarquia de poder organizada no mundo que transcende todos os governos e indivíduos, por mais poderosos e seguros que se possam sentir. Abrange finanças, questões de defesa e partidos políticos de todas as cores e tipos.

Não há entidade que o Comité não possa alcançar e controlar, e isso inclui as religiões organizadas do mundo. Assim, é o todo-poderoso OLYMPIAN GROUP cuja base de poder se encontra em Londres e nos centros financeiros da City de Londres, com o seu estrangulamento sobre minerais, metais e gemas, cocaína, ópio e drogas, banqueiros rentier-financeiros, promotores de cultos e os fundadores da música rock. A Coroa Britânica é o ponto de controlo a partir do qual tudo irradia. Como diz o ditado, "Eles têm um dedo em cada tarte".

É evidente que o campo das comunicações é rigorosamente controlado. Voltando à RCA, verificamos que a sua liderança é constituída por figuras britânico-americanas do establishment que se destacam noutras organizações como o CFR, a NATO, o Clube de Roma, a Comissão Trilateral, a Maçonaria, a Caveira e Ossos, os Bilderbergers, a Mesa Redonda, a Milner Society e a Jesuits-Aristotle Society. Entre eles, David Sarnoff mudou-se para Londres na mesma altura em que Sir William Stephenson se mudou para o edifício da RCA em Nova Iorque.

As três principais redes de televisão cresceram todas a partir da RCA, em particular a National Broadcasting Company (NBC) que foi a primeira, seguida de perto pela American Broadcasting Company (ABC) em 1951. A terceira grande rede de televisão foi a Columbia Broadcasting System (CBS) que, tal como as suas empresas irmãs, era, e ainda é, dominada pelos Serviços Secretos Britânicos. William Paley recebeu formação em técnicas de lavagem ao cérebro em massa no Instituto Tavistock antes de ser considerado qualificado para gerir a CBS. Assim, se nós, os cidadãos dos Estados Unidos, não soubéssemos, todas as nossas principais redes de televisão estão sujeitas à vigilância britânica, e as informações que fornecem vão primeiro para Londres para serem desalfandegadas. É interessante notar que o documento dos serviços secretos Tavistock, escrito pelo Stanford Research Institute, comummente referido como "The Aquarian Conspiracy" foi financiado por doações das três principais redes de televisão.

As três principais redes estão representadas no Comité de 300 e estão filiadas no gigante das comunicações de massas, Xerox Corporation of Rochester, Nova Iorque, da qual Robert M. Beck detém um lugar no Comité. Beck é também um director da Prudential Life Insurance Company, que é uma subsidiária da London Prudential Assurance Company Limited.

Outros membros da direcção da Xerox incluem Howard Clark da American Express Company, um dos principais canais para a transferência de dinheiro da droga através de travellers-checks, William Simon, antigo Secretário do Tesouro, e Sol Linowitz, que negociou os tratados do Canal do Panamá para o Comité. Linowitz é importante para o Comité devido à sua longa experiência no branqueamento de dinheiro da droga através da Marine Midland e do Banco de Hong Kong e Xangai.

Outro membro da direcção da Xerox é Robert Sproull, que é de verdadeiro interesse porque, como presidente da Universidade de Rochester, permitiu que o Instituto Tavistock, através da CIA, utilizasse as instalações da universidade para as experiências MK-Ultra LSD, que duraram 20 anos. Cerca de 85 outras universidades nos EUA também permitiram que as suas instalações fossem utilizadas desta forma. Tão grande como a Xerox, é anã pela Organização Rank, um conglomerado sediado em Londres, controlado inteiramente por membros da família imediata da Rainha Elizabeth.

Os membros notáveis do Conselho de Administração da Organização Rank que também são membros do Comité de 300 são

Lord Helsby, Presidente do Banco Midland, a câmara de compensação de dinheiro da droga. As outras funções de Helsby incluem o director do gigante Grupo Imperial e da Industrial and Commercial Finance Corporation.

Sir Arnold France, um director da Tube Investments que dirige o serviço de metro de Londres. A França é também um director do BANCO DE INGLATERRA que tem tanto controlo sobre os Bancos da Reserva Federal.

Sir Dennis Mountain, presidente do poderoso Eagle Star Group e director da English Property Corp, uma das empresas financeiras e de anuidades da Família Real Britânica. Um destes membros é o Honorável Angus Ogilvie, 'Príncipe das Companhias', que é casado com Sua Alteza Real a Princesa Alexandria, irmã do Duque de Kent, chefe do Rito Escocês da Maçonaria e que representa a Rainha quando ela está longe da Grã-Bretanha. Ogilvie é director do Banco de Inglaterra e presidente do conglomerado gigante LONRHO. Foi LONRHO que pôs fim ao domínio de Ian Smith na Rodésia, para que ele pudesse ser substituído por Robert Mugabe. Em jogo estavam as minas de cromo da Rodésia, que produzem o melhor minério de cromo de alta qualidade do mundo.

Cyril Hamilton, presidente do Standard and Chartered Bank (o antigo banco do Lord Milner-Cecil Rhodes) e membro do conselho de administração do Banco de Inglaterra. Hamilton é também director da Xerox Corporation, da Malta International Banking Corporation (um banco dos Cavaleiros de Malta), um director do Standard Bank of South Africa - o maior banco daquele país, e um director do Belgian Bank of Africa.

Lord O'Brien of Lotherby, antigo presidente da Associação Britânica de Banqueiros, director do Morgan Grenfell - um banco poderoso, director da Prudential Assurance, director do J. P. Morgan, director do Banco de Inglaterra, membro do conselho do Banco de Pagamentos Internacionais, director do gigantesco conglomerado Unilever.

Sir Reay Geddes, presidente dos gigantes dos pneus Dunlop e Pirelli, director dos bancos Midland e International, director do Banco de Inglaterra. Note-se quantos destes homens poderosos são directores do Banco de Inglaterra, facilitando o controlo das políticas fiscais dos EUA.

Muitas destas organizações e instituições, empresas e bancos estão tão entrelaçadas e interdependentes que é quase impossível desembaraçá-las. No conselho da RCA tem assento Thornton Bradshaw, presidente da Atlantic Richfield e membro da NATO, do World Wildlife Fund, do Clube de Roma, do Aspen Institute for Humanistic Studies e do Council on Foreign Relations. Bradshaw é também presidente da NBC. A função mais importante da RCA continua a ser o seu serviço aos serviços secretos britânicos.

Não é do conhecimento geral a importância do Comité dos 300 para parar a investigação da CIA, que o Senador McCarthy quase conseguiu criar. Se McCarthy tivesse tido êxito, é muito provável que o Presidente John F. Kennedy ainda hoje estivesse vivo.

Quando McCarthy anunciou que iria intimar William Bundy a comparecer antes do seu inquérito, o pânico alastrou a Washington e Londres. Bundy, se tivesse sido chamado a testemunhar, teria muito provavelmente quebrado e aberto a porta à "relação especial" que existia entre os círculos oligárquicos britânicos e os seus primos no governo dos EUA.

Tal possibilidade não pôde ser considerada. O Royal Institute of International Affairs foi chamado para pôr fim a McCarthy. A RIIA escolheu Allen Dulles, um homem totalmente apaixonado pela decadente sociedade britânica, para atacar de frente McCarthy. Dulles nomeou Patrick Lyman e Richard Helms para tratar do caso McCarthy. Os timoneiros foram mais tarde recompensados pelos seus serviços contra McCarthy ao serem nomeados chefe da CIA.

O General Mark Clark, membro do CFR e figura militar popular nos círculos londrinos, foi nomeado pelo General Eisenhower para se defender do ataque de McCarthy à CIA em grande escala. McCarthy foi pré-emitido quando Clark anunciou que seria nomeado um comité especial para rever a agência. Clark, por instruções da RIIA, recomendou a criação de um comité de supervisão do Congresso para "rever periodicamente o trabalho das agências de inteligência do governo". Tudo isto foi uma grande tragédia para a América e uma vitória para os britânicos, que temiam que McCarthy tropeçasse acidentalmente no Comité dos 300 e no seu controlo sobre todos os aspectos dos assuntos dos EUA.

O antigo presidente do Lehman Brothers-Kuhn Loeb, Peter G. Peterson, serviu sob o antigo chefe do MI6, Sir William Wiseman, e por isso não era um estranho para a realeza britânica. Peterson está ligado ao Aspen Institute, outro ramo dos serviços secretos britânicos.

John R. Petty é Presidente do Marine Midland Bank - um banco com ligações estabelecidas ao comércio de droga muito antes de ter sido tomado pelo Hong Kong e Shanghai Bank, provavelmente o banco líder no comércio do ópio, posição que ocupa desde 1814.

Mas a melhor prova que posso oferecer da existência do Comité dos 300 é a organização Rank que, juntamente com a Eagle Star, é a Coroa Britânica. É também o centro de operações negras do MI6 (SIS). Entre elas, estas comissões de 300 empresas controlam o domínio de Sua Majestade do Canadá, utilizando a família Bronfman, "hofjuden", para executar as suas ordens.

A Trizec Holdings, ostensivamente propriedade da família Bronfman, é de facto o principal activo da Rainha de Inglaterra no Canadá. Todo o comércio de ópio no Sudeste Asiático está ligado ao império do Bronfman e é uma das formas de trazer heroína para a América. De certa forma, o Canadá é como a Suíça: paisagens nevadas imaculadas, grandes cidades, um lugar de grande beleza, mas por baixo dele encontra-se uma camada profunda de sujidade e sujidade do seu comércio massivo de heroína.

A família Bronfman são 'silhuetas', o que o MI6 chama 'homens de palha' controlados a partir de Londres pelos 'deskmen' do MI6[22] , o jargão da inteligência para os controladores da sede. Edgar Bronfman, o chefe da família, foi enviado em numerosas ocasiões para o "Moscow Centre" - o nome da capa da sede do KGB em 2 Dzerzhinsk Square, Moscovo.

A um nível inferior, Bronfman foi provavelmente muito útil como homem de contacto com Moscovo. Bronfman nunca foi um agente contratual do MI6 e por isso nunca teve o título de "Palavras", uma palavra chave de inteligência para a identificação mútua entre agentes, o que foi uma grande decepção para o chefe da família Bronfman. A certa altura, quando se pensava que certos membros da família estavam a agir de forma suspeita, foram colocados 'spotters' - o jargão dos agentes de inteligência que controlam indivíduos - na família Bronfman, apenas para descobrir que um dos Bronfman se tinha gabado a um 'primo' americano (o termo usado pelo MI6 para se referir à CIA) que não sabia do papel de Edgar Bronfman. Isto foi rapidamente corrigido.

Dois directores da Eagle Star, que eram também os dois principais agentes do MI6, assumiram o controlo da família Bronfman cerca de seis meses após o fim da guerra. Sir Kenneth Keith e Sir Kenneth Strong, que já conhecemos antes, legitimaram a família Bronfman ao criar a Trizec Holdings. Não há ninguém no mundo que possa fazer um melhor trabalho de 'frontting', através de empresas, do que o MI6...

No entanto, tal como a Suíça, o Canadá tem um lado sujo que foi bem escondido pelo Comité dos 300, sob o disfarce da Lei dos Segredos Oficiais, uma cópia a papel químico da lei britânica aprovada em

---

[22] Funcionários públicos, NDT.

1913. As drogas, a lavagem de dinheiro, o crime e a extorsão são todos abrangidos por esta lei infame.

Muitas pessoas desconhecem que se forem acusadas ao abrigo da Lei dos Segredos Oficiais, que pode ser interpretada como lhes parece adequado pelos agentes da Coroa, enfrentam a pena de morte. Como já disse muitas vezes desde 1980, o Canadá não é uma nação como a África do Sul, Holanda ou Bélgica; sempre esteve e continua ligado aos fios de avental da Rainha de Inglaterra. O Canadá é sempre o primeiro a realizar os desejos da Rainha Isabel. As tropas canadianas participaram em todas as guerras de Sua Majestade, incluindo a Guerra da Boer (1899-1903).

Tal como o seu homólogo americano, o Instituto Canadiano de Assuntos Internacionais é uma criança do Instituto Real para os Assuntos Internacionais (RIIA) e lidera a política canadiana. Os seus membros ocupam o cargo de Secretário de Estado desde a sua fundação em 1925. O Institute for Pacific Relations, a organização que promoveu o ataque a Pearl Harbour, foi bem recebido no Canadá depois de Owen Lattimore e os seus colegas terem sido expostos pelas suas actividades de traição em 1947 e terem deixado os EUA antes de poderem ser acusados.

O Instituto Canadiano de Assuntos Internacionais está ligado à organização Rank através de Sir Kenneth Strong, que era chefe adjunto do MI6 no final da Segunda Guerra Mundial. Como membro da Ordem de São João de Jerusalém, Strong é o número dois no Canadá para o Rank e os interesses comerciais da Coroa Britânica. Faz parte da direcção do Banco da Nova Escócia, um dos bancos de droga mais prolíficos do mundo depois dos Bancos de Hong Kong e Xangai, através do qual fluem os lucros do comércio de heroína no Canadá.

O primeiro da fila é Sir Brian Edward Mountain, o membro mais antigo dos Cavaleiros de São João de Jerusalém. Vale a pena lembrar que quando a Coroa Britânica quis que os Estados Unidos entrassem na Segunda Guerra Mundial, enviou Lord Beaverbrook e Sir Brian Mountain para se encontrarem com o Presidente Roosevelt para transmitir as ordens da Coroa a este respeito. Roosevelt cumpriu ordenando à Marinha dos EUA que operasse a partir de uma base na Gronelândia, de onde tinham sido efectuados ataques a submarinos alemães nove meses antes de Pearl Harbour. Isto foi feito sem o conhecimento ou consentimento do Congresso.

Outro grande nome na interface Ranking-Canadiano foi Sir Kenneth Keith, um director do equivalente canadiano do Banco de Hong Kong e Xangai, o Banco da Nova Escócia, que estava envolvido no branqueamento de dinheiro da droga. Fez também parte da direcção da mais antiga e venerável instituição de jornais britânica, o *London Times* e o *Sunday Times*. Durante mais de 100 anos, The *Times tem sido a* voz da Coroa em assuntos estrangeiros, assuntos financeiros e vida política em Inglaterra.

Como tantos membros do Comité dos 300, Sir Kenneth mudou-se entre o MI6 e a cadeia de abastecimento de ópio, a cadeia de comando em Hong Kong e na China, ostensivamente em nome do Instituto Canadiano de Assuntos Internacionais, do qual era membro. Além disso, como director da casa bancária Hill Samuel, a sua presença na China e Hong Kong poderia ser facilmente explicada. Um dos seus associados mais próximos fora dos círculos do MI6 foi Sir Philip de Zuleta, o controlador directo de todos os primeiros-ministros britânicos, tanto conservadores como trabalhistas, pelo Comité dos 300. Sir Kenneth Strong ligou todos os raios da roda da droga, incluindo o terrorismo, a produção de ópio, os mercados de ouro, a lavagem de dinheiro e a banca ao seu núcleo central, a Coroa Britânica.

No ápice do controlo da Coroa Britânica do Canadá está Walter Gordon. Um antigo membro do comité de supervisão da Rainha, também conhecido como Conselho Privado, Gordon patrocinou o Instituto de Relações do Pacífico através do Instituto Canadiano de Assuntos Internacionais. Como antigo Ministro das Finanças, Gordon conseguiu colocar um comité de 300 contabilistas e advogados seleccionados nos três principais bancos fundados: o Banco da Nova Escócia, o Banco Imperial Canadiano e o Banco Dominion de Toronto.

Através destes três "Bancos da Coroa", uma rede de 300 agentes responsáveis por Gordon supervisionou a segunda maior operação de lavagem de dinheiro e drogas do mundo, com uma porta de entrada directa para a China. Antes da sua morte, Gordon controlava James Endicott, Chester Ronning e Paul Linn, identificados pelo MI6 como os melhores "especialistas da China" do Canadá. Os três homens trabalharam de perto com Chou-En-lai, que uma vez tinha dito ao Gamal Abdul Nasser que faria à Grã-Bretanha e aos Estados Unidos o que eles tinham feito à China - transformá-los em nações viciadas em heroína. Chou-En-lai cumpriu a sua promessa, começando com as IG americanas no Vietname. Outros colaboradores próximos na rede canadiana da heroína foram John D. Gilmer e John Robert Nicholson, ambos membros da Ordem dos Cavaleiros de São João de Jerusalém. Lord Hartley Shawcross, que se crê informar directamente a Rainha Elizabeth II, fazia parte da Direcção do Instituto Real para Assuntos Internacionais e era Chanceler da Universidade de Sussex, sede do famoso Instituto Tavistock para Relações Humanas, que tem vastas ligações no Canadá.

Nas operações da Rank nos EUA, nenhuma outra empresa foi tão bem sucedida para a Rank como a Corning Group, proprietária da Metropolitan Life Insurance Company e da New York Life Insurance Company. O Comité de 300 membros Amory Houghton e o seu irmão James Houghton há muito que servem a Coroa Britânica através das companhias de seguros acima mencionadas, e através da Corning Glass, Dow Corning e Corning International. Ambos se sentam nos conselhos da IBM e do Citicorp. James Houghton é Director do Instituto de Estudos Avançados de Princeton, Director da Biblioteca J. Pierpont Morgan, um bastião da RIIA e do CFR, e é também Director da CBS.

Foram os irmãos Houghton que doaram centenas de acres conhecidos como Wye Plantation em Maryland ao Instituto Aspen da Coroa Britânica. O Bispo da Arquidiocese da Igreja Anglicana (Episcopal) de Boston também tem assento na tábua de Corning Glass. Tudo isto dá ao grupo o seu tão apregoado ar de respeitabilidade, que os executivos das companhias de seguros devem usar, e como veremos, além de James Houghton, Keith Funston e John Harper, ambos membros da direcção da Corning, gerem a Metropolitan Life Insurance Company.

O trabalho em rede e a interface desta única unidade do Comité dos 300 dar-nos-á uma boa indicação do vasto poder à disposição da hierarquia conspiratória, perante o qual todos os joelhos estão dobrados, incluindo o do Presidente dos Estados Unidos, seja ele quem for.

O que é importante notar é como esta empresa americana, uma entre centenas, está ligada aos Serviços Secretos Britânicos, Canadá, Extremo Oriente e África do Sul, para não mencionar a sua rede de funcionários e executivos empresariais que toca todos os aspectos dos negócios e da política nos Estados Unidos.

Embora a Companhia Metropolitana de Seguros de Vida não seja comparável à gigantesca Assicurazioni Generale do Comité de 300, é no entanto um bom indicador de como o poder dos Houghtons se estende por todo o espectro de negócios nos Estados Unidos e Canadá. Começando com R. H. Macy (cujos empregados já não usam cravos vermelhos em honra da filiação da empresa ao comunismo), Royal Bank of Canada, National and Westminster Bank, Intertel (uma agência de inteligência privada virulenta e vil), Canadian Pacific, The Reader's Digest, RCA, AT&T, Harvard Business School, W. R. Grace Shipping Company, Ralston Purina Company, U.S. Steel, Irving Trust, Consolidated Edison of New York e o ABC, a rede eléctrica da Houghtons estende-se ao Banco de Hong Kong e Xangai.

Outra companhia de Rank de sucesso nos EUA é o Reliance Insurance Group. Como parte do Estudo Estratégico de Bombas, Reliance estabeleceu a base estrutural inicial para a lavagem cerebral, formação de opinião, sondagens, inquéritos e análise de sistemas utilizados pelo Tavistock Institute nos EUA. A Companhia de Seguros Reliance, com sede em Filadélfia, criou a estrutura empresarial que permitiu que a Pesquisa Estratégica de Bombas fosse virada contra o povo dos Estados Unidos, que, embora não o saibam, tem sido sujeito a uma guerra psicológica selvagem nos últimos 45 anos.

Um dos principais jogadores neste ataque aos EUA foi David Bialkin da firma de advogados Wilkie, Farr e Gallagher, o Comité dos 300. Bialkin dirigiu a Liga Anti-Defamação (ADL) durante muitos anos. A ADL é uma operação de inteligência britânica fundada nos EUA pelo MI6 e dirigida por Saul Steinberg e Eric Trist de Tavistock. Saul Steinberg é o representante dos EUA e parceiro comercial da família Jacob de Rothschild de Londres.

A Reliance Corporation é a sede de Carl Lindner, que tomou o lugar de Eli Black quando este "caiu" de uma janela no 44 andar de um arranha-céus de Nova Iorque. A Reliance Company está ligada à poderosa United Fruit Company de Boston e New Orleans, chefiada por Max Fisber que, antes de ter sido roubado de uma ovelha, era uma figura bem conhecida no submundo de Detroit. A United Fruit Company é há muito tempo um transportador de heroína e cocaína para os Estados Unidos, graças à perícia de Misbulam Riklis da Rapid American Corporation, que organiza os envios do Canadá para os Estados Unidos. Lembre-se, tudo isto está sob o guarda-chuva de uma empresa, que está ligada a uma miríade de empresas e operações mais pequenas, para dar ao Comité de 300 o controlo total sobre uma multiplicidade de operações, cada uma cuidadosamente integrada na rede.

Reliance Group é uma spin-off da empresa-mãe cuja função é fazer lavagem cerebral ao povo americano através de uma rede de investigadores e formadores de opinião e utiliza a investigação operacional para estabelecer ligações directas com o Tavistock Institute. Outra empresa associada é a Leasco, que está estreitamente ligada à AT&T, Disclosure Incorporated, Western Union International, Imbucon Ltd e Yankelovich, Skelly and White.

Daniel Yankelovich é o imperador da estrutura de sondagem/opinião empresarial nos EUA, um vasto aparelho que fornece "opiniões públicas sobre questões sociais, económicas e políticas substantivas", para citar Edward Bernays. Foi este vasto aparelho que transformou a maioria dos americanos, que nunca tinham ouvido falar de Saddam Hussein e sabiam vagamente que o Iraque era um país algures no Médio Oriente, num povo que uivava pelo seu sangue e pelo extermínio do Iraque como nação.

Yankelovich fez pleno uso de todos os conhecimentos que tinha adquirido durante a Segunda Guerra Mundial. Como guerreiro de segunda geração, Yankelovich não tem igual, razão pela qual as sondagens do ABC, conduzidas pela sua empresa, estão sempre na linha da frente da "opinião pública". A população dos EUA foi alvo da mesma forma que a classe trabalhadora alemã, atacando o sentido da realidade. Esta técnica é, evidentemente, uma formação padrão para certos grupos de inteligência, incluindo a CIA.

A tarefa do Yankelovich era destruir os valores tradicionais americanos e substituí-los pelos valores da nova era e da Era de Aquário. Como o mais alto líder da opinião pública do Comité dos 300, ninguém pode duvidar que o Yankelovich fez um trabalho soberbo.

A melhor maneira de explicar os métodos utilizados e os resultados esperados é provavelmente citar o trabalho de John Naisbitt, tal como explicado no seu "Relatório de Tendências". Naisbitt tem sido conselheira de Lyndon Johnson, Eastman Kodak, IBM, American Express, Centre for Policy Study, Chase Manhattan, General Motors, Louis Harris Polls, Casa Branca, Institute of Life Insurance, Cruz Vermelha Americana, Mobil Oil, B.P., e uma série de empresas e instituições do Comité de 300. A sua metodologia, derivada dos procedimentos Tavistock do MI6, não é, naturalmente, única:

"Vou apresentar brevemente a nossa metodologia. Ao desenvolver o relatório de tendências para os nossos clientes, confiamos principalmente num sistema de rastreio de eventos e comportamentos locais. Estamos muito impressionados com a mobilidade ascendente desta empresa, por isso acompanhamos o que está a acontecer localmente, em vez do que está a acontecer em Washington ou Nova Iorque. As coisas começam em Los Angeles, Tampa, Hartford, Wichita, Portland, San Diego e Denver. É uma sociedade da base para o topo.

"O conceito de rastreio utilizado para determinar estas tendências tem a sua origem na Segunda Guerra Mundial. Durante a guerra, os peritos da inteligência procuraram encontrar um método para obter informações sobre as nações inimigas que as sondagens de opinião pública normalmente forneceriam. Sob a liderança de Paul Lazarsfeld e Harold Laswell, foi desenvolvido um método para monitorizar o que estava a acontecer nestas sociedades através da análise do conteúdo da imprensa diária.

"Embora este método de monitorização do pensamento público continue a ser a escolha da comunidade de inteligência, a nação gasta milhões de dólares por ano a fazer análises de conteúdo de jornais em todas as partes do mundo.

A razão pela qual este sistema de acompanhamento das mudanças na sociedade funciona tão bem é que os 'buracos noticiosos' dos jornais são um sistema fechado. Por razões económicas, a quantidade de espaço dedicado às notícias num jornal não muda com o tempo.

"Assim, quando algo de novo é introduzido neste buraco de informação, algo ou alguma combinação de coisas deve sair ou ser omitido. O princípio aqui envolvido é classificado como uma escolha forçada num sistema fechado. Nesta situação forçada, as sociedades acrescentam novas preocupações e esquecem as antigas. Mantemos um registo de quais são acrescentados e quais são descartados.

"Obviamente, as sociedades são como seres humanos. Não sei qual é o número, mas uma pessoa só pode manter um certo número de problemas e preocupações na sua cabeça em determinado momento. Se forem acrescentados novos problemas ou preocupações, alguns têm de ser abandonados. Acompanhamos o que os americanos desistiram e o que eles retomaram.

"Os Estados Unidos estão a passar rapidamente de uma sociedade industrial de massa para uma sociedade de informação, e o impacto final será mais profundo do que a transição de uma sociedade agrícola para uma sociedade industrial no século XIX. A partir de 1979, a ocupação número um nos Estados Unidos tornou-se a do trabalhador de escritório, substituindo os trabalhadores manuais e os agricultores. Nesta última declaração, encontra-se uma breve história dos Estados Unidos".

Não é coincidência que Naisbitt seja membro do Clube de Roma e, como tal, membro sénior do Comité de 300, e vice-presidente sénior da Yankelovich, Skelly e White. O que Naisbitt faz não é prever tendências, mas fazê-las. Vimos como a base industrial dos EUA foi destruída, a começar pela indústria do aço. Em 1982, escrevi um livro chamado *Death of the Steel Industry*, no qual argumentei que em meados dos anos 90, a produção de aço nos EUA terá declinado até um ponto sem retorno, e que as indústrias automóvel e habitacional seguirão o exemplo.

Tudo isto aconteceu, e o que estamos a testemunhar hoje (1992) é uma recessão económica devido não só a políticas económicas mal orientadas, mas também à destruição deliberadamente planeada da nossa base industrial - e com ela, a destruição da única classe média americana - a espinha dorsal do país - que depende da expansão industrial progressiva para o crescimento e emprego estável.

Esta é uma das razões pelas quais a recessão, que começou a sério em Janeiro de 1991, se transformou numa depressão da qual os Estados Unidos, como o sabíamos nos anos sessenta e setenta, provavelmente nunca mais voltará. A economia não sairá da depressão de 1991 até pelo menos 1995-96, altura em que os EUA se terão tornado uma sociedade completamente diferente da que era no início da recessão. [23]

Os líderes de opinião desempenharam um papel significativo nesta guerra contra os Estados Unidos; precisamos de examinar o papel do Comité dos 300 na realização destas profundas mudanças e como os engenheiros sociais utilizaram a análise de sistemas centrais para evitar que a opinião pública exprimisse outra coisa que não fossem as políticas do governo invisível. Como e por onde começou tudo isto?

Dos documentos relacionados com a Primeira Guerra Mundial que pude recolher e examinar no Gabinete de Guerra em Whitehall, Londres, parece que o Royal Institute for International Affairs foi

---

[23] A previsão do Dr. Coleman tornou-se realidade. Veja-se o comércio electrónico. N/A.

encarregado pelo Comité de 300 para realizar um estudo sobre a manipulação de informações de guerra. Esta tarefa foi dada a Lord Northcliffe, Lord Rothmere e Arnold Toynbee, que era o agente do MI6 na RIIA. A família de Lord Rothmere possuía um jornal que era utilizado para apoiar várias posições governamentais, pelo que se pensava que os meios de comunicação social podiam mudar a percepção pública, particularmente nas fileiras da crescente oposição à guerra.

O projecto foi alojado na Wellington House, com o nome do Duque de Wellesly. Os peritos americanos recrutados para assistir os Lordes Rothmere e Northcliffe incluíam Edward Bernays e Walter Lippmann. O grupo realizou sessões de 'brainstorming' para desenvolver técnicas para mobilizar as massas para a guerra, particularmente entre a classe trabalhadora cujos filhos se esperava que fossem para os campos de batalha da Flandres em número recorde.

Usando o diário de Lord Rothmere, foram testadas novas técnicas manipulativas e após um período de cerca de 6 meses verificou-se que tinham sido bem sucedidas. Os investigadores descobriram que apenas um grupo muito pequeno de pessoas compreendeu o processo de raciocínio e a capacidade de observar o problema em vez de exprimir uma opinião sobre o mesmo. Segundo Lord Rothmere, foi assim que 87% do público britânico abordou a guerra, e o mesmo princípio aplica-se não só à guerra, mas a todos os problemas concebíveis na sociedade em geral.

Desta forma, a irracionalidade foi elevada a um elevado nível de consciência pública. Os manipuladores aproveitaram então para minar e distrair a atenção do público da realidade que rege uma dada situação, e quanto mais complexos se tornaram os problemas de uma sociedade industrial moderna, mais fácil foi proporcionar cada vez mais distracções, de modo que no final as opiniões absolutamente inconsequentes de massas de pessoas, criadas por manipuladores qualificados, tomaram o lugar dos factos científicos.

Tendo literalmente tropeçado numa conclusão tão profunda, os manipuladores testaram-na uns atrás dos outros durante a guerra, de modo que apesar das centenas de milhares de jovens britânicos abatidos nos campos de batalha de França, não houve praticamente oposição à guerra sangrenta. Registos da época mostram que em 1917, pouco antes dos Estados Unidos entrarem na guerra, 94% da classe operária britânica que suportava o peso da guerra não fazia ideia pelo que lutavam, a não ser pela imagem criada pelos meios manipuladores de que os alemães eram uma raça horrível, inclinados a destruir o seu monarca e o seu país, e que deveriam ser varridos da face da terra.

Certamente nada mudou, porque em 1991 tivemos exactamente a mesma situação criada pelos meios de comunicação social que permitiram ao Presidente Bush violar descaradamente a Constituição ao empreender uma guerra genocida contra a nação do Iraque com o pleno consentimento de 87% do povo americano. Woodrow Wilson pode ser creditado - se essa for a frase apropriada - com saltos no comboio do manipulador da opinião pública e usá-lo para fazer avançar as causas sussurradas ao seu ouvido pelo seu controlador, o Coronel House.

Sob as instruções do Presidente Wilson, ou melhor, do Coronel House, foi criada a Comissão de Creel e, tanto quanto se pode verificar, a Comissão de Creel foi a primeira organização nos Estados Unidos a utilizar as técnicas e a metodologia das sondagens e da propaganda em massa da RIIA. As experiências de guerra psicológica aperfeiçoadas na Wellington House foram utilizadas durante a Segunda Guerra Mundial com igual sucesso, e têm sido utilizadas continuamente na guerra psicológica maciça contra os EUA que começou em 1946. Os métodos não mudaram, apenas o alvo. Agora já não é a classe trabalhadora alemã, mas sim a classe média americana que é o foco do ataque.

Como é frequentemente o caso, os conspiradores não conseguiram conter a sua alegria. Após a Primeira Guerra Mundial, mais precisamente em 1922, Lippmann detalhou o trabalho realizado pela RIIA num livro intitulado "*OPINIÃO PÚBLICA*":

> "A opinião pública lida com factos indirectos, invisíveis e confusos, e não há nada de óbvio neles. As situações a que a opinião pública se refere são conhecidas apenas como opiniões, as imagens na cabeça dos seres humanos, imagens de si próprios, dos outros, das suas necessidades, objectivos e relações, são as suas opiniões públicas. Estas imagens, que são actuadas por grupos de pessoas ou por indivíduos agindo em nome de grupos, constituem uma OPINIÃO PÚBLICA com letra maiúscula. A imagem interior nas suas cabeças engana muitas vezes os homens nas suas relações com o mundo exterior".

Não é de admirar que Lippmann tenha sido escolhido para fazer o povo dos Estados Unidos "amar" os Beatles quando chegaram às nossas costas e foram impostos a um país insuspeito. Acrescente-se a isto a propaganda transmitida noite e dia pela rádio e televisão, e só levou um tempo relativamente curto para que os Beatles se tornassem "populares". A técnica das estações de rádio que receberam centenas de pedidos de música Beatles de ouvintes imaginários levou ao estabelecimento dos 'top 10' gráficos e classificações, e depois a uma escalada gradual para os 'top 40 gráficos' em 1992.

Em 1928, o compatriota de Lippmann, Edward Bernays, escreveu um livro intitulado *Crystallising Public Opinion* e em 1928 foi publicado um segundo livro por ele, intitulado simplesmente *PROPAGANDA*. Neste livro, Bernays descreve as suas experiências na Wellington House. Bernays era um grande amigo do mestre manipulador H.G. Wells, cujas muitas quase-novas foram usadas por Bernays para o ajudar a formular técnicas de controlo da mente em massa.

Wells não ficou embaraçado com o seu papel de liderança na mudança da sociedade de classe baixa, principalmente porque era um grande amigo dos membros da Família Real Britânica e passou muito tempo com alguns dos políticos mais antigos da época, homens como Sir Edward Grey, Lord Haldane, Robert Cecil, da família Cecil judaica que controlava a monarquia britânica desde que um Cecil se tinha tornado o secretário particular e amante da Rainha Elizabeth I, Leo Amery, Halford Mackinder, do MI6 e mais tarde director da London School of Economics, cujo aluno, Bruce Lockhart, se tornaria o controlador do MI6 de Lenine e Trotsky durante a revolução bolchevique, e até o próprio grande homem, Lord Alfred Milner. Um dos locais favoritos de Wells era o prestigioso Hotel St Ermins, o ponto de encontro do Coefficient Club, um clube ao qual só eram admitidos cavalheiros certificados e onde se reuniam uma vez por mês. Todos os homens acima mencionados eram membros, bem como membros do Souls Club. Wells afirmou que qualquer nação poderia ser derrotada, não por confrontação directa, mas pela compreensão da mente humana - aquilo a que ele chamou "o fundo mental escondido por detrás da personalidade".

Com um apoio tão poderoso, Bernays sentiu-se suficientemente confiante para lançar a sua *PROPAGANDA*:

> "À medida que a civilização se torna mais complexa, e *a necessidade de um governo invisível é cada vez mais demonstrada* (ênfase acrescentada), os meios técnicos foram inventados e desenvolvidos *pelos quais a opinião pública pode ser governada* (ênfase acrescentada). Com a imprensa gráfica e os jornais, o telefone, o telégrafo, o rádio e o avião, as ideias podem ser divulgadas rapidamente, mesmo instantaneamente, em toda a

América".

Bernays ainda não tinha visto o quanto melhor a televisão, que se seguiria, faria o trabalho.

"A manipulação consciente e inteligente dos hábitos e opiniões organizadas das massas é um elemento importante numa sociedade democrática. Aqueles que manipulam este mecanismo invisível da sociedade constituem um GOVERNO INVISÍVEL QUE É O PODER REAL DO NOSSO PAÍS".

Para apoiar a sua posição, Bernays cita o artigo de H. G. Wells no *New York Times* no qual Wells apoia entusiasticamente a ideia de que os meios de comunicação modernos "abrem um Novo Mundo de processos políticos que documentarão e sustentarão o propósito comum contra a perversão e a traição" (do governo invisível).

Para continuar com as revelações contidas na *PROPAGANDA* :

"Somos governados, as nossas mentes moldadas, os nossos gostos formados, as nossas ideias sugeridas, em grande parte por homens de quem nunca ouvimos falar. Qualquer que seja a atitude que se opte por adoptar face a esta situação, o facto é que em quase todos os actos da nossa vida quotidiana, seja na política ou nos negócios, na nossa conduta social ou no nosso pensamento ético, somos dominados por um número relativamente pequeno de pessoas, uma fracção insignificante dos nossos cento e vinte milhões (em 1928), que compreendem os processos mentais e os padrões sociais das massas. São eles que puxam os fios que controlam a mente do público, e que aproveitam as velhas forças sociais e inventam novas formas de amarrar e guiar o mundo".

Bernays não teve a audácia de dizer ao mundo quem são "TEUS" que "puxam os cordelinhos que controlam as mentes do público...", mas neste livro vamos compensar o seu descuido intencional revelando a existência desse "número relativamente pequeno de pessoas", o Comité dos 300. Bernays foi aplaudido pelo seu trabalho pelo CFR cujos membros votaram para o colocar à frente da CBS. William Paley tornou-se o seu "aluno" e acabou por substituir Bernays, tendo adquirido um conhecimento profundo da nova ciência da opinião pública, o que fez da CBS o líder neste campo, um papel que a CBS nunca abandonou na televisão e rádio em rede.

O controlo político e financeiro pelos "relativamente poucos", como Bernays os chamou, é exercido através de várias sociedades secretas, nomeadamente o Rito Escocês da Maçonaria, e talvez o mais importante, através da Ordem dos Cavaleiros de São João de Jerusalém, uma antiga ordem de oficiais escolhidos a dedo pelo monarca britânico pela sua perícia em áreas vitais para o controlo continuado do Comité.

No meu livro *A Ordem de São João de Jerusalém*, publicado em 1986, descrevi a Ordem do seguinte modo

> "...Não é, portanto, uma sociedade secreta, excepto onde os seus objectivos foram pervertidos nos conselhos interiores, como a Ordem da Jarreteira, que é uma criação oligárquica prostituída da Família Real Britânica, o que faz troça do que a Ordem Soberana de São João de Jerusalém representa.

> "Como exemplo, encontramos o ateu Lord Peter Carrington, que afirma ser um cristão anglicano, mas é membro da Ordem de Osíris e de outras seitas demoníacas, incluindo a Maçonaria, empossado como Cavaleiro da Jarreteira na Capela de São Jorge, Castelo de Windsor, por Sua Majestade, Rainha Isabel II de Inglaterra, da Nobreza Negra Guelfish, também chefe da Igreja Anglicana, que ela despreza profundamente".

Carrington foi escolhido pelo Comité dos 300 para derrubar o governo da Rodésia, colocar a riqueza mineral de Angola e da África do Sudoeste sob o controlo da cidade de Londres, destruir a Argentina e transformar a NATO numa organização política de esquerda no pagamento do Comité dos 300.

Outro rosto estranho que vemos ligado à Ordem Cristã Santa de São João de Jerusalém, e uso a palavra estranho como é usada no hebraico original do Antigo Testamento para referir a linhagem de um indivíduo, é o do Major Louis Mortimer Bloomfield, o homem que ajudou a planear o assassinato de John F. Kennedy. Vemos imagens deste homem "estranho" usando orgulhosamente a Cruz de Malta, a mesma cruz usada na manga dos Cavaleiros da Jarreteira.

Fizeram-nos tanta lavagem cerebral para acreditar que a Família Real Britânica é apenas uma instituição agradável, inofensiva e colorida, e não nos damos conta de quão corrupta e, portanto, muito perigosa é esta instituição chamada Monarquia Britânica. Os Cavaleiros da Jarreteira são o círculo mais interno dos funcionários mais corruptos que traíram totalmente a confiança neles depositada pela sua nação, o seu povo.

Os Cavaleiros da Ordem da Jarreteira são os chefes do Comité de 300, o "Conselho Privado" de maior confiança da Rainha Isabel II. Quando estava a investigar a Ordem de São João de Jerusalém, há alguns anos, fui a Oxford para falar com um dos mestres, um especialista em tradições britânicas antigas e modernas. Ele disse-me que os Cavaleiros da Jarreteira são o interior do Santuário, a elite da elite da Mais Venerável Ordem de São João de Jerusalém de Sua Majestade. Deixe-me dizer que *não* é a ordem original fundada pelo verdadeiro guerreiro cristão, Peter Gerard, mas é típica de muitas boas instituições que são assumidas e destruídas a partir do interior, *parecendo aos* não iniciados ser o original.

De Oxford fui ao Victoria and Albert Museum e obtive acesso aos documentos de Lord Palmerston, um dos fundadores da dinastia do ópio na China. Palmerston, como tantos da sua espécie, não era apenas um maçon, mas também um servo dedicado do Gnosticismo... Tal como a actual "família real", Palmerston fingia ser cristão, mas era na realidade um servo de Satanás. Muitos satanistas tornaram-se governantes da aristocracia britânica e fizeram fortuna com o comércio do ópio na China.

Aprendi nos documentos do museu com o nome de Victoria que ela mudou o nome da Ordem de São João de Jerusalém em 1885 para romper com a ligação católica do fundador da Ordem, Peter Gerard, e rebaptizou-a de "Mais Venerável Ordem Protestante de Jerusalém". A adesão estava aberta a todas as famílias oligárquicas que tinham feito fortuna no comércio do ópio na China, e a todas as famílias completamente decadentes foi dado um lugar na "nova ordem".

Muitos destes veneráveis senhores foram responsáveis pela supervisão da era da Proibição nos Estados Unidos a partir do Canadá, onde vários dos seus membros forneciam o whisky, que era enviado para os Estados Unidos. Entre este grupo estava o Comité de 300 membros Earl Haig, que deu a sua franquia de whisky ao velho Joe Kennedy. Tanto a Proibição como as destilarias que satisfaziam a procura de álcool eram criações da Coroa Britânica actuando através do Comité dos 300. Foi uma experiência que se tornou o precursor do comércio de drogas de hoje, e as lições aprendidas da era da Proibição estão a ser aplicadas ao comércio de drogas que em breve será legalizado.

O Canadá é a rota mais importante utilizada pelos fornecedores de heroína do Extremo Oriente. A monarquia britânica assegura que esta informação nunca seja tornada pública. Através dos seus poderes, a Rainha Isabel governa o Canadá através do Governador Geral (pergunta-se como os canadianos modernos podem aceitar um acordo tão arcaico), que é o representante PESSOAL da Rainha, e depois através do Conselho Privado (outro remanescente arcaico da era colonial) e dos Cavaleiros de São João de Jerusalém, que controlam todas as facetas do comércio canadiano. A oposição ao domínio britânico é suprimida. O Canadá tem algumas das leis mais restritivas do mundo, incluindo as chamadas leis de "crimes de ódio" impostas ao país pelos membros judeus da Câmara dos Lordes em Inglaterra. Actualmente, há quatro grandes julgamentos em várias fases no Canadá, envolvendo pessoas acusadas de "crimes de ódio". Estes são os casos Finta, Keegstra, Zundel e Ross. Qualquer pessoa que se atreva a tentar mostrar provas do controlo judaico do Canadá (que os Bronfmans exercem) é imediatamente presa e acusada dos chamados "crimes de ódio". Isto dá-nos uma ideia da extensão do alcance do Comité dos 300, que literalmente se situa no topo de tudo neste mundo.

Isto é confirmado pelo facto de o Comité de 300 ter criado o Instituto Internacional de Estudos Estratégicos (IISS) sob a égide da Mesa Redonda. Este instituto é o veículo da propaganda negra e dos empregos húmidos do MI6 e Tavistock (o nome da capa dos serviços secretos para uma operação de derramamento de sangue),[24] nuclear e terrorista, que são divulgados na imprensa mundial, bem como aos governos e instituições militares.

Os membros do IISS incluem representantes de 87 grandes agências noticiosas e associações, assim como 138 editores e colunistas de jornais e revistas internacionais. Agora já sabe onde o seu colunista favorito obtém todas as suas informações e opiniões. Lembre-se de Jack Anderson, Tom Wicker, Sam Donaldson, John Chancellor, Mary McGrory, Seymour Hersh, Flora Lewis e Anthony Lewis, etc. As informações fornecidas pelo IISS, especialmente os guiões como os preparados para denegrir o Presidente Hussein, justificam o próximo ataque à Líbia e condenam a OLP, são todos especialmente adaptados para a ocasião. A história do massacre de Mai Lai publicada por Seymour Hersh veio directamente do IISS, no caso de assumirmos erroneamente que homens como Hersh fazem as suas próprias pesquisas.

O Instituto Internacional de Estudos Estratégicos não é mais do que um formador de opinião de alto nível, tal como definido por

---

[24] Literalmente trabalhos onde se tem de molhar... NDT.

Lippmann e Bernays. Em vez de escrever livros, os jornais relatam opiniões apresentadas por colunistas seleccionados, e o IISS foi criado para ser um ponto focal não só para criar opiniões, mas também para divulgar essas opiniões e cenários muito mais rapidamente e a um público mais vasto do que o que um livro poderia alcançar. O IISS é um bom exemplo do trabalho em rede e da interface das instituições do Comité dos 300.

A ideia de criar o IISS nasceu na reunião de Bilderberger em 1957. Recorda-se que a conferência Bilderberger foi uma criação do MI6 sob a direcção do Royal Institute of International Affairs. A ideia veio de Alastair Buchan, filho de Lord Tweedsmuir. Buchan era presidente na altura, membro da direcção da RIIA e membro da Mesa Redonda, que se diz ser muito próxima da família real britânica. Foi a mesma conferência que acolheu o líder do Partido Trabalhista Dennis Healey nas suas fileiras. Outros participantes incluíram François Duchene, cujo mentor, Jean Monet Duchenes, chefiou a Comissão Trilateral sob a tutela de H. V. Dicks do Centro Columbus em Tavistock.

Os membros da direcção desta gigantesca máquina de propaganda e opinião incluem as seguintes pessoas:

- ➢ Frank Kitson, um antigo controlador do IRA PROVISIONALS, o homem que lançou a insurreição Mau-Mau no Quénia.

- ➢ Lazard Frères, representado por Robert Ellsworth.

- ➢ N. M. Rothschild, representado por John Loudon.

- ➢ Paul Nitze, representante do Banco Schroeder.

O nitze tem desempenhado um papel muito importante e substancial nas questões do acordo de controlo de armas, que SEMPRE estiveram sob a liderança da RIIA.

- ➢ C. L. Sulzberger do *New York Times*.

- ➢ Stansfield Turner, antigo director da CIA.

- ➢ Peter Calvocoressi, representante da Penguin Books.

- ➢ Instituto Real para os Assuntos Internacionais, representado por Andrew Schoenberg.

- ➢ Colunistas e repórteres, representados por Flora Lewis, Drew Middleton, Anthony Lewis, Max Frankel.

> Daniel Ellsberg.

> Henry Kissinger.

> Robert Bowie, antigo director do National Intelligence Estimate da CIA.

Após a reunião de Bilderberger de 1957, Kissinger foi ordenado a abrir uma mesa redonda em Manhattan, cujo núcleo era Haig, Ellsberg, Halperin, Schlessinger, McNamara e os irmãos McBundy. Kissinger foi ordenado a preencher todos os lugares de topo da administração Nixon com membros da Mesa Redonda, leais à RIIA e, portanto, à Rainha de Inglaterra. Não é por acaso que Kissinger escolheu o antigo covil do Presidente Nixon, o Hotel Pierre, como seu centro de operações.

O significado da Operação Mesa Redonda-Kissinger foi este: Por ordem do Presidente da RIIA, Andrew Schoeberg, todas as agências envolvidas nos serviços secretos foram impedidas de dar informações ao Presidente Nixon. Isto significou que Kissinger e a sua equipa receberam TODOS os serviços secretos, estrangeiros e nacionais, forças da lei e segurança, incluindo a Divisão 5 do FBI, antes da sua libertação para o Presidente. Isto garantiu que todas as operações terroristas controladas pelo MI6 nos EUA não teriam qualquer hipótese de serem reveladas. Este era o domínio de Halperin.

Usando esta metodologia, Kissinger estabeleceu imediatamente a sua hegemonia sobre a presidência de Nixon, e depois de Nixon ter sido desonrado pelo grupo Kissinger e expulso do cargo, Kissinger emergiu com poderes sem precedentes, tais como os que não foram correspondidos antes ou depois de Watergate. Alguns destes poderes raramente estão listados:

Kissinger ordenou que o Memorando de Decisão de Segurança Nacional n.º 1 fosse redigido por Halperin, que recebeu a redacção actual directamente da RIIA através dos círculos da Mesa Redonda. O memorando designava Kissinger como a derradeira autoridade dos EUA, presidindo ao grupo de verificação. Todas as negociações SALT foram conduzidas pelos mesmos organismos, liderados por Paul Nitze, Paul Warnke e um grupo de traidores na missão de controlo de armas de Genebra.

Além disso, Kissinger foi nomeado para o Grupo Especial de Estudo sobre o Vietname, que supervisionou e avaliou todos os relatórios, civis e militares, incluindo os relatórios dos serviços secretos do

Vietname. Kissinger também exigiu e recebeu supervisão do "Comité 40", uma agência super-secreta cuja função é decidir quando e onde lançar actividades encobertas e depois monitorizar o progresso das operações que põe em marcha.

Entretanto, Kissinger ordenou uma avalanche de escutas do FBI, mesmo nos seus ajudantes mais próximos, a fim de dar a impressão de que sabia tudo. A maior parte da sua comitiva foi informada de que estavam a ser explorados. Isto quase saiu pela culatra quando um agente do MI6 chamado Henry Brandon foi mandado colocar escutas, mas não foi informado por Kissinger. Brandon estava a fazer-se passar por repórter do *London Times* e Kissinger quase foi despedido porque ninguém o faz no *London Times*.

A história completa da invasão de Ellsberg e do subsequente escândalo Nixon Watergate é demasiado longa para ser incluída aqui. Basta dizer que Kissinger tinha o controlo de Ellsberg desde o dia em que foi recrutado enquanto esteve em Cambridge. Ellsberg tinha sido sempre um defensor convicto da Guerra do Vietname, mas foi gradualmente "convertido" num activista radical de esquerda. A sua 'conversão' não foi menos milagrosa do que a experiência da estrada de São Paulo em Damasco.

Todo o espectro da nova esquerda nos EUA foi o trabalho do serviço secreto britânico (MI6) actuando através dos agentes da Mesa Redonda e do Institute for Policy Studies (IPS). Tal como fez com todos os países com uma base republicana, cujas políticas precisavam de ser alteradas, a IPS desempenhou um papel de liderança, tal como faz hoje em dia na África do Sul e na Coreia do Sul. Muito do trabalho do IPS é explicado no meu livro *IPS Revisited* publicado em 1990.

O IPS tinha uma função principal, semear a discórdia e espalhar a desinformação, causando assim o caos. Um desses programas, dirigido à juventude americana, centrou-se na droga. Através de uma série de frentes IPS, actos como o apedrejamento da comitiva de Nixon e um grande número de bombardeamentos, foi efectivamente criado um clima de engano, levando a maioria dos americanos a acreditar que os EUA foram ameaçados pelo KGB, GRU e IMB cubano. Corriam rumores de que muitos destes agentes imaginários tinham laços estreitos com os democratas através de George McGovern. Esta foi, de facto, uma campanha modelo de desinformação pela qual o MI6 é justamente famoso.

Haldeman, Ehrlichman e os colaboradores mais próximos de Nixon não faziam ideia do que se estava a passar, resultando numa enxurrada de declarações da Casa Branca de que a Alemanha Oriental, a União Soviética, a Coreia do Norte e Cuba estavam a treinar terroristas e a financiar as suas operações nos EUA. Duvido que Nixon soubesse muito sobre o IPS, quanto mais suspeitar do que estava a fazer à sua presidência. Sofremos do mesmo tipo de desinformação durante a Guerra do Golfo, quando se soube que os terroristas de todos os lados estavam prestes a invadir os EUA e a explodir tudo à vista.

O Presidente Nixon foi literalmente deixado no escuro. Nem sequer sabia que David Young, um estudante de Kissinger, estava a trabalhar na cave da Casa Branca, supervisionando as "fugas". Young era um graduado de Oxford e associado de longa data de Kissinger através de activos da Mesa Redonda, como a firma de advogados Milbank Tweed. O Presidente Nixon não estava à altura das forças destacadas contra ele sob a direcção do MI6 em nome do Instituto Real para os Assuntos Internacionais e, portanto, da Família Real Britânica. A única coisa de que Nixon era culpado, no que diz respeito a Watergate, era a sua ignorância sobre o que se passava à sua volta. Quando James McCord 'confessou' ao Juiz John Sirica, Nixon deveria ter-se apercebido num piscar de olhos que McCord estava a jogar um jogo duplo. Ele deveria ter chamado Kissinger para falar sobre a sua relação com McCord no local. Isso teria atirado uma chave de porcas à obra e descarrilado toda a operação MI6-Watergate.

Nixon não abusou dos seus poderes presidenciais. O seu crime não foi defender a Constituição dos Estados Unidos da América e não acusar a Sra. Katherine Meyer Graham e Ben Bradley de conspiração para cometer insurreição. O pedigree da Sra. Katherine Meyer Graham é muito duvidoso, como "Jessica Fletcher" de "Murder She Wrote" teria rapidamente descoberto. Mas mesmo sabendo disto, os controladores da Sra. Graham na Távola Redonda teriam lutado arduamente para manter o segredo. O papel do *Washington Post* era manter o pote a ferver gerando uma "revelação" atrás da outra, criando assim um clima de desconfiança pública em relação ao Presidente Nixon, embora não houvesse um pingo de indícios de irregularidades da sua parte.

No entanto, mostra o imenso poder da imprensa, como Lippmann e Bernays correctamente anteciparam, na medida em que a Sra. Graham, há muito suspeita do assassinato do seu marido, Philip L. Graham - oficialmente classificado como "suicídio" - deveria ter conservado alguma credibilidade. Outros traidores que deveriam ter sido acusados de insurreição e traição foram Kissinger, Haig, Halperin, Ellsberg, Young, McCord, Joseph Califano e Chomsky da IPS e os agentes da CIA que foram à casa de McCord e queimaram todos os seus documentos. Mais uma vez, é preciso repetir que o Watergate, como muitas outras operações que não temos espaço para incluir aqui, demonstrou o CONTROLO TOTAL exercido sobre os Estados Unidos pelo Comité de 300.

Embora Nixon andasse com pessoas como Earl Warren e alguns dos mafiosos que construíram a casa de Warren, isso não significa que ele deveria ter sido desonrado pelo caso Watergate. A minha antipatia por Nixon deriva da sua vontade de assinar o infame tratado ABM em 1972 e da sua relação demasiado íntima com Leonid Brezhnev. Um dos erros mais lamentáveis do Conselho das Minorias foi o seu abjecto fracasso em expor o papel sujo desempenhado pela INTERTEL, a horrível agência de inteligência privada do Grupo Corning, que já conhecemos, em "vazar" grande parte do Watergate para Edward Kennedy. Agências privadas de inteligência como a INTERTEL não têm o direito de existir nos Estados Unidos. São um TRÊS ao nosso direito à privacidade e um insulto a todos os homens livres em toda a parte.

A culpa também recai sobre aqueles que deveriam proteger o Presidente Nixon do tipo de rede de malha de aço que foi atirada à sua volta para o isolar. O pessoal dos serviços secretos em torno de Nixon não tinha conhecimento dos rigores das operações dos serviços secretos britânicos; de facto, não tinham ideia de que Watergate era uma operação dos serviços secretos britânicos na sua totalidade. O plano Watergate foi um golpe contra os Estados Unidos da América, assim como o assassinato de John F. Kennedy. Embora este facto não seja hoje reconhecido como tal, estou convencido de que quando todos os documentos secretos forem finalmente abertos, a história registará que dois golpes, um contra Kennedy e outro contra Nixon, tiveram de facto lugar, e que eles trouxeram na sua esteira a violação e o ataque mais violentos contra as instituições sobre as quais assenta a República dos Estados Unidos.

O indivíduo mais merecedor do título de traidor e mais culpado de sedição é o General Alexander Haig. Este coronel clerical, cuja carreira como burocrata não incluía o comando de tropas em combate, foi subitamente empurrado para a ribalta pelo invisível governo paralelo no topo. O Presidente Nixon descreveu-o uma vez como um homem que teve de pedir autorização a Kissinger para ir à casa de banho.

Haig é um produto da Mesa Redonda. Foi notado pelo proeminente membro Joseph Califano, um dos representantes de maior confiança de Sua Majestade nos Estados Unidos. Joseph Califano, conselheiro jurídico da Convenção Nacional Democrática, tinha na realidade entrevistado Alfred Baldwin, um dos canalizadores, um mês antes do assalto. Califano foi suficientemente tolo para escrever um memorando sobre a sua entrevista com Baldwin, no qual deu pormenores sobre o passado de McCord e a razão pela qual McCord tinha escolhido Baldwin para fazer parte da "equipa".

Mais importante ainda, o memorando da Califano continha todos os detalhes das transcrições das conversas entre Nixon e a comissão de reeleição, todas ANTES da ocorrência do assalto. Califano deveria ter sido indiciado por uma multidão de delitos federais; em vez disso, saiu impune da sua actividade criminosa. O Sanctimonious Sam Ervin recusou-se a permitir que o Advogado das Minorias Fred Thompson apresentasse esta prova altamente prejudicial nas audiências do Watergate - com o argumento espúrio de que era "demasiado especulativa".

A pedido da Mesa Redonda, Kissinger promoveu Haig de coronel a general de quatro estrelas na ascensão mais meteórica jamais registada nos anais da história militar dos EUA, durante a qual Haig ultrapassou 280 generais e oficiais superiores do Exército dos EUA.

Durante e como resultado da "promoção" de Haig, 25 generais seniores foram forçados a demitir-se. Como recompensa pela sua traição ao Presidente Nixon e aos Estados Unidos, Haig recebeu então o cargo de Comandante Geral das forças da Organização do Tratado do Atlântico Norte (OTAN), apesar de ser o comandante menos qualificado de sempre a ocupar o cargo. Mais uma vez, foi ultrapassado por 400 generais superiores dos países da OTAN e dos Estados Unidos.

Quando a notícia da sua nomeação chegou ao Alto Comando das Forças Armadas Soviéticas, o Marechal Orgakov recordou os seus três generais de topo do Pacto de Varsóvia da Polónia e da Alemanha de Leste, e houve muita alegria, tinido de copos e bebido champanhe até altas horas da noite. Ao longo do mandato de Haig como comandante das forças da OTAN, os quadros profissionais de elite das forças armadas soviéticas, homens que nunca tinham sido outra coisa que não fossem soldados profissionais, desprezaram Haig e referiam-se abertamente a ele como um "gerente de escritório da OTAN". Eles sabiam que Haig devia a sua nomeação à RIIA e não aos militares dos EUA.

Mas antes da sua promoção militar o ter tirado de Washington, Alexander Haig, juntamente com Kissinger, praticamente destruiu o gabinete do Presidente dos EUA e do seu governo. O caos deixado por Kissinger e Haig na sequência de Watergate nunca foi relatado, que eu saiba. Por insistência da RIIA, Haig assumiu praticamente a direcção do governo dos EUA após o golpe de Abril de 1973. Ao trazer 100 agentes de Mesa Redonda escolhidos a dedo da Brookings Institution, do Institute Policy Studies e do Council on Foreign Relations, Haig preencheu as cem posições mais importantes em Washington com homens que, como ele, estavam em dívida para com uma potência estrangeira. No desastre que se seguiu, a administração Nixon foi danificada e os Estados Unidos com ela.

Para além das piedosas banalidades e posturas em defesa da Constituição, o Senador Sam Ervin fez mais para mudar os Estados Unidos do que qualquer coisa que o Presidente Nixon teria feito, e os Estados Unidos ainda não recuperaram da ferida quase fatal de Watergate, uma operação patrocinada pelo Comité de 300 e levada a cabo pelo Royal Institute for International Affairs, a Mesa Redonda, e agentes do MI6 sediados nos EUA.

A forma como o Presidente Nixon foi primeiro isolado, rodeado por traidores e depois confundido, seguiu à letra o método Tavistock de assumir o controlo total de uma pessoa de acordo com a metodologia estabelecida pelo teórico chefe do Tavistock, o Dr. Kurt Lewin. Tenho a metodologia de Lewin detalhada noutra parte deste livro, mas tendo em conta o estudo de caso do Presidente Richard M. Nixon, penso que é preciso repeti-la:

> "Uma das principais técnicas para quebrar o moral, através de uma estratégia de terror, é exactamente esta táctica: manter a pessoa num estado de limbo sobre a sua situação e sobre o que ela pode esperar. Além disso, se as oscilações frequentes entre medidas disciplinares severas e promessas de bom tratamento, bem como a divulgação de notícias contraditórias, tornarem a estrutura cognitiva desta situação completamente obscura, o indivíduo pode mesmo deixar de saber se um determinado plano o levaria a aproximar-se ou a afastar-se do objectivo. Nestas condições, mesmo indivíduos que têm objectivos claros e estão dispostos a correr riscos estão paralisados por um grave conflito interno sobre

o que fazer.

Kissinger e Haig seguiram à risca os manuais de formação Tavistock. O resultado foi um Presidente Nixon desorientado, confuso, assustado e desmoralizado, cuja única linha de acção - Haig disse-lhe - era demitir-se. Em 1983 escrevi dois livros, *The Tavistock Institute: Sinister and Deadly* e *The Tavistock Institute: Britain's Control of U.S. Policy*,[25] com base nos manuais secretos Tavistock que me tinham caído nas mãos. Os métodos e acções do Instituto Tavistock estão detalhados nestes dois livros.

Os métodos de Tavistock foram aplicados com tanto sucesso à destituição do Presidente Nixon que o povo desta nação acreditou plenamente na calúnia do conspirador de mentiras, distorções e situações fabricadas como verdade, quando de facto Watergate era uma mentira diabólica por completo. É importante salientar isto, pois certamente não vimos o fim das operações do tipo Watergate.

Quais foram os alegados delitos impugnáveis cometidos pelo Presidente Nixon, e as chamadas provas de "armas de fumo" que supostamente sustentavam estas acusações? Primeiro, a "arma fumegante". Esta peça FICTION foi criada por Kissinger e Haig em torno da fita de 23 de Junho, que Haig forçou Nixon a entregar a Leon Jaworski.

Haig passou horas a convencer o Presidente Nixon de que esta fita iria afundá-lo, porque provou "sem sombra de dúvida" que Nixon era culpado de má conduta grave e que era um co-conspirador no assalto ao Watergate. A primeira reacção do Presidente Nixon foi dizer a Haig: "É completamente absurdo fazer disto um grande negócio", mas Haig continuou a trabalhar até Nixon estar convencido de que não podia defender-se perante o Senado apenas com base nesta gravação particular de 23 de Junho!

Como é que Haig tinha cumprido a sua missão? Reproduzindo um guião preparado para ele pelos seus monitores da Mesa Redonda, Haig tinha uma transcrição não editada da fita "smoking gun"[26] dactilografada pelo seu pessoal. De facto, não havia nada na cassete

---

[25] Ver a actualização destes livros em *Instituto Tavistock de Relações Humanas*, Omnia Veritas Ltd, www.omnia-veritas.com.

[26] "Smoking gun", um termo sinónimo de provas irrefutáveis.

que o Presidente Nixon não conseguisse explicar. Percebendo isto, Haig fez circular a sua transcrição não autorizada e não editada da fita entre os mais fervorosos apoiantes de Nixon na Câmara e no Senado e o alto comando do Partido Republicano. Salpicado de pensamentos sobre a "arma fumegante" e o efeito "devastador" que certamente teria. Vindo do ajudante de confiança de Nixon, a transcrição teve o efeito de um falcão atacar um bando de pombos; os apoiantes de Nixon entraram em pânico e abrigaram-se.

Após a sua sedição e insurreição, Haig convocou o Congressista Charles Wiggins, um firme apoiante de Nixon que tinha concordado em liderar a luta na Câmara dos Representantes para evitar processos de impeachment, para o seu gabinete. Numa mentira gritante, Wiggins foi informado por Haig, "A luta está perdida. Depois disto, Wiggins perdeu o interesse em defender Nixon, acreditando que o próprio Nixon tinha concordado em desistir. Haig tratou então o Senador Griffin, um dos principais apoiantes do Presidente no Senado, da mesma forma. Como resultado das actividades sediciosas e traiçoeiras de Haig, o Senador Griffin escreveu imediatamente uma carta ao Presidente Nixon pedindo-lhe que se demitisse.

THREE MONTHS AGO, o Instituto de Estudos Políticos controlado por Mesa Redonda, filho de James Warburg, fundador e membro Marcus Raskin, emitiu EXATAMENTE o mesmo ultimato ao Presidente Nixon para se demitir, utilizando o jornal de propaganda dos Serviços Secretos Britânicos, o *New York Times* de 25 de Maio. A tragédia de Watergate foi um passo na transição irreversível para a barbárie que está a envolver os Estados Unidos, e que nos está a conduzir à Ordem de Um Governo Mundial/Nova Ordem Mundial. Os Estados Unidos estão agora na mesma fase que a Itália quando Aldo Moro tentou salvá-la da instabilidade que criou.

De que delito foi Nixon acusado? John Doar, cuja franqueza era perfeitamente adequada à sua tarefa de apresentar artigos de impeachment contra o Presidente, foi o autor e finalizador de uma das maiores operações de vigilância doméstica e contra-espionagem ILLEGAL jamais realizadas nos Estados Unidos.

Como chefe da Unidade de Inteligência Interdepartamental (IDIU), Doar recolheu informações de todas as agências concebíveis do governo federal, incluindo o Serviço de Receitas Internas. O programa estava ligado ao Instituto de Estudos Políticos. Um dos pontos altos da carreira de Doar foi fornecer à CIA - que é proibida por lei de exercer vigilância interna - 10.000 a 12.000 nomes de cidadãos de que suspeitava serem dissidentes políticos para uma investigação mais aprofundada.

A 18 de Julho de 1974, este grande defensor da lei, com pomposidade comedida, entregou as "acusações" contra o Presidente Nixon, um episódio que foi transmitido pela televisão a nível nacional. No entanto, não havia uma réstia de prova de que Nixon tivesse feito algo de repreensível que pudesse levar ao seu impeachment; de facto, a patética ladainha de Doar sobre os alegados "crimes" de Nixon era tão trivial que é surpreendente que o processo tenha ido além desse ponto. A falsificação do imposto sobre o rendimento, o bombardeamento não autorizado do Camboja e uma vaga acusação de "abuso de poder", que nunca teria sido defendida num tribunal, foi o melhor que Doar podia fazer. Os Estados Unidos estavam tão instáveis como sempre tinham estado quando o Presidente Nixon se demitiu a 8 de Agosto de 1974.

Em lado nenhum, mais do que nas nossas políticas económicas e fiscais. Em 1983, banqueiros internacionais reuniram-se em Williamsburg, Virgínia, para conceber uma estratégia de preparação dos Estados Unidos para uma desintegração total do seu sistema bancário. Este evento planeado foi para pressionar o Senado dos EUA a aceitar o controlo das nossas políticas monetária e fiscal por parte do Fundo Monetário Internacional (FMI). Dennis Weatherstone da Morgan Guarantee em Wall Street disse estar convencido de que esta era a única forma de os EUA se poderem salvar a si próprios.

Esta proposta foi aprovada pelo Grupo Ditchley, com origem em Maio de 1982 em Ditchley Park, Londres. Em 10 e 11 de Janeiro de 1983, este grupo de forasteiros reuniu-se em Washington D.C., em violação do Sherman Anti-Trust Act e do Clayton Act, e conspirou para subverter a soberania dos Estados Unidos da América na sua liberdade monetária e financeira. O Procurador-Geral dos Estados Unidos estava ciente da reunião e do seu objectivo. Em vez de acusar o grupo de conspiração para cometer um crime federal, ele simplesmente olhou para o lado.

Ao abrigo das leis acima referidas, a prova de uma conspiração é tudo o que é necessário para uma condenação criminal, e existiam amplas provas de que uma conspiração tinha tido lugar. Mas como a Fundação Ditchley se tinha reunido a pedido do Royal Institute of International Affairs e foi anfitriã da Mesa Redonda, ninguém no Departamento de Justiça teve a coragem de agir como exigido por aqueles que juraram defender as leis dos Estados Unidos.

O plano Ditchley, que visava assumir o controlo das políticas fiscais e monetárias dos EUA, foi uma ideia de Sir Harold Lever, um ardente apoiante do sionismo, confidente próximo da família real britânica e membro do Comité dos 300. Sir Harold Lever foi director do gigantesco conglomerado UNILEVER, uma das principais empresas do Comité dos 300. O plano de Lever apelava para que a influência do FMI fosse alargada de modo a poder influenciar os bancos centrais de todas as nações, incluindo os Estados Unidos, e guiá-los para as mãos de um único banco governamental mundial.

Este foi um passo essencial para que o FMI se tornasse o árbitro final do sistema bancário mundial. A reunião ultra-secreta de Janeiro foi precedida por outra reunião em Outubro de 1982, na qual participaram representantes de 36 dos maiores bancos do mundo, reunidos no Hotel Vista em Nova Iorque. A segurança no seminário de 26-27 de Outubro foi tão apertada como tudo o que alguma vez se viu na Grande Maçã. Esta reunião anterior do Grupo Ditchley também violou a lei americana.

Ao dirigir-se à reunião, Sir Harold Lever disse que era essencial acabar com a soberania nacional como um vestígio arcaico antes do ano 2000.

> "Os EUA em breve terão de perceber que não será melhor do que qualquer país do terceiro mundo quando o FMI assumir o controlo", disse Sir Harold.

Os delegados foram mais tarde informados de que os planos para designar o FMI como monitor da política fiscal dos EUA estavam a ser preparados para apresentação ao Senado dos EUA até ao ano 2000.

Rimmer de Vries, falando em nome da Morgan Guarantee, disse que já era altura de os EUA se tornarem membro do Banco de Compensações Internacionais. "A hesitação dos EUA nos últimos 50 anos precisa de ser reconsiderada", disse de Vries. Alguns banqueiros britânicos e alemães, temendo possíveis violações da lei americana, disseram que o grupo Ditchley não era mais do que uma comissão para resolver problemas cambiais. Felix Rohatyn falou também da grande necessidade de alterar as leis bancárias dos EUA para que o FMI pudesse desempenhar um papel mais importante naquele país. Rohatyn era chefe do Lazard Frères, um banco do Clube de Roma que faz parte do Grupo Eagle Star, que já conhecemos antes.

Os representantes da mesa redonda, William Ogden e Werner Stang, falaram entusiasticamente a favor da rendição da soberania fiscal dos

EUA ao Fundo Monetário Internacional e ao Banco de Compensações Internacionais. Os delegados que representam o Grupo Alfa, um banco da Maçonaria P2, declararam que os EUA devem ser forçados a submeter-se à "autoridade superior de um banco mundial" antes que qualquer progresso em direcção à Nova Ordem Mundial possa ser feito.

A 8 de Janeiro de 1983, antes da sua grande reunião de 10-11 de Janeiro, Hans Vogel, um dos principais membros do Clube de Roma, foi recebido na Casa Branca. O Presidente Ronald Reagan tinha convidado George Schultz, Caspar Weinberger, George Kennan e Lane Kirkland para participar na sua reunião com Vogel, que explicou ao Presidente Reagan as metas e objectivos do Grupo Ditchley. A partir desse dia, o Presidente Reagan deu meia volta e trabalhou com as várias agências do Comité dos 300 para fazer avançar o Fundo Monetário Internacional e o Banco de Compensações Internacionais como autoridade em matéria de políticas monetárias internas e externas dos EUA.

O governo invisível do Comité dos 300 tem exercido uma enorme pressão sobre a América para mudar os seus caminhos - para pior. A América é o último bastião da liberdade, e a menos que as nossas liberdades sejam tiradas, o progresso para um Governo Mundial Único será consideravelmente retardado. Um empreendimento como um Governo Mundial Único é um empreendimento maciço, que requer muita habilidade, capacidade organizacional, controlo dos governos e das suas políticas. A única organização que poderia ter empreendido esta tarefa gigantesca com alguma esperança de sucesso é o Comité dos 300, e vimos até onde tem ido em direcção ao sucesso total.

É, acima de tudo, uma luta espiritual. Infelizmente, as igrejas cristãs tornaram-se pouco mais do que clubes sociais geridos pelo Conselho Mundial de Igrejas (CMI) infinitamente mau, cujas origens não estão em Moscovo, mas na cidade de Londres, como vemos no gráfico no final do livro que dá a estrutura da Igreja de Um Governo Mundial. Este organismo foi criado nos anos 20 como veículo para as políticas de Um Governo Mundial, e é um monumento às capacidades de planeamento a longo prazo do Comité de 300.

Outra organização corrupta semelhante ao CMI em estrutura e desenho é a União de Cientistas Preocupados, criada pela Comissão Trilateral e financiada pelo Carnegie Endowment Fund, a Fundação Ford e o Aspen Institute. Foi este grupo que liderou a luta para impedir os EUA de estabelecer um dissuasor eficaz contra as

Cosmosferas Soviéticas, armas de raios laser baseadas no espaço que podem destruir alvos seleccionados nos EUA ou noutro lugar do espaço.

O programa SDI dos EUA foi concebido para contrariar a ameaça representada pelas Cosmosferas Soviéticas, uma ameaça que ainda existe apesar das garantias de que "o comunismo está morto". O porta-voz soviético Georgi Arbatov disse numa reunião da União de Cientistas Preocupados que era importante para eles oporem-se ao programa SDI, porque se o programa SDI se tornasse operacional, "seria uma catástrofe militar". Ano após ano, a União de Cientistas Preocupados opôs-se a todos os orçamentos que incluíam fundos para o programa SDI vital, até ao final de 1991 não havia sequer dinheiro suficiente para financiar a investigação adicional ainda necessária, quanto mais para colocar o sistema em órbita. A União de Cientistas Preocupados é dirigida pelo Royal Institute for International Affairs e está fortemente infiltrada por agentes do MI6, o serviço secreto britânico.

Não há um único aspecto da vida na América que não seja monitorizado, dirigido na direcção "certa", manipulado e controlado pelo governo invisível do Comité dos 300. Não há um único funcionário eleito ou líder político que não esteja sujeito à sua autoridade. Até agora, ninguém foi capaz de desafiar os nossos governantes secretos, que não hesitam em fazer um "exemplo feio" de ninguém, incluindo o Presidente dos Estados Unidos da América.

Desde 1776, quando Jeremy Bentham e William Petty, o Conde de Shelburne, recém-saídos do triunfo da Revolução Francesa que tinham planeado e dirigido, foram recrutados pela Coroa Britânica para pôr a sua experiência combinada a trabalhar para os colonos; até 1812, quando os britânicos saquearam e queimaram Washington, destruindo documentos secretos que teriam revelado a traição dos Estados Unidos da América em vias de extinção; até ao Watergate do Presidente Nixon e ao assassinato do Presidente Kennedy; a mão do Comité dos 300 é claramente vista. Este livro é uma tentativa de abrir os olhos do povo americano a esta terrível verdade: *não* somos uma nação independente, e *nunca* poderemos ser, enquanto formos governados por um governo invisível, o Comité dos 300.

Instituições/organizações passadas e presentes sob a influência directa do Comité de 300

- ➤ Academia para os Problemas Contemporâneos.
- ➤ Fundo para África.
- ➤ Agência de Desenvolvimento Internacional.
- ➤ Fundação Albert Previn.
- ➤ Alliance Israelite Universelle.
- ➤ União Americana das Liberdades Civis
- ➤ Conselho Americano de Relações Raciais.
- ➤ Sociedade Americana de Defesa.
- ➤ American Press Institute.
- ➤ Liga Protectora Americana.
- ➤ Liga Anti-Defamação.
- ➤ Instituto de Investigação Social.
- ➤ Instituto para o Futuro.
- ➤ Instituto para a Ordem Mundial.
- ➤ Instituto sobre Drogas, Crime e Justiça.
- ➤ Inter-alfa.
- ➤ Instituto Interamericano de Desenvolvimento Social.
- ➤ Instituto Internacional de Estudos Estratégicos.
- ➤ Colóquio Inter-Religioso de Paz.
- ➤ Irgun.
- ➤ Cavaleiros de Malta.
- ➤ Liga das Nações.
- ➤ Instituto de Gestão

- ➢ Gabinete Árabe.
- ➢ Comité Superior Árabe.
- ➢ Fundação ARCA.
- ➢ Fundação de Investigação Blindada.
- ➢ Controlo de Armas e Política Externa
- ➢ Caucus.
- ➢ Arthur D. Little, Inc.
- ➢ Instituto de Investigação Asiática.
- ➢ Instituto Aspen.
- ➢ Associação para a Psicologia Humanista.
- ➢ Centro de Investigação de Aumento.
- ➢ Baron de Hirsh Fund.
- ➢ Instituto Battelle Memorial.
- ➢ Fundação Nacional Berger.
- ➢ Centro de Investigação do Futuro de Berlim.
- ➢ Bilderbergers.
- ➢ Ordem Negra.
- ➢ Boicote à Conferência de Bens

- Logística.
- ➢ Câmara dos Deputados de Londres de judeus britânicos.
- ➢ London School of Economics.
- ➢ Mary Carter Paint Company.
- ➢ Instituto de Tecnologia de Massachusetts.
- ➢ Instituto Mellon. Sociedade Metafísica.
- ➢ Grupo Milner.
- ➢ Metais de Mocatto.
- ➢ Sociedade Monte Pelerin.
- ➢ NAACP.
- ➢ Investigação da Acção Nacional no Complexo Militar/Industrial.
- ➢ Instituto Nacional do Centro para a Produtividade.
- ➢ Conselho Nacional de Igrejas.
- ➢ Centro Nacional de Investigação de Opinião.
- ➢ Laboratórios Nacionais de

Japoneses.

➤ British Newfoundland Corporation.

➤ Sociedade Real Britânica.

➤ Irmandade do Bureau de Cooperativas da Commonwealth Internacional.

➤ Propaganda Revolucionária.

➤ Congresso Judaico Canadiano.

➤ Catedral de St. John the Divine, Nova Iorque.

➤ Centro de Estudos Avançados em Ciências do Comportamento.

➤ Centro para os Direitos Constitucionais.

➤ Centro de Estudos Cubanos.

➤ Centro das Instituições Democráticas.

➤ Centro para a Política Internacional.

➤ Centro de Estudos de Direito Responsivo.

➤ Liga Socialista

Formação.

➤ Nova Coligação Democrática.

➤ Fundação Novo Mundo.

➤ New York Rand Institute.

➤ NORML. Organização do Tratado do Atlântico Norte (OTAN).

➤ Companheiros estranhos. Ordem de São João de Jerusalém.

➤ Ordem da Aurora Dourada. OXFAM.

➤ Oxford Univac.

➤ Centro de Estudos do Pacífico.

➤ Fundação Palisades.

➤ Península e Companhia de Navegação do Oriente (P&O.).

➤ PERMINDEX.

➤ Universidade de Princeton.

➤ Rand Corporation.

➤ Escola Superior de Ciências Sociais de Rand.

➤ Instituição do Triângulo de

Cristã.

➤ Fundação Cini.

➤ Clube de Roma. Cominformar.

➤ Comité para os Próximos Trinta Anos.

➤ Comité dos Catorze.

➤ Comissão sobre a Moral Nacional.

➤ Comité para enquadrar uma Constituição Mundial.

➤ Liga Comunista.

➤ Congresso de Organizações Industriais.

➤ Conselho das Relações Exteriores.

➤ David Sassoon Company.

➤ De Beers Consolidated Mines.

➤ Liga Democrática de Bruxelas.

➤ Índia Oriental O Comité de 300.

➤ Controlo Económico e Social (ECOSOC).

➤ Fundo Ambiental.

➤ Environmetrics Inc.

Investigação.

➤ Comissão de Bolsas de Estudo de Rhodes.

➤ Rio Tinto Zinc Company.

➤ Programa de Desarmamento da Igreja de Riverside.

➤ Mesa redonda.

➤ Instituto Real para os Assuntos Internacionais.

➤ Fundação Russell Sage.

➤ Fundação de São Francisco.

➤ Sharps Pixley Ward.

➤ Conselho de Investigação em Ciências Sociais.

➤ Internacional Socialista.

➤ Partido Socialista dos Estados Unidos da América.

➤ Sociedade para a Promoção do Estudo das Religiões.

➤ Sociedade do Céu (TRIADS).

➤ Comité Estatal Soviético para a Ciência e Tecnologia.

➤ Instituto de

- Instituto Esalen.
- Sociedade Fabian.
- Federação dos Sionistas Americanos.
- Bolsa para uma Ordem Social Cristã.
- Irmandade de Reconciliação.
- Fundação Ford.
- Instituição Universitária de Fordham
- Investigação Educativa.
- Fundação para o Progresso Nacional.
- Fundo Garland.
- Fundo German Marshall.
- Corpo Governante do Israelita
- Comunidade Religiosa.
- Gulf South Research Institute.
- Haganah. Universidade de Harvard.
- Hells Fire Club.
- Liga Horace Mann.
- Grémio Hudson.

- Investigação de Stanford.
- Instituto Internacional de Investigação da Paz de Estocolmo.
- Sun Yat Sen Society.
- Corporação de Desenvolvimento de Sistemas.
- Instituto Tavistock de Relações Humanas.
- Tempo Corporation.
- O Alto Doze Internacional.
- A Fundação Public Agenda Foundation.
- O Instituto da Qualidade de Vida.
- Sociedade Teosofista.
- Sociedade Thule.
- Conselho Transatlântico.
- Comissão Trilateral.
- Associação Norte-Americana do Clube de Roma.
- U.S. Institute for Peace.
- União de Cientistas Preocupados.
- UNITAR.
- Universidade da

- Instituto Hudson.
- Companhia Hudson Bay.
- Imperial College, Universidade de Londres.
- Industrial Christian Fellowship.
- Instituto de Investigação do Cérebro.
- Instituto para as Relações do Pacífico.
- Instituto de Estudos Políticos.

Pennsylvania Wharton School.
- Warburg, James P. e Família.
- Laboratórios de Formação Ocidental.
- Wilton Park.
- União de Mulheres Cristãs da Temperança.
- Wong Hong Hon Company.
- Trabalho no Instituto América.
- Conselho Mundial de Igrejas.

Fundações e grupos de interesse especiais

- Gabinete Árabe.
- Sociedade Aristotélica.
- Instituto de Investigação Asiática.
- Bertrand Russell Peace Foundation.
- British American Canadian Corporation.
- A Irmandade do Amor Eterno.
- Apóstolos de

- Sociedade dos Povos em Perigo de Extinção.
- English Property Corporation Ltd.
- Hospice Inc.
- Irmandade Internacional de Teamsters.
- Cruz Vermelha Internacional.
- Fundação Jerusalém, Canadá.
- Kissinger Associates.

- Cambridge.
- Campanha do Histadrut canadiano.
- Canadian Pacific Ltd.
- Grupo de Acção Caraíbas-América Central.
- China Everbright Holdings Ltd.
- Instituto do Povo Chinês para os Negócios Estrangeiros.
- Conselho da América do Sul.
- Câmara de Comércio de Kowloon.
- Organização dos Estados Americanos.
- Comité dos Assuntos Chineses Ultramarinos.
- Radio Corporation of America (RCA).
- Polícia Real de Hong Kong. YMCA.

BANCOS

- American Express.
- Banca de la Svizzera d'Italia.
- Banca Andioino.
- Banca d'America d'Italia.
- Banca Nazionale del Lavoro.
- Banca Privata.
- Banco Ambrosiano.
- Banco Caribe.
- Banco Comercial Mexicana.
- Banco Consolidato.
- Banco d'Espana.
- Banco de Colombia.

- BCCI.[27] Banco Imperial de Comércio do Canadá.
- Banco Centrust.
- Banco Chartered.
- Charterhouse Japhet Bank.
- Chase Manhattan Bank.
- Banco Químico.
- Citibank.
- Cidadãos e Banco do Sul de Atlanta.
- City National Bank of Miami.
- Banco Claridon.
- Cleveland National

---

[27] BCCI. Este banco tem sido repetidamente acusado de estar fortemente envolvido no branqueamento de dinheiro da droga em todo o mundo. A sua estrutura engloba todas as operações do Comité de 300. A sua estrutura empresarial é interessante. Middle East Interests, 35% das acções detidas por :

- Família reinante do Bahrein.
- Família reinante de Sharjah.
- A família dominante do Dubai.
- A família dominante da Arábia Saudita.

- A família dominante do Irão.
- Um grupo de homens de negócios do Médio Oriente.
- BCCI Ilhas Caimão 41%.
- Banco da América 24%.

BCCI Ilhas Caimão e BCCI Luxemburgo estabeleceram escritórios de agência em Miami, Boca Raton, Tampa, Nova Iorque, São Francisco e Los Angeles.

- Banco de Commercio.
- Banco de Iberio-America.
- Banco de la Nacion.
- Banco del Estada.
- Banco Internacional.
- Banco Latino.
- Banco Mercantile de Mexico.
- Banco Nacional de Cuba.
- Banco Nacional de Panamá e bancos mais pequenos do Panamá.
- Bangkok Commercial d'Italian.
- Banco Metropolitano de Banguecoque.
- Banco al Meshreq.
- Bank America.
- Banco de Compensações Internacionais.
- Banco Hapoalim.
- Banco Leu.
- Banco Leumi.
- Banco de Banguecoque.
- Banco de Boston.

City Bank.
- Corporate Bank and Trust Company.
- Crédito e Comércio Holdings Americanas.
- Participações de Crédito e Comércio,
- Antilhas Holandesas.
- Credit Suisse.
- Crocker National Bank. de'Neuflize, Schlumberger, Mallet Bank.
- Banco Dresdener.
- Banco Global de Dusseldorf.
- Banco Litex.
- Ljubljanska Bank.
- Banco Lloyds.
- Marine Midland Bank.
- Banco Midland.
- Banco Morgan.
- Morgan & Co.
- Banco Morgan Grenfell.
- Banco Narodny.
- Banco Nacional de Cleveland.
- Banco Nacional da

- Banco do Canadá.
- Banco de Crédito e Comércio
- Banco da Ásia Oriental.
- Internacional.
- Banco de Inglaterra.
- Banco de Escambia.
- Banco de Genebra.
- Banco da Irlanda.
- Banco de Londres e México.
- Banco de Montreal.
- Banco de Norfolk.
- Banco da Nova Escócia.
- Banco Ohio.
- Banque Bruxelles-Lambert.
- Banco Comercial Árabe.
- Banco de Crédito Internacional.
- Banque de Paris e os Países Baixos.
- Banco francês e italiano para a América do Sul.
- Banque Louis Dreyfus de Paris.
- Banca Privada.
- Flórida.
- Banco Nacional Westminster.
- Banco Orion.
- Paravicini Bank Ltd.
- Republic National Bank.
- Royal Bank of Canada.
- Banco Schroeder.
- Banco Seligman.
- Banco Comercial de Xangai.
- Soong Bank.
- Banco Standard e Chartered.
- Standard Bank.
- Corporação Bancária Suíça.
- Banco Comercial Suíço de Israel.
- Banco de Desenvolvimento do Comércio.
- Unibank.
- Banco da União de Israel.
- Banco da União da Suíça.
- Vanying Bank.
- Banco de Soldadura

- Banques Sud Ameris.
- Banco Barclays.
- Banco Baring Brothers.
- Bancos Barnett.
- Baseler Handeslbank.
- Comité de Supervisão Bancária de Basileia.

Branco.
- Banco Mundial.
- Banco Mundial de Comércio de Nassau.
- Banco Mundial de Comércio.
- Wozchod Handelsbank.

Nota: Com excepção do Comité da Banca de Basileia, cada um dos bancos acima mencionados esteve, e poderá ainda estar, envolvido no comércio de drogas, diamantes, ouro e armas.

Associações jurídicas e advogados

- Ordem dos Advogados Americana.
- Clifford e Warnke.
- Irmãos Coudert.

- Cravaith, Swain e Moore.
- Wilkie, Farr e Gallagher.

Contabilistas/auditores

- Preço, Waterhouse.

Instituições Tavistock nos EUA

Obtém contratos junto do Instituto Nacional de Saúde.

- MERLE THOMAS CORPORATION

Obtém contratos da Marinha dos Estados Unidos, analisa dados de satélite.

- PESQUISA WALDEN

Trabalha no domínio do controlo da poluição.

> ➢ EMPRESA DE INVESTIGAÇÃO DE PLANEAMENTO, ARTHUR D. POUCO, POR EXEMPLO, "TEMPO", OPERAÇÕES DE INVESTIGAÇÃO INC.

Estão entre as cerca de 350 empresas que realizam pesquisas e inquéritos, e fazem recomendações ao governo. Fazem parte daquilo a que o Presidente Eisenhower chamou "um possível perigo para as políticas públicas que poderia, ele próprio, tornar-se cativo de uma elite científico-tecnológica".

> ➢ INSTITUIÇÃO DE CORRETAGEM

Dedicou o seu trabalho ao que chamou uma "agenda nacional". Escreveu o programa do Presidente Hoover, o "New Deal" do Presidente Roosevelt, o programa "New Frontiers" da administração Kennedy (desviar-se dele custou a vida a John F. Kennedy), e o programa "Great Society" do Presidente Johnson. A Brookings tem dito ao governo dos EUA como conduzir os seus negócios nos últimos 70 anos e continua a fazê-lo em nome do Comité dos 300.

> ➢ INSTITUTO HUDSON

Sob a liderança de Herman Khan, esta instituição fez mais para moldar a forma como os americanos reagem aos acontecimentos políticos e sociais, pensam, votam, e comportam-se em geral, do que qualquer outra instituição excepto a BIG FIVE. Hudson é especialista em investigação sobre política de defesa e relações com a URSS. A maior parte do seu trabalho militar é classificado como SECRETO. (Alguns dos seus primeiros documentos intitularam-se "Stability and Tranquillity Among Older Nations" e "Analytical Summary of U.S. National Security Policy Issues". Hudson orgulha-se da sua diversidade; ajudou a NASA com os seus programas espaciais e ajudou a promover novas modas e ideias juvenis, rebelião juvenil e alienação para o Comité dos 300, ostensivamente financiado pela *Coca Cola*. Hudson pode ser correctamente classificado como um dos estabelecimentos de lavagem ao cérebro do Comité do 300. Alguns dos seus cenários de guerra nuclear fazem uma leitura muito interessante e, se os conseguirmos obter, recomendo "As 6 Ameaças Termonucleares Básicas" e "Possíveis Resultados da Guerra Termonuclear" e um dos seus documentos mais assustadores intitulado "Guerra Nuclear Israelo-Árabe". A Hudson também aconselha o Comité de 300 empresas, Rank, Xerox, General Electric, IBM e General Motors, para citar algumas, mas o seu maior cliente continua a ser o Departamento de Defesa dos EUA, que se ocupa da defesa civil, segurança nacional, política militar e questões de controlo de armas. Até à data, ainda não embarcou na "NASA húmida", ou seja, na Agência Nacional Oceanográfica.

➤ LABORATÓRIOS NACIONAIS DE FORMAÇÃO

A NTL é também conhecida como o Instituto Internacional de Ciências Comportamentais Aplicadas. Este instituto é sem dúvida um centro de lavagem ao cérebro baseado nos princípios de Kurt Lewin, que inclui os chamados Grupos T (grupos de treino), um treino artificial de stress em que os participantes são subitamente mergulhados em defesas contra acusações viciosas. A NTL é a sede da Associação Nacional de Educação, o maior grupo de professores dos EUA.

Embora decretando oficialmente 'racismo', é interessante notar que a NTL, em colaboração com a NEA, produziu um documento propondo vales de educação que separariam as crianças difíceis de ensinar das mais brilhantes, e os fundos seriam atribuídos de acordo com o número de crianças difíceis que seriam separadas das que progridem a um ritmo normal. Esta proposta não foi adoptada.

➤ UNIVERSIDADE DA PENNSYLVANIA, ESCOLA DE FINANÇAS E COMÉRCIO DA WHARTON

Fundada por Eric Trist, um dos 'cérebros' da Tavistock, a Wharton tornou-se uma das instituições mais importantes da Tavistock nos EUA para 'investigação comportamental'. A Wharton atrai clientes como o Departamento do Trabalho dos EUA - ensina como produzir estatísticas "cozinhadas" na Wharton Econometric Forecasting Associates Incorporated. Este método é muito procurado, pois chegamos ao final de 1991 com mais milhões de desempregados do que as estatísticas do USDL reflectem.

A modelização económica da Wharton é utilizada por todas as grandes empresas dos EUA e da Europa Ocidental, bem como pelo Fundo Monetário Internacional, as Nações Unidas e o Banco Mundial. A Wharton produziu gente tão notável como George Schultz e Alan Greenspan.

➤ INSTITUTO DE INVESTIGAÇÃO SOCIAL

Este é o instituto criado pelos trusters cerebrais Tavistock - Rensis Likert, Dorwin Cartwright e Ronald Lippert. Os seus estudos incluem "O Significado Humano da Mudança Social", "Juventude em

Transição" e "Como os Americanos vêem a sua Saúde Mental". Os clientes do Instituto incluem a Fundação Ford, o Departamento de Defesa dos EUA, o Serviço Postal dos EUA e o Departamento de Justiça dos EUA.

➢ INSTITUTO PARA O FUTURO

Não é uma instituição típica da Tavistock, uma vez que é financiada pela Fundação Ford, mas retira a sua metodologia de previsão a longo prazo da mãe de todos os grupos de reflexão. O Instituto para o Futuro projecta o que acredita serem mudanças que terão lugar dentro de cinquenta anos. O instituto deve ser capaz de prever as tendências socioeconómicas e apontar qualquer desvio em relação ao que considera normal. O Instituto do Futuro acredita que é possível e normal intervir agora e tomar decisões para o futuro. Os painéis Delphi decidem o que é normal e o que não é, e preparam documentos de posição para 'conduzir' o governo na direcção certa para evitar que os grupos criem tumultos civis. [Estes podem ser grupos patrióticos que apelam à abolição de impostos progressivos ou que exigem que o seu "direito de portar armas" não seja violado]. O instituto recomenda acções como a liberalização das leis sobre o aborto, o consumo de drogas e portagens para os automóveis que entram numa zona urbana, o ensino de contracepção nas escolas públicas, a exigência de registo de armas, a legalização da homossexualidade, o pagamento aos estudantes pelos seus feitos académicos, o controlo estatal do zoneamento, a concessão de incentivos ao planeamento familiar e, por último mas não menos importante, a proposta, à maneira de Pol Pot no Camboja, de criar novas comunidades nas zonas rurais. Como se pode ver, muitos dos objectivos do Instituto do Futuro já foram mais do que alcançados.

➢ INSTITUTO DE ESTUDOS POLÍTICOS (IPS)

Uma das "três grandes", a IPS moldou e remodelou a política americana, estrangeira e interna, desde a sua fundação por James P. Warburg e as entidades Rothschild nos EUA, apoiada por Bertrand Russell e os socialistas britânicos através das suas redes na América que incluem a Liga para a Democracia Industrial, na qual Leonard Woodcock desempenhou um papel de liderança, se bem que por detrás dos bastidores. Os principais jogadores locais da Liga para a Democracia Industrial incluíam a 'conservadora' Jeane Kirkpatrick, Irwin Suall (da ADL), Eugene Rostow (negociador de controlo de armas), Lane Kirkland (líder trabalhista) e Albert Shanker.

Apenas para registo; a IPS foi formada em 1963 por Marcus Raskin e Richard Barnett, ambos licenciados do Instituto Tavistock. A maioria dos fundos veio de associados Rothschild na América, tais como a família James Warburg, a fundação da família Stern e a fundação Samuel Rubin. Samuel Rubin era um membro registado do Partido Comunista que roubou o nome Fabergé [Fabergé era o "joalheiro da corte imperial russa"] e fez uma fortuna com o nome Fabergé.

Os objectivos do IPS foram derivados de um programa elaborado pela Mesa-Redonda Britânica, que por sua vez veio do Instituto Tavistock, sendo um dos mais notáveis a criação da "Nova Esquerda" como um movimento popular nos Estados Unidos. A IPS devia criar conflito e agitação e espalhar o caos como um incêndio incontrolável, proliferar os "ideais" do socialismo niilista de esquerda, apoiar o uso ilimitado de drogas de todos os tipos, e ser o "grande bastão" com que se pode vencer o establishment político dos EUA.

Barnett e Raskin controlaram elementos tão diversos como os Panteras Negras, Daniel Ellsberg, o membro do Conselho de Segurança Nacional Halperin, o Weathermen Underground, o Venceramos e o pessoal de campanha do candidato George McGovern. Nenhum projecto era demasiado grande para que o IPS e os seus controladores pudessem empreender e gerir.

Levar o enredo para 'raptar' Kissinger, que estava nas mãos de Eqbal Ahmed, um oficial britânico dos serviços secretos do MI6 de origem paquistanesa, liberto através de 'TROTS' (terroristas de Trotskyite baseados em Londres). A "trama" foi "descoberta" pelo FBI para que não pudesse ir demasiado longe. Ahmed tornou-se então director de uma das agências mais influentes do IPS, o Transnational Institute, que, tal como um camaleão, mudou o seu antigo nome para Institute of Race Relations quando os agentes de inteligência do BOSS (Bureau of State Security) na África do Sul desmascararam o facto de ele estar directamente ligado à bolsa Rhodes-Harry Oppenheimer e aos interesses mineiros anglo-americanos-britânicos na África do Sul. A BOSS também desacreditou a Fundação da África do Sul ao mesmo tempo.

Através dos seus muitos e poderosos grupos de pressão no Capitólio, a IPS tem usado incansavelmente o seu "grande pau" para derrotar o Congresso. A IPS tem uma rede de lobistas, todos supostamente operando independentemente, mas de facto agindo de forma coesa, de modo que os membros do Congresso são sitiados de todos os lados por lobistas aparentemente diferentes e variados. Desta forma, o IPS foi, e continua a ser, capaz de influenciar com sucesso representantes individuais e senadores a votarem a favor "da tendência, da forma como as coisas estão a correr". Ao utilizar homens-chave no Capitólio, o IPS conseguiu penetrar na própria infra-estrutura do nosso sistema legislativo e na forma como funciona.

Para dar apenas um exemplo concreto do que estou a falar: em 1975, um funcionário da IPS persuadiu o Representante John Conyers (D-Michigan) e quarenta e sete membros da Câmara a pedir à IPS que preparasse um estudo orçamental que se opusesse ao orçamento preparado pelo Presidente Gerald Ford. Embora não tenha sido aprovada, o pedido foi reintroduzido em 1976, 1977 e 1978, com novos patrocinadores.

Depois, em 1978, cinquenta e seis membros do Congresso assinaram para patrocinar um estudo orçamental IPS. Isto foi preparado por Marcus Raskin. O orçamento de Raskin exigia um corte de 50% no orçamento da defesa, um programa de habitação socialista "que competiria com e substituiria gradualmente os mercados privados de habitação e hipotecas", um serviço nacional de saúde, "mudanças radicais no sistema educativo que perturbariam o controlo capitalista sobre a distribuição do conhecimento", e várias outras ideias radicais.

A influência da IPS nas negociações de controlo de armas foi um factor importante para conseguir que Nixon assinasse o tratado ABM de traição em 1972, o que deixou os Estados Unidos praticamente indefesos contra os ataques do ICBM durante quase uma década. O IPS tornou-se, e continua a ser até hoje, um dos mais prestigiados "grupos de reflexão" que controlam as decisões de política externa que nós, tolamente, acreditamos que são tomadas pelos nossos legisladores.

Ao patrocinar o activismo em casa e ao manter ligações com revolucionários no estrangeiro, organizando vitórias como os "Pentagon Papers", sitiando a estrutura empresarial, colmatando a lacuna de credibilidade entre os movimentos clandestinos e o activismo político aceitável, Ao penetrar organizações religiosas e ao utilizá-las para semear a discórdia na América, como a política racial radical sob o pretexto da religião, ao utilizar os meios de comunicação estabelecidos para divulgar as ideias da IPS e depois apoiá-las, a IPS cumpriu o papel que lhe foi atribuído para desempenhar.

> ➢ INSTITUTO DE INVESTIGAÇÃO DE STANFORD

Jesse Hobson, o primeiro presidente do Instituto de Investigação de

Stanford, num discurso em 1952, indicou claramente as linhas que a instituição deveria seguir. Stanford pode ser descrito como uma das "jóias" da coroa de Tavistock no seu reinado sobre os Estados Unidos. Fundada em 1946, imediatamente após o fim da Segunda Guerra Mundial, foi presidida por Charles A. Anderson e centrada no desenvolvimento da universidade. Anderson e centrou-se na investigação sobre o controlo da mente e as "ciências do futuro". A Fundação Charles F. Kettering, que desenvolveu a "Changing Images of Man" em que se baseia a Conspiração Aquariana, foi incluída no quadro de Stanford.

Alguns dos principais clientes e contratos de Stanford concentraram-se inicialmente na indústria da defesa, mas à medida que Stanford foi crescendo, a diversidade dos seus serviços foi aumentando:

➢ Aplicações das ciências do comportamento à gestão da investigação

➢ Gabinete de Ciência e Tecnologia.

➢ Programa de inteligência económica do SRI.

➢ Direcção de Investigação e Engenharia de Defesa do Departamento de Defesa dos EUA.

➢ Gabinete de Investigação Aeroespacial do Departamento de Defesa dos EUA.

Entre as empresas que utilizaram os serviços de Stanford estavam o Wells Fargo Bank, Bechtel Corporation, Hewlett Packard, Bank of America, McDonnell-Douglas Corporation, Blyth, Eastman Dillon e TRW Company. Um dos projectos mais secretos de Stanford foi um extenso trabalho sobre armas de guerra química e bacteriológica (CBW). A Stanford Research está ligada a pelo menos 200 pequenos "think tanks" que realizam investigação sobre todos os aspectos da vida na América. Isto chama-se rede ARPA e representa o surgimento de provavelmente o esforço mais extenso para controlar o ambiente de cada indivíduo no país. Actualmente, os computadores de Stanford estão ligados a 2.500 consolas de investigação "irmãs", incluindo a Central Intelligence Agency (CIA), Bell Telephone Laboratories, U.S. Army Intelligence, Office of Naval Intelligence (ONI), RANI, MIT, Harvard e UCLA. Stanford desempenha um papel fundamental na medida em que é a "biblioteca", catalogando toda a documentação da ARPA.

Outras agências" - e aqui pode-se ser imaginativo - podem procurar palavras-chave e frases na 'biblioteca' do SRI, consultar fontes e actualizar os seus próprios ficheiros principais com os do Centro de Investigação de Stanford. O Pentágono, por exemplo, faz uso extensivo dos ficheiros principais do SRI, e há poucas dúvidas de que outras agências governamentais dos EUA façam o mesmo. Os problemas de "comando e controlo" do Pentágono são resolvidos por Stanford.

Embora esta investigação se aplique ostensivamente apenas a armas e soldados, não há absolutamente nenhuma garantia de que a mesma investigação não possa, e não será, dirigida a aplicações civis. Stanford é conhecido por estar disposto a fazer qualquer coisa por qualquer pessoa, e estou convencido de que se o IRS fosse totalmente exposto, a hostilidade que resultaria de revelações sobre o que realmente faz, muito provavelmente forçaria o IRS a encerrar.

➤ MASSACHUSETTS INSTITUTE OF TECHNOLOGY, ALFRED P. SLOAN ESCOLA DE GESTÃO

Este grande instituto não é geralmente reconhecido como parte do Tavistock. A maioria das pessoas pensa nela como uma instituição puramente americana, mas isto está longe de ser o caso. O MIT-Alfred Sloan pode ser dividido, grosso modo, em vários grupos:

➤ Tecnologia contemporânea.

➤ Relações industriais.

➤ Psicologia de grupo Lewin.

➤ Laboratórios de Investigação Informática NASA-ERC.

➤ Gabinete do Grupo de Investigação Naval, Psicologia.

Dinâmica do sistema. Forrestor and Meadows escreveu o estudo de crescimento zero do Clube de Roma intitulado "The Limits to Growth" (Os Limites ao Crescimento).

Os clientes do MIT incluem o seguinte:

➤ Associação Americana de Gestão.

➤ Cruz Vermelha Americana.

➤ Conselho Nacional de Igrejas.

➤ Sylvania.

➤ TRW.

➤ Exército dos Estados

> Comissão para o Desenvolvimento Económico.

> GTE.

> Instituto de Análise da Defesa

> (IDA).

> NASA.

> Academia Nacional de Ciências.

Unidos.

> Departamento de Estado dos Estados Unidos da América.

> Marinha dos Estados Unidos.

> Tesouro dos Estados Unidos.

> Companhia Volkswagen.

O âmbito do trabalho da IDA é tão amplo que seriam necessárias centenas de páginas para descrever as actividades em que está envolvida.

> EMPRESA DE INVESTIGAÇÃO E DESENVOLVIMENTO RAND

Sem dúvida, o RAND é o grupo de reflexão mais endividado ao Instituto Tavistock e certamente o veículo mais prestigioso da RIIA para controlar a política dos EUA a todos os níveis. Políticas RAND específicas que se tornaram operacionais incluem o nosso programa ICBM, grandes análises para a política externa dos EUA, instigador de programas espaciais, políticas nucleares dos EUA, análises corporativas, centenas de projectos para os militares, a Agência Central de Inteligência (CIA) em relação ao uso de drogas alteradoras da mente como o peiote, LSD (a operação secreta MK-Ultra de 20 anos de duração)

Os clientes de RAND incluem o seguinte:

> Companhia Americana de Telefones e Telégrafos (AT&T).

> Máquinas de Negócios Internacionais (IBM).

> Chase Manhattan Bank.

> Fundação Nacional da Ciência.

> Partido Republicano.

> TRW.

> Força Aérea dos Estados Unidos.

> ➢ Departamento de Energia dos EUA.

> ➢ Departamento de Saúde dos Estados Unidos.

Existem literalmente MUITOS de empresas, instituições governamentais e organizações muito importantes que utilizam os serviços do RAND, e enumerá-los a todos seria uma tarefa impossível. Entre as "especialidades" do RAND encontra-se um grupo de estudo que prevê o momento e a direcção de uma guerra termonuclear e desenvolve os muitos cenários com base nos seus resultados. RAND foi em tempos acusado de ter sido incumbido pela URSS de elaborar os termos da rendição do governo dos EUA, uma acusação que foi até ao Senado dos EUA, onde foi retomada pelo Senador Symington e depois caiu vítima dos artigos de desdém publicados pela imprensa do estabelecimento. A lavagem cerebral continua a ser a principal função do RAND.

Em resumo, as principais instituições Tavistock nos Estados Unidos que se dedicam à lavagem ao cérebro a todos os níveis, incluindo governo, militares, empresas, organizações religiosas e educação, são as seguintes:

> ➢ Brookings Institution.

> ➢ Instituto Hudson.

> ➢ Instituto de Estudos Políticos.

> ➢ Instituto de Tecnologia de Massachusetts.

> ➢ Laboratórios Nacionais de Formação.

> ➢ Rand Research and Development Corporation.

> ➢ Instituto de Investigação de Stanford.

> ➢ Escola Wharton na Universidade da Pennsylvania.

De acordo com algumas das minhas fontes, o número total de pessoas empregadas por estas instituições é de cerca de 50.000, com um financiamento próximo dos 10 mil milhões de dólares.

Algumas das principais instituições e organizações mundiais do Comité do 300

- ➢ Americanos por um Israel Seguro.
- ➢ Revisão Bíblica da Arqueologia.
- ➢ Bilderbergers.
- ➢ British Petroleum.
- ➢ Instituto Canadiano de Relações Exteriores.
- ➢ O fundamentalismo cristão.
- ➢ Council on Foreign Relations, Nova Iorque.
- ➢ Sociedade Egípcia de Exploração.
- ➢ Indústrias Químicas Imperiais.
- ➢ Instituto Internacional de Estudos Estratégicos.
- ➢ Ordem do Crânio e Ossos.
- ➢ Fundo de Exploração da Palestina.
- ➢ Pobres Cavaleiros dos Templários.
- ➢ Royal Dutch Shell Company.
- ➢ Internacional Socialista.
- ➢ Fundação África do Sul.
- ➢ Fundação Temple Mount.
- ➢ O Clube Ateu.
- ➢ O Quarto Clube do Estado de Consciência.
- ➢ A Ordem Hermética da Alvorada Dourada.
- ➢ O Grupo Milner.
- ➢ Os príncipes Nasi.
- ➢ A Ordem da Magna Mater.
- ➢ A Ordem da Desordem Divina.
- ➢ A RIIA.
- ➢ A Mesa Redonda.
- ➢ Comissão Trilateral.
- ➢ Maçonaria Universal.
- ➢ O sionismo universal.
- ➢ Vickers Armament Company.
- ➢ Comissão Warren.
- ➢ Comité Watergate.
- ➢ Wilton Park.
- ➢ Conselho Mundial de Igrejas.

➢ Instituto Tavistock de Relações Humanas.

Membros passados e presentes do Comité de 300

➢ Abergavemy, Marquês de.

➢ Acheson, Dean.

➢ Adeane, Lord Michael.

➢ Agnelli, Giovanni.

➢ Alba, Duque de Aldington, Senhor.

➢ Aleman, Miguel.

➢ Allihone, Professor T. E.

➢ Herdeiro da família Alsop.

➢ Amory, Houghton.

➢ Anderson, Charles A.

➢ Anderson, Robert O.

➢ Andreas, Dwayne.

➢ Asquith, Senhor.

➢ Astor, John Jacob e o seu sucessor, Waldorf.

➢ Aurangzebe, descendentes de.

➢ Austin, Paul.

➢ Baco, Sir Ranulph

➢ Balfour, Arthur.

➢ Keswick, William Johnston.

➢ Keynes, John Maynard.

➢ Kimberly, Senhor.

➢ Rei, Dr. Alexander.

➢ Kirk, Grayson L.

➢ Kissinger, Henry.

➢ Kitchener, Lord Horatio.

➢ Kohnstamm, Max.

➢ Korsch, Karl.

➢ Lambert, Barão Pierre.

➢ Lawrence, G.

➢ Lazar. Lehman, Lewis.

➢ Alavanca, Sir Harold.

➢ Lewin, Dr. Kurt.

➢ Linowitz, S.

➢ Lippmann, Walter.

➢ Livingstone, Robert R. Representante da Família.

➢ Lockhart, Bruce.

➢ Balogh, Senhor.

➢ Bancroft, Barão Stormont.

➢ Baring.

➢ Barnato, B.

➢ Barran, Sir John.

➢ Baxendell, Sir Peter.

➢ Beatrice de Sabóia, Princesa.

➢ Beaverbrook, Senhor.

➢ Beck, Robert.

➢ Beeley, Sir Harold.

➢ Beit, Alfred.

➢ Benn, Anthony Wedgewood.

➢ Bennet, John W.

➢ Benetton, Gilberto ou Carlo alternadamente.

➢ Bertie, Andrew.

➢ Besant, Sir Walter.

➢ Bethal, Lord Nicholas.

➢ Bialkin, David.

➢ Biao, Keng.

➢ Bingham, William. Binny, J. F.

➢ Cego, Wilfred.

➢ Bonacassi, Franco Orsini.

➢ Lockhart, Gordon.

➢ Loudon, Sir John.

➢ Luzzatto, Pieipaolo.

➢ Mackay, Senhor, de Clashfern.

➢ Mackay-Tallack, Sir Hugh.

➢ Mackinder, Halford.

➢ MacMillan, Harold.

➢ Matheson, Jardine.

➢ Mazzini, Gueseppi.

➢ McClaughlin, W. E.

➢ McCloy, John J.

➢ McFadyean, Sir Andrew.

➢ McGhee, George.

➢ McMillan, Harold.

➢ Mellon, Andrew.

➢ Mellon, William Larimer ou representante da família.

➢ Meyer, Frank.

➢ Michener, Roland.

➢ Mikovan, Anastas.

➢ Milner, Lord Alfred.

➢ Mitterand, François.

➢ Monet, Jean.

➢ Montague, Samuel.

➢ Montefiore, Lord

- ➤ Bottcher, Fritz.
- ➤ Bradshaw, Thornton.
- ➤ Brandt, Willy.
- ➤ Brewster, Kingman.
- ➤ Buchan, Alastair.
- ➤ Buffet, Warren.
- ➤ Bullitt, William C.
- ➤ Bulwer-Lytton, Edward.
- ➤ Bundy, McGeorge.
- ➤ Bundy, William.
- ➤ Bush, George.
- ➤ Cabot, John. Representante da família.
- ➤ Caccia, Barão Harold Anthony.
- ➤ Cadman, Sir John.
- ➤ Califano, Joseph.
- ➤ Carrington, Senhor.
- ➤ Carter, Edward.
- ➤ Catlin, Donat.
- ➤ Catto, Senhor.
- ➤ Cavendish, Victor C. W., Duque de Devonshire.
- ➤ Chamberlain, Houston Stewart. Chang, V. F.
- ➤ Chechirin, Georgi ou

Sebag ou Bishop Hugh.

- ➤ Morgan, John P.
- ➤ Mott, Stewart.
- ➤ Montanha, Sir Brian Edward.
- ➤ Montanha, Sir Dennis.
- ➤ Mountbatten, Lord Louis.
- ➤ Munthe, A., ou representante da família.
- ➤ Naisbitt, John.
- ➤ Neeman, Yuval.
- ➤ Newbigging, David.
- ➤ Nicols, Lord Nicholas de Bethal.
- ➤ Norman, Montague.
- ➤ O'Brien de Lotherby, Senhor.
- ➤ Ogilvie, Angus.
- ➤ Okita, Saburo.
- ➤ Oldfield, Sir Morris.
- ➤ Oppenheimer, Sir Earnest, e o seu sucessor, Harry.
- ➤ Ormsby Gore, David (Lord Harlech).
- ➤ Orsini, Franco Bonacassi.

a família designada.

- Churchill, Winston.
- Cicireni, V. ou Família Designada.
- Cini, Conde Vittorio.
- Clark, Howard.
- Cleveland, Amory.
- Cleveland, Harland.
- Clifford, Clark.
- Cobold, Senhor.
- Caixão, Reverendo William Sloane.
- Constanti, House of Orange.
- Cooper, John. Família nomeada.
- Coudenhove-Kalergi, Conde.
- Cowdray, Senhor.
- Cox, Sir Percy.
- Cromer, Lord Evelyn Baring.
- Crowther, Sir Eric.
- Cumming, Sir Mansfield.
- Curtis, Lionel.
- d'Arcy, William K.
- D'Avignon, Conde Etienne.
- Danner, Jean Duroc.

- Ortolani, Umberto.
- Ostiguy, J.P.W.
- Paley, William S. Pallavacini.
- Palme, Olaf.
- Palmerston.
- Palmstierna, Jacob.
- Pao, Y.K.
- Pease, Richard T.
- Peccei, Aurellio.
- Peek, Sir Edmund.
- Pellegreno, Michael, Cardeal.
- Perkins, Nelson.
- Pestel, Eduard.
- Peterson, Rudolph.
- Petterson, Peter G.
- Petty, John R.
- Filipe, Príncipe, Duque de Edimburgo.
- Piercy, George.
- Pinchott, Gifford.
- Pratt, Charles.
- Price Waterhouse, representante designado.
- Radziwall.
- Rainier, Príncipe.

- Davis, John W. por Benneditti, Carlo.
- De Bruyne, Dirk.
- De Gunzberg, Barão Alain.
- De Lamater, Major General Walter.
- De Menil, Jean.
- De Vries, Rimmer.
- de Zulueta, Sir Philip.
- d'Aremberg, Marquês Charles Louis.
- Delano. representante da família.
- Dent, R.
- Aterrorismo, Sir Henri.
- di Spadaforas, Conde Guitierez (herdeiro)
- Douglas-Home, Sir Alec.
- Drake, Sir Eric.
- Duchêne, François.
- DuPont. Edward, Duque de Kent.
- Eisenberg, Shaul.
- Elliott, Nicholas.
- Elliott, William Yandel.
- Elsworthy, Senhor.

- Raskob, John Jacob.
- Recanati.
- Rees, John.
- Reese, John Rawlings.
- Rennie, Sir John.
- Rettinger, Joseph.
- Rodes, Cecil John.
- Rockefeller, David.
- Papel, Lord Eric de Ipsden.
- Rosenthal, Morton.
- Rostow, Eugene.
- Rothmere, Senhor.
- Rothschild Élie de ou Edmond de e/ou Baron de Rothschild
- Runcie, Dr. Robert.
- Russell, Lord John.
- Russell, Sir Bertrand.
- São Gouers, Jean.
- Salisbury, Marquesa de
- Robert Gascoigne Cecil.
- Shelburne, Les Salisbury, Senhor.
- Samuel, Sir Marcus.
- Sandberg, M. G.
- Sarnoff, Robert.

- ➤ Agricultor, Victor.
- ➤ Forbes, John M.
- ➤ Foscaro, Pierre.
- ➤ França, Sir Arnold.
- ➤ Fraser, Sir Hugh.
- ➤ Frederik IX, Rei da Dinamarca, em representação da família.
- ➤ Frères, Lazard.
- ➤ Frescobaldi, Lamberto.
- ➤ Fribourg, Michael.
- ➤ Gabor, Dennis.
- ➤ Gallatin, Albert. Representante da família
- ➤ Gardner, Richard.
- ➤ Geddes, Sir Auckland.
- ➤ Geddes, Sir Reay.
- ➤ George, Lloyd.
- ➤ Giffen, James.
- ➤ Gilmer, John D.
- ➤ Giustiniani, Justin.
- ➤ Gladstone, Senhor.
- ➤ Gloucester, O Duque de.
- ➤ Gordon, Walter Lockhart.

- ➤ Schmidheiny, Stephan ou os irmãos alternativos Thomas, Alexander.
- ➤ Schoenberg, Andrew.
- ➤ Schroeder.
- ➤ Schultz, George.
- ➤ Schwartzenburg, E.
- ➤ Shawcross, Sir Hartley.
- ➤ Sheridan, Walter.
- ➤ Shiloach, Rubin.
- ➤ Silitoe, Sir Percy.
- ➤ Simon, William.
- ➤ Sloan, Alfred P.
- ➤ Smutts, Jan.
- ➤ Spelman.
- ➤ Sproull, Robert.
- ➤ Garanhões, Dr. C.
- ➤ Carimbo, Senhor representante da família.
- ➤ Aço, David.
- ➤ Stiger, George.
- ➤ Strathmore, Senhor.
- ➤ Forte, Sir Kenneth.
- ➤ Forte, Maurice.
- ➤ Sutherland.
- ➤ Swathling, Senhor.

- Grace, Peter J.
- Greenhill, Lorde Dennis Arthur.
- Greenhill, Sir Dennis.
- Cinzento, Sir Edward.
- Gyllenhammar, Stones.
- Haakon, Rei da Noruega.
- Haig, Sir Douglas.
- Hailsham, Senhor.
- Haldane, Richard Burdone.
- Halifax, Senhor.
- Salão, Sir Peter Vickers.
- Hambro, Sir Jocelyn.
- Hamilton, Cyril.
- Harriman, Averill.
- Hart, Sir Robert.
- Hartman, Arthur H.
- Healey, Dennis.
- Helsby, Senhor.
- Sua Majestade a Rainha Isabel II.
- Sua Majestade a Rainha Juliana.
- Sua Alteza Real Princesa Beatrix.
- Sua Alteza Real, a

- Swire, J. K.
- Tasse, G. ou a família designada.
- Templo, Sir R.
- Thompson, William Boyce.
- Thompson, Senhor.
- Thyssen-Bornamisza,
- Barão Hans Henrich.
- Trevelyn, Lord Humphrey.
- Turner, Sir Mark.
- Turner, Ted.
- Tyron, Senhor.
- Urquidi, Victor.
- Van Den Broek, H.
- Vanderbilt.
- Vance, Cyrus.
- Verity, William C.
- Vesty, Lord Amuel.
- Vickers, Sir Geoffrey.
- Villiers, Gerald Hyde família alternada.
- Volpi, Conde.
- von Finck, Barão de Agosto.
- von Hapsburg, Arquiduque Otto, Casa de Hapsburg-

Rainha Margaretha.

➤ Hessen, descendentes do Grão-Duque, representante da família.

➤ Heseltine, Sir William.

➤ Hoffman, Paul G.

➤ Holanda, William.

➤ Casa de Bragança.

➤ Casa de Hohenzollern.

➤ House, Coronel Mandel.

➤ Howe, Sir Geoffrey.

➤ Hughes, Thomas H.

➤ Hugo, Thieman.

➤ Hutchins, Robert M.

➤ Huxley, Aldous.

➤ Inchcape, Senhor.

➤ Jamieson, Ken.

➤ Japhet, Ernst Israel.

➤ Jay, John. Representante da Família.

➤ Jodry, J. J. J.

➤ Joseph, Sir Keith.

➤ Katz, Milton.

➤ Kaufman, Asher.

➤ Keith, Sir Kenneth.

Lorraine.

➤ Wallenberg, Peter ou representante da família.

➤ Von Thurn e Taxis, Max.

➤ Wang, Kwan Cheng, Dr. Kwan Cheng

➤ Warburg, S. C.

➤ Ward Jackson, Lady Barbara.

➤ Warner, Rawleigh.

➤ Warnke, Paul.

➤ Warren, Earl.

➤ Watson, Thomas.

➤ Webb, Sydney.

➤ Weill, David.

➤ Weill, Dr. Andrew.

➤ Weinberger, Sir Caspar.

➤ Weizman, Chaim.

➤ Wells, H. G.

➤ Wheetman, Pearson (Lord Cowdray).

➤ Branco, Sir Dick Goldsmith.

➤ Whitney, Straight.

➤ Wiseman, Sir William.

➤ Wittelsbach.

- ➤ Keswick, Sir William Johnston, ou Keswick, H.N.L.

- ➤ Wolfson, Sir Isaac.
- ➤ Madeira, Charles.
- ➤ Jovem, Owen.

Bibliografia

PROJECTO de 1980, Vance, Cyrus e Yankelovich, Daniel.

1984, Orwell, George.

DEPOIS DE DOIS ANOS: A DECLINA DA OTAN E A PESQUISA DE UMA NOVA POLÍTICA NA EUROPA, Raskin, Marcus e Barnett, Richard.

AIR WAR AND STRESS, Janus, Irving.

UMA EMPRESA AMERICANA; A TROCA DE FRUTOS UNIDOS, Scammel, Henry e McCann, Thomas.

INTRODUÇÃO AOS PRINCÍPIOS E MORAIS DA LEGISLAÇÃO, Bentham, Jeremy. Nesta obra de 1780, Bentham afirma que "a natureza colocou a humanidade sob o governo de dois mestres soberanos, dor e prazer.... Eles governam-nos em tudo o que fazemos". Bentham continuou a justificar os horrores dos terroristas jacobinos da Revolução Francesa.

RELATÓRIO ANUAL DA BANK LEUMI, 1977.

AQUELE PONTO NO TEMPO: A HISTÓRIA INTERIOR DO COMITÉ DE ÁGUA SENATIVA, Thompson, Fred. Bernard Barker, um dos assaltantes do Watergate, disse-me onde encontrar Thompson, que era o conselheiro da minoria no Comité Ervin. O meu encontro com o Barker teve lugar à porta de um supermercado A&P bastante perto do Coral Gables Country Club em Coral Gables, Florida. Barker disse que Thompson estava com o seu sócio de direito que estava a fazer uma breve visita à sua mãe em Coral Gables, que fica apenas a cinco minutos do supermercado A&P. Fui lá e encontrei-me com Thompson. Fui lá e encontrei-me com Thompson que expressou o seu desapontamento pela forma como Ervin tinha colocado restrições tão severas às provas que ele, Thompson, podia admitir.

BAKU AN EVENTFULY HISTORY, Henry, J. D.

BEM-VINDOS DO APOCALYPSE, O'Grady, Olivia Maria. Este

notável livro dá detalhes de uma vasta gama de figuras históricas, incluindo William C. Bullitt, que conspirou com Lloyd George para tirar o tapete de debaixo da União Europeia.

Os generais brancos russos Denekin e Rangle numa altura em que detinham o Exército Vermelho Bolchevique à beira da derrota. Ele também fornece muita informação sobre a indústria petrolífera totalmente corrupta. De particular interesse são as informações que fornece sobre Sir Moses Montefiore, da antiga nobreza negra veneziana Montefiores.

BRAVE NEW WORLD, Aldous Huxley.

POLÍTICA DO ÓPIO BRITÂNICO NA CHINA, Owen, David Edward.

POLÍTICA DO ÓPIO BRITÂNICO, F. S. Turner.

CECIL RHODES, Flint, John.

CECIL RHODES, THE ANATOMY OF AN EMPIRE, Marlow, John.

CONFERÊNCIA SOBRE IMBALANÇA TRANSATLÂNTICA E COLABORAÇÃO, Rappaport, Dr Anatol.

CONVERSAÇÕES COM DZERZHINSKY, Reilly, Sydney. Sobre documentos inéditos dos Serviços Secretos Britânicos.

CRIANDO UMA ESTRUTURA PARTICULAR DE COMPORTAMENTO, Cartwright, Dorwin.

CRYSTALLING PUBLIC OPINION, Bernays, Edward.

DEMOCRATIC IDEALS AND REALITY, Mackinder, Halford.

ERVIN, SENADOR SAM. Para além de obstruir a introdução de provas vitais nas audiências do Watergate, Ervin, na minha opinião, enquanto se apresentava como autoridade constitucional, traiu consistentemente esta nação ao opor-se à ajuda às escolas baseadas na fé, citando opiniões judiciais no caso Everson. Ervin, um maçon de rito escocês - o que creio explicar porque lhe foi atribuída a presidência do Comité Watergate - foi finalmente homenageado, recebendo o prestigioso prémio de rito escocês "Apoio Individual dos Direitos". Em 1973, Ervin acolheu um almoço na sala de jantar do Senado em honra do Grande Comandante Soberano Clausen.

EVERSÃO VS. CONSELHO DE EDUCAÇÃO, 33 O U.S. I, 1947.

FRANKFURTER PAPERS, Box 99 e Box 125, *"HUGO BLACK*

CORRESPONDENCE". "

GNOSTICISMO, MANICHEISMO, CATARISMO, A Nova Enciclopédia da Colômbia

OBJECTIVOS DO MANLL, Lazlo, Ernin.

BANQUEIRO DE DEUS, Cornwell, Rupert. Este livro dá uma visão geral do P2 e do assassinato de Roberto Calvi - P2 Masonry.

QUALIDADE HUMANA, Peccei, A.

REVISTA INTERNACIONAL DE ELECTRÓNICA.

INTRODUÇÃO À SOCIOLOGIA DA MÚSICA, Adorno, Theo. Adorno foi expulso da Alemanha por Hitler por causa das suas experiências musicais sobre o culto de Dionísio. Foi transferido para Inglaterra pelos Oppenheimers, onde a família real britânica lhe ofereceu instalações na Escola Gordonstoun e apoio. Foi aqui que Adorno aperfeiçoou o "Beatlemusic Rock", "Punk Rock", "Heavy Metal Rock" e todo aquele clamor decadente que passa pela música hoje em dia. É interessante notar que o nome "Os Beatles" foi escolhido para mostrar uma ligação entre a rocha moderna, o culto de Ísis e o escaravelho, um símbolo religioso do antigo Egipto.

INVASÃO DE MARS, Cantril. Neste livro, Cantril analisa os padrões de comportamento das pessoas que fugiram em pânico após a experiência de histeria em massa de Orson Wells, utilizando a "Guerra das Palavras" de H.G. Wells.

INVESTIGAÇÃO DO ASSASSINATO DE KENNEDY, O RELATÓRIO NÃO ENCOMENDADO SOBRE AS DESCOBERTAS DE JIM GARRISON. Paris, Flammonde.

IPS REVISITED, Coleman, Dr. John.

ISIS UNVEILED, UMA CHAVE MESTRE À CIÊNCIA E TEOLOGIA DO ANCIENTE E DO MODERNO, Blavatsky, Madame Helena.

JOHN JACOB ASTOR, BUSINESSMAN, Porter, Kenneth Wiggins.

JUSTIÇA PAPELES PRETOS, Caixa 25, Correspondência Geral, Davies.

REIS FABRICANTES, REIS BREAKERS, A HISTÓRIA DA FAMÍLIA CECIL, Coleman, Dr. John.

TEOLOGIA DA LIBERTAÇÃO. A informação foi extraída do trabalho de Juan Luis Segundo, que por sua vez se baseou fortemente nos escritos de Karl Marx. Segundo atacou selvaticamente as instruções da Igreja Católica contra a teologia da libertação, conforme contidas na "Instruction on Certain Aspects of 'Liberation Theology'" publicada a 6 de Agosto de 1984.

LIES CLEARER MAIS QUE TRUTH, Barnett, Richard (membro fundador do IPS). Revista McCalls, Janeiro de 1983.

McGRAW HILL GROUP, IMPRENSA ASSOCIADA. Partes de relatórios de 28 revistas pertencentes à McGraw Hill, e artigos da AP.

MEMÓRIOS DE UM AGENTE BRITÂNICO, Lockhart, Bruce. Este livro explica como a revolução bolchevique foi controlada a partir de Londres. Lockhart foi o representante de Lord Milner que foi à Rússia para monitorizar os investimentos de Milner em Lenine e Trotsky. Lockhart teve acesso a Lenine e Trotsky num instante, apesar de Lenine ter frequentemente uma sala de espera cheia de altos funcionários e delegados estrangeiros, alguns dos quais estavam à espera de o ver há cinco dias. No entanto, Lockhart nunca teve de esperar mais do que algumas horas para ver qualquer um destes homens. Lockhart trazia uma carta assinada por Trotsky informando a todos os funcionários bolcheviques que Lockhart tinha um estatuto especial e que lhe devia ser dada a máxima cooperação em todos os momentos.

JOGOS DA MENTE, Murphy, Michael.

MISCELÂNEOS VELHOS, India House Documents, Londres.

MK ULTRA LSD EXPERIMENT, CIA Files 1953-1957.

MR. WILLIAM CECIL AND QUEEN ELIZABETH, Read, Conyers.

MURDER, Anslinger, Henry. Anslinger foi em tempos o agente número um da Drug Enforcement Agency e o seu livro é altamente crítico em relação à chamada guerra contra a droga do governo dos EUA.

MEU PAI, A REMEMBRANÇA, Preto, Hugo L., Jr.

CONSELHO NACIONAL DE IGREJAS, Josephson, Emmanuel no seu livro "ROCKEFELLER, INTERNACIONALISTA".

IMPERIALISMO PETROLÍFERO, A ESTRUTURA INTERNACIONAL DO PETRÓLEO, Fischer, Louis.

PAPELES DE SIR GEORGE BIRDWOOD, India House Documents, Londres.

PADRÕES NO TÍTULO I DOS TESTES DE ACHIEVEMENTOS DA EASDEA, Stanford. Instituto de Investigação.

POPULAÇÃO BOMB, Erlich, Paul.

PROFESSOR FREDERICK WELLS WILLIAMSON, India House Papers, Londres.

FUNDAÇÃO DA AGENDA PÚBLICA. Fundada em 1975 por Cyrus Vance e Daniel Yankelovich.

OPINIÃO PÚBLICA, Lippmann, Walter.

REVOLUÇÃO ATRAVÉS DA TECNOLOGIA, Coudenhove Kalergi, Conde.

ROCKEFELLER, INTERNACIONALISTA. Josephson detalha como os Rockefellers usaram a sua ricaHisse para penetrar na Igreja Cristã na América e como depois usaram o seu agente número um, John Foster Dulles - que era seu parente - para manter o seu domínio sobre todos os aspectos da vida da Igreja neste país.

QUARTO 3603, Hyde, Montgomery. O livro dá alguns detalhes das operações do serviço de inteligência britânico MI6, liderado por Sir William Stephenson do edifício RCA em Nova Iorque; mas, como é habitual com "histórias de capa", os acontecimentos reais foram omitidos.

RELAÇÕES ESPECIAIS: AMÉRICA EM PAZ E GUERRA, Wheeler-Bennet, Sir John.

PASSOS PARA A ECOLOGIA DA MENTE, Bateson, Gregory. Bateson foi um dos cinco cientistas mais importantes da Tavistock nas novas ciências. Em anos posteriores, foi fundamental na formulação e gestão da guerra de 46 anos do Tavistock contra a América.

DROGAS DE ESTERELA. William C. Bullitt foi membro do seu conselho de administração e também membro do conselho de administração de I.G. Farben.

TECHNOTRONIC ERA, Brzezinski, Z.

TERRORISMO NOS ESTADOS UNIDOS INCLUINDO ATAQUES SOBRE AS AGÊNCIAS DE INTELIGÊNCIA dos EUA: Ficheiros do FBI #100-447935, #100-447735, e #100-446784.

OS DOCUMENTOS CAIRO, Haikal, Mohammed. Haikal era o avô do jornalismo egípcio, e esteve presente na entrevista de Nasser com Chou En-lai, na qual o líder chinês prometeu vingar-se da Grã-Bretanha e dos Estados Unidos pelo seu comércio de ópio na China.

O CHASM AHEAD, Peccei, A.

THE DIARIES OF SIR BRUCE LOCKHART, Lockhart, Bruce.

THE ENGINEERING OF CONSENT, Bernays. Neste livro de 1955, Bernays esboça o modus operandi para persuadir grupos-alvo a mudar de ideias sobre questões importantes que podem e mudam a orientação nacional de um país. O livro discute também o desencadeamento de tropas de choque psiquiátrico, tais como as encontradas em organizações lésbicas e gays, grupos ambientais, grupos de direitos ao aborto, etc. "Tropas de choque psiquiátrico é um conceito desenvolvido por John Rawlings Reese, o fundador do Instituto Tavistock de Relações Humanas.

O ORÇAMENTO FEDERAL E RECONSTRUÇÃO SOCIAL, IPS Fellows Raskin e Barnett. A lista de membros do Congresso que pediram à IPS para produzir o estudo orçamental alternativo e/ou que o apoiaram é demasiado longa para ser incluída aqui, mas inclui nomes tão proeminentes como Tom Harkness, Henry Ruess, Patricia Schroeder, Les Aspin, Ted Weiss, Don Edwards, Barbara Mikulski, Mary Rose Oakar, Ronald Dellums e Peter Rodino.

OS HUXLEYS, Clark.

O COMÉRCIO IMPERIAL DE DROGAS, Rowntree.

THE JESUITS, Martin, Malachi.

OS CÉCILOS MAIS TARDE, Rose, Kenneth.

A LEGISLAÇÃO DE MALTHUS, Chase, Allan.

A GESTÃO DO CRESCIMENTO SUSTENTÁVEL, Cleveland, Harlan. Cleveland foi encarregada pela OTAN de informar sobre o grau de sucesso do projecto do Clube de Roma para uma sociedade pós-industrial, de crescimento zero, destinada a destruir a base industrial da América. Este documento chocante deve ser lido por todos os americanos patriotas que sentem uma necessidade urgente de explicar porque é que os EUA têm estado numa depressão económica profunda desde 1991.

OS HOMENS QUE REGERAM A ÍNDIA, Woodruff, Philip.

THE OPEN CONSPIRACY, Wells, H. G. Neste livro, Wells descreve como, na Nova Ordem Mundial (que ele chama a Nova República), os "comedores inúteis", ou seja, a população excedentária, serão eliminados:

> "Os homens da Nova República não terão medo de enfrentar ou infligir a morte... Terão um ideal que faz valer a pena matar; como Abraão, terão a fé para matar, e não terão superstições sobre a morte..... Eles sustentarão, prevejo, que uma certa parte da população só existe através do sofrimento, da pena e da paciência e, desde que não se propaguem, e não prevejo qualquer razão para se lhes opor, não hesitarão em matar quando este sofrimento for abusado... Todas essas mortes serão feitas com um opiáceo... Se forem usadas penas dissuasivas no código do futuro, o dissuasor não será nem a morte nem a mutilação do corpo... mas uma boa dor causada cientificamente".

Os Estados Unidos têm um grande contingente de convertidos de Wells que não hesitariam em seguir os ditames de Wells uma vez que a Nova Ordem Mundial se torne uma realidade. Walter Lippmann foi um dos mais fervorosos seguidores de Wells.

THE POLITICS OF EXPERIENCE, Laing, R.D. Laing foi o psicólogo do pessoal da Tavistock e, sob a direcção de Andrew Schofield, membro do Conselho de Administração.

A POLÍTICA DE HEROIN NA ASIA DO SUL ORIENTE, McCoy, Alfred W., Read, C.B. e Adams, Leonard P.

O PROBLEMA DA CHINA, Russell, Bertrand.

THE PUGWASH CONFEREES, Bertrand Russell. No início da década de 1950, Russell liderou um movimento que defendia um ataque nuclear contra a Rússia. Quando foi descoberto, Estaline avisou que não hesitaria em retaliar em espécie. Russell mudou de ideias e tornou-se pacifista da noite para o dia, dando origem à campanha Ban the Bomb (CND) para o desarmamento nuclear, da qual surgiram os cientistas anti-nucleares de Pugwash. Em 1957, o primeiro grupo reuniu-se na casa de Cyrus Eaton, na Nova Escócia, um comunista americano de longa data. Os Pugwash fellows dedicaram-se a questões antinucleares e ambientais e foram um espinho no lado dos esforços americanos para desenvolver armas nucleares.

THE ROUND TABLE MOVEMENT AND IMPERIAL UNION, Kendle, John.

A ESTRUTURA DA INDÚSTRIA MÚSICA POPULAR; O PROCESSO DE FILtragem ONDE OS REGISTROS SÃO SELECIONADOS PARA O CONSUMO PÚBLICO, Instituto de Investigação Social. Este livro explica como "Hit Parades", "The Top Ten" - agora expandido para "Top Forty" - e outras charadas construídas para enganar os ouvintes e convencê-los de que o que eles ouvem é o que "THEY" gosta!

OS TRABALHOS DE JEREMY BENTHAM, Bowering, John. Bentham foi o liberal da sua época e o agente de Lord Shelburne, o primeiro-ministro britânico no final da Guerra da Independência Americana. Bentham acreditava que o homem não era mais do que um animal comum, e as teorias de Bentham foram mais tarde retomadas pelo seu protegido, David Hume. Sobre o instinto nos animais, escreveu Hume:

> "... que somos tão rápidos a admirar como extraordinários e inexplicáveis. Mas o nosso espanto talvez cesse ou diminua se considerarmos que o próprio raciocínio experimental, que possuímos em comum com os animais, e do qual depende toda a conduta da vida, não é senão uma espécie de instinto, ou poder mecânico que actua em nós sem o nosso conhecimento... Embora os instintos sejam diferentes, continua a ser um instinto".

PERSPECTIVO TEMPORÁRIO E MAIS, Levin B.

PARA UMA PSICOLOGIA HUMANISTICA, Cantril.

TREND REPORT, Naisbitt, John.

CONGRESSO DOS EUA, COMISSÃO DA CASA DE SEGURANÇA INTERNA, RELATÓRIO SOBRE O INSTITUTO DE ESTUDOS POLÍTICOS (IPS) E OS DOCUMENTOS DO PENTÁGONO. Na Primavera de 1970, o agente do FBI William McDermott foi ter com Richard Best, na altura o principal oficial de segurança de Rand, para o avisar da possibilidade de Ellsberg ter retirado os materiais de estudo de Rand do Vietname e os ter copiado das instalações de Rand. Melhor levou McDermott a ver o Dr. Harry Rowan, que chefiava Rand e era também um dos amigos mais próximos de Ellsberg. Rowan disse ao FBI que estava em curso uma investigação do Departamento de Defesa e, sob a sua garantia, o FBI aparentemente desistiu da sua investigação de Ellsberg. De facto, não estava em curso qualquer investigação, e o DOD nunca a conduziu. Ellsberg manteve a sua autorização de segurança em Rand e continuou descaradamente a retirar e copiar documentos sobre a Guerra do Vietname até ser exposto no caso Pentagon Papers, o que abalou a administração Nixon para as suas fundações.

COMPORTAMENTO SOCIAL DO HOMEM SUBSTANTE, Cantril. Cantril é o principal fundador da Associação de Psicologia Humanista de São Francisco, que ensina os métodos Tavistock. É nas instituições deste tipo que a fronteira entre a ciência pura e a engenharia social se torna completamente confusa. O termo "engenharia social" abrange todos os aspectos dos métodos utilizados pela Tavistock para provocar mudanças maciças na orientação dos grupos para eventos sociais, económicos, religiosos e políticos e a lavagem ao cérebro dos grupos alvo, levando-os a acreditar que as opiniões expressas e os pontos de vista adoptados são os seus próprios. Os indivíduos seleccionados foram submetidos ao mesmo tratamento Tavistockian, resultando em grandes mudanças na sua personalidade e comportamento. O efeito disto na cena nacional foi, e ainda é, devastador, e é um dos principais factores que levou os Estados Unidos ao estado crepuscular de declínio e queda em que o país se encontra no final de 1991. Relatei esta condição nacional sob o título: "Crepúsculo, Declínio e Queda dos Estados Unidos da América", publicado em 1987. A Associação para a Psicologia Humana foi fundada por Abraham Maselov em 1957 como um projecto do Clube de Roma. Risis Likhert e Ronald Lippert, que lhe chamavam o Centro de Investigação sobre a Utilização do Conhecimento Científico, criaram outro centro de investigação sobre a tomada de decisões, encomendado pelo Clube de Roma em Tavistock. O centro estava sob a direcção de Donald Michael do Clube de Roma. O centro baseava-se em grande parte no Gabinete de Investigação da Opinião Pública estabelecido na Universidade de Princeton em 1940. Foi aí que Cantril ensinou muitas das técnicas utilizadas pelos sondadores de hoje.

LETRAS NÃO LEVANTADAS, Kipling, Rudyard. Kipling era discípulo de Wells e, tal como Wells, acreditava no fascismo como um meio de controlar o mundo. Kipling adoptou a cruz pattee como seu emblema pessoal. Esta cruz foi mais tarde adoptada por Hitler e, após ligeiras modificações, tornou-se a suástica.

UNPUBLISHED LETTERS, Wells, H. G. Dá detalhes interessantes de como Wells vendeu os direitos de *WAR OF THE WORLDS* à RCA.

QUEM É MONTREAL, Aubin, Henry.

Os Illuminati e o Conselho das Relações Externas (CFR)

Por MYRON C. FAGAN.

(Uma transcrição)

Sobre o Autor

O guia *"Who's Who in the Theatre"*[28] sempre foi a Bíblia oficial do mundo do teatro. Nunca elogia os favoritos, não diz mentiras e não glorifica ninguém. Foi sempre uma história imparcial dos homens e mulheres do teatro. Ele enumera apenas aqueles que provaram o seu valor no único e único campo de testes do teatro. BROADWAY: Este "Quem é Quem" lista as peças de teatro que Myron C. Fagan escreveu, dirigiu e produziu... Dramas, comédias, melodramas, mistérios, alegorias, farsas - muitos deles foram os mais retumbantes êxitos[29] do seu tempo. Chegou à Broadway em 1907, aos 19 anos, o mais jovem dramaturgo da história do teatro americano. Nos anos que se seguiram, escreveu e dirigiu peças para a maior parte dos grandes do dia...Sra. Leslie Carter, Wilton Lackaye, Fritz Leiber, Alla Nazimova, Jack Barrymore, Douglas Fairbanks, Sr., E.H. Southern, Julia Marlowe, Helen Morgan, etc., etc. Dirigiu Charles M. Frohman, Belasco, Henry W. Savage, Lee Shubert, Abe Erlanger, George M. Cohan, etc. Entre 1925 e 1930 escreveu, dirigiu pessoalmente e produziu doze peças: "A Rosa Branca", "Polegares para baixo", "Dois

---

[28] *Quem é Quem no Teatro*, no Ndt original.

[29] "sucesso" NDT.

Estranhos do Nada", "Desencontrado", "O Diabo Fascinante". "The Little Rocket", "Jimmy's Wives", "The Great Power", "Indiscretion", "Nancy's Private Affair", "The Smart Woman" e "Peter's Plane".[30]

Nos seus primeiros anos, Fagan também serviu como "editor de drama" para *The Associated Newspapers*, incluindo o *New York Globe* e vários jornais Hearst. Mas em 1916, tirou uma "licença sabática" do teatro e serviu como "Director de Relações Públicas" para Charles Evens Hughes, o candidato presidencial republicano - recusou uma posição semelhante que lhe foi oferecida para a campanha de Hoover em 1928; assim, a carreira do Sr. Fagan abrangeu teatro, jornalismo e política nacional, e ele é um reconhecido especialista em todos estes campos.

Em 1930, o Sr. Fagan veio para Hollywood onde trabalhou como "escritor-director" na Pathé Pictures, Inc., então propriedade de Joseph P. Kennedy, pai do falecido Presidente Jack Kennedy, bem como na 20th[th] Century Fox e outros estúdios cinematográficos de Hollywood. Mas também continuou a trabalhar no campo das lendas da Broadway.

Em 1945, a pedido de John T. Flynn, o famoso autor de "The Roosevelt Myth", "While We Slept", "The True Story of Pearl", o jornalista da agência noticiosa da Universidade do Sul da Califórnia (E.U.A.S.S.), escreveu um artigo sobre o assunto.

O Sr. Fagan participou numa reunião em Washington D.C. onde lhe foi mostrado um conjunto de microfilmes e gravações das reuniões secretas de Yalta em que participaram apenas Franklin Roosevelt, Alger Hiss, Harry Hopkins, Stalin, Molotov e Vishinsky, quando eles eclodiram a trama para entregar os Balcãs, a Europa Oriental e Berlim a Stalin. Como resultado deste encontro, o Sr. Fagan escreveu duas peças de teatro: "Arco-íris Vermelho" (na qual revelou toda a trama) e "Paraíso dos Ladrões" (na qual revelou como estes homens conspiraram para criar as "NAÇÕES UNIDAS" para serem o "veículo" de um governo mundial chamado comunista).

Ao mesmo tempo, o Sr. Fagan lançou uma cruzada de um só homem para expor a Conspiração Vermelha em Hollywood e produzir filmes

---

[30] "A Rosa Branca", "Polegares para baixo", "Dois Estranhos do Nada", "Mismatas", "O Diabo Fascinante", "O Pequeno Spitfire", "As Mulheres de Jimmy", "O Grande Poder", "Indiscrição", "O Caso Privado de Nancy", "Mulher Inteligente", e "Peter Voa Alto".

que ajudariam a expor o enredo "SINGLE WORLD GOVERNMENT". Assim nasceu a "CINEMA GUILDA EDUCATIVA". O resultado do trabalho desta organização "C.E.G.". (chefiadas pelo Sr. Fagan, em 1947) foram as audições do Congresso em que mais de 300 das mais famosas estrelas, escritores e realizadores de Hollywood (bem como da rádio e televisão) foram expostos como principais activistas da Conspiração Vermelha. Foi então que os infames "Hollywood Ten"[31] foram enviados para a prisão. Foi o acontecimento mais sensacional da década!

Desde então, o Sr. Fagan tem dedicado todo o seu tempo e esforço a escrever mensalmente "NEWS BULLETINS"[32] para o "C.E.G." no qual tem continuado a luta para alertar o povo americano para a conspiração para destruir a soberania dos Estados Unidos da América e a escravização do povo americano numa NACIONES UNIDAS "One World Government".

Na sua sensacional gravação (esta transcrição); ele revela o início da conspiração para escravizar um mundo unificado que foi lançado há dois séculos por um Adam Weishaupt, um padre católico apóstata que, financiado pela CASA DE ROTHSCHILD, criou o que ele chamou: "O ILUMINATI". O Sr. Fagan descreve (com provas documentais) como este ILLUMINATI se tornou o instrumento da Casa de Rothschild para levar a cabo o projecto de um "Governo Mundial Único" e como cada guerra nos últimos dois séculos tem sido fomentada por estes ILLUMINATI. Ele descreve como um Jacob H. Schiff foi enviado para os Estados Unidos pelos Rothschilds para promover a trama do ILLUMINATI e como Schiff trabalhou para assumir o controlo dos partidos Democrata e Republicano. Como Schiff seduziu o nosso Congresso e Presidentes para ganhar o controlo de todo o nosso sistema monetário e criar o cancro do imposto sobre o rendimento, e como Schiff e os seus co-conspiradores criaram o "FOREIGN RELATIONS COUNCIL"[33] para controlar os nossos funcionários eleitos a fim de levar gradualmente o imposto sobre o rendimento a um nível mais elevado.

Os Estados Unidos tornaram-se assim uma entidade subserviente de

---

[31] "The Hollywood Ten", NDT.

[32] "Boletim de Notícias.

[33] CFR, Conselho das Relações Externas.

um mundo unificado sob a égide do Governo das "NAÇÕES UNIDAS".

Em suma, esta gravação (transcrição) é a história mais interessante e horripilante - e factual - da trama mais sensacional da história do mundo. Quem ama o nosso país, quem ama Deus, quem quer salvar o cristianismo, que o ILLUMINATI se propôs destruir, quem quer salvar os nossos filhos de morrerem na Coreia, Vietname, África do Sul e agora nos campos de batalha do Médio Oriente, deve ouvir esta gravação. Não há dúvida absoluta de que qualquer pessoa que ouça (leia) esta espantosa história juntar-se-á à luta para salvar o nosso país e a juventude da nossa nação.

A gravação de Myron Fagan teve lugar na década de 1960. Por favor, dedique algum tempo a "verificar" as declarações feitas neste documento. Não esperamos que acredite na palavra do Sr. Fagan. Sugerimos-lhe que visite as bibliotecas jurídicas e depositárias no seu estado. Os números de telefone e endereços indicados neste documento estão provavelmente desactualizados, uma vez que o Sr. Fagan já não se encontra entre nós.

"A questão de como e porquê as Nações Unidas estão no centro da grande conspiração para destruir a soberania dos EUA e escravizar o povo americano numa ditadura mundial das Nações Unidas é um mistério completo e desconhecido para a grande maioria do povo americano. A razão para esta falta de conhecimento do assustador perigo para o nosso país e para todo o mundo livre é simples. Os mestres por detrás desta grande conspiração têm o controlo absoluto de todos os nossos meios de comunicação de massas, especialmente a televisão, a rádio, a imprensa e Hollywood. Todos sabemos que o nosso Departamento de Estado, o Pentágono e a Casa Branca proclamaram descaradamente que têm o direito e o poder de gerir as notícias, de nos dizer não a verdade, mas aquilo em que querem que acreditemos. Eles tomaram este poder a mando dos seus grandes mestres da conspiração e o objectivo é fazer uma lavagem ao cérebro para que as pessoas aceitem o falso isco da paz para transformar os Estados Unidos numa unidade subserviente do único governo mundial das Nações Unidas.

"Antes de mais, não se esqueça que a chamada acção policial da ONU na Coreia, combatida pelos Estados Unidos e na qual 150.000 dos nossos filhos foram mortos e mutilados, fez parte da conspiração; tal como a guerra não declarada do Congresso no Vietname; bem como a conspiração contra a Rodésia e a África do Sul, também faz parte da conspiração nascida pela ONU. Contudo, o mais importante para todos os americanos, todas as mães dos rapazes que morreram na Coreia e que estão agora a morrer no Vietname, é saber que os nossos chamados líderes em Washington, que elegemos para salvaguardar a nossa nação e a nossa Constituição, são os traidores e que por trás deles está um grupo relativamente pequeno de homens cujo único objectivo é escravizar o mundo inteiro e a humanidade no seu plano satânico de um governo mundial.

"A fim de vos dar uma imagem muito clara deste enredo satânico, vou voltar ao seu início em meados do século XVIII e nomear os homens que puseram este enredo em acção, e depois vou trazer-vos de volta ao presente, ao estado actual deste enredo. Agora, como informação adicional, um termo utilizado pelo FBI, deixe-me esclarecer o significado da frase "ele é liberal". O inimigo, os conspiradores de um mundo, aproveitaram esta palavra "liberal" para esconder as suas actividades. Parece tão inocente e humanitário ser-se liberal. Bem, certifique-se de que a pessoa que se intitula liberal ou que é descrita como tal não é, na verdade, um "vermelho".

"Esta conspiração satânica foi lançada na década de 1760, quando surgiu sob o nome de "Illuminati". Este Illuminati foi organizado por um certo Adam Weishaupt, nascido judeu, que se converteu ao catolicismo e se tornou padre católico, e depois, a mando da então recém-organizada Casa de Rothschild, descongelou e organizou os Illuminati. Naturalmente, os Rothschilds financiaram esta operação e desde então todas as guerras, a começar pela Revolução Francesa, têm sido promovidas pelos Illuminati, que operam sob vários nomes e disfarces. Digo "sob vários nomes" e "sob vários disfarces" porque depois dos Illuminati terem sido expostos e ficado famosos, Weishaupt e os seus co-conspiradores começaram a operar sob vários outros nomes. Nos Estados Unidos, imediatamente após a Primeira Guerra Mundial, criaram aquilo a que chamaram "Council on Foreign Relations", vulgarmente conhecido como o CFR, e este CFR é de facto o veículo Illuminati nos Estados Unidos e a sua hierarquia. Os cérebros por detrás dos conspiradores Illuminati originais eram estrangeiros, mas para esconder este facto, a maioria deles mudou os seus apelidos originais para nomes de sonoridade americana. Por exemplo, o verdadeiro nome dos Dillons, Clarence e Douglas Dillon (um secretário do Departamento do Tesouro dos EUA), é Laposky. Voltarei a tudo isto mais tarde.

"Existe um estabelecimento Illuminati semelhante em Inglaterra que opera sob o nome de "Royal Institute of International Affairs". (Existem organizações secretas Illuminati semelhantes em França, Alemanha e outros países, que operam sob nomes diferentes, e todas estas organizações, incluindo o CFR, estão continuamente a criar numerosas filiais ou organizações de fachada que estão infiltradas em cada fase dos assuntos das várias nações. Mas em todos os momentos as operações destas organizações foram e são dirigidas e controladas pelos banqueiros internacionalistas, que por sua vez foram e são controlados pelos Rothschilds. (Um dos principais agentes deste controlo é a Associação BAR Internacional e os seus grupos separatistas, como a Associação BAR América. É importante notar que existem agora associações de bares em quase todas as nações do mundo, sempre a pressionar as Nações Unidas. Tenho uma cópia do acordo de 1947 que a BAR América apresentou e que compromete a BAR a apoiar e promover as Nações Unidas em toda a América).

"Um ramo da família Rothschild financiou Napoleão; outro ramo dos Rothschilds financiou a Grã-Bretanha, a Alemanha e outras nações nas guerras napoleónicas.

"Imediatamente após as Guerras Napoleónicas, os Illuminati assumiram que todas as nações estavam tão destituídas e cansadas da guerra que ficariam felizes por encontrar qualquer solução. Assim, os lacaios Rothschild organizaram aquilo a que chamaram o Congresso de Viena, e nessa reunião tentaram criar a primeira Liga das Nações, a sua primeira tentativa para um único governo mundial, partindo do princípio de que todos os chefes coroados dos governos europeus estavam tão profundamente em dívida para com eles que iriam servir, voluntária ou involuntariamente, como lacaios. Mas o Czar da Rússia cheirou a trama e torpedeou-a completamente. O furioso Nathan Rothschild, então chefe da dinastia, prometeu que um dia ele ou os seus descendentes iriam destruir o Czar e toda a sua família, e os seus descendentes cumpriram essa ameaça em 1917. Neste momento, deve ter-se em conta que os Illuminati não foram criados para funcionar a curto prazo. Normalmente, um conspirador de qualquer tipo entraria numa conspiração com a esperança de alcançar o seu objectivo na sua vida. Mas este não foi o caso dos Illuminati. Claro, eles esperavam alcançar o seu objectivo durante a sua vida, mas parafraseando "O espectáculo tem de continuar", os Illuminati operam a muito longo prazo. Quer demore décadas ou mesmo séculos, eles têm dedicado os seus descendentes a manter a panela a ferver até esperarem que a conspiração se cumpra.

"Agora, voltemos ao nascimento dos Illuminati. Adam Weishaupt foi professor de direito canónico formado por jesuítas, ensinando na Universidade de Ingolstadt, quando deixou o cristianismo para abraçar a conspiração luciferiana. Foi em 1770 que os credores profissionais, a então recém-organizada Casa de Rothschild, o contrataram para rever e modernizar os antigos protocolos do Sionismo, que desde o início foi concebido para dar a "Sinagoga de Satanás", assim chamada por Jesus Cristo [e que são "aqueles que se dizem judeus e não são" - *Apocalipse 2:9*], o último domínio mundial a fim de impor a ideologia luciferiana ao que restaria da raça humana após o último cataclismo social, através do despotismo satânico. Weishaupt cumpriu a sua tarefa em 1 de Maio[er] 1776. Agora sabe porque 1 de Maio[er] é o grande dia de todas as nações comunistas até hoje [1 de Maio[er] é também o "Dia da Lei" declarado pela Ordem dos Advogados Americana]. [A celebração de 1 de Maio[er] [Baal/Bealtaine] remonta muito mais do que isso na história, e o dia foi escolhido por razões antigas, que provêm do paganismo; o culto a Baal e gira em torno do culto a Satanás. Foi neste dia, 1 de Maio[er] 1776, que Weishaupt completou o seu plano e organizou oficialmente os Illuminati para o levar a cabo. Este plano apelava à destruição de todos os governos e religiões existentes. Isto seria conseguido dividindo as massas de pessoas, a quem Weishaupt chamou "goyim" [membros de nações] ou gado humano, em campos opostos de número sempre crescente em questões políticas, sociais, económicas e outras - as próprias condições que temos hoje no nosso país. Os campos opostos deveriam então estar armados, e os incidentes deveriam levá-los a lutar, enfraquecer e destruir gradualmente os governos nacionais e as instituições religiosas. Repito, as próprias condições do mundo de hoje.

"E neste ponto, deixem-me apontar uma característica chave dos planos dos Illuminati. Quando e se o seu plano para o controlo mundial, os *Protocolos dos Anciãos de Sião*, for descoberto e exposto, eles limparão todos os judeus da face da terra a fim de desviar a suspeita de si próprios. Se pensa que isto é rebuscado, lembre-se que eles permitiram que Hitler, ele próprio um socialista liberal, financiado pelo corrupto Kennedys, Warburgs e Rothschilds, incinerasse 600.000 judeus.

"Porque é que os conspiradores escolheram a palavra "Illuminati" para designar a sua organização satânica? O próprio Weishaupt disse que a palavra deriva de Lúcifer e significa: "detentor da luz". Usando a mentira de que o seu objectivo era criar um governo mundial único para permitir àqueles com a capacidade mental de governar o mundo e evitar todas as guerras no futuro. Em suma, usando as palavras "paz na terra" como isca, tal como a mesma "paz" foi usada pelos conspiradores de 1945 para nos impor as Nações Unidas, Weishaupt, financiada, repito, pelos Rothschilds, recrutou cerca de 2000 seguidores pagos. Entre eles estavam os homens mais inteligentes nas artes e letras, educação, ciência, finanças e indústria. Ele estabeleceu então as Lojas do Grande Oriente, Lojas Maçónicas que seriam a sua sede secreta, e repito novamente que em tudo isto ele estava a agir sob as ordens da Casa de Rothschild. As principais características do plano de operação que Weishaupt exigia do seu Illuminati eram as seguintes para os ajudar a alcançar o seu objectivo:

➢   Utilizar a corrupção monetária e sexual para obter o controlo de homens já em lugares altos em todos os níveis de governo e outros campos de esforço. Uma vez que pessoas influentes tinham caído nas mentiras, enganos e tentações dos Illuminati, deviam ser mantidas em cativeiro pela aplicação de chantagem política e outras formas de pressão, ameaças de ruína financeira, exposição pública e danos fiscais, e até mesmo a morte para si próprios e para os seus amados familiares.

Tem noção de quantos dos actuais altos funcionários do nosso actual governo em Washington são controlados desta forma pelo CFR? Tem noção de quantos homossexuais no Departamento de Estado, no Pentágono, em todas as agências federais e até na Casa Branca são controlados desta forma?

➤ Os Illuminati e as faculdades de faculdades e universidades deviam identificar estudantes com capacidades mentais excepcionais de famílias de boas famílias com inclinações internacionais e recomendá-los para uma formação especial em internacionalismo. Esta formação deveria ser ministrada através da atribuição de bolsas de estudo às pessoas seleccionadas pelos Illuminati.

"Isto dá-lhe uma ideia do que significa uma 'Bolsa de Estudo Rhodes'. Significa doutrinação aceitar a ideia de que só um governo mundial pode acabar com guerras e conflitos recorrentes. Foi assim que as Nações Unidas foram vendidas ao povo americano.

"Um dos mais notáveis estudiosos de Rhodes que temos no nosso país é o Senador William J. Fulbright, por vezes chamado meio-bright.[34] Todos os votos que registou foram votos dos Illuminati. Todos estes estudiosos tiveram de ser primeiro persuadidos e depois convencidos de que os homens de talento e cérebros especiais têm o direito de governar sobre aqueles que são menos dotados, com o argumento de que as massas não sabem o que é melhor para eles em termos fiscais, mentais e espirituais. Para além das bolsas de estudo Rhodes e outras bolsas semelhantes, existem agora três escolas especiais Illuminati localizadas em Gordonstown, Escócia, Salem, Alemanha e Annavrighta, Grécia. Estas três escolas são conhecidas, mas há outras que são mantidas em segredo. O Príncipe Philip, marido da Rainha Isabel Britânica, foi educado em Gordonstown (*tal como o Príncipe Carlos*) por instigação de Lord Louis Mountbatten, seu tio, um parente dos Rothschilds, que se tornou Almirante da frota britânica após o fim da Segunda Guerra Mundial.

---

[34] Pun, "meio-inteligente/iluminado".

➤   Todas as pessoas influentes que foram enganadas para ficarem sob o controlo dos Illuminati, bem como os estudantes que foram especialmente educados e treinados, deveriam ser utilizados como agentes e colocados nos bastidores de todos os governos como peritos e especialistas, para aconselhar os líderes a adoptarem políticas que, a longo prazo, serviriam os planos secretos da conspiração mundial dos Illuminati e provocariam a destruição dos governos e religiões para as quais foram eleitos ou nomeados.

"Sabe quantos desses homens estão a operar no nosso governo neste preciso momento? Rusk, McNamara, Hubert Humphrey, Fulbright, Keekle, e muitos outros.

➤   Talvez a directiva mais vital do plano de Weishaupt fosse ganhar o controlo absoluto da imprensa, nessa altura o único meio de comunicação de massas, distribuir informação ao público para que todas as notícias e informações pudessem ser distorcidas para convencer as massas de que um governo mundial é a única solução para os nossos muitos e variados problemas.

"Sabe quem possui e controla os nossos meios de comunicação social? Vou dizer-vos. Praticamente todos os cinemas de Hollywood são propriedade da Lehman, Kuhn, Loeb and Company, Goldman Sachs e outros banqueiros internacionalistas. Todas as estações de rádio e televisão nacionais são propriedade e controladas por estes mesmos banqueiros internacionalistas. Assim como todas as cadeias metropolitanas de jornais e revistas, e agências noticiosas, tais como a Associated Press, United Press, International, etc. Os chamados líderes de todos estes meios de comunicação social são apenas fachadas para os banqueiros internacionalistas, que por sua vez formam a hierarquia do CFR, os Illuminati de hoje na América.

"Agora compreende-se porque é que o assessor de imprensa do Pentágono, Sylvester, proclamou tão descaradamente que o governo tem o direito de mentir ao povo. O que ele realmente quis dizer foi que o nosso governo controlado pelo CFR tinha o poder de mentir ao povo americano e ser acreditado pelo povo americano que sofreu uma lavagem cerebral.

"Voltemos de novo aos primeiros dias dos Illuminati. Porque a Grã-Bretanha e a França eram as duas maiores potências mundiais no final do século 18 , Weishaupt ordenou aos Illuminati que fomentassem guerras coloniais, incluindo a nossa Guerra Revolucionária, a fim de enfraquecer o Império Britânico e de organizar a Revolução Francesa que deveria começar em 1789. Contudo, em 1784, um verdadeiro acto de Deus colocou o governo bávaro na posse de provas da existência dos Illuminati, e essas provas poderiam ter salvo a França se o governo francês não se tivesse recusado a acreditar nisso. Foi assim que este acto de Deus se realizou. Foi em 1784 que Weishaupt deu as suas ordens para a Revolução Francesa. Um escritor alemão, chamado Zweig, colocou-o em forma de livro. Continha toda a história dos planos dos Illuminati e Weishaupt. Um exemplar deste livro foi enviado aos Illuminati em França, liderados por Robespierre, que Weishaupt tinha delegado para fomentar a Revolução Francesa. O mensageiro foi atingido e morto por um raio ao passar por Regensburg no seu caminho de Frankfurt para Paris. A polícia encontrou os documentos subversivos no seu corpo e entregou-os às autoridades competentes. Após uma investigação minuciosa da conspiração, o governo bávaro ordenou à polícia que fizesse uma rusga aos recém-organizados hotéis "Grand Orient" de Weishaupt e às casas dos seus associados mais influentes. Todas as provas adicionais assim descobertas convenceram as autoridades de que os documentos eram cópias autênticas da conspiração através da qual os Illuminati planeavam utilizar guerras e revoluções para levar à formação de um governo mundial único, que pretendiam, com os Rothschilds à cabeça, usurpar assim que fosse estabelecido, exactamente como a conspiração das Nações Unidas de hoje.

"Em 1785, o governo bávaro proibiu os Illuminati e fechou as Lojas do "Grande Oriente". Em 1786; publicaram todos os detalhes da conspiração. O título em inglês desta publicação é: "The Original Writings of the Order and the Sect of the Illuminati" (Os Escritos Originais da Ordem e da Seita dos Illuminati).[35] Foram enviadas cópias de toda a conspiração a todos os chefes de igreja e de estado na Europa. Mas o poder dos Illuminati, que era na realidade o poder dos Rothschilds, era tão grande que este aviso foi ignorado. No entanto, os Illuminati[36] tornaram-se um palavrão e passaram à clandestinidade.

"Ao mesmo tempo, Weishaupt ordenou aos Illuminati que se infiltrassem nas pousadas da "Alvenaria Azul" e que formassem as suas próprias sociedades secretas dentro de todas as sociedades

---

[35] "Os escritos originais da ordem e seita dos Illuminati.

[36] Conhecidos na altura como os "iluminados", um termo que se tornou comum. N.B.

secretas. Apenas aqueles maçons que se mostraram internacionalistas e aqueles cuja conduta provou que tinham desertado para Deus foram iniciados nos Illuminati. A partir de então, os conspiradores vestiram o manto da filantropia e do humanitarismo para esconder as suas actividades revolucionárias e subversivas. A fim de se infiltrar nos alojamentos maçónicos na Grã-Bretanha, Weishaupt convidou John Robison para a Europa. Robison era um pedreiro de alto grau do "Rito Escocês". Foi Professor de Filosofia Natural na Universidade de Edimburgo e Secretário da Royal Society of Edinburgh. Robison não caiu na mentira de que o objectivo dos Illuminati era criar uma ditadura benevolente; mas manteve as suas reacções a si próprio tão bem que lhe foi dada uma cópia da conspiração revista de Weishaupt para estudar e guardar.

Em qualquer caso, porque os chefes de estado e de igreja em França foram enganados e ignoraram os avisos que lhes foram dados, a revolução eclodiu em 1789, como previsto por Weishaupt. A fim de alertar outros governos para o perigo em que se encontravam, Robison publicou em 1798 um livro intitulado: "Evidência de uma Conspiração para Destruir todos os Governos e todas as Religiões", mas os seus avisos foram ignorados tal como o povo americano ignorou todos os avisos sobre as Nações Unidas e o Conselho das Relações Exteriores (CFR).

"Eis algo que vai atordoar e muito provavelmente escandalizar muitos que ouvem isto; mas há provas documentais de que os nossos próprios Thomas Jefferson e Alexander Hamilton se tornaram estudantes de Weishaupt. Jefferson foi um dos mais fortes apoiantes de Weishaupt quando foi ilegalizado pelo seu governo e foi Jefferson quem se infiltrou nos Illuminati nas recém-organizadas pousadas "Scottish Rite" na Nova Inglaterra. Aqui está a prova.

"Em 1789, John Robison avisou todos os líderes maçónicos na América que os Illuminati se tinham infiltrado nos seus alojamentos. A 19 de Julho de 1789, David Papen, presidente da Universidade de Harvard, emitiu o mesmo aviso à turma graduada e explicou-lhes como a influência dos Illuminati estava a ser exercida sobre a política e religião americana. Escreveu três cartas ao Coronel William L. Stone, um dos principais maçons, descrevendo como Jefferson estava a utilizar as lojas maçónicas para fins subversivos e iluministas. Estas três cartas estão agora na Biblioteca da Praça Wittenberg em Filadélfia. Em suma, Jefferson, o fundador do Partido Democrata, era membro dos Illuminati, o que explica, pelo menos em parte, o estado do partido naquela época e, graças à infiltração do Partido Republicano, não temos hoje nada de americanismo leal. Esta desastrosa rejeição no Congresso de Viena criada pelo Czar russo não destruiu de forma alguma a conspiração dos Illuminati. Forçou-os simplesmente a adoptar uma nova estratégia ao perceberem que a ideia de um mundo era, de momento, impossível. Os Rothschilds decidiram que, para manter viva a conspiração, tinham de o fazer reforçando o seu controlo sobre o sistema monetário das nações europeias.

"Anteriormente, por um ardil, o resultado da Batalha de Waterloo tinha sido falsificado, Rothschild tinha espalhado uma história de que Napoleão tinha tido uma má batalha, o que precipitou um terrível pânico na bolsa de valores em Inglaterra. Todas as acções caíram para quase zero e Nathan Rothschild comprou todas as acções por quase um cêntimo no seu valor em dólares. Isto deu-lhe o controlo total da economia da Grã-Bretanha e de praticamente toda a Europa. Assim, imediatamente após o colapso do Congresso de Viena, Rothschild obrigou a Grã-Bretanha a criar um novo "Banco de Inglaterra", sobre o qual tinha controlo absoluto, exactamente como mais tarde fez através de Jacob Schiff; concebeu o nosso próprio "Federal Reserve Act" que deu à Câmara de Rothschild o controlo secreto da economia dos Estados Unidos. Mas agora, por um momento, vejamos as actividades dos Illuminati nos Estados Unidos.

"Em 1826, o Capitão William Morgan decidiu que era seu dever informar todos os maçons e o público em geral da verdade sobre os Illuminati, os seus planos secretos, os seus objectivos e revelar a identidade dos cérebros da conspiração. Os Illuminati rapidamente julgaram Morgan in absentia e condenaram-no por traição. Ordenaram a um tal Richard Howard, um iluminista inglês, que executasse a sua sentença de execução como um traidor. Morgan foi avisado e tentou fugir para o Canadá, mas Howard apanhou-o perto da fronteira, perto do desfiladeiro do Niágara, para ser exacto, onde o assassinou. Isto foi verificado numa declaração feita em Nova Iorque por um tal Avery Allen, segundo a qual ele ouviu Howard relatar a execução numa reunião dos "Templários" no St. John's Hall em Nova Iorque. Também relatou como tinham sido feitos os preparativos para enviar Howard de volta para Inglaterra. Este depoimento de Allen está arquivado na cidade de Nova Iorque. Muito poucos Maçons e membros do público em geral estão conscientes de que a desaprovação generalizada deste incidente assassino resultou na secessão de cerca de metade dos Maçons na jurisdição norte dos Estados Unidos. Cópias da acta da reunião realizada para discutir este assunto ainda existem em mãos seguras, e todo este segredo sublinha o poder dos cérebros dos Illuminati para impedir que tais terríveis acontecimentos históricos sejam ensinados nas nossas escolas.

"No início da década de 1850, os Illuminati realizaram uma reunião secreta em Nova Iorque com a presença de um Iluminista britânico chamado Wright. Os presentes souberam que os Illuminati estavam a organizar-se para unir os niilistas e ateus com todos os outros grupos subversivos num grupo internacional conhecido como os comunistas. Foi nesta altura que a palavra "comunista" surgiu pela primeira vez, e estava destinada a ser a arma suprema e a palavra assustadora para aterrorizar o mundo inteiro e levar os povos aterrorizados ao projecto Illuminati de um mundo unificado. Este projecto: "Comunismo" deveria ser utilizado para permitir aos Illuminati fomentar guerras e revoluções futuras. Clinton Roosevelt, antepassado directo de Franklin Roosevelt, Horace Greeley e Charles Dana, os principais editores de jornais da época, foram nomeados para chefiar um comité de angariação de fundos para este novo empreendimento. Claro que a maioria dos fundos foi fornecida pelos Rothschilds e este fundo foi utilizado para financiar Karl Marx e Engels quando escreveram "Das Kapital" e o "Manifesto Comunista" no Soho, Inglaterra. E isto revela claramente que o comunismo não é uma chamada ideologia, mas uma arma secreta; uma palavra de ordem para servir o propósito dos Illuminati.

"Weishaupt morreu em 1830; mas antes da sua morte preparou uma versão revista da antiga conspiração, os Illuminati, que, sob vários pseudónimos, devia organizar, financiar, dirigir e controlar todas as organizações e grupos internacionais, tendo os seus agentes a trabalhar em posições de liderança de topo. Nos Estados Unidos, temos Woodrow Wilson, Franklin Roosevelt, Jack Kennedy, Johnson, Rusk, McNamara, Fulbright, George Bush, etc., como exemplos principais. Além disso, enquanto Karl Marx estava a escrever o "Manifesto Comunista" sob a direcção de um grupo de iluministas, o Professor Karl Ritter da Universidade de Frankfurt estava a escrever a antítese sob a direcção de outro grupo. A ideia era que aqueles que dirigiam a conspiração global pudessem usar as diferenças entre estas duas chamadas ideologias para lhes permitir dividir cada vez mais a raça humana em campos opostos, a fim de os armar e lavar o cérebro para lutarem e se destruírem uns aos outros. E acima de tudo, destruir todas as instituições políticas e religiosas. O trabalho iniciado por Ritter foi continuado após a sua morte e completado pelo chamado filósofo alemão Freidrich Wilhelm Nietzsche, que fundou o Nietzscheism. Este nietzscheanismo desenvolveu-se mais tarde em fascismo e depois nazismo e foi utilizado para fomentar a Primeira e Segunda Guerras Mundiais.

"Em 1834, o líder revolucionário italiano, Guiseppe Mazzini, foi escolhido pelos Illuminati para liderar o seu programa revolucionário em todo o mundo. Ele manteve este cargo até à sua morte em 1872, mas alguns anos antes da sua morte, Mazzini tinha atraído um general americano chamado Albert Pike para as fileiras dos Illuminati. Pike ficou fascinado com a ideia de um governo mundial único e acabou por se tornar o líder desta conspiração luciferiana. Entre 1859 e 1871, Pike elaborou um plano militar para três guerras mundiais e várias revoluções em todo o mundo que ele acreditava que permitiriam que a conspiração chegasse à sua fase final no século XX. Lembro-vos novamente que estes conspiradores nunca estiveram preocupados com o sucesso imediato. Também funcionavam com uma perspectiva de longo prazo. Pike fez a maior parte do seu trabalho na sua casa em Little Rock, Arkansas. Mas alguns anos mais tarde, quando as Lojas do Grande Oriente dos Illuminati se tornaram suspeitas e repudiadas devido às actividades revolucionárias de Mazzini na Europa, Pike organizou aquilo a que chamou o Novo Ritual Reformado Paladiano. Criou três Conselhos Supremos: um em Charleston, Carolina do Sul, um em Roma, Itália, e um terceiro em Berlim, Alemanha. Pediu à Mazzini para criar 23 conselhos subordinados em locais estratégicos em todo o mundo. Estas têm sido as sedes secretas do movimento revolucionário mundial desde então.

"Muito antes de Marconi inventar a rádio, os cientistas Illuminati tinham encontrado uma forma de Pike e os líderes dos seus Conselhos comunicarem secretamente. Foi a descoberta deste segredo que permitiu aos agentes da inteligência compreender como incidentes aparentemente não relacionados, tais como o assassinato de um príncipe austríaco na Sérvia, tiveram lugar simultaneamente em todo o mundo e se transformaram em guerra ou revolução. O plano do Pike era tão simples como eficaz. Previa que o comunismo, o nazismo, o sionismo político e outros movimentos internacionais seriam organizados e utilizados para fomentar três guerras mundiais e pelo menos duas grandes revoluções.

"A Primeira Guerra Mundial deveria ser travada para permitir aos Illuminati destruir o czarismo na Rússia, como Rothschild tinha prometido depois de o czar torpedear o seu plano no Congresso de

Viena, e transformar a Rússia num baluarte do comunismo ateu. As diferenças entre os agentes Illuminati, entre os impérios britânico e alemão, seriam utilizadas para fomentar esta guerra. Uma vez terminada a guerra, o comunismo deveria ser desenvolvido e utilizado para destruir outros governos e enfraquecer a influência das religiões na sociedade (especialmente a religião católica).

"A Segunda Guerra Mundial, quando e se necessário, devia ser fomentada utilizando as controvérsias entre os fascistas e os sionistas políticos, e aqui deve notar-se que Hitler foi financiado pelo Krupp, os Warburgs, os Rothschilds e outros banqueiros internacionalistas e que o massacre de Hitler dos supostos 6.000.000 de judeus não incomodou em nada os banqueiros internacionalistas judeus. Este massacre foi necessário para despertar o ódio do povo alemão em todo o mundo e assim provocar uma guerra contra ele. Em suma, esta segunda guerra mundial deveria ser travada para destruir o nazismo e aumentar o poder do sionismo político para que o Estado de Israel pudesse ser estabelecido na Palestina.

"Nesta Segunda Guerra Mundial, o comunismo internacional deveria ser desenvolvido até se igualar em força ao da cristandade unida. Uma vez atingido este ponto, deveria ser contido e mantido em controlo até ser necessário para o cataclismo social final. Como agora sabemos, Roosevelt, Churchill e Stalin implementaram esta política exacta, e Truman, Eisenhower, Kennedy, Johnson e George Bush seguiram a mesma política.

"A Terceira Guerra Mundial deve ser fomentada, utilizando as chamadas controvérsias, pelos agentes Illuminati que operam sob qualquer novo nome, que estão agora polarizados entre os sionistas políticos e os líderes do mundo muçulmano. Esta guerra será dirigida de tal forma que o Islão e o sionismo político (os israelitas) se destruirão mutuamente, ao mesmo tempo que as nações restantes, mais uma vez divididas sobre a questão, serão forçadas a lutar até um estado de completo esgotamento, físico, mental, espiritual e económico.

"Pode qualquer pessoa atenciosa duvidar que a trama actualmente em curso no Médio e Extremo Oriente seja concebida para alcançar este objectivo satânico?

O próprio Pike previu tudo isto numa declaração que fez a Mazzini a 15 de Agosto de 1871. Pike disse que após o fim da Terceira Guerra Mundial, aqueles que aspiram ao domínio mundial incontestado provocarão o maior cataclismo social que o mundo alguma vez conheceu. Citando as suas próprias palavras da carta que escreveu a Mazzini que está agora catalogada no Museu Britânico em Londres, Inglaterra; disse ele:

> "Libertaremos os niilistas e ateus e provocaremos um grande cataclismo social que, em todo o seu horror, mostrará claramente a todas as nações o efeito do ateísmo absoluto, as origens da selvageria e das desordens mais sangrentas. Então, em todo o lado, os povos serão obrigados a defender-se contra a minoria dos revolucionários mundiais e exterminarão estes destruidores da civilização, e as multidões desiludidas do cristianismo, cujas mentes por esta altura estarão sem direcção ou orientação e ansiosas por um ideal, mas sem saber para onde enviar o seu culto, receberão luz verdadeira através da manifestação universal da doutrina pura de Lúcifer, finalmente exposta à luz do dia. Uma manifestação que resultará de um movimento reaccionário geral que se seguirá à destruição do cristianismo e do ateísmo; ambos conquistados e exterminados ao mesmo tempo".

"Quando Mazzini morreu em 1872, Pike fez outro líder revolucionário, Adriano Lemi, o seu sucessor. Lemi, por sua vez, foi sucedido por Lenine e Trotsky, e depois por Estaline. As actividades revolucionárias de todos estes homens foram financiadas pelos banqueiros internacionais britânicos, franceses, alemães e americanos, todos dominados pela Casa de Rothschild. Devemos acreditar que os banqueiros internacionais de hoje, como os cambistas do tempo de Cristo, são apenas as ferramentas ou agentes da grande conspiração, mas na realidade são os cérebros por detrás de todos os meios de comunicação de massas que nos fazem acreditar que o comunismo é um movimento dos chamados trabalhadores; o facto é que os agentes dos serviços secretos britânicos e americanos têm provas documentais autênticas de que os liberais internacionais, operando através das suas casas bancárias internacionais, especialmente a Casa de Rothschild, têm financiado ambos os lados de cada guerra e revolução desde 1776.

"Aqueles que hoje constituem a conspiração (o CFR nos EUA e a RIIA na Grã-Bretanha) dirigem os nossos governos que mantêm em usurpação por métodos como o Sistema da Reserva Federal na América para causar guerras, como o Vietname (criado pelas Nações Unidas), a fim de promover os planos de Pike's Illuminati de trazer o mundo para aquela fase da conspiração onde o comunismo ateu e todo o cristianismo podem ser forçados a uma terceira guerra mundial total em cada nação restante, bem como a nível internacional.

"A sede da grande conspiração no final do século XVIII foi em Frankfurt, Alemanha, onde a casa de Rothschild foi fundada por Mayer Amschel Bauer, que adoptou o nome Rothschild e juntou forças com outros financiadores internacionais que tinham literalmente vendido as suas almas ao diabo. Após o governo bávaro ter revelado o caso em 1786, os conspiradores mudaram a sua sede para a Suíça e depois para Londres. Desde a Segunda Guerra Mundial (após a morte de Jacob Schiff, o protegido de Rothschild na América); a filial americana está sediada no Edifício Harold Pratt em Nova Iorque e os Rockefellers, originalmente protegidos de Schiff, assumiram a manipulação das finanças na América em nome dos Illuminati.

"Nas fases finais da conspiração; o governo de um mundo unificado será composto pelo ditador-rei; o chefe das Nações Unidas, o CFR, e alguns bilionários, economistas e cientistas que provaram a sua devoção à grande conspiração. Todos os outros devem ser integrados num vasto conglomerado de humanidade mestiça; na realidade, escravos. Agora deixem-me mostrar-vos como o nosso governo federal e o povo americano foram sugados para a conspiração para tomar o mundo pela grande conspiração dos Illuminati e tenham sempre em mente que as Nações Unidas foram criadas para se tornarem o instrumento desta conspiração totalitária. As verdadeiras fundações da conspiração de aquisições dos EUA foram lançadas durante o período da nossa Guerra Civil. Não que Weishaupt e os primeiros mestres alguma vez tenham negligenciado o Novo Mundo, como já indiquei; Weishaupt tinha plantado os seus agentes aqui tão cedo quanto a Guerra Revolucionária.

"Foi durante a Guerra Civil que os conspiradores lançaram os seus primeiros esforços concretos. Sabemos que Judah Benjamin, o conselheiro principal de Jefferson Davis, era um agente Rothschild. Sabemos também que havia agentes Rothschild no gabinete de Abraham Lincoln que tentaram convencê-lo a fazer um acordo financeiro com a Casa de Rothschild. Mas o velho Abe viu através deste plano e rejeitou-o completamente, ganhando assim a inimizade eterna dos Rothschilds, tal como o Czar russo fez ao torpedear a primeira Liga das Nações no Congresso de Viena. A investigação sobre o assassinato de Lincoln revelou que o assassino Booth era membro de um grupo conspiratório secreto. Como estavam envolvidos vários altos funcionários, o nome do grupo nunca foi revelado e o caso tornou-se um mistério, tal como o assassinato de Jack (John F.) Kennedy ainda é. Mas tenho a certeza de que não permanecerá um mistério por muito tempo. Em qualquer caso, o fim da Guerra Civil destruiu temporariamente qualquer hipótese que a Casa de Rothschild tivesse de assumir o nosso sistema monetário, como tinha acontecido na Grã-Bretanha e noutros países europeus. Digo temporariamente, porque os Rothschilds e os mestres da conspiração nunca desistiram, por isso tiveram de começar tudo de novo, mas não perderam tempo a começar.

"Pouco depois da Guerra Civil, um jovem imigrante, que se intitulava Jacob H. Schiff, chegou a Nova Iorque. Jacob era um jovem com uma missão da Casa de Rothschild. Jacob era o filho de um rabino que nasceu numa das casas Rothschild em Frankfurt, Alemanha. Vou entrar na sua história com mais detalhes. O ponto importante é que Rothschild reconheceu nele não só um potencial feiticeiro do dinheiro, mas mais importante ainda, viu também as qualidades maquiavélicas latentes em Jacob, o que poderia, como ele fez, torná-lo um inestimável funcionário na grande conspiração mundial. Após um período relativamente breve de formação no banco Rothschild em Londres, Jacob partiu para a América com instruções para comprar uma casa bancária que deveria ser o trampolim para adquirir o controlo do sistema monetário americano. De facto, Jacob veio aqui para levar a cabo quatro missões específicas.

1.   E o mais importante, era ganhar o controlo do sistema monetário americano.

2.   Encontrar homens capazes que, por um preço, estivessem dispostos a servir como lacaios para a grande conspiração e promovê-los a altos cargos no nosso governo federal, no nosso Congresso, no Supremo Tribunal dos EUA, e em todas as agências federais.

3.   Criar conflito entre grupos minoritários em todas as nações, especialmente entre brancos e negros.

4.   Criar um movimento para destruir a religião nos Estados Unidos; mas o cristianismo era o principal alvo.

"Na altura em que Schiff entrou em cena, Kuhn e Loeb era uma conhecida firma bancária privada e foi nesta firma que Jacob comprou acções. Pouco depois de se tornar sócio em Kuhn e Loeb, Schiff casou com a filha de Loeb, Teresa, e depois comprou os interesses de Kuhn e mudou a empresa para Nova Iorque. "Kuhn and Loeb tornaram-se Kuhn, Loeb, and Company, banqueiros internacionais dos quais Jacob Schiff, um agente dos Rothschilds, era ostensivamente o único proprietário. E ao longo da sua carreira, esta mistura de Judas e

Maquiavel, o primeiro herdeiro da grande conspiração dos Illuminati na América, disfarçou-se de um generoso filantropo e de um homem de grande piedade; a política de ocultação dos Illuminati.

"Como eu disse, o primeiro grande passo na conspiração foi capturar o nosso sistema monetário. Para atingir este objectivo, Schiff teve de obter a plena cooperação dos grandes elementos bancários americanos da época, o que foi mais fácil de dizer do que de fazer. Mesmo naqueles anos, Wall Street era o coração do mercado monetário americano e J.P. Morgan era o seu ditador. Depois houve os Drexels e os Biddles de Filadélfia. Todos os outros financiadores, grandes e pequenos, dançaram ao som destas três casas, mas especialmente ao Morgan's. Estes três eram potentados orgulhosos, altivos e arrogantes.

"Durante os primeiros anos, eles consideraram o homenzinho com o bigode dos guetos alemães com total desprezo, mas Jacob soube ultrapassar isso. Ele atirou-lhes alguns ossos Rothschild. Sendo os referidos ossos a distribuição na América das desejáveis emissões europeias de acções e obrigações. Depois descobriu que tinha uma arma ainda mais poderosa nas suas mãos.

"Foi nas décadas que se seguiram à nossa guerra civil que as nossas indústrias começaram a desenvolver-se. Tínhamos grandes vias férreas para construir. As indústrias petrolífera, mineira, siderúrgica e têxtil surgiram como cogumelos. Tudo isto exigiu um financiamento considerável, grande parte do qual teve de vir do estrangeiro, principalmente da casa de Rothschild e foi aqui que Schiff se distinguiu. Ele jogou um jogo muito astuto. Tornou-se o santo padroeiro de John D. Rockefeller, Edward R. Harriman, e Andrew Carnegie. Financiou a Standard Oil Company para Rockefeller, o império ferroviário para Harriman e o império siderúrgico para Carnegie. Mas em vez de encurralar todas as outras indústrias para Kuhn, Loeb, e Companhia, abriu as portas da Casa de Rothschild à Morgan, Biddle, e Drexel. Por sua vez, a Rothschild organizou o estabelecimento de Londres, Paris, Europa e outras filiais para estes três, mas sempre em parceria com os subordinados Rothschild e Rothschild deixou claro a todos estes homens que Schiff seria o chefe em Nova Iorque.

"Assim, na viragem do século, Schiff controlava firmemente toda a fraternidade bancária de Wall Street que, com a ajuda de Schiff, incluía os irmãos Lehman, Goldman Sachs e outros bancos internacionalistas geridos por homens escolhidos pelos Rothschilds. Em suma, significava o controlo dos poderes monetários da nação e estava então pronto para o passo gigantesco - a armadilha do nosso sistema monetário nacional.

"Segundo a nossa Constituição, o controlo do nosso sistema monetário é investido unicamente no nosso Congresso. O próximo passo importante de Schiff foi seduzir o nosso Congresso a trair este edital constitucional, entregando este controlo à hierarquia da grande conspiração dos Illuminati. A fim de legalizar esta rendição e tornar o povo impotente para lhe resistir, seria necessário que o Congresso aprovasse legislação especial. Para o fazer, Schiff teria de se infiltrar em ambas as casas do Congresso. Stooges com poder suficiente para pressionar o Congresso a aprovar tal legislação. Igualmente importante, se não mais importante, ele precisava de colocar um fantoche na Casa Branca, um presidente sem integridade ou escrúpulos, que assinaria tal legislação. Para tal, teve de assumir o controlo quer do Partido Republicano quer do Partido Democrata. O Partido Democrata era o mais vulnerável, o mais ambicioso dos dois partidos. Com excepção de Grover Cleveland, os Democratas não tinham conseguido colocar um dos seus homens na Casa Branca desde a Guerra Civil. Há duas razões para isto:

1. A pobreza do partido.

2. Havia muito mais eleitores de espírito republicano do que democratas.

"A questão da pobreza não era um grande problema, mas a questão dos eleitores era outra história. Mas como disse antes, Schiff era um tipo inteligente. Eis o método atroz e assassino que ele utilizou para resolver o problema dos eleitores. A sua solução sublinha quão pouco os banqueiros judeus internacionalistas se preocupam com os seus próprios irmãos raciais, como poderão ver. De repente, por volta de 1890, uma série de pogroms irrompeu em toda a Rússia. Vários milhares de judeus inocentes, homens, mulheres e crianças, foram massacrados por cossacos e outros camponeses. Pogroms semelhantes com massacres semelhantes de judeus inocentes eclodiram na Polónia, Roménia e Bulgária. Todos estes pogroms foram fomentados por agentes Rothschild. Como resultado, refugiados judeus aterrorizados de todas estas nações afluíram aos Estados Unidos e isto continuou durante as duas ou três décadas seguintes, porque os pogroms foram contínuos ao longo destes anos. Todos estes refugiados foram ajudados por comités humanitários auto-nomeados criados por Schiff, os Rothschilds, e todos os seus afiliados.

"De um modo geral, os refugiados afluíram a Nova Iorque, mas os comités humanitários Schiff e Rothschild encontraram formas de deslocar muitos deles para outras grandes cidades como Chicago, Boston, Filadélfia, Detroit, Los Angeles, etc. Todos foram rapidamente transformados em "cidadãos naturalizados" e educados para se registarem como democratas. Assim, todos estes chamados grupos minoritários tornaram-se sólidos grupos de eleitores democratas nas suas comunidades, todos controlados e manobrados pelos seus chamados benfeitores. E logo após a viragem do século, tornaram-se factores vitais na vida política da nossa nação. Este foi um dos métodos utilizados por Schiff para plantar homens como Nelson Aldrich no nosso Senado e Woodrow Wilson na Casa Branca.

"Neste momento, deixem-me recordar-vos outra das tarefas importantes que foram atribuídas a Schiff quando ele foi enviado para a América. Refiro-me à tarefa de destruir a unidade do povo americano, criando grupos minoritários e fomentando os conflitos raciais. Ao trazer refugiados judeus dos pogroms para a América, Schiff criou um grupo minoritário pronto a ser utilizado para este fim. Mas não se podia contar com o povo judeu no seu conjunto, assustado pelos pogroms, para criar a violência necessária para destruir a unidade do povo americano. Mas dentro da própria América, havia um grupo minoritário já constituído, se ainda adormecido, os Negros, que podiam ser incitados a manifestações, motins, pilhagens, assassinatos, e qualquer outro tipo de anarquia - tudo o que era necessário era incitá-los e despertá-los. Juntos, estes dois grupos minoritários, devidamente manobrados, poderiam ser utilizados para criar exactamente a "discórdia" na América de que os Illuminati precisariam para atingir o seu objectivo.

"Assim, ao mesmo tempo que Schiff e os seus co-conspiradores estavam a desenvolver os seus planos para entalar o nosso sistema monetário, estavam a desenvolver planos para atacar o povo americano insuspeito com uma convulsão racial explosiva e aterradora que iria dilacerar o povo em fracções odiosas e criar o caos em toda a nação; especialmente em todos os campus universitários e universitários; todos protegidos pelas decisões de Earl Warren e dos nossos chamados líderes em Washington D.C. (Lembre-se da Comissão Warren sobre o assassinato do Presidente John F.

Kennedy)[37] .

É claro que o aperfeiçoamento destes planos leva tempo e paciência infinita.

"Agora, para eliminar todas as dúvidas, vou tirar alguns momentos para vos dar a prova documental desta conspiração anti-raça. Em primeiro lugar, tiveram de criar liderança e organizações para atrair milhões de vigaristas, judeus e negros, que se manifestariam e cometeriam motins, pilhagens e anarquia. Assim, em 1909, Schiff, os Lehmans e outros conspiradores organizaram e estabeleceram a Associação Nacional para o Progresso das Pessoas de Cor, conhecida como a NAACP. Os presidentes, directores e consultores jurídicos da NAACP sempre foram "judeus brancos" nomeados por Schiff e ainda hoje é esse o caso.

"Então, em 1913, o grupo Schiff organizou a "Liga Anti-Defamação de B'nai B'rith", vulgarmente conhecida como "ADL", para servir como a Gestapo e acólito de toda a grande conspiração. Actualmente, a sinistra "ADL" tem mais de 2.000 filiais em todas as partes do nosso país e aconselha e controla completamente cada acção da NAACP, da Liga Urbana e de todas as outras organizações de direitos civis negros em todo o país, incluindo líderes como Martin Luther King, Stockely Carmichael, Barnard Rustin e outros do mesmo género. Além disso, a "ADL" adquiriu o controlo absoluto dos orçamentos publicitários de muitas lojas de departamento, cadeias de hotéis, patrocinadores industriais da televisão e rádio, e agências de publicidade, a fim de controlar praticamente todos os meios de comunicação de massas e

---

[37] Kennedy, enquanto Presidente dos Estados Unidos da América, tornou-se cristão. Na sua tentativa de "arrepender-se", tentou informar o povo desta Nação (pelo menos duas vezes) que o Gabinete do Presidente dos Estados Unidos estava a ser manipulado pelos Illuminati/CFR. Ao mesmo tempo, parou o "empréstimo" de Notas da Reserva Federal do Banco da Reserva Federal e começou a emitir Notas dos EUA (sem juros) sobre o crédito dos Estados Unidos. Foi esta emissão de notas americanas que levou ao "assassinato" de Kennedy.

Depois de ter tomado posse, Lyndon B. Johnson deixou de emitir notas dos Estados Unidos e retomou o empréstimo de notas do Federal Reserve Bank (que foram emprestadas ao povo dos Estados Unidos à taxa de juro actual de 17%). As notas americanas emitidas sob John F. Kennedy faziam parte da série de 1963 que tinha um selo "vermelho" na face da nota.

forçar todos os jornais leais a distorcer e falsificar as notícias, a incitar ainda mais à ilegalidade e violência nas multidões negras e, ao mesmo tempo, a despertar simpatia por elas. Aqui está a prova documental do início da sua trama deliberada para levar os Negros à anarquia.

"Por volta de 1910, um homem chamado Israel Zengwill escreveu uma peça de teatro chamada 'The Melting Pot'. Era pura propaganda para incitar negros e judeus, porque a peça deveria mostrar como o povo americano discriminava e perseguia judeus e negros. Na altura, ninguém parecia perceber que se tratava de uma peça de propaganda. Foi escrita de forma tão inteligente. A propaganda estava bem embrulhada no verdadeiro grande entretenimento da peça e foi um grande sucesso na Broadway.

"Naquela época, o lendário Diamond Jim Brady costumava organizar um banquete no famoso restaurante Delmonico de Nova Iorque, após a abertura de uma peça popular. Deu uma tal festa para o elenco de 'The Melting Pot', o seu escritor, produtor e algumas celebridades da Broadway. Nessa altura, já tinha deixado uma marca pessoal no teatro da Broadway e fui convidado para essa festa. Conheci George Bernard Shaw e um escritor judeu chamado Israel Cohen. Zangwill, Shaw e Cohen foram os que tinham criado a Fabian Society em Inglaterra e tinham trabalhado de perto com um judeu de Frankfurt chamado Mordicai que tinha mudado o seu nome para Karl Marx; mas lembrem-se, nessa altura, o marxismo e o comunismo estavam apenas a emergir e ninguém estava a prestar muita atenção a nenhum deles e ninguém suspeitava da propaganda nos escritos destes três escritores realmente brilhantes.

"Naquele banquete, Israel Cohen disse-me que estava então empenhado em escrever um livro que seria um seguimento do "The Melting Pot" de Zangwill. O título do seu livro deveria ser "Uma Agenda Racial para o Século 20 ". Na altura estava completamente absorvido no meu trabalho como dramaturgo, e por mais significativo que o título fosse, o seu verdadeiro propósito nunca me ocorreu, nem estava interessado em ler o livro. Mas de repente atingiu-me com a força de uma bomba de hidrogénio quando recebi um recorte de jornal de um artigo publicado pelo *Washington D.C. Evening Star* em Maio de 1957. Este artigo foi uma reimpressão palavra por palavra do seguinte excerto do livro de Israel Cohen "A Racial-Program for the 20th Century" e lê-se como passo a citar:

> "Temos de compreender que a arma mais poderosa do nosso partido é a tensão racial. Propagando na consciência das raças

negras que durante séculos foram oprimidas pelos brancos, podemos fazê-las aderir ao programa do Partido Comunista. Na América, visaremos uma vitória subtil. Enquanto inflamamos a minoria negra contra os brancos, inculcaremos nos brancos um complexo de culpa pela sua exploração dos negros. Ajudaremos os Negros a ascender ao topo em todas as áreas da vida, nas profissões e no mundo do desporto e do entretenimento. Com este prestígio, os negros poderão casar com os brancos e iniciar um processo que entregará a América à nossa causa".

Acta de 7 de Junho de 1957; pelo Deputado Thomas G. Abernethy.

"Assim, a autenticidade desta passagem do livro de Cohen foi plenamente estabelecida. Mas a única questão que me ficou na mente foi se representava a política oficial ou a trama do Partido Comunista ou apenas uma expressão pessoal do próprio Cohen. Assim, procurei mais provas e encontrei-as num panfleto oficial publicado em 1935 pela secção de Nova Iorque do Partido Comunista.

Este panfleto tinha o título: "Negros numa América Soviética". Instou os negros a erguer-se, formar um Estado soviético no Sul e exigir a admissão na União Soviética. Continha uma promessa firme de que a revolta seria apoiada por todos os "vermelhos" americanos e pelos chamados "liberais". Na página 38, prometia que um governo soviético iria conferir mais benefícios aos negros do que aos brancos e, mais uma vez, este panfleto oficial comunista prometia que, e cito, "qualquer acto de discriminação ou preconceito contra um negro tornar-se-á um crime ao abrigo da lei revolucionária". Esta declaração prova que o excerto do livro de Israel Cohen publicado em 1913 era um decreto oficial do Partido Comunista e estava directamente de acordo com o plano Illuminati para a revolução mundial publicado por Weishaupt e mais tarde por Albert Pike.

"Agora há apenas uma questão e que é provar que o regime comunista é directamente controlado pelo cérebro americano Jacob Schiff e pelos Rothschilds de Londres. Um pouco mais tarde fornecerei as provas que eliminarão qualquer dúvida de que o Partido Comunista, como o conhecemos, foi criado por aqueles (capitalistas, se repararem) cérebros, Schiff, os Warburgs e os Rothschilds, que planearam e financiaram toda a revolução russa, o assassinato do Czar e da sua família, e que Lenine, Trotsky e Estaline receberam as suas ordens directamente de Schiff e dos outros capitalistas que supostamente combatiam.

"Consegue compreender por que razão o infame Conde Warren e os seus igualmente infames colegas do Supremo Tribunal proferiram esta infame e traiçoeira decisão de dessegregação em 1954? Era para ajudar e incentivar a conspiração dos Illuminati para criar tensão e conflito entre negros e brancos. Consegue compreender porque é que o mesmo Conde Warren emitiu a sua decisão proibindo as orações cristãs e as canções de Natal nas nossas escolas? Porque é que o Kennedy fez o mesmo? E consegue ver porque é que Johnson e 66 senadores, apesar dos protestos de 90% do povo americano, votaram a favor do "Tratado Consular" que abre todo o nosso país aos espiões e sabotadores russos? Estes 66 senadores são todos Benedict Arnolds do século 20 .

"Cabe-lhe a si e a todo o povo americano forçar o Congresso, os nossos funcionários eleitos, a levar estes traidores americanos à justiça por impeachment e, quando se provar a sua culpa, infligir-lhes a punição prescrita para os traidores que ajudam e instigam os nossos inimigos. E isso inclui a implementação de investigações rigorosas do Congresso sobre o "CFR" e todas as suas frentes, tais como a "ADL", a "NAACP", o "SNIC", e ferramentas Illuminati como Martin Luther King*. Tais investigações irão expor completamente todos os líderes Washington D.C. e Illuminati, e todas as suas filiações e filiais, como traidores que realizam a conspiração dos Illuminati. Exporão completamente as Nações Unidas como o nexo da conspiração e forçarão o Congresso a retirar os EUA da ONU e a expulsar a ONU dos EUA. De facto, irá destruir a ONU e toda a conspiração.

"Antes de encerrar esta fase, gostaria de reiterar e enfatizar um ponto-chave que vos exorto a nunca esquecerem se desejam salvar o nosso país para os vossos filhos e para os seus filhos. Esse ponto é o seguinte. Todos os actos inconstitucionais e ilegais cometidos por Woodrow Wilson, Franklin Roosevelt, Truman, Eisenhower e Kennedy e agora cometidos por Johnson (e agora George Bush e Bill Clinton) estão exactamente de acordo com a antiga conspiração dos conspiradores Illuminati descrita por Weishaupt e Albert Pike. Cada decisão viciosa tomada pelo traidor Earl Warren e pelos seus igualmente traidores juízes do Supremo Tribunal estava em conformidade directa com o que o plano Illuminati exigia. Todas as traições cometidas pelo nosso Departamento de Estado sob Rusk e anteriormente por John Foster Dulles e Marshall, e todas as traições cometidas por McNamara e os seus predecessores, estão directamente em linha com este mesmo plano Illuminati para a tomada do controlo mundial. Do mesmo modo, a espantosa traição cometida por vários membros do nosso Congresso, especialmente os 66 senadores que assinaram o tratado consular, foi empreendida a mando dos Illuminati.

"Agora vou voltar à intervenção de Jacob Schiff no nosso sistema monetário e às acções de traição que se seguiram. Isto revelará também o controlo Schiff-Rothschild não só sobre Karl Marx, mas também sobre Lenine, Trotsky e Estaline, que criaram a revolução na Rússia e criaram o Partido Comunista.

"Foi em 1908 que Schiff decidiu que tinha chegado o momento de assumir o nosso sistema monetário. Os seus principais tenentes nesta tomada de posse foram o Coronel Edward Mandel House, cuja carreira foi a de chefe executivo e moço de recados de Schiff, assim como Bernard Baruch e Herbert Lehman. No Outono desse ano encontraram-se em conclave secreto no Jekyll Island Hunt Club, propriedade de J.P. Morgan em Jekyll Island, Geórgia. Entre os presentes encontravam-se J.P. Morgan, John B. Rockefeller, Coronel House, Senador Nelson Aldrich, Schiff, Stillman e Vanderlip do National City Bank of New York, W. e J. Seligman, Eugene Myer, Bernard Baruch, Herbert Lehman, Paul Warburg - em suma, todos os banqueiros internacionais da América. Todos os membros da hierarquia da grande conspiração dos Illuminati.

"Uma semana mais tarde, criaram o que chamaram Sistema da Reserva Federal. O Senador Aldrich era o fantoche que devia passar pelo Congresso, mas eles puseram essa passagem em espera por uma razão principal: tinham de fazer com que o seu homem e o seu obediente fantoche na Casa Branca assinassem primeiro a Lei da Reserva Federal. Sabiam que mesmo que o Senado aprovasse o projecto de lei por unanimidade, o então recém-eleito Presidente Taft iria rapidamente vetá-lo. Por isso, esperaram.

"Em 1912, o seu homem, Woodrow Wilson, foi eleito presidente. Imediatamente após a tomada de posse de Wilson, o Senador Aldrich impôs a Lei da Reserva Federal através de ambas as casas do Congresso e Wilson assinou prontamente a lei. Este acto hediondo de traição foi cometido a 23 de Dezembro de 1913, dois dias antes do Natal, quando todos os membros do Congresso, excepto vários representantes e três senadores escolhidos a dedo, estavam ausentes de Washington. Como foi hediondo este acto de traição? Vou dizer-vos.

Os pais fundadores estavam bem cientes do poder do dinheiro. Eles sabiam que quem quer que tivesse esse poder tinha nas suas mãos o destino da nossa nação. É por isso que protegeram cuidadosamente esse poder quando estabeleceram na Constituição que apenas o

Congresso, os representantes eleitos do povo, deveriam deter esse poder. A linguagem constitucional sobre este ponto é breve, concisa e específica, estabelecida no Artigo I, Secção 8, Parágrafo 5, que define os deveres e poderes do Congresso, e passo a citar:

> "para cunhar dinheiro, para regular o valor do dinheiro e das moedas estrangeiras, e o padrão de pesos e medidas".

Mas nesse trágico e inesquecível dia de infâmia, 23 de Dezembro de 1913, os homens que tínhamos enviado a Washington para salvaguardar os nossos interesses, os Representantes, os Senadores, e Woodrow Wilson, colocaram o destino da nossa nação nas mãos de dois estrangeiros da Europa Oriental, os judeus Jacob Schiff e Paul Warburg. Warburg foi um imigrante muito recente que veio aqui a mando de Rothschild com o objectivo expresso de conspirar o plano para esta lei da Reserva Federal.

"Actualmente, a grande maioria do povo americano acredita que o Sistema da Reserva Federal é uma agência do governo dos Estados Unidos. Isto é completamente falso. Todas as acções dos bancos da Reserva Federal são propriedade dos bancos membros e os chefes dos bancos membros são todos membros da hierarquia da grande conspiração dos Illuminati conhecida hoje como "CFR".

"Os detalhes deste acto de traição, no qual participaram muitos dos chamados traidores americanos, são demasiado longos para este documento; mas todos estes detalhes estão disponíveis num livro intitulado *The Secrets of the Federal Reserve*[38] , escrito por Eustace Mullins. Neste livro, Mullins conta toda a história horrível e apoia-a com documentos incontroversos. Além de ser uma história verdadeiramente fascinante e chocante desta grande traição, todo o americano deveria lê-la como uma questão de inteligência vital para quando todo o povo americano finalmente acordar e destruir toda a conspiração e com a ajuda de Deus, esse despertar virá certamente.

"Se pensa que estes estrangeiros e os seus conspiradores de papel americanos, se contentariam em controlar o nosso sistema monetário, está a sofrer outro choque muito triste. O Sistema da Reserva Federal deu aos conspiradores o controlo total do nosso sistema monetário, mas não tocou de forma alguma nos rendimentos do povo, pois a Constituição proíbe expressamente o que é agora conhecido como o

---

[38] Publicado por Le Retour aux Sources, www.leretourauxsources.com

imposto retido na fonte de 20%+. Mas o plano Illuminati para a escravatura dentro de um mundo unificado incluiu o confisco de toda a propriedade privada e o controlo do poder de ganho individual. Isto, e Karl Marx salientou esta característica no seu plano, deveria ser realizado através de um imposto progressivo e graduado sobre o rendimento. Como já disse, um tal imposto não pode ser legalmente imposto ao povo americano. É sucinta e expressamente proibida pela nossa Constituição. Assim, apenas uma emenda constitucional poderia dar ao governo federal tais poderes confiscatórios.

"Bem; isto também não foi um problema insuperável para os nossos maquinadores maquiavélicos. Os mesmos líderes eleitos de ambas as casas do Congresso e o mesmo Sr. Woodrow Wilson, que assinou a infame Lei da Reserva Federal, alteraram a Constituição para tornar o imposto de renda federal, conhecido como a 16 Emenda, uma lei da terra. Ambos são ilegais nos termos da nossa Constituição. Em suma, foram os mesmos traidores que assinaram ambas as traições, a Lei da Reserva Federal e a Emenda 16 , na lei. No entanto, parece que nunca ninguém se apercebeu que a 16 Emenda foi concebida para roubar, e refiro-me a roubar, os seus rendimentos às pessoas através da provisão do imposto sobre o rendimento.

"Os conspiradores não fizeram pleno uso desta disposição até à Segunda Guerra Mundial, quando o grande humanista Franklin Roosevelt aplicou um imposto de retenção na fonte de 20% sobre todos os salários pequenos e até 90% sobre rendimentos mais elevados. Oh, claro, ele prometeu fielmente que seria apenas durante a guerra; mas o que é uma promessa a um tal charlatão que, em 1940, enquanto concorria ao seu terceiro mandato, continuava a proclamar: "Digo uma e outra vez e outra vez que nunca enviarei rapazes americanos para lutar em solo estrangeiro". Lembre-se, ele estava a proclamar esta declaração mesmo quando já se preparava para nos mergulhar na Segunda Guerra Mundial, incitando os japoneses a atacar sorrateiramente Pearl Harbor para dar a sua desculpa.

"E antes que me esqueça, deixem-me lembrar-vos que outro charlatão chamado Woodrow Wilson usou exactamente o mesmo slogan de campanha em 1916. O seu slogan era: 'Reelejam o homem que vai manter os vossos filhos fora da guerra'; exactamente a mesma fórmula, exactamente as mesmas promessas. Mas espere; como Al Jonson costumava dizer, "ainda não ouviu nada". A armadilha do imposto sobre o rendimento do 16 Emenda destinava-se a confiscar e roubar o rendimento do homem comum, ou seja, você e eu. Não se destinava a atingir os enormes rendimentos do bando dos Illuminati, dos Rockefellers, dos Carnegies, dos Lehmans e de todos os outros conspiradores.

"Assim, juntamente com esta 16 emenda, criaram aquilo a que chamaram "fundações isentas de impostos" que permitiriam aos conspiradores transformar a sua enorme riqueza nestas chamadas "fundações" e evitar o pagamento de praticamente todos os impostos sobre o rendimento. A desculpa era que o rendimento destas "fundações isentas de impostos" seria gasto em filantropia humanitária. Assim, hoje temos as várias fundações Rockefeller, os fundos Carnegie e Dowman, a Fundação Ford, a Fundação Mellon e centenas de fundações semelhantes "isentas de impostos".

"E que tipo de filantropia é que estas fundações apoiam? Bem, eles financiam todos os grupos de direitos civis (e movimentos ambientalistas) que estão a causar caos e motins em todo o país. Eles financiam os Reis de Martin Luther. A Fundação Ford financia o "Centro de Estudos das Instituições Democráticas" em Santa Bárbara, vulgarmente conhecido como Moscovo Ocidental, que é dirigido pelos notórios Hutchens, Walter Ruther, Erwin Cahnam e outros daquela região.

"Em suma; as "fundações isentas de impostos" financiaram aqueles que fazem o trabalho para a grande conspiração dos Illuminati. E quais são as centenas de biliões de dólares que confiscam todos os anos dos rendimentos do rebanho comum, você e eu? Bem, para começar, há o truque da "ajuda estrangeira" que deu milhares de milhões ao comunista Tito mais presentes de centenas de jactos, muitos dos quais foram dados a Castro, mais os custos de formação de pilotos comunistas para que pudessem abater melhor os nossos aviões. Biliões para a Polónia Vermelha. Biliões de euros para a Índia. Biliões de euros para Sucarno. Biliões de euros para outros inimigos dos Estados Unidos. Foi isso que esta emenda 16 traiçoeira fez à nossa nação e ao povo americano, a vós, a mim e aos nossos filhos.

"O nosso governo federal controlado pelos Illuminati no CFR pode conceder "estatuto de isenção de impostos" a todas as fundações e organizações pró-Red World, tais como o "Fundo para a República". Mas se você ou qualquer organização patriótica for demasiado abertamente pró-americana, podem aterrorizá-lo e intimidá-lo, encontrando uma vírgula mal colocada na sua declaração de imposto de renda e ameaçando-o com penalidades, multas e até mesmo com prisão. Os historiadores do futuro interrogar-se-ão como o povo americano poderia ser tão ingénuo e estúpido para permitir actos de traição tão ousados e descarados como a Lei da Reserva Federal e a Emenda 16 . Bem, eles não eram ingénuos e não eram estúpidos. A resposta é a seguinte: confiaram nos homens que elegeram para proteger o nosso país e o nosso povo, e não faziam ideia de nenhuma destas traições até que cada uma delas tivesse sido cumprida.

"Foram os meios de comunicação de massa controlados pelos Illuminati que mantiveram e mantêm o nosso povo ingénuo e estúpido e inconsciente da traição que está a ser cometida. Agora a grande questão é: "Quando é que o povo vai acordar e fazer aos nossos traidores de hoje o que George Washington e os nossos pais fundadores teriam feito a Benedict Arnold? ". Na realidade, Benedict Arnold foi um traidor mesquinho em comparação com os nossos traidores actuais em Washington D.C. Voltemos agora aos acontecimentos que se seguiram à violação da nossa Constituição com a aprovação da Lei da Reserva Federal e da Emenda 16 . Wilson estava completamente sob o seu controlo?

"Os mestres da grande conspiração puseram em marcha o próximo e o que esperavam que fossem os passos finais para alcançar o seu único governo mundial. O primeiro destes passos foi a Primeira Guerra Mundial. Porquê a guerra? Simples, a única desculpa para um governo mundial único é que é suposto assegurar a paz. A única coisa que pode fazer as pessoas chorar pela paz é a guerra. A guerra traz caos, destruição, exaustão, tanto para o vencedor como para o vencido. Traz a ruína económica a ambos. Mais importante ainda, destrói a flor da masculinidade jovem de ambos. Para os idosos entristecidos e desolados (mães e pais) que já só têm a memória dos seus amados filhos, a paz vale qualquer preço, e é a emoção em que os conspiradores confiam para o sucesso da sua conspiração satânica. [39]

"Ao longo do século XIX, de 1814 a 1914, o mundo como um todo esteve em paz. Guerras como a 'Guerra Franco-Prussiana', a nossa própria 'Guerra Civil', a 'Guerra Russo-Japonesa' foram o que se poderia chamar 'perturbações locais' que não afectaram o resto do mundo. Todas as grandes nações eram prósperas e os povos eram

---

[39] A resposta a essa pergunta é simples: não servir nas 'suas' forças armadas e tornar-se carne para canhão para a elite autoproclamada. Se o fizer, ou se permitir que os seus filhos o façam, através da ignorância que permite, merece o que você, e eles, receberão. N/A.

ferozmente nacionalistas e orgulhosos da sua soberania. Era bastante impensável que os franceses e alemães estivessem preparados para viver sob um "governo mundial único"; ou os "russos", "chineses" ou "japoneses". É ainda mais impensável que um Kaiser Wilhelm, um Franz Josef, um Czar Nicholas ou qualquer outro monarca entregue-se de bom grado e docilmente ao seu trono a um governo mundial. Mas lembrem-se que os povos de todas as nações são o verdadeiro poder e que a "guerra" é a única coisa que poderia fazer os povos ansiar e exigir "paz", assegurando assim um governo mundial. Mas teria de ser uma guerra assustadora e horrivelmente devastadora. Não poderia ser uma simples guerra local entre apenas duas nações; teria de ser uma "guerra mundial". Nenhuma nação importante deve ser poupada aos horrores e devastação de uma tal guerra. O grito de "paz" deve ser universal.[40]

"Na verdade, este foi o formato estabelecido pelos Illuminati e Nathan Rothschild no início do século 19 . Primeiro arrastaram toda a Europa para as "Guerras Napoleónicas" e depois para o "Congresso de Viena" organizado pelo Rothschild- que planeou tornar-se numa "Liga das Nações" para ser a sede do seu governo mundial; tal como as actuais "Nações Unidas" foram criadas para ser a sede do futuro governo mundial, Deus nos livre. Em qualquer caso, este é o plano que a Casa de Rothschild e Jacob Schiff decidiram empregar para alcançar o seu objectivo em 1914. Claro que sabiam que o mesmo esquema tinha falhado em 1814, mas pensavam que era apenas porque o czar russo o

---

[40] Perderam-se mais vidas na 'Grande Guerra' - a Primeira Guerra Mundial - do que em qualquer outra guerra da história. Por exemplo, mais homens foram abatidos numa única batalha na Primeira Guerra Mundial - "a [chamada] guerra para acabar com todas as guerras" - [e porque é que esta frase foi inventada exactamente?] do que em qualquer das Segundas Guerras Mundiais. O que antes parecia ser uma estratégia militar totalmente ilógica é agora perfeitamente lógico, se quiser matar o maior número possível dos seus próprios homens. A estratégia era ordenar aos soldados britânicos que marchassem lentamente em direcção às metralhadoras alemãs e que não as carregassem ou levassem, resultando numa terrível carnificina. Se desobedecessem, eram colocados à frente de um pelotão de fuzilamento dos seus próprios camaradas, para que, de qualquer modo, morressem de certeza. - Usando este exemplo, deve ficar claro para si que os Illuminati não têm absolutamente nenhum escrúpulo sobre o abate de milhões de pessoas que consideram "comedores inúteis" e não terão escrúpulos sobre o abate de milhares de milhões mais, em breve. N/A.

tinha torpedeado. Bem, os actuais conspiradores de 1914 eliminariam o gadfly de 1814. Eles assegurariam que depois da nova guerra mundial que estavam a conspirar, não haveria nenhum Czar da Rússia por perto para se meter no seu caminho.

"Vou dizer-vos como conseguiram dar este primeiro passo no lançamento de uma guerra mundial. A história regista que a Primeira Guerra Mundial foi precipitada por um incidente trivial, o tipo de incidente que Weishaupt e Albert Pike tinham incorporado nos seus planos. Esse incidente foi o assassinato de um arquiduque austríaco organizado pelos cérebros dos Illuminati. Seguiu-se a guerra. Envolveu a Alemanha, Áustria, Hungria e os seus aliados, as "potências do Eixo", contra a França, Grã-Bretanha e Rússia, chamados "Aliados". Apenas os Estados Unidos não estiveram envolvidos durante os dois primeiros anos.

"Em 1917, os conspiradores tinham atingido o seu objectivo principal: toda a Europa estava num estado de miséria. Todos os povos estavam cansados da guerra e queriam a paz. A paz viria assim que os Estados Unidos tomassem o partido dos Aliados, o que deveria acontecer imediatamente após a reeleição de Wilson. Depois disso, só poderia haver um resultado: vitória total dos Aliados. Para confirmar plenamente a minha afirmação de que muito antes de 1917, a conspiração, liderada na América por Jacob Schiff, tinha planeado tudo para atirar os Estados Unidos para esta guerra. Citarei as provas.

"Quando Wilson fez campanha para a reeleição em 1916, o seu principal apelo foi: "Reelejam o homem que manterá os vossos filhos fora da guerra". Mas durante essa mesma campanha, o Partido Republicano acusou publicamente Wilson de ter estado durante muito tempo empenhado em levar-nos para a guerra. Afirmaram que se fosse derrotado, tomaria essa decisão durante os poucos meses que lhe restavam no cargo, mas se fosse reeleito, esperaria até depois das eleições. Mas nessa altura, o povo americano considerava Wilson como um "Deus-homem". Bem, Wilson foi reeleito e, de acordo com a agenda dos conspiradores, ele mergulhou-nos na guerra em 1917. Utilizou o afundamento do Lusitânia como desculpa, um afundamento que também estava planeado. Roosevelt, também um homem-deus aos olhos do povo americano, seguiu a mesma técnica em 1941 quando usou o ataque a Pearl Harbor como desculpa para nos atirar para a Segunda Guerra Mundial.

"Exactamente como os conspiradores tinham previsto, a vitória Aliada eliminaria todos os monarcas das nações derrotadas e deixaria todos os seus povos sem líderes, confusos, desorientados e totalmente preparados para o único governo mundial que a grande conspiração queria estabelecer. Mas haveria mais um obstáculo, o mesmo obstáculo que tinha impedido os Illuminati e os Rothschilds no Congresso de Viena (comício de paz) após as guerras napoleónicas. Desta vez, a Rússia estaria do lado vencedor, como em 1814, e o Czar estaria firmemente no seu trono. Vale a pena notar que a Rússia, sob o regime czarista, é o único país onde os Illuminati nunca conseguiram ganhar uma posição e onde os Rothschilds nunca conseguiram infiltrar-se nos seus interesses bancários. Mesmo que pudesse ser persuadido a aderir à chamada "Liga das Nações", era uma conclusão inevitável que ele nunca, mas nunca, optaria por um governo mundial único.

"Assim, mesmo antes do início da Primeira Guerra Mundial, os conspiradores tinham um plano, em preparação, para cumprir o voto de Nathan Rothschild de 1814 de destruir o czar e assassinar todos os possíveis herdeiros reais ao trono antes do fim da guerra. Os bolcheviques russos deveriam ser os seus instrumentos nesta trama em particular. Desde o início do século, os líderes dos bolcheviques foram Nicolai Lenin, Leon Trotsky e, mais tarde, Joseph Stalin. É claro que estes não são os seus verdadeiros apelidos. Antes da eclosão da guerra, a Suíça tornou-se o seu refúgio. A sede de Trotsky ficava no Lower East Side de Nova Iorque, onde viviam principalmente refugiados russos e judeus. Tanto Lenine como Trotsky usavam bigodes e estavam desgrenhados. Na altura, era o crachá do bolchevismo. Ambos viviam bem, mas não tinham uma ocupação regular. Não tinham meios de subsistência visíveis, mas ainda tinham muito dinheiro. Todos estes mistérios foram resolvidos em 1917. Desde o início da guerra, coisas estranhas e misteriosas aconteceram em Nova Iorque. Noite após noite Trotsky entrava e saía sorrateiramente do palácio de Jacob Schiff, e no meio dessas mesmas noites havia uma reunião de bandidos do Lower East Side de Nova Iorque. Todos eles eram refugiados russos na sede de Trotsky e todos eles estavam a passar por algum tipo de misterioso processo de formação que se encontrava envolto em mistério. Ninguém estava a falar, embora se soubesse que Schiff financiava todas as actividades de Trotsky.

"Depois, de repente, Trotsky desapareceu, juntamente com cerca de 300 dos seus bandidos treinados. De facto, estavam em alto mar num navio fretado por Schiff, a caminho de um encontro com Lenine e o seu bando na Suíça. O navio continha também 20 milhões de dólares em ouro, destinados a financiar a aquisição da Rússia pelos bolcheviques. Em antecipação da chegada de Trotsky, Lenine preparou-se para dar uma festa no seu esconderijo suíço. Homens dos círculos mais altos do mundo deveriam ser convidados para a festa. Entre eles estava o misterioso Coronel Edward Mandel House, mentor e paralítico de Woodrow Wilson, e mais importante, o mensageiro especial e confidencial de Schiff. Outro dos convidados esperados era Warburg do clã bancário Warburg na Alemanha, que financiou o Kaiser e que o Kaiser tinha recompensado nomeando-o chefe da polícia secreta alemã. Além disso, havia os Rothschilds de Londres e Paris, Litvinov, Kaganovich e Estaline (que era então chefe de um bando de assaltantes de comboios e bancos). Era conhecido como o "Jesse James dos Urais".

"E aqui devo recordar-vos que a Inglaterra e a França tinham então estado em guerra com a Alemanha durante muito tempo e que a 3 de Fevereiro de 1917, Wilson tinha rompido todas as relações diplomáticas com a Alemanha. Portanto, Warburg, o Coronel House, os Rothschilds e todos os outros eram inimigos, mas claro que a Suíça era um terreno neutro onde os inimigos podiam encontrar-se e tornar-se amigos, especialmente se tivessem um projecto em comum. A festa de Lenine foi quase arruinada por um incidente imprevisto. O navio Schiff fretado a caminho da Suíça foi interceptado e detido por um navio de guerra britânico. Mas Schiff foi rápido a ordenar ao Wilson que ordenasse aos britânicos que libertassem o navio intacto com os bandidos de Trotsky e o ouro. Wilson obedeceu. Avisou os britânicos de que se recusassem a libertar o navio, os EUA não entrariam na guerra em Abril, como ele tinha prometido fielmente um ano antes. Os britânicos deram ouvidos ao aviso. Trotsky chegou à Suíça e o comboio de Lenine partiu como planeado; mas ainda enfrentaram o que normalmente teria sido o obstáculo intransponível de fazer passar o bando de terroristas de Lenin-Trotsky através da fronteira russa. Foi então que o irmão Warburg, chefe da polícia secreta alemã, interveio. Ele carregou todos estes bandidos em vagões de carga selados e tomou todas as providências necessárias para a sua entrada secreta na Rússia. O resto é história. A revolução na Rússia teve lugar e todos os membros da família real Romanov foram assassinados.

"O meu principal objectivo agora é estabelecer, para além de qualquer dúvida, que o chamado comunismo é parte integrante da grande conspiração dos Illuminati para a escravização de todo o mundo. Que o chamado comunismo é apenas a sua arma e palavra de ordem para aterrorizar os povos do mundo e que a conquista da Rússia e a criação do comunismo foi, em grande parte, organizada por Schiff e os outros banqueiros internacionais na nossa própria cidade de Nova Iorque. Uma história fantástica? Sim. Alguns podem até recusar-se a acreditar. Bem, para benefício de todos esses "Thomases", vou prová-lo assinalando que apenas há alguns anos atrás, Charlie Knickerbocker, colunista do jornal Hearst, publicou uma entrevista com John Schiff, neto de Jacob, na qual o mais novo Schiff confirmou toda a história e nomeou o montante para o qual o velho Jacob tinha contribuído, $20.000.000.

"Se alguém ainda tem a mínima dúvida de que toda a ameaça do comunismo foi criada pelos cérebros da grande conspiração na nossa própria cidade de Nova Iorque, citarei o seguinte facto histórico Todos os registos mostram que quando Lenine e Trotsky organizaram a aquisição da Rússia, eles eram os chefes do Partido Bolchevique. Agora, "bolchevismo" é uma palavra puramente russa. Os cérebros perceberam que o bolchevismo nunca poderia ser vendido como uma ideologia a ninguém a não ser ao povo russo. Assim, em Abril de 1918, Jacob Schiff enviou o Coronel House a Moscovo com ordens a Lenine, Trotsky e Estaline para mudar o nome do seu regime para Partido Comunista e adoptar o "Manifesto" de Karl Marx como a constituição do Partido Comunista. Lenine, Trotsky e Stalin obedeceram e nesse ano de 1918 o Partido Comunista e a ameaça do comunismo surgiram. Tudo isto é confirmado pelo *Webster's Collegiate Dictionary*, quinta edição.

"Em suma; o comunismo foi criado pelos capitalistas. Assim, até 11 de Novembro de 1918, todo o plano diabólico dos conspiradores funcionou perfeitamente. Todas as grandes nações, incluindo os Estados Unidos, estavam cansadas da guerra, devastadas e de luto pelos seus mortos. A paz era o grande desejo universal. Assim, quando foi proposto por Wilson criar uma "Liga das Nações" para garantir a paz, todas as grandes nações, sem o Czar russo para se lhe opor, saltaram para o comboio sem sequer pararem para ler as letras pequenas desta apólice de seguro. Ou seja, todos menos um, os Estados Unidos, a própria nação que Schiff e os seus co-conspiradores menos esperavam rebelar-se, e esse foi o seu erro fatal nessa primeira conspiração. Vê, quando Schiff colocou Woodrow Wilson na Casa Branca, os conspiradores assumiram que tinham os Estados Unidos no proverbial saco. Wilson tinha sido perfeitamente apresentado ao público como um grande humanista. Foi imposto como um homem-deus ao povo americano. Havia todos os motivos para os conspiradores acreditarem que ele teria facilmente convencido o

Congresso a comprar a lei da arma.

A "Liga das Nações", tal como o Congresso de 1945 comprou as "Nações Unidas", cegamente. Mas houve um homem no Senado em 1918 que viu através deste plano tal como o Czar russo o fez em 1814. Era um homem de grande estatura política, quase tão grande como Teddy Roosevelt e tão astuto. Era altamente respeitado e em quem todos os membros de ambas as casas do Congresso e do povo americano confiaram nele. O nome deste grande e patriótico americano era Henry Cabot Lodge, não o impostor de hoje que se intitulava Henry Cabot Lodge Jr. até ser desmascarado. Alojamento completamente desmascarado Wilson e manteve os Estados Unidos fora da "Liga das Nações".

NOTA :

Pouco tempo depois, os Illuminati criaram a 17 Emenda para suprimir os senadores nomeados pelas legislaturas estatais da União. Onde antes os Illuminati controlavam a imprensa, agora controlam a eleição dos senadores dos EUA. Os Illuminati/CFR tinham pouco ou nenhum poder sobre as legislaturas individuais dos vários senadores dos EUA antes da ratificação da 17 Emenda.

Embora a emenda 17 deva alterar o método de eleição dos senadores americanos, nunca foi ratificada de acordo com a última frase do Artigo V da Constituição dos EUA. Dois estados, Nova Jersey e Utah, rejeitaram a proposta e nove outros estados não votaram de todo. Enquanto os estados de Nova Jersey e Utah se recusaram expressamente a renunciar ao seu "sufrágio" no Senado e os outros nove estados que não votaram nunca deram o seu consentimento "expresso", a emenda proposta 17 não recebeu o voto "unânime" necessário para a sua aprovação. Além disso, a resolução que criou a "proposta" não foi aprovada por unanimidade pelo Senado e, como os senadores na altura foram "nomeados" pelas suas legislaturas estatais, estes "não" ou "não-votos" foram emitidos em nome dos seus respectivos Estados.

"Torna-se aqui de grande interesse conhecer a verdadeira razão do fracasso da Liga das Nações de Wilson. Como já disse, Schiff foi enviado para os Estados Unidos para levar a cabo quatro missões específicas:

1.   E o mais importante, para obter o controlo completo do sistema monetário americano.

2.   Como se afirma no plano original dos Illuminati de Weishaupt, ele teve de encontrar o tipo certo de homens para servir como lacaios da grande conspiração e promovê-los aos mais altos cargos do nosso governo federal; ao nosso Congresso, ao nosso Supremo Tribunal dos EUA, e a todas as agências federais, tais como o Departamento de Estado, o Pentágono, o Departamento do Tesouro, etc.

3.   Destruir a unidade do povo americano, criando conflitos entre grupos minoritários em toda a nação, particularmente entre brancos e negros, como delineado no livro de Israel Cohen.

4.   Criar um movimento para destruir a religião nos Estados Unidos tendo o cristianismo como principal alvo ou vítima.

"Além disso, foi-lhe recordada com força a directiva imperativa do plano Illuminati, que consiste em conseguir o controlo total de todos os meios de comunicação de massas, a fim de fazer uma lavagem ao cérebro das pessoas para que acreditassem e aceitassem todos os esquemas da grande conspiração. Schiff foi avisado que só controlando a imprensa, na altura o nosso único meio de comunicação de massas, poderia ele destruir a unidade do povo americano.

"Schiff e os seus co-conspiradores criaram a NAACP (Associação Nacional para o Progresso do Povo de Cor) em 1909 e, em 1913, a Liga Anti-Defamação de B'nai B'rith; ambos deveriam criar os conflitos necessários, mas nos primeiros anos a Liga Anti-Defamação funcionou muito provisoriamente. Talvez por medo de uma acção do tipo pogrom por parte de um povo americano acordado e enfurecido, e a NAACP estava praticamente adormecida porque os seus líderes brancos não se aperceberam de que teriam de desenvolver líderes negros incendiários, como Martin Luther King, para despertar o entusiasmo da massa satisfeita de negros da época.

"Além disso, ele, Schiff, estava ocupado a desenvolver e a infiltrar-se nos lacaios que iriam servir nos escalões superiores do nosso governo de Washington e a ganhar o controlo do nosso sistema monetário e a criação da "emenda 16 ". Estava também muito ocupado a organizar a trama para tomar conta da Rússia. Em suma, estava tão ocupado com todas estas tarefas que negligenciou completamente a tarefa suprema de obter o controlo completo dos nossos meios de comunicação de massas. Esta negligência foi uma causa directa do fracasso de Wilson em atrair os Estados Unidos para a "Liga das Nações", pois quando Wilson decidiu ir ao povo para ultrapassar a oposição do Senado controlado pela Loja, apesar da sua reputação estabelecida mas falsa como grande humanista, viu-se confrontado com um povo solidamente unido e uma imprensa leal cuja única ideologia era o "americanismo" e o modo de vida americano. Naquela época, devido à inépcia e ineficácia da "ADL" e da "NAACP", não existiam grupos minoritários organizados, nem questões negras, nem as chamadas questões anti-semitas para influenciar o pensamento do povo. Não havia esquerda, não havia direita, não havia preconceitos para a exploração astuta. Assim, o apelo de Wilson à "Liga das Nações" caiu em orelhas moucas. Este foi o fim de Woodrow Wilson, o grande humanista dos conspiradores. Rapidamente abandonou a sua cruzada e regressou a Washington onde morreu pouco depois, um tolo sifilítico, e isso foi o fim da "Liga das Nações" como corredor para um governo mundial.

"Claro que este desastre foi uma terrível desilusão para os mestres da conspiração dos Illuminati; mas eles não desistiram. Como salientei anteriormente, este inimigo nunca desiste; eles simplesmente decidiram reorganizar-se e começar de novo. Nessa altura, Schiff já era muito velho e senil. Ele sabia-o. Ele sabia que a conspiração precisava de uma nova liderança, mais jovem e mais activa. Assim, por sua ordem, o Coronel House e Bernard Baruch organizaram e criaram o que chamaram "Council on Foreign Relations", o novo nome sob o qual os Illuminati iriam continuar a operar nos Estados Unidos. A hierarquia, oficiais e directores do "CFR" são principalmente compostos por descendentes dos Illuminati originais; muitos deles abandonaram os seus antigos nomes de família e adquiriram novos nomes americanizados. Por exemplo, temos Dillon, que serviu como Secretário do Tesouro dos EUA, cujo nome original era Laposky. Outro exemplo é Pauley, director da rede de televisão da CBS, cujo verdadeiro nome é Palinsky. Os membros do CFR são cerca de 1.000 e incluem os chefes de praticamente todos os impérios industriais da América, tais como Blough, presidente da U.S. Steel Corporation; Rockefeller, rei da indústria petrolífera; Henry Ford, II, e assim por diante. E, claro, todos os banqueiros internacionais. Além disso, os chefes das fundações "livres de impostos" são oficiais e/ou membros activos do CFR. Em suma, todos os homens que forneceram o dinheiro e a influência para eleger os Presidentes dos EUA, Congressistas, Senadores, e que decidem as nomeações dos nossos vários Secretários de Estado, Tesouro, todas as agências federais importantes são membros do CFR e são membros muito obedientes.

"Agora, só para cimentar este facto, mencionarei os nomes de alguns dos presidentes dos EUA que foram membros do CFR. Franklin Roosevelt, Herbert Hoover, Dwight D. Eisenhower, Jack Kennedy, Nixon, e George Bush. Outros candidatos presidenciais incluem Thomas E. Dewey, Adlai Stevenson, e Barry Goldwater, vice-presidente de uma afiliada do CFR. Entre os membros proeminentes do gabinete das várias administrações temos John Foster Dulles, Allen Dulles, Cordell Hull, John J. MacLeod, Morgenthau, Clarence Dillon, Rusk, McNamara, e apenas para enfatizar a "cor vermelha" do "CFR" temos como membros homens como Alger Hiss, Ralph Bunche, Pusvolsky, Haley Dexter White (nome verdadeiro Weiss), Owen Lattimore, Phillip Jaffey, etc. etc. Simultaneamente; eles inundaram milhares de homossexuais e outras personagens sombrias maleáveis em todas as agências federais, desde a Casa Branca até à Casa Branca. Lembra-se dos grandes amigos de Johnson, Jenkins e Bobby Baker?

"Agora havia muito trabalho que o novo CFR tinha de fazer. Eles precisavam de muita ajuda. Assim, o seu primeiro trabalho foi a criação de várias "filiais" às quais atribuíram objectivos específicos. Não posso citar todos os afiliados neste registo, mas aqui estão alguns: a Associação de Política Externa ("FPA"), o Conselho de Assuntos Mundiais ("WAC"), o Conselho Consultivo Empresarial ("BAC"), a famosa "ADA" ("Americans for Democratic Action" praticamente chefiada por Walter Ruther), a famosa "13-13" em Chicago; Barry Goldwater foi, e provavelmente ainda é, vice-presidente de um dos afiliados do CFR. Além disso, o CFR criou comités especiais em cada Estado da União, aos quais confiou as várias operações do Estado.

"Simultaneamente, os Rothschilds criaram grupos de controlo semelhantes ao CFR em Inglaterra, França, Alemanha e outros países para controlar as condições mundiais de cooperação com o CFR, a fim de provocar outra guerra mundial. Mas o primeiro e mais importante trabalho do CFR foi ganhar o controlo total dos nossos meios de comunicação de massas. O controlo da imprensa foi dado a Rockefeller. Assim, Henry Luce, recentemente falecido, foi financiado para criar uma série de revistas nacionais, incluindo "Life", "Time", "Fortune" e outras, que tocaram a "URSS" na América. Os Rockefellers também financiaram directa ou indirectamente a "revista Look" dos irmãos Coles e uma cadeia de jornais. Também financiaram um homem chamado Sam Newhouse para comprar e construir uma cadeia de jornais em todo o país. E o falecido Eugene Myer, um dos fundadores do CFR, comprou o Washington Post, a Newsweek, a revista Weekly, e outras publicações. Ao mesmo tempo, o CFR começou a desenvolver e a cultivar uma nova raça de colunistas e editoriais escusos - escritores como Walter Lippman, Drew Pearson, o Alsops, Herbert Matthews, Erwin Canham, e outros desse povo que se diziam "liberais" e proclamavam que "americanismo" era "isolacionismo", que "isolacionismo" era "belicismo", que "anticomunismo" era "anti-semitismo" e "racismo". Tudo isto levou tempo, claro, mas hoje os nossos "semanários", publicados por organizações patrióticas, são completamente controlados por lacaios do CFR e, por isso, conseguiram finalmente dividir-nos numa nação de brigas, quezílias e facções odiantes. Agora, se ainda se questiona sobre a informação tendenciosa e as mentiras directas que lê no seu jornal, tem agora a resposta. Ao Lehman, Goldman Sachs, Kuhn-Loebs e Warburg, o CFR deu a tarefa de assumir a indústria cinematográfica, Hollywood, rádio e televisão, e acredite, eles conseguiram. Se ainda se questiona sobre a estranha propaganda feita por Ed Morrows e outros da sua laia, tem agora a resposta. Se está a pensar em todos os filmes pornográficos, sexuais e mistos de casamento que vê no seu cinema e no seu televisor (e que desmoralizam a nossa juventude), tem agora a resposta.

"Agora, para refrescar a sua memória, vamos voltar atrás por um momento. O fracasso de Wilson tinha torpedeado qualquer hipótese de transformar esta "Liga das Nações" na esperança dos conspiradores de um governo mundial único; por isso, a trama de Jacob Schiff teve de ser recomeçada, e eles organizaram o CFR para o fazer. Sabemos também como o CFR tem feito com sucesso este trabalho de lavagem ao cérebro e destruição da unidade do povo americano. Mas como foi o caso da trama Schiff, o culminar e a criação de um novo veículo para o seu governo mundial exigiu outra guerra mundial. Uma guerra que seria ainda mais horrenda e devastadora do que a Primeira Guerra Mundial, a fim de levar os povos do mundo a exigir novamente a paz e uma forma de acabar com todas as guerras. Mas o CFR percebeu que as consequências da Segunda Guerra Mundial teriam de ser mais cuidadosamente planeadas para que não houvesse fuga da nova armadilha de um mundo - outra "Liga das Nações" que surgiria da nova guerra. Esta armadilha que agora conhecemos como as "Nações Unidas" e que inventaram uma estratégia perfeita para garantir que ninguém escapa. Foi assim que eles o fizeram.

Em 1943, no meio da guerra, prepararam o quadro das Nações Unidas e entregaram-no a Roosevelt e ao nosso Departamento de Estado para que Alger Hiss, Palvosky, Dalton, Trumbull e outros traidores americanos nascessem, tornando assim todo o projecto num bebé dos Estados Unidos. Depois, para preparar as mentes, a cidade de Nova

Iorque deveria tornar-se o berçário desta monstruosidade. Depois disso, dificilmente poderíamos abandonar o nosso próprio bebé, não é verdade? De qualquer modo, foi assim que os conspiradores pensaram que iria funcionar, e assim aconteceu. O liberal Rockefeller doou o terreno para o edifício da ONU.

"A Carta da ONU foi escrita por Alger Hiss, Palvosky, Dalton, Trumbull e outros lacaios do CFR. Em 1945, realizou-se em São Francisco uma conferência falsa, a chamada conferência da ONU. Todos os chamados representantes de cerca de 50 nações reuniram-se ali e assinaram prontamente a Carta. O desprezível traidor Alger Hiss voou para Washington com a Carta, submeteu-a alegremente ao nosso Senado, e o Senado (eleito pelo nosso povo para garantir a nossa segurança) assinou a Carta sem sequer a ler. A questão é: "Quantos dos nossos senadores foram, mesmo nessa altura, traidores do CFR?". Em qualquer caso, foi assim que o povo aceitou as "Nações Unidas" como um "santo dos santos".

Uma e outra vez, temos sido surpreendidos, chocados, desnorteados e horrorizados pelos seus erros em Berlim, Coreia, Laos, Katanga, Cuba, Vietname; erros que sempre favoreceram o inimigo, nunca os Estados Unidos. De acordo com a lei das probabilidades, eles deveriam ter cometido pelo menos um ou dois erros a nosso favor, mas nunca o fizeram. Qual é a resposta? A resposta é o "CFR" e os papéis desempenhados pelos seus afiliados e lacaios em Washington D.C., por isso sabemos que o controlo completo da nossa política de relações externas é a chave para o sucesso de toda a trama de uma ordem mundial dos Illuminati. Aqui está mais uma prova.

"Antes, estabeleci plenamente que Schiff e o seu bando tinham financiado a aquisição da Rússia pelos judeus Lenine, Trotsky e Estaline e moldado o seu regime comunista no seu principal instrumento para manter o mundo em tumulto e, em última análise, aterrorizar-nos a todos na busca da paz num governo mundial único chefiado pela ONU. Mas os conspiradores sabiam que o "bando de Moscovo" não poderia tornar-se num tal instrumento até o mundo inteiro aceitar o regime comunista como o legítimo "governo de jure" da Rússia. Só uma coisa poderia conseguir isto, nomeadamente o reconhecimento por parte dos Estados Unidos. Os conspiradores pensaram que o mundo inteiro iria seguir o nosso exemplo, e por isso induziram Harding, Coolidge e Hoover a conceder tal reconhecimento. Mas os três recusaram. O resultado do final dos anos 20 foi que o regime de Estaline se encontrava numa situação desesperada. Apesar de todas as purgas e controlos policiais secretos, o povo russo estava a tornar-se cada vez mais resistente. É um facto comprovado, admitido por Litvinov, que em 1931 e 1932 Estaline e todo o seu bando estavam sempre prontos a fugir.

"Então, em Novembro de 1932, os conspiradores fizeram o seu maior golpe: puseram Franklin Roosevelt na Casa Branca, astuto, sem escrúpulos e totalmente sem consciência. Este charlatão traiçoeiro pregou-lhes uma partida. Sem sequer procurar o consentimento do Congresso, proclamou ilegalmente o reconhecimento do regime de Estaline. E tal como os conspiradores tinham planeado, o mundo inteiro seguiu o nosso exemplo. Automaticamente, isto abafou o movimento de resistência do povo russo que se tinha desenvolvido anteriormente. Lançou automaticamente a maior ameaça que o mundo civilizado alguma vez conheceu. O resto é demasiado conhecido para ser repetido.

"Sabemos como Roosevelt e o seu Departamento de Estado de traição continuaram a desenvolver a ameaça comunista aqui mesmo no nosso país e, portanto, em todo o mundo. Sabemos como ele perpetrou toda a atrocidade de Pearl Harbor como desculpa para nos apressar para a Segunda Guerra Mundial. Sabemos tudo sobre os seus encontros secretos com Estaline em Yalta e como, com a ajuda de Eisenhower, ele entregou os Balcãs e Berlim a Moscovo. Por último, mas não menos importante, sabemos que o Benedict Arnold do século 20 não só nos conduziu por este novo corredor, as Nações Unidas, para o caminho de um governo mundial, como também elaborou todas as disposições para o implementar no nosso país. Em suma, no dia em que Roosevelt entrou na Casa Branca, os conspiradores do CFR assumiram o controlo total da nossa máquina de relações externas e estabeleceram firmemente as Nações Unidas como a sede do governo de um mundo Illuminati.

"Desejo salientar outro ponto muito vital. O fracasso da "Liga das Nações" de Wilson fez com que Schiff e o seu bando se apercebessem que o controlo do Partido Democrata por si só não era suficiente. Foi! Poderiam criar uma crise durante a administração republicana, como fizeram em 1929 com o crash e a depressão fabricados pela Reserva Federal, o que traria outro fantoche democrata de volta à Casa Branca; mas perceberam que um hiato de quatro anos no seu controlo das nossas políticas de relações externas poderia perturbar o progresso da sua conspiração. Podia até descarrilar toda a sua estratégia, como quase fez antes de Roosevelt a ter salvado ao reconhecer o regime de

Estaline.

"A partir daí, após o desastre de Wilson, começaram a formular planos para assumir os nossos dois partidos nacionais. Mas eles tinham um problema com isso. Precisavam de mão-de-obra com lacaios no Partido Republicano e mão-de-obra adicional para o Partido Democrata, e uma vez que o controlo do homem na Casa Branca não seria suficiente, tinham de fornecer a esse homem lacaios treinados para todo o seu gabinete. Homens para chefiar o Departamento de Estado, o Departamento do Tesouro, o Pentágono, o CFR, a USIA, etc. Em suma, cada membro dos vários gabinetes deve ser um instrumento escolhido do CFR, como Rusk e McNamara, bem como todos os subsecretários e secretários adjuntos. Isto daria aos conspiradores o controlo absoluto sobre todas as nossas políticas, tanto domésticas como, mais importante ainda, estrangeiras. Esta linha de acção exigiria um conjunto de lacaios treinados, imediatamente prontos para mudanças administrativas e quaisquer outros requisitos. Todos estes lacaios teriam necessariamente de ser homens de reputação nacional, gozando da estima do povo, mas teriam de ser homens sem honra, sem escrúpulos e sem consciência. Estes homens devem ser vulneráveis à chantagem. Não preciso de sublinhar o sucesso do CFR. O imortal Joe McCarthy revelou plenamente que existem milhares destes riscos de segurança em todas as agências federais. Scott MacLeod expôs mais milhares e sabe o preço que Ortega teve de pagar, e continua a pagar, por ter exposto perante uma comissão do Senado os traidores do Departamento de Estado que entregaram Cuba a Castro, não só foram protegidos, mas também promovidos.

"Voltemos agora ao coração da trama de um governo mundial e às manobras necessárias para criar outra 'Liga das Nações' para albergar um tal governo. Como já disse antes, os conspiradores sabiam que apenas uma outra guerra mundial era vital para o sucesso da sua trama. Teria de ser uma guerra mundial tão horrenda que os povos do mundo exigissem a criação de algum tipo de organização mundial que pudesse garantir a paz eterna. Mas como se poderia iniciar uma guerra deste tipo? Todas as nações europeias estavam em paz. Nenhum deles teve quaisquer disputas com nações vizinhas e os seus agentes em Moscovo certamente não se atreveriam a iniciar uma guerra. Até Estaline percebeu que isso significaria o derrube do seu regime, a menos que o chamado "patriotismo" unisse o povo russo atrás dele.

"Mas os conspiradores tiveram de ter uma guerra. Tiveram de

encontrar ou criar algum tipo de incidente para o iniciar. Encontraram-no num homem pequeno, despretensioso e repulsivo que se intitulava "Adolf Hitler". Hitler, um pintor doméstico austríaco impecunioso, tinha sido um cabo do exército alemão. Ele fez da derrota da Alemanha uma queixa pessoal. Começou a propagandear sobre o assunto na zona de Munique, na Alemanha. Começou a falar da restauração da grandeza do império alemão e do poder da solidariedade alemã. Defendeu a restauração do antigo exército alemão, a fim de o utilizar para conquistar o mundo inteiro. Curiosamente, Hitler, o pequeno palhaço que era, podia proferir um discurso inflamado e tinha um certo magnetismo. Mas as novas autoridades alemãs não queriam mais guerra e logo atiraram o odioso pintor de casas austríaco para uma cela de prisão.

"Aha! Aqui está o homem", decidiram os conspiradores, "que, se devidamente dirigido e financiado, poderia ser a chave para outra guerra mundial. Assim, enquanto ele estava na prisão, pediram a Rudolph Hess e Goering para escrever um livro a que chamaram "Mein Kampf" e que atribuíram a Hitler, tal como Litvinov escreveu "Missão a Moscovo" e o atribuíram a Joseph Davies, depois nosso embaixador na Rússia e um fantoche do CFR. Em "Mein Kampf", o pseudo-autor de Hitler expôs as suas queixas e a forma como iria restaurar o povo alemão à sua antiga grandeza. Os conspiradores providenciaram então para que o livro fosse amplamente distribuído entre o povo alemão, a fim de criar apoiantes fanáticos. Quando ele foi libertado da prisão (também organizado pelos conspiradores), começaram a prepará-lo e a financiá-lo para viajar para outras partes da Alemanha para fazer os seus discursos enérgicos. Logo reuniu um número crescente de apoiantes entre os outros veteranos de guerra, que logo se espalharam às massas, que começaram a ver nele um salvador para a sua amada Alemanha. Depois veio a liderança do que ele chamou o seu "exército de camisas castanhas" e a marcha sobre Berlim. Isto exigiu um grande financiamento, mas os Rothschilds, Warburgs e outros conspiradores forneceram-lhe todo o dinheiro de que precisava. Gradualmente Hitler tornou-se o ídolo do povo alemão, que então derrubou o governo de Von Hindenburg e Hitler tornou-se o novo Führer. Mas isto ainda não era motivo para começar uma guerra. O resto da Europa e do mundo assistiu à ascensão de Hitler, mas não viu qualquer razão para intervir no que era claramente uma condição interna alemã. Certamente nenhuma das outras nações viu isto como motivo para iniciar uma nova guerra contra a Alemanha e o povo alemão ainda não estava suficientemente excitado para cometer actos contra uma nação vizinha, nem mesmo a França, que pudessem levar à guerra. Os conspiradores compreenderam que tinham de criar um tal frenesim, um frenesim que faria o povo alemão lançar cautela ao vento e, ao mesmo tempo, horrorizar o mundo inteiro. E a propósito, "Mein Kampf" foi na realidade uma sequela do livro de Karl Marx "Um Mundo sem Judeus".

"Os conspiradores lembraram-se subitamente de como o bando Schiff-Rothschild tinha organizado os pogroms na Rússia, que tinham massacrado milhares de judeus e despertado o ódio mundial contra a Rússia, e decidiram usar este mesmo estratagema inadmissível para inflamar o novo povo alemão sob Hitler num ódio assassino contra os judeus. É verdade que o povo alemão nunca teve qualquer afecto particular pelos judeus, mas também nunca teve um ódio inveterado por eles. Tal ódio teve de ser fabricado, por isso Hitler teve de o criar. Esta ideia era mais do que atractiva para Hitler. Viu-o como uma forma macabra de se tornar o "homem-deus" (*Cristo) do* povo alemão.

"Assim, habilmente inspirado e treinado pelos seus conselheiros financeiros, os Warburgs, os Rothschilds e todos os mestres Illuminati, ele culpou os judeus pelo odiado "Tratado de Versalhes" e pela ruína financeira que se seguiu à guerra. O resto é história. Sabemos tudo sobre os campos de concentração de Hitler e a incineração de centenas de milhares de judeus. Não os 6.000.000 ou mesmo os 600.000 reclamados pelos conspiradores, mas foi suficiente. E permitam-me repetir o quão pouco os banqueiros internacionalistas, os Rothschilds, Schiffs, Lehmans, Warburgs, Baruchs, se preocuparam com os seus irmãos raciais que foram vítimas dos seus planos nefastos. Aos seus olhos, a matança de várias centenas de milhares de judeus inocentes por Hitler não os incomodou em nada. Viram-no como um sacrifício necessário para promover a sua conspiração de um mundo Illuminati, tal como o abate de muitos milhões nas guerras que se seguiram foi um sacrifício necessário semelhante. E aqui está outro detalhe macabro sobre estes campos de concentração. Muitos dos ex-combatentes de Hitler nestes campos tinham sido enviados para a Rússia para aprenderem a arte da tortura e da brutalização, a fim de aumentar o horror das atrocidades.

"Tudo isto despertou um novo ódio mundial contra o povo alemão, mas ainda não era uma causa de guerra. Foi então que Hitler foi induzido a reclamar a "Sudetenland"; e lembra-se como Chamberlain e os checoslovacos e diplomatas franceses da época cederam a esta exigência. Esta exigência levou a novas exigências hitlerianas de território na Polónia e nos territórios dos czares franceses, as quais foram rejeitadas. Depois veio o seu pacto com Estaline. Hitler tinha gritado o seu ódio ao comunismo (oh como ele fulminava contra o comunismo); mas de facto o nazismo não era mais do que socialismo (Nacional Socialismo - Nazi), e o comunismo é, de facto, socialismo. Mas Hitler não levou tudo isto em conta. Ele fez um pacto com Estaline para atacar e dividir a Polónia entre eles. Enquanto Estaline marchava numa parte da Polónia (que nunca lhe foi imputada [os cérebros dos Illuminati trataram disso]), Hitler lançou uma "blitzkrieg" sobre a Polónia do seu lado. Os conspiradores conseguiram finalmente a sua nova guerra mundial e que guerra horrível foi esta.

"E em 1945, os conspiradores criaram finalmente as "Nações Unidas", a sua nova casa para o seu governo mundial. E, surpreendentemente, todo o povo americano aclamou este conjunto imundo como um "Santo dos Santos". Mesmo depois de todos os factos reais sobre como as Nações Unidas vieram a ser revelados, o povo americano continuou a adorar este traje maligno. Mesmo depois de Alger Hiss ter sido exposto como espião e traidor soviético, o povo americano continuou a acreditar na ONU. Mesmo depois de ter revelado publicamente o acordo secreto entre Hiss e Molotov de que um russo seria sempre o chefe do secretariado militar e, portanto, o verdadeiro mestre da ONU. Mas a maioria dos americanos continuou a acreditar que a ONU não podia fazer nada de errado. Mesmo depois de D. Lee, o primeiro Secretário-Geral da "ONU" confirmou o acordo secreto Hiss-Molotov no seu livro: "Na Causa da Paz", Vasialia recebeu uma licença de ausência da ONU para que pudesse assumir o comando dos norte-coreanos e chineses vermelhos que estavam a combater a chamada acção policial da ONU sob as ordens do nosso próprio General McArthur, que, por ordem da ONU, foi despedido pelo pusilânime Presidente Truman a fim de o impedir de ganhar esta guerra. O nosso povo continuou a acreditar na ONU apesar dos 150.000 filhos que foram assassinados e mutilados nessa guerra; o povo continuou a ver a ONU como um meio seguro para a paz, mesmo depois de ter sido revelado em 1951 que a ONU (usando os nossos próprios soldados americanos sob o General McArthur) não tinha seguido as suas próprias regras.

O comando da ONU, sob a bandeira da ONU, em conluio com o nosso Estado traidor (e o Pentágono) tinha invadido muitas pequenas cidades na Califórnia e no Texas para aperfeiçoar o seu plano para uma aquisição total do nosso país. A maior parte dos nossos cidadãos desistiram e continuaram a acreditar que a ONU é um "Santo dos Santos". (em vez da Arca do Convénio).

"Sabia que a Carta da ONU foi escrita pelo traidor Alger Hiss, Molotov e Vyshinsky? Que Hiss e Molotov tinham acordado nesse acordo secreto que o chefe militar da ONU seria sempre um russo nomeado por Moscovo? Sabia que nas suas reuniões secretas em Yalta, Roosevelt e Estaline, a mando dos Illuminati que operam sob o nome de CFR, decidiram que a ONU deveria ser colocada em solo americano? Sabia que a maior parte da Carta da ONU foi copiada palavra por palavra do "Manifesto" de Marx e da chamada constituição russa? Sabia que apenas os dois senadores que votaram contra a Carta das Nações Unidas a leram? Sabe que desde a criação da ONU, a escravatura comunista aumentou de 250.000 para 1.000.000.000? Sabe que desde que a ONU foi fundada para assegurar a paz, houve pelo menos 20 grandes guerras incitadas pela ONU, tal como incitou a guerra contra a Pequena Rodésia e o Kuwait? Sabia que, sob a égide da ONU, os contribuintes americanos foram forçados a compensar o défice do tesouro da ONU em milhões de dólares devido à recusa da Rússia em pagar a sua parte? Sabe que a ONU nunca aprovou uma resolução condenando a Rússia ou os seus chamados satélites, mas condena sempre os nossos aliados? Sabia que J. Edgar Hoover disse: "a esmagadora maioria das delegações comunistas à ONU são agentes de espionagem" e que 66 senadores votaram a favor de um "tratado consular" que abre todo o nosso país aos espiões e sabotadores russos? Sabe que a ONU está a ajudar a Rússia a conquistar o mundo, impedindo o mundo livre de tomar qualquer acção, excepto para debater cada nova agressão na Assembleia Geral da ONU? Sabia que na altura da Guerra da Coreia, a ONU tinha 60 nações, mas 95% das forças da ONU eram nossos filhos americanos e praticamente 100% dos custos eram pagos pelos contribuintes americanos?

"E certamente sabeis que a política da ONU durante as guerras da Coreia e do Vietname era impedir-nos de ganhar essas guerras? Sabia que todos os planos de batalha do General McArthur tiveram de ir primeiro à ONU para serem retransmitidos a Vasialia, comandante dos norte-coreanos e dos chineses vermelhos, e que qualquer guerra futura travada pelos nossos filhos sob a bandeira da ONU deveria ser travada pelos nossos filhos sob o controlo do Conselho de Segurança da ONU? Sabe que a ONU nunca fez nada acerca dos 80.000 soldados mongóis russos que ocupam a Hungria?

"Onde estava a ONU quando os combatentes da liberdade húngaros foram massacrados pelos russos? Sabe que a ONU e o seu exército de paz entregaram o Congo aos comunistas? Sabia que a chamada força de paz da ONU foi utilizada para esmagar, violar e matar anticomunistas brancos no Katanga? Sabe que a ONU nada fez enquanto a China Vermelha invadiu o Laos e o Vietname? Sabia que a ONU nada fez enquanto Nero invadiu Goa e outros territórios portugueses? Sabia que a ONU era directamente responsável pela ajuda a Castro? Que não fez absolutamente nada acerca dos milhares de jovens cubanos enviados para a Rússia para a doutrinação comunista?

"Sabia que Adlai Stevenson disse: "O mundo livre deve esperar perder cada vez mais decisões na ONU". Sabe que a ONU proclama abertamente que o seu principal objectivo é um "governo mundial", que significa "leis mundiais", "tribunal mundial", "escolas mundiais" e uma "igreja mundial", na qual o cristianismo seria proibido?

"Sabia que foi aprovada uma lei da ONU para desarmar todos os cidadãos americanos e transferir todas as nossas forças armadas para a ONU? Esta lei foi secretamente assinada pelo "santo" Jack Kennedy em 1961. Percebe como isto se enquadra no Artigo 47, parágrafo 3, da Carta das Nações Unidas, que declara, e cito, "o Comité do Estado-Maior das Nações Unidas será responsável, através do Conselho de Segurança, pela direcção estratégica de todas as forças armadas à disposição do Conselho de Segurança" e quando e se todas as nossas forças armadas forem transferidas para a ONU; os seus filhos serão forçados a servir e morrer sob o comando da ONU em todo o mundo. Isto acontecerá se não se lutar para que os EUA deixem a ONU.

"Está ciente de que o congressista James B. Utt apresentou um projecto de lei para a formação dos Estados Unidos da ONU e uma resolução para impedir que o nosso Presidente nos obrigue a apoiar os embargos da ONU à Rodésia? Bem, ele fê-lo, e muitas pessoas em todo o país estão a escrever aos seus representantes em apoio ao projecto de lei e à resolução Utt. Cinquenta membros do Congresso, liderados por Schweiker e Moorhead da Pensilvânia, introduziram um projecto de lei para transferir imediatamente todas as nossas forças armadas para a ONU? Consegue imaginar uma traição tão descarada? O seu congressista é um destes 50 traidores? Descobrir e tomar medidas imediatas contra ele e ajudar o congressista Utt.

"Sabe agora que o Conselho Nacional das Igrejas aprovou uma resolução em São Francisco que declara que os Estados Unidos em breve terão de subordinar a sua vontade à das Nações Unidas e que todos os cidadãos americanos devem estar preparados para a aceitar? A sua igreja é membro do Conselho Nacional de Igrejas? A propósito, não se esqueça que Deus nunca é mencionado na Carta das Nações Unidas e as suas reuniões nunca são abertas com uma oração.

"Os criadores da ONU estipularam antecipadamente que não deveria haver qualquer menção a Deus ou a Jesus Cristo na Carta da ONU ou na sua sede. O seu pastor concorda com isto? Descobrir! Sabe também que a grande maioria das chamadas nações da ONU são anti-cristãs e que a ONU é uma organização completamente sem Deus a mando dos seus criadores, os CFR Illuminati. Já ouviu falar o suficiente da verdade sobre as Nações Unidas Illuminati? Quer deixar os seus filhos e o nosso precioso país à mercê das Nações Unidas Illuminati? Caso contrário, escreva, telegrafe ou telefone aos seus representantes e senadores para lhes dizer que devem apoiar o projecto de lei do Congressista Utt para que os Estados Unidos se retirem das Nações Unidas e as Nações Unidas se retirem dos Estados Unidos. Faça-o hoje; agora, antes que se esqueça! É a única salvação para os seus filhos e para o nosso país.

"Agora tenho outra mensagem vital a transmitir. Como vos disse, uma das quatro missões específicas que Rothschild deu a Jacob Schiff foi criar um movimento para destruir a religião nos Estados Unidos, tendo o cristianismo como alvo principal. Por uma razão muito óbvia; a "Liga Anti-Defamação" não se atreveria a tentar isto porque tal tentativa poderia criar o mais terrível banho de sangue da história do mundo; não só para a "ADL" e os conspiradores, mas para milhões de judeus inocentes. Schiff deu a Rockefeller o trabalho por outra razão específica. A destruição do cristianismo só pode ser realizada por aqueles que são encarregados de o preservar. Pelos pastores, os pastores da igreja.

"Para começar, John D. Rockefeller escolheu um jovem, chamado ministro cristão, chamado Dr. Harry F. Ward. Reverendo Ward, se preferir. Na altura ensinava religião no Union Theological Seminary. Rockefeller encontrou neste Reverendo um "Judas" muito disposto e em 1907 financiou-o para criar a "Fundação de Serviço Social Metodista" e a tarefa de Ward era ensinar jovens brilhantes a tornarem-se, supostamente, ministros de Cristo e a colocá-los como pastores de igrejas. Enquanto os ensinava a tornarem-se ministros, o Reverendo Ward também os ensinava a pregar subtilmente e inteligentemente às suas congregações que toda a história de Cristo era um mito, como questionar a divindade de Cristo, como questionar a Virgem Maria, em suma, como questionar o cristianismo como um todo. Isto não foi um ataque directo, mas uma insinuação astuta que deveria ser aplicada, em particular, aos jovens das escolas dominicais. Lembre-se da declaração de Lenine, "Dê-me uma geração de jovens e eu transformarei o mundo inteiro". Depois, em 1908, a "Methodist Social Service Foundation", que, a propósito, foi a primeira organização de frente comunista na América, mudou o seu nome para "Conselho Federal de Igrejas". Em 1950, o "Conselho Federal de Igrejas" estava a tornar-se muito suspeito, pelo que em 1950 mudou o seu nome para "Conselho Nacional de Igrejas". Preciso de vos dizer mais sobre como este corpo está a destruir deliberadamente a fé no Cristianismo? Não me parece; mas digo-vos isto. Se é membro de uma congregação cujo pastor e igreja são membros desta organização Judas; você e as suas contribuições estão a ajudar a conspiração Illuminati a destruir o cristianismo e a sua fé em Deus e em Jesus Cristo, assim está deliberadamente a entregar os seus filhos à doutrinação da incredulidade em Deus e na Igreja e isso pode facilmente transformá-los em "ateus". Verifique imediatamente se a sua igreja é membro do Conselho Nacional de Igrejas e, por amor de Deus e dos seus filhos, se o for, retire imediatamente. Contudo, deixem-me avisar-vos que o mesmo processo de destruição da religião se infiltrou noutras denominações. Se viu a manifestação "Negro sobre Selma" e outras manifestações do género, viu como as multidões Negras são lideradas e encorajadas por ministros (e mesmo padres e freiras católicas) que marcham com eles. Há muitas igrejas e pastores individuais que são honestos e sinceros. Encontre um para si e para os seus filhos.

"A propósito, este mesmo Reverendo Harry F. Ward foi também um dos fundadores da União Americana das Liberdades Civis, uma organização notoriamente pró-comunista. Foi o seu director de 1920 a 1940. Foi também co-fundador da "Liga Americana Contra a Guerra e o Fascismo" que, sob Browder, se tornou o "Partido Comunista EUA". Em suma, todo o passado de Ward cheira a comunismo e ele é identificado como membro do Partido Comunista. Morreu um traidor vicioso à sua igreja e país e é o homem que o velho John D. Rockefeller escolheu e financiou para destruir a religião cristã da América, de acordo com as ordens dadas a Schiff pelos Rothschilds.

"Em conclusão, tenho isto a dizer. Provavelmente conhece a história do Dr. Frankenstein, que criou um monstro para destruir as suas vítimas escolhidas, mas no final virou-se contra o seu próprio criador,

Frankenstein, e destruiu-o. Bem, os Illuminati/CFR criaram um monstro chamado "Nações Unidas" (que é apoiado pelos seus grupos minoritários, os negros revoltados, os meios de comunicação social traiçoeiros e os traidores em Washington DC) que foi criado para destruir o povo americano. Sabemos tudo sobre este hidromonstrutor de várias cabeças e conhecemos os nomes daqueles que criaram este monstro. Todos sabemos os seus nomes e prevejo que um belo dia o povo americano despertará totalmente e fará com que este mesmo monstro destrua o seu criador. É verdade! A maioria do nosso povo ainda sofre lavagem cerebral, é enganada e abusada pela nossa imprensa, televisão e rádio traiçoeiras, bem como pelos nossos traidores em Washington D.C.; mas certamente, por esta altura, já se sabe o suficiente sobre a ONU para erradicar esta organização como uma cascavel mortífera e venenosa de entre nós.

"A minha única pergunta é: 'O que será necessário para acordar e despertar o nosso povo para a prova plena? Talvez este registo (esta transcrição) o faça. Uma centena de mil ou um milhão de cópias deste registo (transcrição) podem fazê-lo. Rezo a Deus para que o faça. E rezo para que este registo (transcrição) inspire todos vós a divulgar esta história a todos os americanos leais da vossa comunidade. Pode fazê-lo tocando (lendo-o) para grupos de estudo reunidos nas suas casas, em reuniões da Legião Americana, reuniões VFW, reuniões DAR, todos os outros grupos cívicos, e clubes de mulheres, especialmente clubes de mulheres que têm a vida dos seus filhos em jogo. Com esta gravação (transcrição), forneci-vos a arma que irá destruir o monstro. Pelo amor de Deus, do nosso país e dos vossos filhos, usem-no! Enviar uma cópia para todas as casas na América.

À medida que mais e mais pessoas começam a morrer à fome em todo o mundo, devido a acções directamente ligadas a Washington D.C., talvez mais americanos comecem a compreender porque é que o Juízo se voltará contra elas. talvez mais americanos comecem a compreender porque é que o Juízo se voltará contra eles. Os Estados Unidos (não a América) é a Nova Ordem Mundial, e a maior parte do resto do mundo compreende isto.

A Liga Anti-Defamação de B'nai B'rith (ADL)

Conhecido como parte de uma operação conjunta da inteligência britânica e do FBI, o cão de guarda anti-semita e Big Brother Gestapo de B'nai B'rith foi fundado na América pelo MI6 em 1913. A ADL foi dirigida por um tempo por Saul Steinberg, um representante americano e parceiro comercial da família Jacob de Rothschild de Londres, e foi concebida para isolar e pressionar grupos politicamente incorrectos e os seus líderes, e pô-los fora do negócio antes que se tornassem demasiado grandes e influentes.

B'nai B'rith é uma palavra hebraica que significa "irmandade do pacto" em inglês. B'nai traduz-se como "irmão" e B'rith significa "pacto".

A sua organização irmã, a Ordem Independente de B'nai B'rith, é uma estalagem de orgulho judaico assimilador que foi fundada em 1843 num restaurante da cidade de Nova Iorque por Maçonson e imigrantes judeus Illuminati que queriam tornar-se americanos. Os seus membros incluem David Bialkin do Comité de 300 do escritório de advogados, Wilkie, Farr e Gallagher (Bialkin liderou a ADL durante muitos anos). Eddie Cantor, Eric Trist de Tavistock, Leon Trotsky e John Graham, também conhecido por Irwin Suall. Suall era um membro do SIS britânico, o serviço secreto de elite.

O Dr. John Coleman aconselha no seu livro, The Committee of 300, *"Que ninguém subestime o poder da ADL ou o seu longo alcance".*

ADL - O grupo de ódio mais poderoso da América

A Liga Anti-Defamação é o grupo de ódio mais antigo e mais poderoso dos Estados Unidos, com 28 escritórios no país e 3 escritórios no estrangeiro. Traz quase 60 milhões de dólares por ano para combater a liberdade de expressão e o direito das minorias étnicas a defenderem-se contra o fanatismo (incluindo muçulmanos negros, árabes, e americanos europeus). [Nota do Sabe - acrescentar as listas de ódio que prepararam para o FBI Louis Freeh, que estava em ligação com o KGB no seu próprio departamento e na Rússia].

A Liga Anti-Defamação foi fundada em 1913 pela sociedade secreta racista conhecida como B'nai B'rith (que significa "sangue dos escolhidos").

Esta organização, que existe actualmente, exclui pessoas com base na sua origem étnica e religião. É exclusivamente reservado aos judeus poderosos que acreditam na sua superioridade racial sobre os outros povos.

O ADL liderou os esforços de censura contra todos aqueles que desejavam expressar-se cultural e racialmente. O director da ADL Richard Gutstadt escreveu a todos os periódicos que conseguiu encontrar para censurar o livro "A Conquista de um Continente". O Sr. Gutstadt escreveu descaradamente: "Queremos asfixiar a venda deste livro". A ADL também ajudou a aterrorizar a St Martin's Press a cancelar o seu contrato com David Irving no ano passado.

A ADL tenta encobrir as suas actividades anti-voz livre dando ocasionalmente o prémio "Tocha da Liberdade". O destinatário mais famoso é o comerciante de carne e mulher basher Hugh Hefner. O pornógrafo obsceno Larry Flynt é outro apoiante que doou centenas de milhares de dólares à ADL.

As operações criminosas e de espionagem da ADL

Em 1993, os escritórios de São Francisco e Los Angeles da ADL foram atacados por indícios de infracções criminais em muitas áreas. As buscas revelaram provas do envolvimento da ADL no roubo de ficheiros confidenciais da polícia do departamento de polícia da Califórnia.

A ADL pagou a Roy Bullock um salário durante décadas para espiar pessoas e roubar ficheiros da polícia. Ele roubou ficheiros da SFPD através do polícia corrupto Tom Gerard. O seu contacto ilícito em San Diego foi o xerife branco e racista Tim Carroll.

A ADL tem estado intimamente ligada ao crime organizado, incluindo o chefe da máfia de Las Vegas, Meyer Lansky. [Lansky pagou pelas balas que atingiram JFK e RFK, ele e Carlos Marcellos; a ligação de

Larry Flynt à ADL é "muito interessante, mas podem ver que ele devia dinheiro à Máfia.

Theodore Silbert trabalhou simultaneamente para o ADL e para o Sterling National Bank (uma operação mafiosa controlada pelo sindicato Lansky).

De facto, a neta do chefe da Máfia, Lansky, é ela própria a ligação da ADL com a polícia, Mira Lansky Boland. (Que belo arranjo! Ela utilizou dinheiro da ADL para dar a Tim Carroll e Tom Gerard umas férias de luxo em Israel com todas as despesas pagas).

Outro gangster de Las Vegas, Moe Dalitz, foi homenageado pela ADL em 1985. Outro contribuinte sombrio para as actividades supremacistas da ADL é o Fundo da Família Milken, famoso pelos seus "junk bonds". A ADL usa a sua bem oleada máquina de propaganda para proteger os seus "amigos" na máfia e na indústria pornográfica, gritando "anti-semitismo! ! ! ! "ao mais pequeno movimento da lei contra estes interesses perversos.

Intimidação étnica ADL

A ADL é um mestre da intimidação e chantagem, ao contrário de todas as poderosas máfias com as quais está associada. A ADL tem contactos influentes nos meios de comunicação e na política que podem arruinar uma pessoa ou empresa se não seguirem a agenda da ADL.

Já mencionámos casos de maus polícias abrangidos pelo feitiço da ADL, como Tom Gerard e Tim Carroll. No entanto, agora os bons polícias e mesmo os polícias novatos estão a ser "condicionados" para o tipo de discurso anti-livre, a polícia anti diversidade cultural afirma que a ADL gostaria para o nosso país.

Em todo o país, a ADL ameaça os departamentos policiais com todo o tipo de represálias se não organizarem conferências e seminários financiados pelo Estado para agentes da lei, dados por porta-vozes da ADL. A ADL recolhe grandes somas de dinheiro para estas sessões, o que incha os seus cofres já cheios. Os homens da ADL já foram vistos em cenas de crime a dar ordens à polícia sobre como as investigações devem ser conduzidas.

Talvez nunca antes na história outra organização criminosa, como a ADL, tenha sido capaz de se infiltrar e influenciar a aplicação da lei a tal ponto, e os seus tentáculos continuam a crescer. Os novos xerifes de San Diego estão agora a ser "treinados" pessoalmente para responder a "crimes" pelo Director Sudoeste da ADL, Morris Casuto.

A parte mais alarmante desta história horrível é que a ADL é uma organização racial/religiosa supremacista muito poderosa e secreta com ligações significativas ao mundo do crime e da pornografia. Para trabalhar na mente das crianças, a ADL criou o programa "Mundo da Diferença", concebido para incutir auto ódio nas crianças pequenas e persuadi-las a ir contra o seu próprio povo e património.

As crianças são ensinadas que a homossexualidade e as relações inter-raciais são virtudes, grandes epifanias a serem vividas. Num relatório aos seus poucos, mas ricos, apoiantes em 1995, a ADL gabou-se de ter chegado a mais de dez milhões de estudantes e de que mais estavam prontos para serem doutrinados. A ADL espera tornar as crianças sensíveis ao mundo do crime e do vício que elas e os seus associados criminosos têm reservado para a América.

A galeria do criminoso Abe Foxman [Foxman é aquele que recebeu um suborno de Marc Rich e sim, eles guardaram esse dinheiro de mais de $250.000].

O chefe da ADL e mestre da espionagem

Roy Bullock, o informador remunerado da ADL, que mergulhou durante décadas no lixo para a ADL, até lhe ser dado o trabalho sensível de intermediário de ficheiros policiais roubados do Departamento de Polícia de São Francisco através de Tom Gerard. Recebia $550 por semana pelos seus serviços. Foi também um associado do Xerife racista Tim Carroll. A sua existência foi descoberta depois do FBI ter invadido os escritórios da ADL em 1993 e levou à divulgação de 750 páginas de informação sobre as operações de espionagem da ADL.

Tom Gerard, o polícia de São Francisco que roubou ficheiros sensíveis e confidenciais da sua agência e os entregou a Roy Bullock para ajudar a ADL na sua espionagem sobre americanos. Entre os ficheiros roubados encontravam-se os de muçulmanos negros, árabes e organizações de direita que criticaram a ADL de qualquer forma. Recebeu umas férias de luxo com todas as despesas pagas em Israel com a ajuda da ADL.

Tim Carroll, o ex-detective racista do Departamento do Xerife de

San Diego. Notou em 1993 que gostaria de ver "todos os estrangeiros ilegais abatidos" e "todos os pretos enviados de volta para África num barco feito de casca de banana".

Um associado de Roy Bullock e Tom Gerard. Retirou-se misteriosamente do Departamento do Xerife após as rusgas aos escritórios da ADL, aos 54 anos de idade. Recebeu também umas férias de luxo pagas a Israel com todas as despesas, cortesia da ADL. Apesar da sua natureza abertamente racista, foi responsável pela segurança da convenção nacional da ADL em Setembro de 1997, usando tácticas enérgicas contra participantes e visitantes. Isto é interessante considerando que foram as suas confissões desastradas a um investigador que conduziram às rusgas na ADL.

Mira Lansky Boland

Ligação de aplicação da lei" para a ADL. Organizou viagens de luxo a Israel para certos agentes-chave da polícia que poderiam ter algo a oferecer à ADL em troca. Entre eles estavam o arquivista Tom Gerard e o racista Tim Carroll. Encontra-se numa posição única na medida em que é a neta de Meyer Lansky, uma das figuras mais poderosas da máfia na história dos EUA.

Hugh Hefner

Famoso pornógrafo que foi distinguido pela ADL com o seu ridículo prémio "Tocha da Liberdade". Dele provém a protecção de toda a pornografia neste país, que está e sempre esteve associada a elementos de vício como a máfia e a ADL.

Larry Flynt

Este pornógrafo é um dos maiores contribuintes para a ADL no valor de 100.000 dólares. Foi preso várias vezes por "pornografia obscena" e pela profanação geral hedionda das mulheres na sua revista *Hustler* [também uma frente da Máfia - Família Gambino, e Lansky ordenou a execução desta escumalha - Nota Saba].

Theodore Silbert

Associado de Meyer Lansky, empregado da ADL e da Frente Mafiosa "Sterling Bank". Simultaneamente, CEO do Sterling Bank e Comissário Nacional da ADL.

Moe Dalitz

Figura da máfia de Las Vegas e associado próximo de Meyer Lansky, que foi homenageado pela ADL em 1985.

Fundo Familiar Milken

Um fundo de mil milhões de dólares que deu muito à ADL, cujo dinheiro foi ganho nos escândalos das obrigações de lixo.

Morris Casuto

Director da ADL para o sudoeste, que treina pessoalmente novos agentes da lei para lhe obedecerem e à sua organização ofensiva. Morris Casuto é também um grande amigo do racista Tim Carroll.

A CIA

A Agência Central de Inteligência foi criada no final da Segunda Guerra Mundial para combater a nova Guerra Fria secreta. Tem as suas raízes no OSS (Office of Strategic Services), a já formada organização de inteligência militar, que se tornou conhecida pelo seu controlo do Projecto Top Secret Manhattan, que desenvolveu a primeira bomba nuclear.

Os pais fundadores da CIA, William "Wild Bill" Donovan e Allen Dulles, eram ambos católicos romanos proeminentes e membros da sociedade secreta dos "Cavaleiros de Malta".

Documentos recentemente desclassificados mostram que, após a guerra, os Cavaleiros de Malta foram fundamentais para a fuga de muitos nazis proeminentes, incluindo cientistas dos campos de morte e muitos membros dos círculos internos da Gestapo do ocultista Heinrich Himmler, o serviço de inteligência nazi. Muitos deles, incluindo o General Reinhard Gehlen, Cavaleiro de Malta, foram directamente trabalhar para a recém-formada CIA, que, por insistência de Donovan, era agora uma organização civil. O General Dwight Eisenhower, um firme anti-Nazi, e os militares americanos foram assim afastados da equação original, permitindo à CIA representar os interesses dos industriais americanos e das empresas transnacionais para além dos interesses do povo americano.

Os estreitos laços dos Cavaleiros de Malta com o movimento nazi têm a sua base ideológica no seu sistema de crenças Rosacruz comum. De acordo com este sistema, a evolução humana é travada por certas sub-raças inferiores que devem ser eliminadas para que o processo possa continuar. Através da CIA, este sistema de crenças feudais infiltrou-se no coração da América democrática. Sob o disfarce do aparelho da Guerra Fria, a CIA tornou-se um líder mundial em guerra biológica e química, técnicas de controlo da mente, operações psicológicas, propaganda e guerra encoberta.

A CIA está em grande parte subordinada às agências britânicas de inteligência, empresas multinacionais e mesmo à Família Real.

Através do MI6 e de numerosos "think tanks" controlados pela oligarquia, explica Coleman, as fábricas de propaganda dos EUA - as principais redes e agências noticiosas - produzem foul fabrications que poucos reconhecem como propaganda.

UMA CRONOLOGIA DAS ATROCIDADES DA CIA

A seguinte linha temporal descreve apenas algumas das centenas de atrocidades e crimes cometidos pela CIA.

As operações da CIA seguem o mesmo padrão recorrente. Primeiro, os interesses comerciais dos EUA no estrangeiro são ameaçados por um líder popular ou democraticamente eleito. O povo apoia o seu líder porque ele ou ela pretende realizar a reforma agrária, reforçar os sindicatos, redistribuir a riqueza, nacionalizar as indústrias de propriedade estrangeira e regular os negócios para proteger os trabalhadores, os consumidores e o ambiente. Assim, em nome das empresas americanas, e muitas vezes com a sua ajuda, a CIA mobiliza a oposição. Primeiro identifica grupos de direita no país (geralmente os militares) e oferece-lhes um acordo: "Colocar-vos-emos no poder se mantiverem um clima de negócios favorável para nós". Depois a Agência contrata, treina e trabalha com eles para derrubar o governo no poder (geralmente uma democracia). Utiliza todos os estratagemas possíveis: propaganda, votos empalhados, eleições compradas, extorsão, chantagem, intrigas sexuais, histórias falsas sobre opositores nos meios de comunicação locais, infiltração e perturbação de partidos políticos opositores, raptos, espancamentos, tortura, intimidação, sabotagem económica, esquadrões da morte e até assassinatos. Estes esforços culminam com um golpe militar, que instala um ditador de direita. A CIA treina o aparelho de segurança do ditador para reprimir os inimigos tradicionais dos grandes negócios, utilizando interrogatórios, tortura e assassinato. Diz-se que as vítimas são "comunistas", mas são quase sempre camponeses, liberais, moderados, líderes sindicais, opositores políticos e defensores da liberdade de expressão e da democracia. Seguem-se violações generalizadas dos direitos humanos.

Este cenário tem sido repetido com tanta frequência que a CIA ensina numa escola especial, a chamada "Escola das Américas". (Os críticos chamaram-lhe a "escola para ditadores" e a "escola para assassinos". A CIA treina oficiais militares latino-americanos na condução de golpes, incluindo o uso de interrogatório, tortura e assassinato.

A Association for Responsible Dissent estima que em 1987, 6 milhões de pessoas tinham morrido como resultado de operações secretas da CIA. O antigo funcionário do Departamento de Estado William Blum chama a isto, com razão, um "holocausto americano".

A CIA justifica estas acções como parte da sua guerra contra o comunismo. Mas a maioria dos golpes não envolve uma ameaça comunista. As nações azaradas são visadas por uma grande variedade de razões: não só ameaças aos interesses empresariais dos EUA no estrangeiro, mas também reformas sociais liberais ou mesmo moderadas, instabilidade política, relutância de um líder em cumprir os ditames de Washington, e declarações de neutralidade da Guerra Fria. De facto, nada enfureceu mais os directores da CIA do que o desejo de uma nação de se manter fora da Guerra Fria.

A ironia de todas estas intervenções é que muitas vezes não conseguem atingir os objectivos dos EUA. Muitas vezes, o ditador recentemente instalado sente-se confortável com o aparelho de segurança que a CIA construiu para ele. Torna-se perito na gestão de um estado policial. E porque o ditador sabe que não pode ser derrubado, torna-se independente e desafia a vontade de Washington. A CIA compreende então que não pode derrubá-lo, porque a polícia e o exército estão sob o controlo do ditador e têm medo de cooperar com os espiões americanos por medo de tortura e execução. As únicas duas opções para os EUA nesta fase são a impotência ou a guerra. Exemplos deste "efeito bumerangue" incluem o Xá do Irão, o General Noriega e Saddam Hussein. O efeito bumerangue também explica porque é que a CIA tem sido muito eficaz no derrubar de democracias, mas falhou miseravelmente no derrubar de ditaduras. A seguinte linha temporal deve confirmar que a CIA, tal como a conhecemos, deve ser abolida e substituída por uma verdadeira organização de recolha e análise de informação. A CIA não pode ser reformada - é institucionalmente e culturalmente corrupta.

1929

A cultura que perdemos - O Secretário de Estado Henry Stimson recusa-se a aprovar uma operação de quebra de código, dizendo: "Os senhores não lêem o correio um do outro".

1941

Criação do COI - Em antecipação da Segunda Guerra Mundial, o

Presidente Roosevelt cria o Gabinete do Coordenador da Informação (COI). O General William "Wild Bill" Donovan dirige o novo serviço de inteligência.

1942

A criação do OSS - Roosevelt reestrutura o COI em algo mais adequado à acção encoberta, o Gabinete de Serviços Estratégicos (OSS). Donovan recruta tantos dos ricos e poderosos da nação que as pessoas acabam a brincar que "OSS" significa "Oh, tão social! " ou "Oh, que snobs! ".

1943

Itália - Donovan recruta a Igreja Católica em Roma para se tornar o centro das operações de espionagem anglo-americanas na Itália fascista. Seria uma das alianças de inteligência mais duradouras da América durante a Guerra Fria.

1945

O OSS é abolido - As outras agências de informação dos EUA cessam as suas acções encobertas e voltam à recolha e análise de informações inofensivas.

Operação Paperclip - enquanto outras agências dos EUA procuram criminosos de guerra nazis para os prender, os serviços secretos dos EUA trazem-nos para a América, impunes, para serem utilizados contra os soviéticos. O chefe entre eles era Reinhard Gehlen, o espião-mestre de Hitler que tinha construído uma rede de inteligência na União Soviética. Com a bênção total dos Estados Unidos, criou a "Organização Gehlen", um bando de espiões nazis refugiados que reactivou as suas redes na Rússia. Entre eles estavam os oficiais dos serviços secretos das SS Alfred Six e Emil Augsburg (que massacraram judeus durante o Holocausto), Klaus Barbie [o "Carniceiro de Lyon"], Otto von Bolschwing (o génio do Holocausto que trabalhou com Eichmann. A Organização Gehlen forneceu aos EUA a sua única informação sobre a União Soviética durante os próximos dez anos, servindo como ponte entre a abolição do OSS e a criação da CIA. No entanto, grande parte da "inteligência" fornecida pelos antigos nazis era falsa. Gehlen inflacionou as capacidades militares soviéticas numa altura em que a Rússia ainda estava a reconstruir a sua sociedade devastada, a fim de inflar a sua própria importância aos olhos dos americanos (que de outra forma o poderiam castigar). Em 1948, Gehlen quase convenceu os americanos de que a guerra era iminente e que o Ocidente deveria fazer um ataque preventivo. Nos anos 50, produziu uma 'lacuna de mísseis' fictícia. Para piorar a situação, os russos infiltraram-se cuidadosamente na Organização Gehlen com agentes duplos, minando a segurança americana que a Gehlen deveria proteger.

1947

Grécia - O Presidente Truman pede ajuda militar à Grécia para apoiar as forças de direita que lutam contra os rebeldes comunistas. Durante o resto da Guerra Fria, Washington e a CIA apoiarão os notórios líderes gregos com registos deploráveis em matéria de direitos humanos.

Criação da CIA - O Presidente Truman assina a Lei de Segurança Nacional de 1947, que cria a Agência Central de Inteligência e o Conselho de Segurança Nacional. A CIA é responsável perante o Presidente através do NCS - não há controlo democrático ou do Congresso. A sua carta permite à CIA "desempenhar outras funções e deveres ... como o Conselho Nacional de Segurança pode, de tempos a tempos, dirigir". Esta lacuna abre a porta à acção encoberta e a truques sujos.

1948

Criação de uma ala de acção encoberta - A CIA recria uma ala de acção encoberta, inocentemente denominada Gabinete de Coordenação Política, chefiado pelo advogado de Wall Street Frank Wisner. Segundo a sua carta secreta, as suas responsabilidades incluem "propaganda; guerra económica; acção directa preventiva, incluindo sabotagem, anti-sabotagem, demolição e procedimentos de evacuação; subversão contra Estados hostis, incluindo assistência a grupos de resistência subterrâneos; e apoio a elementos anticomunistas indígenas em países ameaçados do mundo livre.

Itália - A CIA está a corromper as eleições democráticas em Itália, onde os comunistas italianos ameaçam ganhar as eleições. A CIA compra votos, espalha propaganda, ameaça e espanca líderes da oposição, e infiltra-se e perturba as suas organizações. Funciona - os comunistas são derrotados.

1949

Radio Free Europe - A CIA criou o seu primeiro grande órgão de propaganda, Radio Free Europe. Durante as décadas seguintes, as suas emissões foram tão flagrantemente falsas que, durante algum tempo, foi considerado ilegal publicar transcrições nos Estados Unidos.

Final da década de 1940

Operação MOCKINGBIRD - A CIA começa a recrutar organizações noticiosas e jornalistas americanos como espiões e distribuidores de propaganda. A iniciativa é liderada por Frank Wisner, Allan Dulles, Richard Helms e Philip Graham. Graham foi o editor do Washington Post, que se tornou um dos principais actores da CIA. Eventualmente, os meios de comunicação social da CIA incluiriam ABC, NBC, CBS, Time, Newsweek, Associated Press, United Press International, Reuters, Hearst Newspapers, Scripps-Howard, Copley News, etc.

Serviço e muito mais. Pela própria admissão da CIA, pelo menos 25 organizações e 400 jornalistas tornar-se-ão activos da CIA.

1953

Irão - A CIA derruba democraticamente Mohammed Mossadegh eleito num golpe militar depois de ele ameaçar nacionalizar o petróleo britânico. A CIA substitui-o por um ditador, o Xá do Irão, cuja polícia secreta, a SAVAK, é tão brutal como a Gestapo.

Operação MK-ULTRA[41] - Inspirada pelo programa de lavagem ao cérebro da Coreia do Norte, a CIA inicia experiências de controlo da mente. A parte mais conhecida deste projecto envolve a administração de LSD e outros medicamentos a sujeitos americanos sem o seu conhecimento ou contra a sua vontade, resultando no suicídio de vários deles. No entanto, a operação foi muito além disso. Financiada em parte pelas fundações Rockefeller e Ford, a investigação inclui propaganda, lavagem ao cérebro, relações públicas, publicidade, hipnose e outras formas de sugestão.

1954

Guatemala - A CIA derrubou o governo democraticamente eleito de Jacob Arbenz num golpe militar. A Arbenz ameaçou nacionalizar a United Fruit Company, propriedade da Rockefeller, na qual o director da CIA Allen Dulles também detém acções. Arbenz foi substituído por uma série de ditadores de direita cujas políticas sanguinárias matariam mais de 100.000 guatemaltecos durante os próximos 40

---

[41] Ver *MK Ultra - Ritual Abuse and Mind Control*, Alexandre Lebreton, Omnia Veritas Ltd, www.omnia-veritas.com

anos.

1954-1958

Vietname do Norte - O agente da CIA Edward Lansdale passa quatro anos a tentar derrubar o governo comunista do Vietname do Norte, utilizando todos os truques sujos habituais. A CIA também tenta legitimar um regime fantoche tirânico no Vietname do Sul, liderado por Ngo Dinh Diem. Estes esforços não conseguem conquistar os corações e as mentes dos vietnamitas do Sul, uma vez que o governo Diem se opõe à verdadeira democracia, à reforma agrária e às medidas de redução da pobreza. O fracasso continuado da CIA levou a uma escalada da intervenção dos EUA, que culminou na Guerra do Vietname.

1956

Hungria - Radio Free Europe incita a Hungria à revolta ao transmitir o discurso secreto de Khrushchev, no qual denuncia Estaline. Sugere também que a ajuda americana ajudará os húngaros a lutar. Isto não se concretizou e os húngaros lançaram uma revolta armada condenada, que apenas convidou a uma grande invasão soviética. O conflito resultou em 7.000 mortos soviéticos e 30.000 húngaros.

1957-1973

Laos - A CIA realiza cerca de um golpe por ano, numa tentativa de anular eleições democráticas no Laos. O problema é o Pathet Lao, um grupo esquerdista com apoio popular suficiente para fazer parte de qualquer governo de coligação. Nos finais dos anos 50, a CIA criou mesmo um "Exército Clandestino" de mercenários asiáticos para atacar o Pathet Lao. Depois de o exército da CIA ter sofrido numerosas derrotas, os EUA começaram a bombardear, lançando mais bombas sobre o Laos do que todos os países da União Europeia receberam durante a Segunda Guerra Mundial. Um quarto de todos os laocianos acabariam por se tornar refugiados, muitos vivendo em cavernas.

1959

Haiti - O exército americano ajuda o "Papa Doc" Duvalier a tornar-se o ditador do Haiti. Ele cria a sua própria força policial privada, os "Tontons Macoutes", que aterrorizam a população com machetes. Eles mataram mais de 100.000 pessoas durante o reinado da família Duvalier. Os Estados Unidos não protestam contra o seu historial sombrio em matéria de direitos humanos.

1961

Baía dos Porcos - A CIA envia 1500 exilados cubanos para invadir a Cuba de Castro. Mas a "Operação Mangusto" falha, devido a um planeamento, segurança e apoio inadequados. Os planificadores tinham imaginado que a invasão desencadearia uma revolta popular contra Castro - o que nunca acontece. Um prometido ataque aéreo dos EUA também nunca acontece. Foi o primeiro fracasso público da CIA, levando o Presidente Kennedy a despedir o Director da CIA Allen Dulles.

República Dominicana - A CIA assassinou Rafael Trujillo, um ditador assassino que Washington tinha apoiado desde 1930. Os interesses empresariais de Trujillo tornaram-se tão importantes (cerca de 60% da economia) que começaram a competir com os interesses empresariais dos EUA.

Equador - O exército apoiado pela CIA elegeu democraticamente o Presidente José Velasco para se demitir. O Vice-Presidente Carlos Arosemana substitui-o; a CIA preenche a agora vacante vice-presidência com o seu próprio homem.

Congo (Zaire) - A CIA assassinou o democraticamente eleito Patrice Lumumba. No entanto, o apoio público às políticas de Lumumba é tal que a CIA não pode claramente instalar os seus opositores no poder. Seguem-se quatro anos de agitação política.

1963

República Dominicana - A CIA derruba o governo democraticamente eleito de Juan Bosch num golpe militar. A CIA instala uma junta de direita repressiva.

Equador - Um golpe militar apoiado pela CIA derruba o Presidente Arosemana, cujas políticas independentes (não socialistas) se tornaram inaceitáveis para Washington. Uma junta militar toma o poder, cancela as eleições de 1964 e começa a violar os direitos humanos.

1964

Brasil - Um golpe militar apoiado pela CIA derruba o governo democraticamente eleito de João Goulart. A junta que o substitui torna-se uma das mais sangrentas da história durante as próximas duas décadas. O General Castelo Branco criou os primeiros esquadrões da morte da América Latina, bandos de polícias secretos que caçavam "comunistas" para os torturar, interrogar e assassinar. Muitas vezes estes "comunistas" não eram mais do que os opositores políticos de Branco. Mais tarde foi revelado que a CIA treinou os esquadrões da morte.

1965

Indonésia - A CIA derruba o Presidente Sukarno democraticamente eleito num golpe militar. A CIA tem tentado eliminar Sukarno desde 1957, utilizando tudo, desde tentativas de assassinato a intrigas sexuais, por nada mais do que a sua declaração de neutralidade da Guerra Fria. O seu sucessor, o General Suharto, massacraria entre 500.000 e 1 milhão de civis acusados de serem "comunistas". A CIA forneceu os nomes de inúmeros suspeitos.

República Dominicana - Uma rebelião popular irrompe, prometendo a reintegração de Juan Bosch como líder eleito do país. A revolução é esmagada quando os Marines americanos chegam para manter o domínio militar pela força.

A CIA gere tudo nos bastidores. *Grécia* - com o apoio da CIA, o Rei remove George Papandreous como primeiro-ministro. Papandreous não conseguiu apoiar vigorosamente os interesses dos EUA na Grécia. Congo (Zaire) - um golpe militar apoiado pela CIA instala Mobutu Sese Seko como ditador. Odiado e repressivo, Mobutu explora o seu país desesperadamente pobre para ganhar milhares de milhões.

1966

The Ramparts Affair - A revista radical Ramparts inicia uma série sem precedentes de artigos anti-CIA. Entre os seus furos: a CIA pagou à Universidade de Michigan 25 milhões de dólares para contratar "professores" para formar estudantes vietnamitas do Sul em métodos policiais encobertos. O MIT e outras universidades receberam pagamentos semelhantes. Ramparts também revela que a Associação Nacional de Estudantes é uma frente da CIA. Os estudantes são por vezes recrutados através de chantagem e subornos, incluindo adiamentos de recrutamento.

1967

Grécia - Um golpe militar apoiado pela CIA derrubou o governo dois dias antes das eleições. O favorito era George Papandreous, o candidato liberal. Durante os próximos seis anos, o "reinado dos coronéis" apoiado pela CIA resultaria no uso generalizado da tortura e do assassinato contra opositores políticos. Quando um embaixador grego se opõe ao Presidente Johnson sobre os planos dos EUA para Chipre, Johnson responde:

"Que se lixe o vosso parlamento e a vossa constituição".

Operação Phoenix - A CIA ajuda agentes vietnamitas do Sul a identificar e depois assassinar presumíveis líderes vietcongues que operam em aldeias do Vietname do Sul. De acordo com um relatório do Congresso de 1971, esta operação matou aproximadamente 20.000 "Vietcongues".

1968

Operação CHAOS - A CIA tem espionado ilegalmente cidadãos americanos desde 1959, mas com a Operação CHAOS, o Presidente Johnson aumenta dramaticamente o ritmo. Agentes da CIA posaram como radicais estudantes para espionar e perturbar organizações universitárias que protestavam contra a Guerra do Vietname. Eles procuram instigadores russos, que nunca encontram. CHAOS acaba por espiar 7.000 pessoas e 1.000 organizações.

Bolívia - Uma operação militar organizada pela CIA captura o lendário guerrilheiro Che Guevara. A CIA quer mantê-lo vivo para ser interrogado, mas o governo boliviano executa-o para evitar pedidos de clemência a nível mundial.

1969

Uruguai - O notório torturador da CIA Dan Mitrione chega ao conturbado Uruguai politicamente. Enquanto as forças de direita utilizavam anteriormente a tortura como último recurso, Mitrione convence-os a usá-la como uma prática rotineira e generalizada. "Dor precisa, no lugar preciso, na quantidade precisa, para o efeito desejado" é o seu lema. As técnicas de tortura que ele ensina aos esquadrões da morte rivalizam com as dos nazis. No final, teve tanto medo que os revolucionários o raptaram e assassinaram um ano mais tarde.

1970

Camboja - A CIA derruba o Príncipe Sahounek, que era muito popular entre os cambojanos por tê-los mantido fora da Guerra do Vietname. É substituído por Lon Nol, um fantoche da CIA, que lança imediatamente as tropas cambojanas para a batalha. Esta decisão impopular fortaleceu partidos da oposição anteriormente menores, como os Khmers Vermelhos, que tomaram o poder em 1975 e massacraram milhões dos seus concidadãos.

1971

Bolívia - Após meia década de agitação política inspirada pela CIA, um golpe militar apoiado pela CIA derruba o presidente esquerdista Juan Torres. Durante os dois anos seguintes, o ditador Hugo Banzer prende mais de 2.000 opositores políticos sem julgamento, depois tortura, viola e executa-os.

Haiti - "Papa Doc" Duvalier morre, deixando o seu filho de 19 anos, "Baby Doc" Duvalier, para se tornar o ditador do Haiti. O seu filho continua o seu reino sangrento com o pleno conhecimento da CIA.

1972

A Lei Case-Zablocki - O Congresso aprova uma lei que exige a revisão dos acordos executivos pelo Congresso. Em teoria, isto deveria tornar as operações da CIA mais responsáveis. Na realidade, é muito ineficaz.

Camboja - Congresso vota para cortar o financiamento da CIA para a sua guerra secreta no Camboja.

Watergate Break-in - O Presidente Nixon envia uma equipa de assaltantes para colocar escutas nos escritórios democratas em Watergate. Os membros da equipa têm uma longa história com a CIA, incluindo James McCord, E. Howard Hunt e cinco dos assaltantes cubanos. Trabalham para o Comité de Reeleição do Presidente (CREEP), que faz um trabalho sujo como interromper as campanhas democráticas e lavar as contribuições ilegais da campanha de Nixon. As actividades da CREEP são financiadas e organizadas por outra frente da CIA, a Companhia Mullen.

1973

Chile - A CIA destitui e assassina Salvador Allende, o primeiro líder socialista democraticamente eleito da América Latina. Os problemas começam quando Allende nacionaliza as empresas americanas no Chile. A ITT oferece à CIA 1 milhão de dólares por um golpe de Estado (alegadamente recusado). A CIA substitui Allende pelo General Augusto Pinochet, que tortura e assassina milhares dos seus compatriotas numa repressão contra os líderes sindicais e a esquerda política.

A CIA inicia investigações internas - William Colby, Director de

Operações Adjunto, ordena a todo o pessoal da CIA que denuncie qualquer actividade ilegal de que tome conhecimento. Esta informação é então comunicada ao Congresso.

Escândalo Watergate - O principal jornal americano colaborador da CIA, o *Washington Post*, relata os crimes de Nixon muito antes de qualquer outro jornal retomar a história. Os dois repórteres, Woodward e Bernstein, não fazem praticamente nenhuma menção às muitas impressões digitais da CIA sobre o escândalo. Mais tarde revela-se que Woodward era o responsável pela inteligência naval na Casa Branca e conhece muitas figuras da inteligência, incluindo o General Alexander Haig. A sua principal fonte, "Garganta Funda", é provavelmente uma delas.

O Director da CIA Helms é demitido - O Presidente Nixon demite o Director da CIA Richard Helms por não ter ajudado a encobrir o escândalo Watergate. Timoneiro e Nixon sempre se odiaram mutuamente. O novo director da CIA é William Colby, que está relativamente mais aberto à reforma da CIA.

1974

Operação CHAOS exposta - A jornalista premiada com o Prémio Pulitzer Seymour Hersh publica um artigo sobre a Operação CHAOS, a vigilância interna e a infiltração de grupos anti-guerra e de direitos civis nos Estados Unidos. O artigo provocou a indignação nacional.

Angleton despedido - O Congresso está a realizar audiências sobre os esforços de espionagem doméstica ilegal de James Jesus Angleton, o chefe da contra-informação da CIA. Os seus esforços incluíram campanhas de abertura de correio e vigilância secreta dos manifestantes anti-guerra. As audições conduziram à sua demissão da CIA.

A Câmara dos Representantes iliba a CIA em Watergate - A Câmara dos Representantes iliba a CIA de qualquer cumplicidade na invasão de Watergate pela Nixon.

Lei Hughes-Ryan - O Congresso aprova uma emenda exigindo que o Presidente informe atempadamente as comissões parlamentares apropriadas sobre as operações de não-inteligência da CIA.

1975

Austrália - A CIA está a ajudar a derrubar o governo de esquerda democraticamente eleito do primeiro-ministro Edward Whitlam. Para tal, a CIA emite um ultimato ao Governador-Geral John Kerr. Kerr, um colaborador de longa data da CIA, exerce o seu direito constitucional de dissolver o governo Whitlam. O Governador-Geral é um cargo essencialmente cerimonial nomeado pela Rainha; o Primeiro-Ministro é democraticamente eleito. A utilização desta lei arcaica e não utilizada atordoa a nação.

Angola - ansioso por demonstrar a determinação militar dos EUA após a sua derrota no Vietname, Henry Kissinger lança uma guerra apoiada pela CIA em Angola. Ao contrário das afirmações de Kissinger, Angola é um país de pouca importância estratégica e não seriamente ameaçado pelo comunismo. A CIA apoia o brutal líder da UNITAS, Jonas Savimbi. Isto polariza a política angolana e leva os seus adversários aos braços de Cuba e da União Soviética para sobreviver. O Congresso interrompe o financiamento em 1976, mas a CIA consegue travar uma guerra no escuro até 1984, quando o financiamento é legalizado novamente. Esta guerra totalmente desnecessária mata mais de 300.000 angolanos.

"A CIA e o Culto da Inteligência" - Victor Marchetti e John Marks publicam esta exposição de crimes e abusos da CIA. Marchetti passou 14 anos na CIA, acabando por se tornar assistente executivo do director adjunto dos serviços secretos. A Marks passou cinco anos como oficial de inteligência no Departamento de Estado.

"Inside the Company - Philip Agee publica um diário da sua vida na CIA. Agee trabalhou em operações secretas na América Latina nos anos 60, e detalha os crimes em que participou.

Congresso investiga delitos da CIA - indignação pública força o Congresso a realizar audiências sobre crimes da CIA. O Senador Frank Church dirige a investigação do Senado ("A Comissão da Igreja"), e o Representante Otis Pike dirige a investigação da Câmara. (Apesar de uma taxa de reeleição de 98% para os candidatos em funções, tanto a Igreja como o Pike foram derrotados em eleições subsequentes). As investigações conduziram a uma série de reformas destinadas a aumentar a responsabilidade da CIA perante o Congresso, incluindo a criação de um Comité Permanente de Informações do Senado. No entanto, estas reformas revelaram-se ineficazes, como o escândalo Irão/Contra demonstraria. Acontece que a CIA pode facilmente controlar, lidar com ou contornar o Congresso.

Comissão Rockefeller - Numa tentativa de mitigar os danos feitos pelo Comité da Igreja, o Presidente Ford cria a "Comissão Rockefeller" para branquear a história da CIA e propor reformas ineficazes. O homónimo da comissão, o Vice Presidente Nelson Rockefeller, é ele próprio uma figura importante da CIA. Cinco dos oito membros da comissão são também membros do Conselho das Relações Exteriores, uma organização dominada pela CIA.

1979

Irão - A CIA não conseguiu prever a queda do Xá do Irão, um dos seus fantoches de longa data, e a ascensão dos fundamentalistas muçulmanos, indignados com o apoio da CIA à polícia secreta sanguinária do Xá, SAVAK. Por vingança, os muçulmanos fazem 52 americanos reféns na embaixada dos EUA em Teerão.

Afeganistão - Os soviéticos entram no Afeganistão. A CIA começa imediatamente a fornecer armas a qualquer facção disposta a combater os soviéticos. Este armamento indiscriminado significa que quando os soviéticos deixarem o Afeganistão, a guerra civil rebentará. Além disso, os extremistas muçulmanos fanáticos possuem agora armas avançadas. Um deles é o Sheik Abdel Rahman, que estará envolvido no bombardeamento do World Trade Center em Nova Iorque.

El Salvador - Um grupo idealista de jovens oficiais militares, indignado com o massacre dos pobres, derruba o governo de direita. Contudo, os EUA forçam os oficiais inexperientes a incluir muitos membros da velha guarda em posições-chave no seu novo governo. Em breve as coisas voltam ao "normal" - o governo militar reprime e mata os pobres manifestantes civis. Muitos jovens reformadores militares e civis, encontrando-se impotentes, demitem-se com repugnância.

Nicarágua - Anastasios Samoza II, o ditador apoiado pela CIA, cai. Os sandinistas marxistas tomam o poder e são inicialmente populares devido ao seu empenho na reforma agrária e na luta contra a pobreza. Samoza tinha um exército pessoal assassino e odiado chamado Guarda Nacional. Os restos da Guarda tornar-se-iam os Contras, que travaram uma guerra de guerrilha apoiada pela CIA contra o governo sandinista ao longo dos anos 80.

1980

El Salvador - O Arcebispo de San Salvador, Oscar Romero, implora ao Presidente Carter "cristão para cristão" que deixe de ajudar o governo militar que está a massacrar o seu povo. Carter recusa-se. Pouco tempo depois, o líder de direita Roberto D'Aubuisson mandou

Romero disparar sobre o coração enquanto dizia a missa. O país rapidamente desceu à guerra civil enquanto os agricultores das colinas lutavam contra o governo militar. A CIA e as forças armadas dos EUA fornecem ao governo uma superioridade militar e de inteligência esmagadora. Os esquadrões da morte treinados pela CIA percorriam o campo, cometendo atrocidades como El Mazote em 1982, onde massacraram entre 700 a 1.000 homens, mulheres e crianças. Em 1992, cerca de 63.000 salvadorenhos foram mortos.

1981

Início do programa Irão/Contra - A CIA começa a vender armas ao Irão a preços elevados, utilizando os lucros para armar os Contras que combatem o governo sandinista na Nicarágua. O Presidente Reagan promete que os sandinistas serão "colocados sob pressão" até "dizerem 'tio'". O *Manual do Lutador da Liberdade* da CIA distribuído aos Contras inclui instruções sobre sabotagem económica, propaganda, extorsão, suborno, chantagem, interrogatório, tortura, assassinato e assassinato político.

1983

Honduras - A CIA entrega aos oficiais militares hondurenhos o Manual de Formação em Exploração de Recursos Humanos, que ensina como torturar pessoas. O célebre "Batalhão 316" das Honduras utiliza então estas técnicas, à vista da CIA, em milhares de dissidentes de esquerda. Pelo menos 184 deles são assassinados.

1984

A Emenda Boland - A última de uma série de Emendas Boland é adoptada. Estas alterações reduziram a assistência da CIA aos Contras; a última elimina-a completamente. Contudo, o Director da CIA William Casey já está preparado para "passar a batuta" ao Coronel Oliver North, que continua a fornecer ilegalmente os Contras através da rede informal, secreta e auto-financiada da CIA. Isto inclui a "ajuda humanitária" doada por Adolph Coors e William Simon, e a ajuda militar financiada pela venda de armas iranianas.

1986

Eugene Hasenfus - Nicarágua abate um avião de transporte C-123 que transporta material militar para os contras. O único sobrevivente, Eugene Hasenfus, revela-se um empregado da CIA, tal como os dois pilotos mortos. O avião era propriedade da Southern Air Transport, uma frente da CIA. O incidente ridiculariza as afirmações do

Presidente Reagan de que a CIA não estava a armar ilegalmente os Contras.

O escândalo Irão/Contra - Embora os detalhes fossem conhecidos há muito tempo, o escândalo Irão/Contra recebeu finalmente a atenção dos meios de comunicação social em 1986. São realizadas audiências no Congresso, e várias figuras-chave (como Oliver North) estão sob juramento para proteger a comunidade dos serviços secretos. O Director da CIA William Casey morre de cancro do cérebro antes do Congresso o poder questionar. Todas as reformas adoptadas pelo Congresso após o escândalo são puramente cosméticas.

Haiti - A crescente revolta popular no Haiti significa que "Baby Doc" Duvalier só permanecerá "Presidente para toda a vida" se tiver um curto mandato. Os EUA, que odeiam a instabilidade num país fantoche, enviam o despótico Duvalier para o sul de França para uma confortável reforma. A CIA prepara então as próximas eleições a favor de outro homem forte militar de direita. No entanto, a violência mantém o país em tumulto político por mais quatro anos. A CIA tenta reforçar os militares através da criação do Serviço Nacional de Informações (SIN), que suprime a revolta popular através da tortura e do assassinato.

1989

Panamá - Os EUA invadem o Panamá para derrubar um ditador da sua própria autoria, o General Manuel Noriega. Noriega está na folha de pagamentos da CIA desde 1966, e tem transportado drogas com o conhecimento da CIA desde 1972. Nos finais dos anos 80, a crescente independência e intransigência de Noriega tinha irritado Washington... e ele estava de partida.

1990

Haiti - Competindo contra 10 candidatos relativamente ricos, o padre de esquerda Jean-Bertrand Aristide ganha 68% dos votos. No entanto, após apenas oito meses no poder, os militares apoiados pela CIA depuseram-no. Outros ditadores militares brutalizam o país, enquanto milhares de refugiados haitianos fogem do tumulto em barcos dificilmente navegáveis. Como a opinião pública exige o regresso de Aristide, a CIA lança uma campanha de desinformação que retrata o corajoso padre como mentalmente instável.

1991

A queda da União Soviética - A CIA não conseguiu prever o

acontecimento mais importante da Guerra Fria. Isto sugere que tem estado tão ocupado a minar os governos que não tem feito o seu principal trabalho: recolher e analisar informação. A queda da União Soviética privou também a CIA da sua razão de ser: a luta contra o comunismo. Isto leva alguns a acusar a CIA de ter intencionalmente falhado em prever a queda da União Soviética. Curiosamente, o orçamento da comunidade de inteligência não é significativamente reduzido após o desaparecimento do comunismo.

1992

Espionagem económica - Nos anos que se seguiram ao fim da Guerra Fria, a CIA é cada vez mais utilizada para espionagem económica. Isto implica roubar segredos tecnológicos a empresas estrangeiras concorrentes e entregá-los a empresas americanas. Uma vez que a CIA prefere claramente os truques sujos à simples recolha de informações, a possibilidade de um comportamento criminoso grave é de facto muito elevada.

1993

Haiti - O caos no Haiti está a agravar-se ao ponto de o Presidente Clinton não ter outra escolha senão retirar o ditador militar do Haiti, Raoul Cedras, sob ameaça de uma invasão americana. Os ocupantes norte-americanos não prendem os líderes militares do Haiti por crimes contra a humanidade, mas asseguram antes a sua segurança e a sua reforma rica. Aristide só voltou ao poder depois de ter sido forçado a aceitar um programa favorável à classe dominante do país.

EPILOGUE

Num discurso para a CIA celebrando o seu 50 aniversário, o Presidente Clinton afirmou:

> "Por necessidade, o povo americano nunca conhecerá a história completa da sua coragem".

A declaração de Clinton é uma defesa comum da CIA: que o povo americano deve deixar de criticar a CIA porque não sabe o que ela realmente faz. Este é, evidentemente, o cerne da questão em primeiro lugar. Uma agência que está acima das críticas está também acima do comportamento moral e da reforma. O seu segredo e falta de responsabilização permitem que a sua corrupção cresça sem controlo.

Além disso, a declaração de Clinton é simplesmente falsa. A história da agência está a tornar-se dolorosamente clara, especialmente com a desclassificação de documentos históricos da CIA. Podemos não conhecer os detalhes de operações específicas, mas conhecemos, muito bem, o comportamento geral da CIA. Estes factos começaram a surgir há quase vinte anos, a um ritmo sempre crescente. Hoje, temos uma imagem notavelmente precisa e consistente, repetida em muitos países e verificada em inúmeras direcções diferentes.

A resposta da CIA a este crescente conhecimento e crítica segue um padrão histórico típico (de facto, existem paralelos notáveis com a luta da Igreja medieval contra a revolução científica).) Os primeiros jornalistas e escritores a expor o comportamento criminoso da CIA foram assediados e censurados se fossem escritores americanos, e torturados e assassinados se fossem estrangeiros. (Ver Philip Agee's *On the Run* para um exemplo de assédio intenso). No entanto, nas últimas duas décadas, a maré de provas tornou-se esmagadora, e a CIA descobriu que não tem dedos suficientes para tapar todos os buracos da barragem. Isto é especialmente verdade na era da Internet, onde a informação flui livremente entre milhões de pessoas. Uma vez que a censura é impossível, a agência deve agora defender-se com desculpas. A defesa de Clinton de que "os americanos nunca saberão" é um excelente exemplo.

Outra desculpa comum é que "o mundo está repleto de personagens pouco sábios, e temos de lidar com eles se quisermos proteger os interesses americanos". Há duas coisas erradas com esta afirmação. Primeiro, ignora o facto de que a CIA tem rejeitado rotineiramente alianças com defensores da democracia, da liberdade de expressão e dos direitos humanos, preferindo a companhia de ditadores e tiranos militares. A CIA tinha opções morais à sua disposição, mas não as tomou.

Em segundo lugar, este argumento levanta várias questões. O primeiro é: "Que interesses americanos? "A CIA cortejou ditadores de direita porque eles permitem aos americanos ricos explorar a mão-de-obra e os recursos baratos do país. Mas os americanos pobres e de classe média pagam um preço elevado sempre que lutam as guerras que resultam das acções da CIA, do Vietname ao Panamá e à Guerra do Golfo. A segunda pergunta feita é: "Porque é que os interesses americanos deveriam vir à custa dos direitos humanos de outros povos? "

A CIA deve ser abolida, os seus líderes destituídos do cargo e os seus membros julgados por crimes contra a humanidade. A nossa comunidade de inteligência deve ser reconstruída de raiz para recolher e analisar informação. Quanto à acção encoberta, há duas opções morais. A primeira é eliminar completamente a acção encoberta. Mas isto dá arrepios àqueles que se preocupam com os Adolf Hitlers do mundo. A segunda opção é, portanto, colocar a acção encoberta sob um controlo democrático extensivo e real. Por exemplo, uma comissão bipartidária do Congresso de 40 membros poderia rever todos os aspectos das operações da CIA e vetá-los por maioria ou supermaioria de votos. Qual destas duas opções é melhor está aberta ao debate, mas uma coisa é clara: tal como a ditadura, tal como a monarquia, as operações secretas não controladas devem morrer como os dinossauros que são.

The Skull and Bones Society

Tudo começou em Yale. Em 1832, o General William Huntington Russell e Alphonso Taft criaram uma sociedade super-secreta para as crianças da elite do estabelecimento bancário anglo-americano de Wall Street. O meio-irmão de William Huntington Russell, Samuel Russell, dirigia a "Russell & Co.", a maior operação de contrabando da OPIUM no mundo na altura. Alphonso Taft é o avô do nosso antigo Presidente Howard Taft, o criador do precursor das Nações Unidas.

Alguns dos homens mais famosos e poderosos do mundo actualmente são "bonesmen", incluindo George Bush, Nicholas Brady e William F. Buckley. Outros homens de ossos incluem Henry Luce (Time-Life), Harold Stanley (fundador da Morgan Stanley), Henry P. Davison (sócio principal da Morgan Guaranty Trust), Artemus Gates (presidente da New York Trust Company, Union Pacific, *TIME*, Boeing Company), Senador John Chaffe, Russell W. Davenport (editor da revista *Fortune*) e muitos outros. Todos fizeram um voto solene de sigilo.

A Skull & Bones Society é um trampolim para a Bilderbergs, o Conselho de Relações Exteriores e a Comissão Trilateral.

America's Secret Establishment, por Antony C. Sutton, 1986, página 5-6, declara:

> "Os que estão no interior conhecem-na como A Ordem. Outros conhecem-na há mais de 150 anos como o Capítulo 322 de uma sociedade secreta alemã. Mais formalmente, para fins legais, a Ordem foi incorporada como The Russell Trust em 1856. Era também anteriormente conhecida como a "Irmandade da Morte". Aqueles que gozam, ou que querem gozar, chamam-lhe "Skull & Bones", ou simplesmente "Bones".

O capítulo americano desta ordem alemã foi fundado em 1833 na Universidade de Yale pelo General William Huntington Russell e Alphonso Taft, que em 1876 se tornou Secretário de Guerra na administração de Grant. Alphonso Taft foi o pai de William Howard Taft, o único homem a ter sido Presidente e Presidente do Supremo Tribunal de Justiça dos Estados Unidos.

A ordem não é apenas mais uma fraternidade de cartas gregas com palavras-passe e manejos comuns à maioria dos campi. O capítulo 322 é uma sociedade secreta cujos membros juram silenciar. Existe apenas no campus de Yale (de que temos conhecimento). Tem regras. Tem rituais cerimoniais. Não tem qualquer apreço por cidadãos intrometidos e intrusivos, a quem os de dentro chamam "forasteiros" ou "vândalos". Os seus membros negam sempre a sua filiação (ou supostamente negam) e, ao verificar centenas de listas autobiográficas de membros, encontramos apenas meia dúzia de membros que citaram uma filiação com a Skull & Bones. O resto foi em silêncio. É interessante saber se os muitos membros de várias administrações ou em posições governamentais declararam a sua filiação com a Skull & Bones nos dados biográficos fornecidos para as "verificações de antecedentes" do FBI.

Acima de tudo, a ordem é poderosa, incrivelmente poderosa. Se o leitor persistir e examinar as provas apresentadas - que são esmagadoras - não há dúvida de que a sua visão do mundo se tornará subitamente mais clara, com uma clareza quase assustadora.

Esta é uma sociedade sénior que existe apenas em Yale. Os membros são escolhidos no seu primeiro ano e passam apenas um ano no campus, o último, com a Skull & Bones. Por outras palavras, a organização está orientada para o mundo exterior dos licenciados. A Ordem reúne-se anualmente - apenas os patriarcas - na Ilha dos Veados no Rio St. Lawrence.

As sociedades seniores são exclusivas de Yale. Existem duas outras sociedades sénior em Yale, mas nenhuma em qualquer outro lugar. Scroll & Key e Wolf's Head são sociedades alegadamente competitivas fundadas em meados do século XIX . Acreditamos que eles fazem parte da mesma rede. Rosenbaum comentou no seu artigo Esquire, muito correctamente, que qualquer pessoa no Estabelecimento Liberal Oriental que não seja membro da Skull & Bones é quase certamente um membro da Scroll & Key ou da Wolf's Head.

O procedimento de selecção de novos membros da Ordem não mudou desde 1832. Todos os anos são seleccionados 15, e apenas 15, nunca menos. Como parte da sua cerimónia de iniciação, devem deitar-se nus num caixão e recitar a sua história sexual. Este método permite aos outros membros controlar o indivíduo, ameaçando revelar os seus segredos mais íntimos se não 'seguirem'. Nos últimos 150 anos, foram iniciados na Ordem cerca de 2500 licenciados de Yale. Em qualquer momento, cerca de 500 a 600 estão vivos e activos. Cerca de um quarto deles desempenham um papel activo na promoção dos objectivos da Ordem. Os restantes perdem o interesse ou mudam de ideias. Eles são desistentes silenciosos.

O mais provável membro potencial é de uma família Bones, que é enérgica, engenhosa, política e provavelmente um jogador de equipa amoral. As honras e recompensas financeiras são garantidas pelo poder da Ordem. Mas o preço destas honras e recompensas é o sacrifício para o objectivo comum, o objectivo da Ordem. Alguns, talvez muitos, não têm estado dispostos a pagar este preço.

As famílias americanas de linha antiga e os seus descendentes envolvidos na Skull & Bones são nomes como: Whitney, Perkins, Stimson, Taft, Wadsworth, Gilman, Payne, Davidson, Pillsbury, Sloane, Weyerhaeuser, Harriman, Rockefeller, Lord, Brown, Bundy, Bush e Phelps.

Já publicado

DIPLOMACIA POR ENGANO
UM RELATO DA CONDUTA DE TRAIÇÃO DOS GOVERNOS DA GRÃ-BRETANHA E DOS ESTADOS UNIDOS
POR JOHN COLEMAN

OMNIA VERITAS LTD APRESENTA:

A história da criação das Nações Unidas é um caso clássico da diplomacia do engano

OMNIA VERITAS LTD APRESENTA:

A DINASTIA ROTHSCHILD

por John Coleman

Os acontecimentos históricos são frequentemente causados por uma "mão escondida"

OMNIA VERITAS LTD APRESENTA:

INSTITUTO TAVISTOCK de RELAÇÕES HUMANAS
Moldando o declínio moral, espiritual, cultural, político e económico dos Estados Unidos da América

Sem o Tavistock, não teria havido as Guerras Mundiais I e II.

por John Coleman

Os segredos do Instituto Tavistock para as Relações Humanas

OMNIA VERITAS LTD APRESENTA:

JOHN COLEMAN

MAÇONARIA DE A A Z

MAÇONARIA de A a Z

por John Coleman

No século XXI, a Maçonaria tornou-se menos uma sociedade secreta do que uma "sociedade de segredos"

Este livro explica o que é a Maçonaria

OMNIA VERITAS LTD APRESENTA:

O CLUBE DE ROMA
O GRUPO DE REFLEXÃO DA NOVA ORDEM MUNDIAL

POR JOHN COLEMAN

Os muitos acontecimentos trágicos e explosivos do século XX não aconteceram por si só, mas foram planeados de acordo com um padrão bem estabelecido...

Quem foram os planificadores e criadores destes grandes eventos?

OMNIA VERITAS LTD APRESENTA:

PARA ALÉM da CONSPIRAÇÃO
DESMASCARAR O GOVERNO MUNDIAL INVISÍVEL

por John Coleman

Todos os grandes acontecimentos históricos são planeados em segredo por homens que se rodeiam de total discrição

Os grupos altamente organizados têm sempre uma vantagem sobre os cidadãos